播音主持艺术丛书

丛书主编

杜晓红

电视新闻
播音主持创作艺术

DIANSHI XINWEN
BOYIN ZHUCHI
CHUANGZUO YISHU

王秋硕◎著

ZHEJIANG UNIVERSITY PRESS
浙江大学出版社

目　录

第一章 概 论

第一节 概念界定

电视新闻评论类节目,包含了新闻和评论两大块内容。具体来看,新闻播音主持有出镜播报、新闻配音、连线采访、嘉宾访谈、现场报道等形态;评论播音主持有社论、评论、短评、编后话等形态。电视新闻评论节目播音主持,即播音员主持人以其专业素质、媒介素养以及无声非语言在镜头前进行的新闻播报、采访、评论等创作活动。

电视新闻评论节目的播音主持工作,既有自然属性又有社会属性,既有新闻属性又有艺术属性,是具有一定复杂性、交叉性的创造性工作。在这样一个创作过程中,播音员主持人既要实现有声语言的二度创作、新闻信息的晓畅传达,形成传播现实;还要实现思想内涵的传递、态度立场的引导、语言文明的建设、审美范式的建构,达到传播目的。

第二节 发展流变

伴随着世界电视事业的发展,中国的电视事业也于20世纪50年代开始起步。1958年11月2日,中国第一位电视新闻播音员沈力口播《简明新闻》,电视新闻节目正式走进了人们的生活。五六十年代的新闻节目形式十分简单,口播新闻、图片新闻报道、实况转播、新闻纪录片以及外国电视台的新闻片和纪录片等构成了其主体。由于当时各种条件所限,虽然是"新"闻,但却缺乏一定的新鲜感、时效性。"文革"期间,刚刚起步的电视新闻事业遭到了严重破坏,失去了"新闻"的意义和价值。1976年7月1日,《新闻联播》的前身《电视新闻》节目开始试播出,内容仅有国内新闻。1978年元旦,《新闻联播》节目正式播出,但也只有国内新闻;直到1980年4月1日,中央电视台开始通过卫星接收国外通讯社的新闻,中国的电视观众才开始与世界同步。20 世纪 80 年代,全国各地的新闻栏目纷纷问世,不少都产生了广泛的影响。1993 年 1 月 18 日,上海东方电视台开播,《东视新闻》《东视夜新闻》《东视深夜新闻》三档新闻栏目每晚滚动播出新闻,开创了晚间新闻栏目先河。随后的 3 月 1 日,中央电视台推出《晚间新闻报道》,开辟了晚间电视的第二个黄金时段。而随着电视新闻事业的不断发展,中央电视台一套新闻综合频道每天几档新闻节目已经不能满足观众对新闻的需求,于是中央电视台新闻频道于 2003 年 5 月 1 日试播并于 7 月 1 日起正式开播,全天 24 小时滚动播出新闻并及时发布最新新闻资讯。中国第一个新闻专业频道由此诞生,以其报道及时、全面,传播准确、权威,发挥了国家主流媒体的喉舌作用、引导作用和提升作用,也是中国电视发展史上一个重要的里程碑。

1980 年 7 月 12 日,中央电视台专题部筹备并推出了一档全新的节目《观察与思考》,这也是第一个新闻评论类的节目。其注重思想性、政策性、时效性,而"记者出图像"也迈出了中国电视新闻的重要一步。《观察与思考》在经历了几次改版之后于 1988 年 10 月第三次播出,更名为《观察思考》。但囿于当时各种客观因素,这一栏目还是在进退维谷中走到了尽头,但其对后来新闻评论类节目的先导作用也是不容忽视的。20 世纪 80 年代后期电视新闻杂志类节目开始出现。1987 年 7 月 5 日,上海电视台开播《新闻透视》,1988 年 1 月 1 日,福建电视台开播《新闻半小时》,都是中国电视新闻史乃至中国电视史上重要的节点。《新闻透视》按照新闻性、知识性、服务性的要求,从形式上突破播报模式强调主持人(记者)的参与,从内容上直接反映观众的意见和呼声并拓展报道内容,贴近新闻本质、风格质朴扎实。《新闻半小时》的成功一方面在于大胆启用责任编辑担任主持人,另一方面在于揭露问题的尖锐和深入。1993 年 5 月 1 日,中央电视台早间新闻杂志栏目《东方时空》开播,被公认为中国新一轮电视新闻改革的发端。其不仅开辟了电视早间时段,实行了栏目承包制、制片人制、第二用工制等,还培养了一大批从名记者中来的名主持人,更成为《焦点访谈》《新闻调查》《实话实说》《面对面》等知名新闻评论类节目直接或间接的先导。1994 年 4 月 1 日开播的《焦点访谈》成为舆论监督的标杆,1996 年 5 月 17 日开播的《新闻调查》则成为深度新闻报道评论的代表。自 2002 年《南京零距离》开播之后,电视民生新闻热潮至今未减。民生新闻栏目的民生立场及其主持人的个性话语方式,使其成为各地本土观众所热衷的电视节目。2011 年 8 月 1 日,中央电视台《新闻 1+1》栏目改版后,主持人白岩松的角色转为"本台评论员",对时事政策、公共话题、突发事件等新闻热点展开分析评论,栏目的责任感和引导力也广受好评。

从新闻评论类节目的播音员主持人来说,优秀的新闻播音员紧缺,优秀的新闻评论员更是紧缺。无论是《观察思考》的肖晓琳、《新闻透视》的李培红、《新闻半小时》的程鹤麟,还是从《东方时空》《焦点访谈》《新闻调查》《实话实说》《面对面》等栏目里走出来的白岩松、敬一丹、水均益、方宏进、柴静、王志、章伟秋、董倩、张泉灵、张羽等等,他们不仅担任栏目固定的主持人,还在很多的节目中集策划、撰稿、采访、编导、主持于一身,这些都是一个优秀的新闻评论节目主持人必备的专业素养。评论,可以说是新闻媒体的旗帜。放眼全球,几乎每一个重要的广播电视媒体都拥有自己标志性的评论员甚至是强大的评论员队伍。甚至可以这么说,新闻评论员的质量与数量也反映着一个媒体的成熟度和水准。期待着各级电视台能从优秀的播音员、主持人、记者中培养出优秀的评论员,也期待着有志于从事新闻评论播音的同好者能够不断积累、磨练自己,能够走进评论员的队伍,成为中国新闻事业的一员,为中国新闻事业的再一次跨越发展凝聚一份力量。

第三节 传播形态

传播形态,即节目的形式、样态等外部特征。电视新闻评论类节目的形态主要有以下几种:出镜播报、新闻片配音、演播室主持、现场报道以及评论播音等。

出镜播报:也就是通常所说的新闻播音。虽然电视发展迅速、电视节目包括新闻节目形态日益多样,但播音员出镜新闻播报仍可说是新闻评论播音主持最为重要的形式之一。一般来说,其稿件由记者、编辑采编,经过审查之后最终由播音员运用有声语言进行传播,播音员是不能随意修改稿件的。但随着时代的发展变化、媒体的激烈竞争,出于传播效果、传播目的的考虑,播音员有时可作少量的语言润色和个性化的语言表达。

新闻片配音:新闻片配音和新闻播报相似,但仍有明显区别。在当下的各级电视媒体中,新闻片配音应当说是一名新闻播音员的基本能力,很多时候也是其职业生涯的第一步。电视新闻片,集中体现了电视新闻的"视""听"优势,除了画面之外,还需要配音语言对内容进行补充、解释或评论,很多时候其重要性甚至超过画面。新闻片配音整体语速偏快,对吐字、归音、用声、停连、重音、语气等基本功要求较高,同时需要播音员承接新闻整体、照顾新闻画面,使有声语言具有较强的画面感、讲述感。

演播室主持:包括连线采访、嘉宾访谈等具体形式。面对直播常态化、传播多样化的电视新闻传播现实,仅仅新闻播报是不能满足各方要求的,对新闻传播的整体把握、全面参与以及播音、主持、对话、采访等能力的自如运用,是对当下新闻播音员主持人的必然要求,也是其专业素养、综合素质、复合能力的集中展现。面对全新的电视传播形势,"主播"一词开始进入人们的视线,从中央到地方,很多电视台已经把"播音员"的称谓改成了"主播"。追根溯源,"主播"一词来源于世界其他华语传媒中对英语 anchor 一词的翻译,最初只是翻译用词不同。"主播"一词的流行,除了发音时的简洁、明亮,听觉上的和谐、悦耳之外,更多的在于播音员职能的逐步转变;因为细究起来,"主播"和"播音员"二者仍是有一定区别的。随着媒体的不断进步、电视新闻报道的不断发展,对播音员的要求也在不断提高,除了传统意义上的新闻播报之外,播音员还身兼演播室连线、嘉宾访谈等多项任务,甚至参与前期采访、调查和后期的编导等多个环节。从这个意义上看,"主播"侧重有稿播音并身兼演播室主持,既不同于传统意义上的播音员,也不同于欧美等国所谓"主播"(即总主持人),是具有特殊涵义和明确指向的全新称谓。

现场报道:报道者置身新闻现场、叙述新闻事实、传达事件动态、点评新闻事件,以采访者、目击者和参与者的身份进行新闻报道。现场报道具有及时性、真实性、丰富性等特点,越来越受到媒体和观众的重视。现场报道对报道者有声语言的精确性、非语言的恰当性、提供信息的全面性、采访提问的合理性等均有着较高的要求。现场报道日益成为世界各国各级媒体竞争的焦点。

评论播音:传统的评论播音有社论、评论、短评、编后话等形态,多为记者、编辑所写,播音员进行有稿播音;而当下的评论播音,更多的形态可以称为主持人言论,即主持人在坚持正确创作道路的前提下对新闻事实、社会热点、舆论焦点、政策法规等作出个性化的议论,以此引导受众、引领舆论。这种评论既可以是三言两语的简评,也可以是逻辑严密的长论;既可以是一个人的表达,也可以是两人甚至多人的讨论。

需要明确的是,新闻评论类节目播音主持,形式多样、内容丰富。从理论研究来说,强调节目策划、稿件写作、理解能力、表达技巧、抓取新闻眼、获得新鲜感等等都各有拥趸。其实,新闻评论类节目的播音主持,首先应当把握的是节目的形式和内容,以此为前提和基准进而进行恰切的有声语言的表达。只有以此为逻辑起点,才能清晰定位、找准方向,并深入探索共性中的个性、一般中的特殊。

第四节　传播原则

以真引人。新闻是用事实说话,播音员主持人的有声语言表达必须是准确清晰的;无论是播报、评论还是采访、报道,也都必须是真实可信的。只有真实的内容才能吸引受众,这是传播目的实现的前提。

以新动人。新闻的时效性在当下竞争激烈的全媒体时代愈发显得重要,受众关心的除了真实就是快速。新鲜的资讯、热点的评论不再是一次性的推送,而是要吸引受众持续的关注;在快速、新鲜的基础上,对于新闻事件最新发展的报道是受众所关注的,也是电视新闻所必需的。只有新鲜的事件、新鲜的观点、新鲜的角度才能打动人心、触动受众。

以理服人。一方面,新闻事实是具有说服力的前提和基础;另一方面,新闻事实的条理、新闻评论的逻辑也是引领、提升的重要保证,只有条理清晰、逻辑严密,才能真正做到以理服人,实现传播目的和传播价值。

解读职能。新闻播音员主持人对于新闻的解读能力尤为关键。解读,一方面在于播音员主持人自身对新闻事实的理解、把握是否准确、到位,一方面还在于其能否运用有声语言及非语言进行恰切传播。这是对播音员主持人从文化修养、专业素养、道德涵养等各个方面提出的极高要求,也是每一个从事新闻事业的播音员主持人所必需具备的重要能力。

第二章　新闻播音主持创作艺术

第一节　新闻播音

一、创作要求

电视新闻播音，也就是出镜消息播报，是电视新闻播音主持的重要形式。有声语言是播音员传达消息的主要手段，同时辅以非语言。除此之外，对于播音员的表达技巧、稿件准备、心理准备、技术准备等各方面都有着一定的要求。

1.表达技巧

准确清晰。普通话标准，呼吸无声，字正腔圆而无蹦字、拖腔现象；表达规整，层次清晰，重点明确。传播无噪音、无损耗。

质朴新鲜。基调恰切，语气适宜，朴实无华；感而不入，音色明亮，以新动人。避免居高临下拿腔拿调、追求"个性"怪腔怪调、自以为是形成"唱调"、准备不足用"保险调"等现象。传播无定势、无拘泥。

平稳顺畅。节奏平稳，语流顺畅，多连少停；避免大起大落、大开大合、大停大连。传播无滞涩、无板结。

2.稿件准备

稿件的准备一般可分为广义备稿和狭义备稿两种。前者需要政策思想水平、文化底蕴、生活体验等的积淀，后者则是专业素养的具体体现。由于新闻直播的特殊性，时间紧、任务重、不确定因素多，狭义备稿时间有限，广义备稿往往起着更为关键的作用。这就要求播音员保持好奇心、好学心，以敏锐的触角感知当下社会生活中的大事小情、热点焦点，利用传统媒体和新媒体客户端了解各类信息；同时注意对各类具体知识的学习和了解，比如人名、地名、专业术语等等，为新闻播音工作打下坚实的基础。广义备稿越深广，狭义备稿越轻松、精确。

狭义备稿除了划分层次、概括主题、联系背景、明确目的、找出重点、确定基调这传统的六步之外，还应注意以下两点。

第一，全面把握、整体创作。要有整体创作观，不能局限于某一句话或是某一部分内容上，也不能将稿件按照自然段或是句号进行割裂；拿到稿件首先要通读，将稿件整体大致了解，再具体找层次、主体、重点等内容进行细致分析。要将每一篇稿件的导语、主体、背景、结尾进行全面把握，了然于胸，明确各部分之间的关系和承接点，完成整体化的创作。

第二，具体把握、分步落实。很多新闻只需要播音员口播导语，主体、背景以及结尾等部分会以新闻片配音的形式出现，因此就要求播音员照顾新闻片和配音稿的内容，找到具体的语气、节奏、基调、重点等要点。在准备稿件的时候首先可以是"无声准备"，重在感受、理解；准备得差不多了可以开口"有声准备"，要注意出声备稿不能过眼过嘴不过脑，一定要慢慢来，让每一个字每一句话都从大脑中过，使新闻内容序列能够形成一定的固定记忆。

3.心理准备

除了稿件的准备之外，播音员还需要注意心理状态的调节。

第一，状态要积极，播讲有欲望。要有"你不知道我告诉你"的积极心理状态，对每一条新闻都能真正产生"新鲜感"，无论是时间新、内容新，还是政策新、角度新，调动自己的情绪，明确播出的目的。

第二，聚焦多点注意力，强化瞬时记忆力。新闻播音中的注意力，是一种有意识控制的注意力。如果注意力全部集中于提词器或是稿件，便会造成目光呆滞、表情僵硬、无交流感。因此，新闻播音注意力的聚焦是多点的，稿件内容、提词器操作、有声语言表达、非语言运用等等，都需要播音员有意识地照顾到。当常年播音积累一定经验之后，有意识的强控制会转变成无意识的弱控制，播音会进入自然而然、水到渠成的状态。排除各方干扰、一心准备稿件、聚焦注意力，这也是记忆的前提，注意力提高了，记忆力也就增强了。记忆力的形成需要长期的训练，也需要对新闻播音的热爱，需要播音员在平时有意识地进行训练。新闻播音现多为有提词器播音，但即便如此，播音员也要锻炼瞬时记忆力，将稿件内容尽可能熟悉，唯此才能更好地提高播音质量。

第三，摈弃懈怠心理，排除紧张心理。由于常年累月在新闻播音的岗位上，不少播音员会产生懈怠、自满的心理，认为天天播出没什么可紧张的，更没什么可准备的；而有些播音员则由于患得患失、思想包袱重或是准备不足等原因过于紧张。适度紧张有利于发挥、有利于播音质量，过于松懈会使得态度散漫、状态低迷、用声无力、表达不清，过于紧张则会导致心跳加速、气息不畅、筋肉僵硬、大脑空白、思维停滞、错误百出。良好的心理素质是新闻播音的重要前提和基础，可以用心理暗示、生理调控等方式让自己的心理保持一个比较好的状态，自信、从容地进行新闻播音。

4.技术准备

第一,提词器的使用。有提词器提示的新闻播音,可以让播音员的面部始终面对镜头,让受众产生面对面交流的亲切感、真实感,有利于传播目的的实现。需要注意的是,提词器不是读字机,不能完全依赖提词器而不进行备稿,否则播音便会变成无内容、无感受、无逻辑的见字出声。播音员进行播音之前,要对提词器进行调整、适应,每行出现的字数要适宜自己眼看、心想、口播的过程。一般来说,每行10个字左右会比较合适,字数太少会导致需要滚动很多行才能看完一句话或是一个意群,造成语流的断裂,字数太多则会让屏幕显得拥挤、模糊,影响识读效果。同时,播音员还要熟悉自己手中的控制器,把握字幕滚动速度。为了保证目光交流的准确、真实,播音员一般看提词器的中上部,具体还要根据机器的不同灵活变化。如果提词器在直播过程中出现问题,则低头看手上的纸质稿件继续完成播音。

第二,抬头点的标注。如果是没有提词器的播音主持,需要在备稿的时候将抬头点在稿件上标注出来。抬头的目的在于和受众进行沟通交流,充分尊重受众,这样才能更好地实现传播效果。抬头不是随意的,不能毫无目的地盲目抬头,也不能只是开头结尾机械抬头;抬头的点应当是表现稿件目的的地方、突出稿件重点的地方、需要受众重视的地方以及表达礼貌尊重的地方。抬头的时候目光要集中于镜头,不能飘忽不定;抬头的时间有长有短,需要灵活运用;抬头时的播音需要瞬时记忆一部分内容,应当在平常和实践中加强练习。

第三,关系图的划定。所谓关系图,就是整条新闻稿中语句关系的标记。层次、停连、重音、节奏等等,都需要用不同的标记进行标注,以帮助播音员梳理稿件并用恰当的有声语言进行表达。另外,要对生僻字进行注音,因此演播室常备一本最新最权威的词典也可以说是准备工作的重要部分。还有就是可能出现一个词分了两行的情况,有时就需要移行,以防播音时出现断裂。

第四,非语言的控制。非语言也称体态语,对于电视播音主持来说具有十分重要的作用,把握好、运用好、控制好非语言是出镜播报的重要组成部分。头部动作幅度不宜过大或过小,幅度过大显得不够稳重、幅度过小显得拘谨小气;低头看稿时不宜太低,抬头看提词器时以目光左右平移而不是头部左右晃动;不应随着内容频频点头或是偏向一边形成固定动作。目光需要跟随播出内容的不同而变化,能够产生生理和心理的双重功用;眼睛不能频繁眨动,也要避免盯着镜头或是提词器而发直、发死,眼神要大方坚定而不能飘忽不定。唇依齿发音,提颧肌,开牙关,挺软腭,松下巴,感觉面部呈现出微笑的状态;避免舔唇、抿嘴、撇嘴等不良习惯,防止分散受众注意力。播音员的身体姿态应当挺拔,无论是坐着还是站着,都应当显示出潇洒、大方的气质;坐时沉肩、挺胸、阔背、直腰,下颌和小腹微收,两臂自然弯曲放于桌面,站时身直、腿直,女性丁字步,男性两脚左右稍开,可自然动作,不可僵硬,不可随意,整体控制身体幅度,与节目要求、景别等相适应。

二、分新闻结构创作

新闻消息稿件一般分为四个部分:导语、主体、背景、结尾。其中主体部分是必须具备的,而导语、背景和结尾则根据篇幅的长短、内容的要求等灵活出现。

1. 导语的创作

导语,是一条新闻消息的开头部分,可以是一句话,也可以是一段话,以简洁的文字集中表达出消息的重点、焦点和新鲜点,引导出消息的主要内容。导语一般句子简单、句式多样,既能够概括事实、突出重点,也能够引发兴趣、吸引关注。

(1)点染式

点染式导语一般用简洁的叙述语言将消息中最重要、最具关注点的内容集中点染出来。在播报时,应当注意关键词、重音的选择。

例:

国防科工局今天宣布:我国"嫦娥三号"探测器研制进展顺利,将于明年下半年择机发射,并实现我国航天器在地外天体的首次软着陆。

(2012-07-30《新闻联播》)

分析:这是一条科技消息。播音员应当了解嫦娥三号与嫦娥一号和二号绕月飞行不同,嫦娥三号要第一次实现我国航天器落月的壮举。因此,在播报时情绪应当自豪、饱满,语气应当坚定、明朗,重音落在"嫦娥三号""顺利"和"首次"上。"嫦娥三号"是这条消息的"主角",在处理时可以稍放慢并提起;"明年下半年"是时间,可以作为次重;"首次"之前可有小间歇,可以起到强调的作用。"宣布"和"我国"、"发射"和"并"之间可适当勾连,让四小句话的节奏有疏有密、顺利推进。

(2)评论式

评论式导语会对新闻事实进行评价、议论,给出观点、引起重视。播报时应当注意论断的权威性、庄重性,稳重、大气、坚定、有力,并带有议论的意味,要区别于一般的介绍性导语。

例:

立足丰富的藏文化资源,西藏发展壮大文化产业,既保护传承了民族传统文化,又让各族群众从中受益。

(2012-07-21《新闻联播》)

分析:这条导语简洁明快,前两句为一个层次,说的是现象;后两句一个层次,说的是结果,但同时也是评价。在播报时除了突出"保护传承""受益"等评价性的语言外,还要注意"既……又……"这样具有明显逻辑感的语句,通过逻辑感的表达凸显论断的力量。

（3）抒描式

抒描式导语也就是以抒情或是描写作为消息的引导,在当下的新闻播报中出现频率相较以往越来越高,不管是对新闻场景的描摹还是抒发记者编辑的感悟,都能够更为直观、自然地感染受众。播报时应把握情感的分寸,语气不能过硬,但也不能过于感情用事,真实、自然即可,要在"新闻"的框架中进行表达。

例：

神舟一次次飞天,太空一次次梦圆,在我们为之骄傲的同时,看似投入巨大的航天工程所催生的大量"登天之术"早已飞入寻常百姓家,改变着我们的生活。

（2012-07-08《新闻联播》）

分析:这条导语并不长,但可以说文采斐然,"神舟一次次飞天,太空一次次梦圆"可以说对仗工整,"飞入寻常百姓家"引用诗词,"登天之术"一词的使用显得活泼、平易,整体行文并不像是新闻消息而像是抒情散文,兼具了美感和情感。但在播报的时候要注意不能变成朗诵,应当在讲述新闻事实的基础上略加抒情语气,表达舒缓,适当点染,和谐自然,对"登天之术"、"改变"等词加以强调,着重展现航天事业带给我们生活的向好变化,明确"新闻播报"的要求,把握好分寸。

（4）导入式

导入式导语一般以某一个新鲜点为导入口,引起好奇心、调动求知欲,能够自然过渡到新闻片。播报时应当照顾消息主体内容,情绪、语气等应与内容相适应。同时注意语尾不坠,不能落停收住,而应扬停延伸。

例：

随着叙利亚冲突的持续升级,首都大马士革政府军和反对派武装的交战也越发激烈。20号,本台拍摄到了双方激烈争夺的米丹区的独家视频。

（2012-07-21《新闻联播》）

分析:这条消息是战地记者从危险的叙利亚冲突核心区发来的报道,"独家视频"是整条导语的中心点和重点所在,提请大家注意将要播出的交战现场的情况。在播报时还应注意和内容的呼应,在语流中也应体现出态度、情感,对战争的反对、对和平的呼吁、对战区居民的关切等等。

（5）设问式

设问式导语大致有两种方式,一是在导语结尾设置问题,二是在导语中先提出问题再回答问题。不管采用哪一种方式,都是希望以此引发受众关注和思考、强调消息内容和重点。播报时应当表达稳健有力、态度指向明确、重点落于提问。

例：

超强台风"灿鸿"登陆时风力最高可能达 17 级，如果以此风力登陆，"灿鸿"将是 1949 年以来 7 月份登陆浙江的最强台风。在气象学上有一首《风力歌》形象地唱出了各个级别风的特点：九级屋顶飞瓦片，十级拔树又倒屋，十一二级陆上很少见。《风力歌》就到 12 级，那 17 级得有多厉害呢？

（2015-07-11《新闻直播间》）

分析：这条导语内容比较丰富。第一句话既是引入主体，也是背景介绍，数字以及"超强""最强"等词需要在播报时加以强调。第二句话引用《风力歌》借以表明大风的威力，并非本条导语重点，可平稳带过，切不可真如唱歌一般过度渲染。前两句话都是为最后的提问作铺垫和准备的。最后一句话"就到"和"十七"形成对比，设置疑问引起受众关注到底 17 级风是什么概念、有多厉害、会引起怎样的后果、需要注意哪些防范措施等等，而这些都会在后面的新闻片中呈现。播报时整体上要注意主次的安排、语气的分寸，恰如其分、引起重视。

（6）引用式

引用式导语即在导语中引用名人名言、格言俗语等内容，以加强表现力、凸显关键点。播报的时候同样要注意分寸的把握，既不能毫无表现，也不能过度抒情，还是要在消息播报的框架里完成自然、贴切、具体、生动的播报。

例：

俗话说："小暑大暑，上蒸下煮。"我国大部分地区明天将迎来一年中最热的时段——大暑，但昨天和今天北方部分地区的强降雨却给饱受"桑拿天"之苦的人们带来了一丝短暂的清凉。

（2012-07-21《新闻联播》）

分析：这条导语一开始便引用了一条俗语，显得质朴、亲切；后面又用了"桑拿天"一词，更显生动、贴切。在播报时要体现出质朴切近、自然生动的情感，和受众建立情感联系、形成心理共鸣。同时这也是一条转折式的导语，要注意"但"后面的部分才是重点，因此前半部分不可过分渲染，重点还是要落在"强降雨""桑拿天"和"短暂的清凉"上。

（7）结果式

结果式导语一般将结果或是结论直接给出，使人一目了然的同时能够起到先声夺人、吸引关注的效果。播报时要注意概括意味、结果意味的呈现。

例：

农业部发布消息，今年上半年，我国粮食增产，农民增收，农业农村经济亮点突出。

（2012-07-26《新闻联播》）

分析：这条消息事关"三农"，上半年情况如何呢？在导语中直接给出，可以说是振奋人心的好消息,在播报时要将情感、态度调整到位。重音落在"增产""增收"和"亮点"上,那么增产多少、增收多少、亮点是什么,这些都在后面的新闻主体中会出现,因此在播报的时候语气中要有"欲知详情请看报道"的意味,能和下面的新闻片承接、呼应。"农业部""上"等词可次重,后面三个并列的小句子可适当勾连,将好的结果直接推送出去。

(8)悬念式

悬念式和结果式可以说是相反的两种导语类型,前者开门见山,后者则在新闻事实中找一个切入点,提出问题或是指出矛盾,往往能够引起关注。播报时要注意稳中有新、平中见奇,切不可过分渲染、过于夸张。

例:

阿拉法特死因调查近日成为各大媒体关注的焦点。本台记者日前采访了在阿拉法特遗物中检测出放射性元素钋-210的瑞士洛桑大学辐射物理研究所的负责人。他们表示,即便从阿拉法特的遗体中检测出钋元素,也很难对其是否是钋中毒下结论。

(2012-07-07《新闻联播》)

分析:这条导语以阿拉法特的死因开篇,便立刻引起关注;随后指出采访了检测出钋元素的当事人,可是他们又不能作出中毒定论。因此这条导语设置了一个悬念:阿拉法特是否死于钋中毒?这就吸引受众继续看下面的新闻。在播报时应适当体现悬疑感,"即便""检测出""很难"等词若语气恰切、处理得当便能够很好地体现出悬疑感。同时注意度的把握,不能夸张、渲染,不能变成说书、讲故事。

(9)转折式

转折式导语,就是将导语分成两部分,后半部分转折的内容才是要说的重点,前半部分一般用来引入话题或是进行对比。播报时主要应当注意主次清晰、重点明确,不可本末倒置;还要注意色彩对比明显不突兀、基调统一有变化。

例:

本台报道团队远赴非洲东部的肯尼亚,实现了电视媒体首次对世界上最大规模野生动物迁徙的直播报道。下面让我们换个视角,从高空领略东非大草原的风采。

(2012-07-24《新闻联播》)

分析:这条消息是东非大草原野生动物迁徙直播系列报道中的一条,导语中的重点并不在前半段。前半段只是交代了事件,后半段从全新的角度看草原才是这一条新闻的重点和新鲜点所在。因此,"换个视角"之前以及"高空"之后分别给一个小间歇加以强调,两者形成呼应性重音,同时语气处理应当饶有兴味、提请关注。本条新闻可以算是"软新闻",因此整体处理不能呆板、生硬,应当亲切、自然、兴致盎然。

值得注意的是，导语的形式多种多样，以上只是罗列了比较典型的形式。在具体的新闻实践中，一条导语可能会综合多种形式进行表达，以上的例子中便存在这样的情况；也可能是以全新的形式出现。但万变不离其宗，播音员在实际操作过程中应当把握基本形式，随机应变，灵活进行播报。

2. 主体的创作

主体是新闻的主干，在导语之后，具体呈现事实、表现主题。一般会按照时间顺序（或者叫过程顺序）、逻辑顺序进行结构的安排。

（1）时间顺序

按照时间顺序安排新闻主体，也就是按照新闻事件发展的实际过程和先后时间，把其中最主要的阶段、最动人的细节进行描摹，给人以真实、完整、形象的感受。播报时应注意讲述感、时序感，突出形象感受。

例：

这是6月16号出征时的场景。再度飞天的景海鹏担任此次任务的指令长，任务期间，他曾两度落泪。太空飞行13天，任务中最关键的就是突破手控交会对接技术。按照工程设计要求，两个航天器对接时的角度偏差不能超过4度，经过1500多次地面模拟训练的三位航天员，对接精度达到0.2度。6月24号，刘旺操控飞船用时不到7分钟，在太空打出完美的"十环"。13天的太空飞行，三名航天员的大部分工作是空间科学实验，工作安排非常紧凑，但刘洋总能在工作中发现乐趣。6月28号，三名航天员即将撤离天宫一号，一直忙碌到第二天的凌晨一点半。6月29号，神九飞船返回舱顺利在内蒙古主着陆场安全降落，当景海鹏看到刘旺、刘洋顺利出舱，又一次流下激动的泪水。如今，三名航天员已经结束了为期一个月的医学观察，开始为下一次任务做准备。

（2012-08-05《新闻联播》）

分析：这条消息是对神舟九号与天宫一号载人交会对接任务的回顾，重在说明我国载人航天事业所取得的巨大成就。新闻主体典型地按照时间顺序记述了三位航天员从16号出征到29号返回以及现在状况的过程，脉络清晰、重点突出。在播报时，首先应当在心中有一个时间框架，16号、24号、28号、29号、"如今"等，形成整体概览、做到心中有数，便会有把握全局的自信和条理分明的表达。这13天太空飞行的任务很多很繁重，消息只列出了重要的几天，而这其中"手控交会对接技术"则是重中之重。因此，"4度""1500多次""0.2度""7分钟"以及带有借喻色彩的"十环"，成为这一部分需要重点强调的内容。另外，"两度落泪"和"又一次流下激动的泪水"在新闻主体的前后形成对照呼应，应当在语流中形成呼应感，表现出神圣工作中坚强军人、航天前辈的责任感和使命感，以及对后辈的关心和期望。整体创作时应当语势稳健、语流顺畅、语气自豪、娓娓道来、重点突出、细节到位、脉络清晰、坚实而不乏温情,结尾时语气应充满再次出发的力量和再创辉煌的希望。

这条消息的主体是新闻片配音,严格来说和口播有着不同的要求。总体来说,电视新闻片配音用声略低于出镜播音、用声力度略弱、语速略快、幅度略小、停顿和重音略少。这些只是大致的区别,二者有共性也有个性,需要在一线实践中点滴感受、精确实施。具体来看,首先,电视新闻片的有声语言要兼顾内容和画面,因此承接画面、具有画面感是一个重要要求。如第一句话"这是 6 月 16 号出征时的场景"便是很明显要配合画面的,而"出征""0.2 度""十环""发现乐趣""落泪""出舱"等带有画面感的词语需着重处理。其次,新闻片配音要照顾画面,因此很多时候不是一气呵成的,而是根据画面的要求分段创作的,要处理好这种非连续性和整体感的有机统一。再次,新闻片配音讲述感较强,如果是社会生活类新闻语速可适当快一些,而科技、考古等相关内容则可适当慢一些,在讲述中展现新闻事实、表达情感态度。

(2)逻辑顺序

按照逻辑顺序安排新闻主体,是按照事件的内在联系、多角度、多侧面地切入新闻事实,一步步走向深入,从而使得主题更加鲜明、深化,提高新闻的说服力、感染力。播报时应注意条理性、说服力,突出逻辑感受。

例:

继乡镇医改后,我国公立医院改革目前已扩大到全国 18 个省、331 个县,改革引发了我国医药产业链条的新变革,而变革带来的变化是药价正在下降。

疗效差不多,价格却差多了。在试点医改的山东即墨人民医院,同样是治疗心血管病,这个药标价 48 块多,而这个却只有两块钱。差别缘于改革。这次医院试点改革的重点是取消药品加成,现在,医院将 523 种常用药全部实行零差价销售,亏空的钱,由财政补。

取消加成,医院迈出了第一步,而真正引发药价下降的,是另一项改革——招标。现在,对这 500 多种常用药,山东实行了统一招标。这一竞价,又逼着药企拼命降成本。康缘药业,为适应医改,在采购上,对原材料也实行了竞价招标;生产上,对工艺流程进行了优化。价格低,品质还得好。为此,企业不仅建立了 250 多人的研发团队,还与十几所院校共建了实验室,庞大的研发团队,让企业有能力研发高品质的药。

改革引发的连锁反应,让医药行业正在调整,而调整带给刘喜适的变化是,患有心脏病、高血压的老伴,现在每月可以省下 400 元。

目前,医院只拿基本药做试点,而这只占医院用药的 30%。如果全部取消加成,经营会出问题,现在试点,就是要测算财政怎么补。

到 2015 年,这项改革将覆盖所有县级公立医院,并扩大到城市医院;作为配套,到 2015 年,百姓跨省看病可实现异地结算;而改革的目标是,到 2015 年,百姓个人看病的总支出要降到 30% 以下。

(2012-08-08《新闻联播》)

分析:这条消息讲的是公立医院改革所带来的变化。第一自然段明确指出医改带来的变化是药价在下降。第二自然段以山东即墨人民医院为例指出改革的重点是取消常用药品的加成,这是药价下降的原因。第三自然段则进一步说明真正引发药价下降的深层原因是医院对药品的竞价招标措施,这一措施又直接带动药企采用原材料招标、优化工艺流程、建立研发团队等手段降低成本、提高质量。第四自然段是用实例说明医改对百姓求医问药的现实好处。第五自然段补充说明为什么目前只有常用药试点。最后一段则是改革目标的呈现。可以说脉络清晰、逻辑严密、环环相扣、有理有据,在播报时应着重把握多重因果关系,将比较复杂的内容层层剥离,在心中形成完整框架和逻辑走向,摆事实、讲道理,逐级深化、清晰表达,将医药改革这一惠民政策准确传达。

同样值得注意的是,新闻主体的结构形式也是复杂多样的,很多时候是时间顺序和逻辑顺序混合编排,还会根据不同题材、不同内容等灵活变化结构形式。因此,在具体的播报实践中,播音员应当始终结合长期的广义备稿和充分的狭义备稿,不断磨练播报快稿的能力,从而更好地完成电视新闻出镜播音工作。

3.背景的创作

背景材料是新闻消息的组成部分,并非"必备"的内容,但其可以丰富主体、深化主题,帮助受众更好地了解新闻事实、更好地体现新闻价值。背景的位置并不固定,有时导语中即有呈现,有时融汇在主体中,有时则独立成段。播报时相对于新闻主体应"下一个台阶",突出主体的地位,语势相对平稳、语言相对平和,具有补充说明的解释感。

例:

由台湾少数民族和教育界知名人士组成的台湾"民族学院考察研究团",今天到中央民族大学进行为期一周的考察交流,了解祖国大陆发展少数民族高等教育的成功经验。

中央民族大学经过六十多年的发展,已形成了由博士后、博士、硕士、学士以及干部培训等门类构成的完整的少数民族高等教育体系,被海内外誉为"中国少数民族高级人才的摇篮"。

台湾"民族学院考察研究团"此次考察中央民族大学,旨在为台湾建立民族学院提供决策参考。

(《人民日报》,有调整)

分析:这条消息没有导语。第一自然段是新闻的主体:台湾少数民族和教育界人士访问中央民族大学,了解办学经验。第三自然段是结尾,补充说明访问目的:为台湾建立民族学院寻求参考。第二自然段是背景介绍,中央民族大学是一所什么样的大学,同时也是说明为何台湾教育界人士要来中央民族大学交流、"取经"。从具体创作来看,主体部分,"知名人士"前有一处小间歇,为区分性停连,否则不能区分是"少数民族"和"教育界知名人士",还是"少数民族知名人士"和"教育界知名人士";"民族学院""中央民族大学""一周""成功"等词重音,突出语句目的。背景部分和主体部分要形成差别,突出主体的地位,因此在介绍中央民族大学的时候可从之前播报式的整体态势略微下降,语流略微紧凑、平稳一些,带解释说明之感;"以及"之前停顿、"完整"之前停顿并显现重音,顿号快速带过,处理好长句子;"少数民族高等教育"和"少数民族高级人才"重点表现,单独强调"少数民族"或"高等教育""高级人才"都显得不够准确、且听觉上不够自然和谐,因此并重。结尾部分顺势带过,可比背景部分略高,但不必过多着色,"决策参考"可适当点染,稳稳落停、收住结束。

4.结尾的创作

有些新闻主体中已经把事实讲清楚了,或是简讯、快讯,也就不需要结尾了;但是有些长新闻为了让消息更加完善、逻辑更加严密,会加上结尾。总体来说播报时要体现出全篇的完整和严密,语气应当有结束感,同时也要根据稿件的需要灵活、多变地处理结尾。

(1)总结式

这是最为常见的结尾方式,即对新闻事实进行小结,使受众更加明确消息的目的。播报时应根据具体需要讲明事实、平稳结束。

例:

【导语】北京时间今天凌晨4点,历时17天的第30届夏季奥运会在伦敦奥运会主体育场"伦敦碗"正式闭幕。

【主体】闭幕式上,近9万名观众一起分享了"伦敦的一天"和富有英国特色的"音乐聚会"。参与奥运会的各个国家和地区的运动员们不分国籍、不分种族,手拉手从四面八方涌入会场中央。在过去的16个比赛日里,204个国家和地区代表团大约10500名运动员相聚五环旗下,共参加了26个大项、302个小项的角逐,并在游泳、田径、举重等项目上共创造44项新的世界纪录。国际奥委会主席罗格用"快乐和荣耀"评价了本届伦敦奥运会。下届奥运会将于2016年8月在巴西里约热内卢举办,闭幕式上,充满巴西风情的"里约八分钟"亮相,展示出巴西人的快乐与热情。

【结尾】随着奥林匹克会歌响起,奥运五环旗缓缓降下,象征204个参赛国家和地区的铜花瓣主火炬缓缓散开、熄灭,标志着第30届夏季奥运会闭幕。

(2012-08-13《新闻联播》)

分析:这条消息的主旨是伦敦奥运会闭幕。导语表明时间、地点、事件,主体展现闭幕式盛况,结尾紧接主体、顺势结束,播报时平稳推进,将前三句并列性的话语归堆抱团,最后落停收住。

(2)评价式

评价是导语即在结尾时对新闻事件、人物等进行简短评价、议论,有时也会根据内容的需要适当抒情,更加鲜明地表达观点。播报时应注意态度分寸的把握以及议论内容的逻辑性。

例:

【导语】从东方红一号到神舟九号,从战术导弹到战略导弹,航天固体动力技术不仅提升了我国的科技硬实力,也赢得了世界的认可。

【主体】这是我国第一代潜射固体战略导弹"巨浪一号"试射成功的场景,这一突破不仅意味着中国拥有二次核打击的能力,也表明我国已经掌握大型固体动力的核心技术。固体动力技术一直被国外封锁,自力更生成了中国人唯一的选择。经过几代人的努力,如今,我国自主研制的固体动力发动机已经装备在海陆空等各型导弹武器中。在神舟九号发射时,火箭头顶这个装置,叫作逃逸塔。瞬间产生70多吨推力,依靠的就是固体动力技术。它也是载人火箭的关键技术,当时掌握这项技术的只有俄罗斯和美国。1995年,我国研制的第一台逃逸发动机诞生。首次试车失败,但设计团队没有就此认输。4年之后,中国人自己研制的首个逃逸塔终于成功。从神舟一号到神舟九号,逃逸塔已经完成了九次载人航天任务。未来,我国固体动力技术还将不断发展,为国防、航天等尖端领域提供更强劲的动力。

【结尾】航天是个寂寞而又备受瞩目的事业,树立目标,容易;不浮不躁,难;坚持几十年不浮不躁,更是难上难!但几代航天人始终坚守信仰、不负使命,靠的正是不甘落后的干劲,愈挫愈勇的韧劲,屡攀高峰的闯劲。揣着这几股劲,航天事业极大提升了我国科技实力,更成为中国实力的推动力。

(2012-08-12《新闻联播》)

分析:这条消息的关键词应当是"固体动力技术",围绕这一技术的从无到有、不断发展,表明我国科技实力和综合国力正在不断增强。结尾利用铺排、对比、转折等手法,用满怀深情、态度鲜明、有理有力、逻辑鲜明的简短议论为这条振奋人心、引发自豪的消息结尾,让受众心生对甘于吃苦、执著探索的中国航天人的崇敬之情、对中国科技实力和综合国力不断强大的自豪之情,播报时应当用恰当的有声语言进行展现。既不能无动于衷,也不能过度夸张,要和导语、主体的基调基本一致;同时也不能因为有抒情、议论就将其与前文割裂开来,要把握好分寸感。

（3）回味式

回味式结尾即不把话全部说完或者只说一部分，留有一定回味、思索的余地，启发受众进一步思考问题。播报时应注意不能生硬收住，而要在语流中表现出启发式、回味性的意味。

例：

【导语】刘瑞玉院士是我国著名的海洋生物学家，"活一天就要干一天工作"是他的人生格言，也是这位90岁老人一生的真实写照。

【主体】刘瑞玉院士潜心海洋科学研究60多年，取得了丰硕的科研成果。他首次搞清了中国对虾生活史，让对虾走上了普通百姓的餐桌；他还开创了我国海洋底栖生物生态学研究，并成为首个被授予"国际甲壳动物学会杰出贡献奖"的亚洲科学家。直到90岁的高龄，刘瑞玉仍然在与时间赛跑。刘瑞玉还非常重视科技人才的培养，一直坚持带研究生。他拿出自己的院士基金，返聘退休专家联合指导研究生，并在去世前捐出了一生积蓄100万元，用来奖励优秀的海洋生物学研究生。

【结尾】今天，人们越来越意识到海洋开发、利用和保护的价值。但是，海洋科学研究周期长，投入大，条件苦，出成果难。而刘瑞玉院士对海洋科研有一种融入血液的喜爱，有一种不求闻达的追求，也从中获得了穿透历史的远见，这正是刘瑞玉留给人们的精神财富。

（2012-08-15《新闻联播》）

分析：这条消息主要赞颂了刘瑞玉院士一生投入海洋科学研究和人才培养的无私奉献精神。结尾先是总结海洋科学研究的价值和艰难，接着是对刘瑞玉院士精神的褒扬，最后一句话令人回味：到底是什么样的精神财富？是热爱工作，还是追求理想，还是重视人才？从新闻事实中受众可以总结出很多值得我们尊敬和学习的精神。这个结尾兼有总结、评价、回味等几种方式，所总结的海洋科研的价值和不易实是为赞颂刘瑞玉院士的精神服务的，而对其精神的褒扬则是为了启发受众思考如何实现自身价值服务的。可以说三句话环环相扣、逻辑严密，最终要落实到启发思索上，因此重点在最后，充满回味意味的表达是播音员需要重点处理的。这时就不能仅仅生硬地落停收尾，而是要语尾略微上扬，虽是收住了，但要留给受众言有尽而意无穷之感。

（4）号召式

根据新闻事实，在消息结尾发出倡议和号召，多用于重大会议、公报或是重要活动的消息的结尾。播报时状态要积极高昂、语气要坚定豪迈、声音要明亮坚实，真正起到鼓舞人心、动员行动的作用。

例：

【导语】明天出版的《人民日报》将发表社论，题目是《以劳动托起中国梦——写在"五一"国际劳动节》。

【主体】文章指出，今天的中国，瑰丽的事业正召唤我们去奋斗，梦想的力量正激励我们去创造。亿万劳动者继承和发扬发愤图强、开拓创新的精神，才能奏响"劳动光荣、创造伟大"的时代强音，实现民族复兴的伟大梦想。每一位劳动者发扬识大体、顾大局的光荣传统，正确认识和对待改革发展过程中利益关系和利益格局的调整，心往一处想、劲往一处使，我们就没有迈不过的沟坎、抵达不了的彼岸。

【结尾】文章说，"五一"前夕，习近平总书记发表了激情洋溢的讲话，礼赞劳动创造，讴歌劳动精神，号召工人阶级和广大劳动群众承担庄严使命，投身伟大事业，"以劳动托起中国梦"！

（2015-04-30《新闻联播》，有调整）

分析：这条消息是对《人民日报》次日发表"五一"劳动节社论的预告和内容提示。主体是社论的内容，激励亿万劳动者为中国梦而奋斗。结尾概括了习近平讲话内容并引言，发出了"以劳动托起中国梦"的号召。整条消息内容凝炼、概括精当，很好地浓缩了《人民日报》社论和习近平讲话的精华，因此有催人奋进、引人向上的力量。在播报时应当情绪饱满、态度明确、声音坚实、明白晓畅。具体处理时，"礼赞"和"讴歌"之后间歇，既是语流变化推进的需要，也是对这两个词语的强调，后面的"创造"和"精神"两个词也应适当加重；"庄严使命""伟大事业""劳动""中国梦"重音；最后一句话是点题、点睛之笔，且为少见的感叹号，因此必须积极豪迈、明亮有力。让结尾真正起到鼓舞人心、动员行动的作用，向广大人民群众传递正能量。

值得注意的是，这条消息的主体部分是对社论内容的总结，严格来说应当纳入评论播音的范畴；由于其相比逻辑严密、论述周严的评论文章而言更具号召性、鼓动性，因此为例。

三、分话语样式创作

话语样式指的是话语的基本态势和主要形式。20世纪60年代初期，中央人民广播电台的夏青、齐越、林田和费寄平，以其成熟的艺术风格和深厚的语言功力，架构了宣读式、朗诵式、讲解式和谈话式这四种表达样式，并且成为这四种表达样式的代表人物。随着时代的发展、媒体的进步、传播技术的提高、受众需求的变化，在当下新闻播音主持创作中，话语样式和传统的四类有所不同。虽然朗诵式曾是20世纪80年代之前常见的新闻播报样式，但现在更多地使用于现场转播、大型晚会、重要讲演、电视散文等场合，已不在新闻播报中出现了。讲解式则更多地运用于专题片、纪录片、文艺片解说之中。当下新闻播报的主要话语样式为宣读式、播报式和谈话式。播报式来源于宣读式，介于宣读式和谈话式之间,是新闻播音中使用频率最高的话语样式。这三种话语样式有各自的特点和要求,但都在新闻播音主持有声语言要求的框架之内,需要播音员能够熟练掌握。值得注意的是,对于有些具体的稿件来说播法可能具有边缘性、模糊性的情况,但播音员仍应熟练掌握不同的话语样式灵活使用。

1.宣读式

宣读式由朗读而来,戏曲中叫作"照本宣科",也就是念白,本没有贬义,所谓"千斤念白四两唱",这反而是一项难度很大的基本功。在广播电视语言中,播音员主持人在依据稿件进行播报的时候,需要一字不差地表达出来,如公告、通告、讣告、法律、法规、条文、重要人物名单、重要会议决议等等。这是世界各国各大媒体都很看中的播音员的一项"看家本领"。但值得注意的是,宣读式并非一种常态样式,只有以上提到的那些需要郑重宣告的稿件才需要用到,这些稿件是不能作口语化处理的。

和其他几种话语样式相比,宣读式的规整性要求最高、口腔控制力度最大、语速最慢,既要有新闻的新鲜感,又要有发布重要消息的庄重性。宣读式的总体要求是严肃持重、逻辑鲜明、声音爽朗、顿挫巧妙、语势稳健。但是由于所宣读的稿件内容和形式的差异,比如讣告和贺电、命令和简历等,不能以一种固定腔调去表现,要具体稿件具体分析。

(1)公报

例:

中国共产党第十八届中央委员会第一次全体会议公报(2012 年 11 月 15 日中国共产党第十八届中央委员会第一次全体会议通过)

中国共产党第十八届中央委员会第一次全体会议,于 2012 年 11 月 15 日在北京举行。

出席会议的有中央委员 205 人,候补中央委员 171 人。中央纪律检查委员会委员列席会议。

习近平同志主持会议并作了重要讲话。

全会选举了中央政治局委员、中央政治局常务委员会委员、中央委员会总书记;根据中央政治局常务委员会的提名,通过了中央书记处成员,决定了中央军事委员会组成人员;批准了十八届中央纪律检查委员会第一次全体会议选举产生的书记、副书记和常务委员会委员人选。名单如下:

一、中央政治局委员(按姓氏笔画为序)

习近平 马 凯 王岐山 王沪宁 刘云山 刘延东(女) 刘奇葆

许其亮 孙春兰(女) 孙政才 李克强 李建国 李源潮 汪 洋

张春贤 张高丽 张德江 范长龙 孟建柱 赵乐际 胡春华

俞正声 栗战书 郭金龙 韩 正

二、中央政治局常务委员会委员

习近平　李克强　张德江　俞正声　刘云山　王岐山　张高丽

三、中央委员会总书记

习近平

四、中央书记处书记

刘云山　刘奇葆　赵乐际　栗战书　杜青林　赵洪祝　杨晶（蒙古族）

五、中央军事委员会主席、副主席、委员

主　席　习近平

副主席　范长龙　许其亮

委　员　常万全　房峰辉　张阳　赵克石　张又侠　吴胜利　马晓天
　　　　魏凤和

六、中央纪律检查委员会书记、副书记、常务委员会委员

书　记　王岐山

副书记　赵洪祝　黄树贤　李玉赋　杜金才　吴玉良　张军　陈文清
　　　　王　伟

常务委员会委员（按姓氏笔画为序）

王　伟　王岐山　刘　滨　江必新　杜金才　李玉赋　吴玉良　邱学强

张　军　张纪南　陈文清　周福启　赵洪祝　侯　凯　俞贵麟　姚增科

黄树贤　黄晓薇（女）　崔少鹏

（2012-11-15《新闻联播》）

　　分析：播送公报、公告、决议等时应当庄严郑重、大气稳健，气息坚实有力、口腔控制力度较大、严格吐字归音、声音通畅洪亮，音色、节奏等相对单一，不强调变化。

　　宣读人名时要注意以下两个问题：第一，轻重格式要正确。一般来说两个字的人名读成"中重"格式；三个字的人名读成"中轻重"格式，但是需要注意的是第二个字并不是平常所说的轻声，而是相对轻，如果由轻到重分别以123来形容，那么这个格式便是"213"，第三个字要重些；少数民族多字人名要根据民族习惯和语言习惯具体处理，广义备稿和狭义备稿都不能少，千万不能随意组合拼凑。第二，气口安排要合理。如果人数不多且极为重要，那么可采取一人一换气的方式；人数较多时可两人一组或三人一组换气，也可一人一换气，只是需要注意呼吸无声，且吸气够用即可，不会出现深吸长呼的现象。不管采取何种气口安排，一定要注意每个人名的轻重和间歇都是等比的，不能出现轻一个重一个或是几个密几个疏的情况；要意识到这事关国家政治、公正平等，切不可掉以轻心。人名宣读是新闻播报中较难的部分，对语速、语气、轻重以及专业素养的要求非常之细、非常之高，需要长期训练、细心感受、敏锐把握。

(2)简历

例:

习近平同志简历

习近平,男,汉族,1953年6月生,陕西富平人,1969年1月参加工作,1974年1月加入中国共产党,清华大学人文社会学院马克思主义理论与思想政治教育专业毕业,在职研究生学历,法学博士学位。

现任中央委员会总书记、中央军事委员会主席,中华人民共和国副主席,中华人民共和国中央军事委员会副主席,中央党校校长。

1969—1975年,陕西省延川县文安驿公社梁家河大队知青、党支部书记。

1975—1979年,清华大学化工系基本有机合成专业学习。

1979—1982年,国务院办公厅、中央军委办公厅秘书(现役)。

1982—1983年,河北省正定县委副书记。

1983—1985年,河北省正定县委书记,正定县武装部第一政委、党委第一书记。

1985—1988年,福建省厦门市委常委、副市长。

1988—1990年,福建省宁德地委书记,宁德军分区党委第一书记。

1990—1993年,福建省福州市委书记、市人大常委会主任,福州军分区党委第一书记。

1993—1995年,福建省委常委,福州市委书记、市人大常委会主任,福州军分区党委第一书记。

1995—1996年,福建省委副书记,福州市委书记、市人大常委会主任,福州军分区党委第一书记。

1996—1999年,福建省委副书记,福建省高炮预备役师第一政委。

1999—2000年,福建省委副书记、代省长,南京军区国防动员委员会副主任,福建省国防动员委员会主任,福建省高炮预备役师第一政委。

2000—2002年,福建省委副书记、省长,南京军区国防动员委员会副主任,福建省国防动员委员会主任,福建省高炮预备役师第一政委。

2002—2002年,浙江省委副书记、代省长,南京军区国防动员委员会副主任,浙江省国防动员委员会主任。

2002—2003年,浙江省委书记、代省长,浙江省军区党委第一书记,南京军区国防动员委员会副主任,浙江省国防动员委员会主任。

2003—2007年,浙江省委书记、省人大常委会主任,浙江省军区党委第一书记。

2007—2007年,上海市委书记,上海警备区党委第一书记。

2007—2008年,中央政治局常委、中央书记处书记,中央党校校长。

2008—2010 年,中央政治局常委、中央书记处书记,中华人民共和国副主席,中央党校校长。

2010—2012 年,中央政治局常委、中央书记处书记,中华人民共和国副主席,中共中央军事委员会副主席,中华人民共和国中央军事委员会副主席,中央党校校长。

2012 年起,中央委员会总书记、中央军事委员会主席,中华人民共和国副主席,中华人民共和国中央军事委员会副主席,中央党校校长。第十五届中央候补委员,十六届、十七届、十八届中央委员,十七届中央政治局委员、常委、中央书记处书记,十八届中央政治局委员、常委、中央委员会总书记。第十一届全国人大第一次会议当选为中华人民共和国副主席。十七届五中全会增补为中共中央军事委员会副主席。第十一届全国人大常委会第十七次会议任命为中华人民共和国中央军事委员会副主席。十八届一中全会任中共中央军事委员会主席。

(2012-11-15《新闻联播》)

分析:播送简历时应当态度郑重、积极,声音爽朗、明亮,语势稳健,语流畅快,把握好工作时间、穿成线、逻辑鲜明,处理好职务头衔、抱成团、顿挫巧妙。

(3)贺电

例:

【导语】中共中央、国务院 8 月 12 号向第 30 届奥林匹克运动会中国体育代表团发出贺电。

【主体】在举世瞩目的第 30 届奥林匹克运动会上,中国体育代表团表现出色,收获了 38 枚金牌、27 枚银牌、22 枚铜牌,位居金牌榜和奖牌榜前列,谱写了我国竞技体育新的辉煌篇章,在世界面前展现出改革开放的中国各族人民的良好精神风貌。党中央、国务院向你们表示热烈的祝贺和诚挚的问候!刚刚过去的 17 天里,中国体育代表团的运动健儿们在奥运赛场上频传捷报,雄壮的中华人民共和国国歌一次次奏响,鲜艳的中华人民共和国国旗一次次升起。你们大力弘扬中华体育精神和奥林匹克精神,胸怀祖国、牢记重托,不畏强手、奋力拼搏,展示出高超的运动技能和顽强的意志品质,为祖国和人民赢得了荣誉。你们同各国各地区体育同行相互切磋、深入交流,为促进国际奥林匹克运动发展、增进我国人民同各国各地区人民友谊发挥了积极作用。你们的优异表现,极大激发了全国各族人民的爱国热情,极大增强了海内外中华儿女的民族自信心和自豪感。当前,全党全国各族人民正满怀信心地推进改革开放和社会主义现代化建设,努力以优异成绩迎接党的十八大胜利召开。希望你们立足新的起点,戒骄戒躁,再接再厉,总结经验,从零开始,不断提高运动竞技水平和体育道德水平,为推动我国体育事业科学发展、建设体育强国,为实现全面建成小康社会

• 23 •

奋斗目标、开创中国特色社会主义事业新局面贡献更大力量！祖国和人民期待着你们凯旋！

（2012-08-13《新闻联播》）

分析：播送贺电时应当气势高昂、语流跌宕、高开高走、声音爽朗，传达喜悦、祝贺之情，增强感染、鼓舞之力。

（4）讣告

例：

著名的经济学家和社会活动家，中国民主建国会和中华职业教育社的杰出领导人，中国共产党的亲密朋友，第九届、十届全国人民代表大会常务委员会副委员长，中国民主建国会第六届、七届、八届中央委员会主席，中华职业教育社第八届、九届理事会理事长成思危同志，因病于2015年7月12日0时34分在北京逝世，享年80岁。

（2015-07-12《新闻联播》）

分析：播送讣告时应当语气庄重、肃穆、深沉，语势低开低走、平稳沉郁，语速和缓。讣告的语速是消息播报中最为缓慢的，要注意虽慢但不带拖腔、哭腔，不能过分悲痛；虽慢但对于讣告中较长的逝者职务、评价等仍需整体处理，不能支离破碎。

2.播报式

播报式是新闻播音的常态样式，使用频率最高，在"分新闻结构创作"中所讲的基本都是播报式的新闻例稿。和宣读式相比，其相对自如、自然；和谈话式相比，其相对规整、规范。播报式介于宣读式和谈话式之间，具有较为多元的表达走向和较为宽阔的创作空间，可适用性最广、可接受度最高。播音员一定要根据稿件的不同题材内容、情感态度、特征风格等要求具体、灵活、细致地处理和表达，不可以固定腔调套用所有的稿件。在"分类型新闻创作"中还将涉及不同类型新闻的播报创作。

例：

国家主席习近平7月1日签署第29号主席令。第29号主席令说：《中华人民共和国国家安全法》已由中华人民共和国第十二届全国人民代表大会常务委员会第十五次会议于2015年7月1日通过，现予公布，自公布之日起施行。

（2015-07-01《新闻联播》）

分析：很多消息都和这条类似，并非对决议、决定、法规、条令等的直接播报，而是对发布事实的报道或是其要点的概述或转述，因此要注意在播报时仍采取播报式而非宣读式。具体就这条消息来说，重点在于停连的处理。"习近平""《中华人民共和国国家安全法》""第十五次会议""自公布之日起"之后均给一个小间歇，"中华人民共和国"后偷一口气。整体逻辑清晰、语气坚定、平稳推进。

3.谈话式

谈话式也是新闻播音的一种常态样式,在现场报道、演播室主持、民生新闻等节目形态中较为常见,并具有一定的表达、传播优势。谈话式的表达自然流畅、松弛跳脱、灵活切近,在保持新闻语言准确、精炼等特点的同时,比日常聊天规整、简洁,比播报式轻松、随和。

·值得注意的是,提到"谈话式",现在很多人会将其与"说新闻"画等号,这是不够严谨的。一方面,谈话式的语言样式适用范围是较为广泛的,除了说新闻之外,现场报道、演播室主持串联、嘉宾访谈等场合皆可适用。一般认为"说新闻"正式进入受众视线、引领一时风气,开始于1998年陈鲁豫在《凤凰早班车》中的播报样式。但事实上早在"文革"前后,为了适应一些文化程度不高的听众的需要,就已经出现了将新闻讲解清楚的"说新闻"样式。"说新闻"只是谈话式的一种具体表现形式。另一方面,说新闻也不能脱离谈话式播报以及新闻播报的固有要求。说新闻,既不是简单在文稿中加上一些口语化的语气词、关联词,也不是随意地说话、聊天。而是需要播音员主持人能够参加新闻的筛选和编排,并将文稿按照口语化的要求将长句、复句变短,生僻书面用语简化,经过自己的加工用自己的语言说出来,甚至形成自己的语言风格。表面看似轻松随意的语言,背后其实另有一番功夫。说新闻的风靡也导致一些不良现象的出现,有的为了说而说,缺乏对稿件的理解、编排,显得生硬、别扭;有的则纯粹进入了聊大天、侃大山模式,连新闻要素、播报要求都全然不顾,彻底模糊了人际传播和大众传播的界限。这些都是需要播音员主持人引以为鉴、坚决杜绝的。

客观来说,语言比较切近、自然的播报新闻和语言比较规整、讲究的说新闻之间恐怕并无明显鸿沟,只是前者更显媒体的客观报道,后者更具播音员主持人的个性表达。说新闻的过程也是播音员主持人重新创作、融入个性的过程,尤其是在播讲时夹叙夹议、表达观点,那么个性就更加突出了。民生新闻的语言样式便具备这样的特点,根据消息的内容题材、重要程度等的不同,会呈现出播报式和谈话式并存的局面,总体而言倾向于谈话式的说新闻。

例:

晚上好,欢迎收看《零距离》,我们的节目在江苏新闻广播同步直播。节目的开始我们首先带您去参加一场特殊的新闻发布会。今天上午,在南京华电路的路口有一场特殊的新闻发布会,吸引了众多媒体的目光,开新闻发布会的是普通市民,而发布的内容竟然和一个小小的公共厕所有关。(新闻片)

保时捷跑车竟然在高速公路跑出了220公里每小时的速度,而且车主为了逃避电子警察,还在车牌上做了手脚。(新闻片)

4月份是朝鲜人民伟大的领袖金日成的诞辰的纪念日,每年的4月份我们中国都有很多的艺术家,为中朝两国人民的友谊到朝鲜去参加《四月之春》的文艺会演。我们栏目曾经报道过一个本土的民乐组合,这次被文化部选中,明天将赴朝鲜演出。(新闻片)我还记得上一回报道这个是著名的女子十二乐坊和刚才看到的南京本土的民乐组合的PK,我也预祝我们南京本土的演艺团体能有更大的发展、走得更远,我们也预祝他们演出成功。

(2010-04-14《南京零距离》,有调整)

分析:2002年江苏电视台城市频道推出的《南京零距离》被认为是开创了典型的电视民生新闻节目的先河。民生新闻的划分基于多重标准,对其含义也是众说纷纭、尚无定论,不过其特征还是较为明显的:关注民生、贴近百姓、聚焦日常、凸显服务、涉猎宽泛、强调本土。民生新闻业已成为当下电视媒体的重要景观,然而盲目跟风、蜂拥而至的结果是必然导致新闻质量的下滑,不少节目低俗化、同质化现象严重,浪费了宝贵的频道资源,丧失了应有的媒体公信力。播音员主持人应当敏锐意识到这些问题,同时在播报新闻时做到心中有人、了解民生、温暖亲和、自然切近、不偏不倚、把握导向,并逐渐融入个性,形成风格。

从这几条消息的播报来看,总体是以谈话式进行播报,能够比较准确地传达信息、表达观点。语言具有主持人自己的风格,虽然有些语句并不完美,主要问题在于略显啰嗦、冗长、过于口语化,但是由于主持人的个性风格融入其中,已经形成了富有魅力、卓有成效的传播,因此受众的接受度仍然很高。每一位播音员主持人都应该刻苦钻研业务、不断提高能力、善于发掘优势,能够实现从完成播报到优秀播报再到风格播报的境界提升。

随着这个多元时代的发展和媒介融合的加剧,受众对新闻从内容到形式都有着多元化的追求,有些爱看说新闻,有些则认同规整的播报。在一线新闻播报实践中,经常是宣读、播报、谈话穿插进行,播音员应当能够熟练掌握不同语言样式,根据具体要求灵活运用。在话语样式的转换过程中不断感受、寻找单条新闻和一组新闻以及整个栏目的区别、界限、融合方式等等,能够让播报自然、流畅,形成整体感。

四、分类型新闻创作

新闻的类型根据不同的划分标准会有不同的分法,一般传统媒体的新闻部或新闻中心会将新闻报道分为时政新闻、财经新闻、科教文卫(娱乐、体育)新闻、政法新闻、军事新闻、国际新闻等类别。不同类型新闻的播报,在遵循新闻播音一般创作规律的基础上,会呈现出各自的特点。下面对几种主要新闻类型的创作要求、方法等进行阐释。

1.时政新闻创作

时政新闻是关于国家社会政治生活中重大事件的报道,一般涉及党和国家的大政方针、领导人的政治工作、国际关系的处理等方面。时政新闻一般出现于新闻节目的前部,这是政治在社会生活中的重要性决定的,这些政治事务关系到整个社会的全局,从宏观上与全民息息相关,值得全民关注。

播音员应当有意识地持续性地关注国家政治生活,始终不忘广义备稿,不断提高政治素养,最终实现准确把握时政新闻的内容实质并通过恰切的有声语言向受众传达、解释、强调消息内容。在具体播报时,立足时政新闻的政治性、宏观性、重要性,播音员的表达应当沉稳、庄重、大气、有力,立场明确、态度鲜明,字音饱满、声音明亮、气息坚实、语流自然。一般来说时政新闻以播报式为主,兼有宣读式。

例:

国务院总理李克强3号下午在人民大会堂会见来华进行国事访问的新加坡总统陈庆炎。

李克强表示,中新是亲密友好邻邦,互为重要合作伙伴。习近平主席同你成功会谈,将有力促进两国关系发展。中方愿继续从战略高度和长远角度规划好、发展好中新关系,推动两国关系与合作再上新台阶。

李克强指出,中国经济上半年总体平稳,尤其是五六月份以来,反映增速向上、结构优化、后劲增强的积极因素增多。为促进经济稳步向好,我们将继续稳定宏观经济政策,在区间调控基础上加大定向调控力度,同时积极推动以国际产能合作为抓手的新一轮对外开放,在合作共赢中增强发展动力,提高发展效益。希望中新双方在办好苏州工业园区、天津生态城两个合作旗舰项目基础上,推动在中国西部地区建立第三个政府间合作项目,并就中新自贸区升级开展联合研究。

李克强强调,中国支持东盟共同体建设,愿同新方一道推动中国—东盟关系持续健康发展,共同维护地区和平与稳定。

陈庆炎表示,新方愿顺应两国各自发展变化和新中关系发展势头,拓展合作新形式、新领域。新方愿在东盟内发挥积极作用,推动东盟—中国关系不断向前发展。

(2015-07-03《新闻联播》)

分析:这条消息为领导人会见事务。首先应当了解2015年为中新建交25周年的背景,双方正在加强合作、共谋新发展。这条消息有导语和主体两个部分,条理清晰、内容集中。导语交代了时间、地点、人物、事件;主体部分"李克强表示、指出、强调"步步推进,"陈庆炎表示"补充对方观点,顺势结尾,逻辑十分清晰。播报时应注意逻辑、主次的呈现。

导语部分应当强调"李克强"和"陈庆炎","国务院总理"和"新加坡总统"为次要信息;"3号下午在人民大会堂"前后各有一个间歇,要明确停顿也是强调,这样既保证了语流的顺畅、听觉的舒适,同时也强调了人物、时间和地点。

主体第一段"亲密友好""重要"强调，为双方关系定性；"成功""有力""战略""长远""新"强调，从不同方面表达愿意建设双边关系的诚意；"规划好、发展好"前面停顿，并和"再上"均处理为次重。

主体第二段"平稳""积极""稳步""稳定""定向"等重音，多个"稳"字等都表明我国经济的整体运行态势良好，为下面的话作铺垫，即我们有能力、有实力开展国际间的合作；"国际产能合作""合作共赢""旗舰""西部""政府间""升级"等重音，提出合作的希望和美好的前景。"总体""向好""新一轮""第三个""联合"等次重。"反映增速向上、结构优化、后劲增强"和"增强发展动力，提高发展效益"虽有标点但处理时可顺势连上，不让语句过碎影响整体意思。第二句话从"同时"开始为两个意群，第三句话从"并就"开始为两个意群，因此虽然都是逗号，但要归堆抱团，让节奏更鲜明。

主体第三段"东盟共同体""持续健康""和平与稳定"等词重音，"推动"和"和平"前都需间歇。

主体最后一段两个"新""积极""不断"强调，表明新方的态度和立场。"不断"前间歇，停顿的同时可起到强调的作用。

除了注意逻辑、主次之外，这条消息整体基调表现为积极、友好、期待的色彩，语流应当流畅、明快、平稳、自然起伏，结尾落停收住。

2.国际新闻创作

简单来说，国际新闻就是关于国际上新近发生的事实的报道，一般来说和时政新闻一样，主要侧重于世界各国政局的变化、政策法规的颁布、领导人的重要活动、重大突发事件、重要社会民生事件等方面，都具有鲜明的政治色彩。随着社会的发展、网络的普及，受众对于国际新闻的需求也日益增加。很多国家的主流媒体都有国际频道，电视新闻中的国际新闻栏目或是板块也十分普遍；国际新闻报道的能力也成为衡量一个媒体乃至一个国家综合实力的重要指标。

播音员同样应当有意识地持续关注国际动态，尤其是各国重要政治、军事、社会形势等的发展变化、主要领导人的换届选举等，及时更新自己的知识储备。广义备稿和狭义备稿缺一不可，尤其是拗口的人名、地名等，一定要在准备的时候多试几遍，读对理顺。同时还要对我国的基本外交政策和主要国家的国际关系等比较熟悉，注意情感、态度、分寸的把握。国际新闻除了重大时政消息之外也会有一些域外的趣闻轶事，因此播音员要灵活调整播报状态和语言样式。

例：

希腊5号就国际债权人提出的协议草案举行全民公决，今天凌晨希腊内政部公布的计票结果显示，超过6成的投票者投了反对票。国际债权人所提出的"改革换资金"草案遭到了希腊民众拒绝。

本次公决的对象是国际债权人6月25号提出的协议草案，主要内容包括：

希腊原有救助协议再延长 5 个月至 11 月底,其间希腊可获得四笔共约 155 亿欧元的贷款,条件是希腊继续实施改革和紧缩。公决的投票率约为 62.43%,约 61.31% 的人投了反对票,而投赞成票的为 38.69%。

调查显示,一些中高收入阶层认为,否决方案将增加希腊退出欧元区风险,将使希腊遭受更加严重的打击,但受紧缩政策影响最严重的低收入者认为,希腊经济并没有出现好转,而生活水平却出现大幅倒退,反对债权人的协议只是为了表明态度。

6 号,希腊财长瓦鲁法基斯宣布辞职,他在声明中说,总理认为他辞职有利于希腊与欧盟达成协议。

(2015-07-06《新闻联播》)

分析:这条消息主题为希腊未能通过国际债权人的协议草案。看到这条消息就应当迅速联想希腊债务危机相关情况,因为这是本条消息的前因。简单来说,2009 年受金融危机影响,希腊经济支柱旅游业受到重创、整体经济竞争力在欧盟中较弱以及长期贸易逆差等导致政府财政赤字、主权信用等级被调低,同时还引发了欧洲债务危机。如果了解了这些相关背景信息,那么这条消息的播报就水到渠成、顺理成章了。

导语中时间、事件、国家等信息交代得比较清楚。"全民公决""6 号""反对""改革换资金""拒绝"为重音。"今天凌晨"后间歇,此后两小句话连得近一些,和第一小句形成两个意群。

主体的第一段指出协议草案的主要内容和投票情况。"5""四""155""61.31%"等数字需要强调,"改革和紧缩""62.43%""反对""38.69%"等词次重。

主体的第二段是对希腊投票民众的调查采访。"中高收入阶层"和"低收入者"形成对比重音,两部分内容形成两个意群,各自归堆抱团。"增加""更加严重""并没有""大幅""表明态度"次重。在播报这一段的时候,要注意对双方不同阶层、不同立场、相反意见的对比表现。不同阶层对同一事件的关注点完全不同,前者更加注重全局的观照;后者则是受害者,播音员应当了解"紧缩政策"其实就是削减开支、加重税收、减少福利,低收入人群受影响最为严重,他们对协议草案其实并没有太多看法,只是想借此表明自己内心的不满。

主体的第三段是相关事件的补充说明,平稳结尾即可。只是要注意人名的播报。

总体看来,播报这条消息的态度应当公平、客观,展示事实,引发思考,语流顺畅自然、多连少停,同时要表现出"希腊债务危机最新情况"的新鲜感。

3.财经新闻创作

社会经济的发展、生活水平的提高,让人们越来越关注经济领域的大小动态。电视媒体对财经消息的报道已经成为新闻报道的重要组成部分,经济频道、财经频道以及经济栏目的不断涌现,证明了其有着较大的吸引力和受众面。一般来说,财经新闻报道面覆盖全社会从生产到消费、从城市到农村、从宏观到微观的经济现象、经济活动、经济关系等方方面面;具体来说,财政税收、资本市场、金融证券、投资理财、商贸房产等都是其报道对象。从体裁来看,财经新闻可以分为经济资讯、经济消息、经济评论、经济调查、经济人物访谈等等。

财经新闻中带有大量的专业术语、特有名词,专业性比较强,播音员一方面必须充分进行较为系统的专业学习,长期关注经济财经领域;另一方面要在实践中做有心人,保持积极的状态不断积累经验。播报时应当准确、清晰,尤其是经济金融相关的数据较多,对其准确播报并传达数字背后的意义尤显重要;语气应当坚定、内行、具有可信度,这也是建立在充分的广义备稿和狭义备稿的基础之上的;态度应客观,语意要集中,准确传达经济现象、经济关系等背后的实质。

例:

海关总署今天公布,今年上半年我国外贸进出口总值 11.53 万亿元人民币,其中我国与"一带一路"沿线国家进出口总值接近 3 万亿元,约占同期外贸总值的比重超过四分之一。在国家"一带一路"战略的推动下,大众创业、万众创新的发展势头使得外贸企业转型升级快速成长,拉动我国外贸稳中向好。

这几天,由中船重工集团自主研发的 25 万吨级运沙船正在做最后的性能测试工作,很快就会出口到新加坡。这是世界范围内最节能环保船舶,用它运输矿砂,运费至少降低 10%。截至今年 6 月底,这个造船厂仅从来自"一带一路"沿线国家就拿到了 12 艘船舶订单,给企业带来了可观收益。国家除了在税收、研发、通关等环节给予企业政策支持,还在进出口环节免收了风险担保金。

据海关总署最新公布的数据显示:我国轨道交通设备、手机、纺织机械和金属加工机床分别增长 28.3%、19.7%、9.3% 和 6.1%。通过自主创新,我国越来越多的高附加值产品走向世界,而依托"一带一路"战略,对外贸易模式不断创新,也让更多企业找到了商机。海关统计显示,今年上半年我国外贸总体向好,其中民营企业进出口 4.14 万亿元人民币,居各类型企业之首。

黄崇山带领团队通过创新,自主研发出一批个性手机和平板电脑,同时在深圳新推出的小微企业外贸服务平台上,一次享受银行、物流、口岸码头等全流程优惠政策和服务,进出口环节的人力物力节省了,产品很快在"一带一路"沿线国家市场形成竞争力。好政策加自主创新,仅上半年,深圳这家只有 400 多名工人的民营小企业出口总值就达到了 5000 万美元,比 5 年前整整翻了80 倍。

(2015-07-13《新闻联播》)

分析:这条消息的主题是我国外贸稳中向好。但值得注意的是,这条经济信息和我国的"一带一路"政策密切相关,而经济信息和政治、社会生活的密切联系是会经常在财经新闻中出现的,播音员要了解这一点,在播报的时候做到准确处理。"一带一路"是"丝绸之路经济带"和"21世纪海上丝绸之路"的简称,是发展与沿线国家经济合作关系的战略构想,最终打造政治互信、经济合作、文化交流的利益共同体、命运共同体和责任共同体。自2013年提出以来,正在各个方面逐渐落实,这条经济消息就与此相关。

导语中三个数字"11.53""3""四分之一"需要强调,第一个"一带一路"和"稳中向好"也是重音,"超过"和"快速"次重。通过强调更好地表现外贸经济向好的现象背后有好的政策的支持。"上半年"和"发展势头"之后均有间歇,"其中"前后两小句各为一个意群,"成长"和"拉动"顺连,注意疏密的配合。

主体部分第一段是第一个例证。前两句以描述为主,"最"和"10％"为重音;"新加坡"为次重,要知道其是"一带一路"沿线国家这一背景,"节能环保"和"至少"同样是次重;"运费"一句和前一句连上。第三句中的"12""可观""政策""免收"为重音,强调政策的有力支持是重要保障。

主体部分第二段数字需要着重表现,通过数据能够直观、明确地说明问题;"高""对外贸易模式""总体向好""民营企业""之首"等词强调,突出显示我国对外贸易的新形势、好态势,和以前形成了对比;"机床"和"创新"之后间歇,"而"之后为一个意群,要连上,最后一句话的四小句两两归堆抱团。

主体部分最后一段是第二个例证,用一个民营企业的例子具体说明对外贸易模式创新和政策扶持所带来的好处。同样,数据要强调,其最能直观说明问题。"自主研发""优惠""节省""很快"等词是侧面表现,"好政策加自主创新"则是直接点题,这些重音都是为表现主旨服务的。

这条消息整体基调应是积极的、振奋的、肯定的,色彩是明快的,用声是明亮的,同时注意经济和政治的内在联系,对于政策背景下经济现象播出新鲜感并能够精准表达。

4. 文教新闻创作

文教新闻是文化、科学、教育等类新闻的总称,涉及的面比较广泛,也有不少专业的频道和栏目,在新闻传播中具有重要的地位。文教新闻对科学技术、文化教育的普及发展产生了重要的宣传、推动作用,同时其具有新闻性、科学性、思想性、知识性、实用性等特征。

文教新闻因其自身所具有的思想文化性和科学教育性,必然要求播音员能够有一定的基础和底蕴胜任这项工作。因此广义备稿、关注文教领域动态也是必不可少的。具体播报时应注意信息的准确传达,即将一些专有名词、尤其是复杂的科技领域的特殊概念能够表达正确、到位,做到具有说服力、逻辑感、专业性,实现传播的目的。如果遇到一些特别生僻的科技领域的名词或是理论,若时间充裕可适当查阅相关资料,若时间紧迫则可利用已有知识和相关知识结合上下文进行判断、理解,播清事实、播清脉络。

例:

5月31号,2015美国书展中国主宾国活动在纽约落下帷幕。在为期五天的书展期间,中国主宾国活动以书为媒,举行了出版高峰论坛、作家学者交流等近130场活动,展示了中华文化的独特魅力和当代中国社会发展的崭新面貌,充分展现了中国出版人走向世界的信心与决心。其中《习近平谈治国理政》研讨推广会、《今日中国》"解读中国共产党"系列图书英文版首发式、纪念反法西斯战争胜利70周年主题书籍首发和交流等活动,获得了国际专家和读者的热烈反响。

美国书展组委会负责人罗萨托说,中国主宾国活动是美国书展创办以来最大规模的主宾国活动,为中美两国出版业的进一步合作奠定了良好基础。

(2015-06-01《新闻联播》)

分析:这条消息的主题是"美国书展中国主宾国活动成果丰硕"。第一段为主体。其中,第一句可看作导语,"中国主宾国活动"重音,"美国书展"次重。第二句介绍活动的具体内容,"130""独特魅力""崭新面貌"重音,展现活动丰富、成果显著;"中国"和"世界"对举重音,"五天""信心与决心"次重。"和"前间歇。第三句话则是对活动内容的例举说明,清晰流畅播报即可,"热烈"重音,"国际专家和读者"次重,表现活动所取得的良好效果。

第二段是结尾,也是背景的补充介绍。"最大规模""进一步""良好"重音;"最大规模"前可间歇,也是强调。

整体来看这条消息没有特别困难的地方,是一条文化新闻,在播报的时候应当注意基调积极、振奋,因其是中国出版业走向世界的一次成功活动,是值得高兴的;结尾不可落停过死,应当在语流中充满期待和展望。

5.娱乐新闻创作

现代社会人们满足了基本的物质需求之后,出于休闲娱乐的目的对娱乐资讯、娱乐界动态等会有所需要。但是当下的娱乐新闻,挖掘隐私、蓄意炒作之风盛行,为了独家消息、爆出猛料,不惜报道时捕风捉影、采访时设置语言圈套,陷入无趣、无聊和低级趣味之中。

娱乐新闻虽然属于"软新闻",但依然是新闻的一种类型,播音员主持人应当把好传播环节这重要的最后一关。首先应当明确自己是新闻工作者,应当承担一定的社会责任,注意方式、态度、分寸,坚持正确的文化立场和价值判断,坚持标准的普通话,反对带有浓重地方色彩的腔调;娱乐新闻的内容和目的决定了播音员的状态应当是轻松自然的,节奏应明快,语势的幅度大,用声自然,话语样式多为谈话式,播报时应当抓住消息的"新鲜点""趣味点",风格可以有个性化的追求。当然也要注意如果是负面新闻或是辞世消息,应当及时调整语态,不可一味"娱乐"。

例:

这里是(最)最精彩的《娱乐无极限》,娱乐无极限,每天都新鲜!明天晚上(呢),《中国最强音》就将打响最厉害的冠军争夺战,(那)究竟谁会夺冠也是成为了近期大家热议的话题。不过最近我听到一个说法是(呢)不管谁夺冠导师章子怡(呢)都将是"最强音"舞台上最大的赢家。究竟(是)为什么会有这样的说法,我们一起来听一下。

(2013-06-27《娱乐无极限》)

分析:这条消息从"全民进取歌唱真人秀"节目《中国最强音》的冠军争夺战预告开始,但事实上内容却是关于导师章子怡的,为什么她是最大赢家需要往下看具体的报道,因此前面的铺垫就显得很重要。括号中的字词是原主持人的语流中加入的,整体感觉比较好,是以"说"为主的;但语言样式虽为谈话式,连接词、修饰词和语气词还是多了一些,语言略显繁冗。在播报这条消息时,节奏可以快一些,语言可以密一些;语调可以根据内容灵活变化,幅度大一些,比如开头"自报家门"语调可以高一些、活泼一些,播"谁会夺冠""谁是最大赢家"等内容时相对低一些,营造新鲜、神秘的气氛,引人关注;基调活泼、色彩明丽、情绪欢快、一气呵成;口腔控制力度较弱,咬死反而不利于表情达意,接近日常谈话即可,不能过分随意或快而不清,影响信息的传播。

6.体育新闻创作

体育新闻是对运动、健身等相关活动和事项的报道,既能反映人类挑战自我、超越自我的崇高精神,也能让受众放松身心、休闲娱乐。体育赛事具有过程的不确定性、结果的悬念性等特点,体育新闻对其过程、结果等的报道应当是具有概括性、新闻性的;体育赛事过程的紧张、胜利的狂喜、失败的痛苦,都是高强度的情感体验,体育新闻对其进行报道,虽然不能像赛事解说那样张扬起落,但情感的表达总体来说幅度也是比较大的。

播报体育新闻,新闻播音的基本创作规律、创作要求是要遵循的,但体育新闻也有其自身特点。播音员首先应当了解体育项目、赛事规则、相关信息等,具备一定的知识储备,以便准确理解、准确播报。播音员在播报时总体来说应当多连少停、层次清晰、节奏轻快,抓住细节、新鲜点和关注点;当然也要注意根据消息内容灵活变通,不可一味轻松。

例:

中国女足在今天进行的加拿大女足世界杯四分之一决赛中对阵美国队。面对世界排名第二的强大对手,中国队的姑娘们拼尽了全力,但最终由于实力悬殊0∶1不敌美国队,止步八强。虽然一球小负美国队,但这是中国女足在1999年后第一次闯进淘汰赛第二轮,可以说是十六年来的最好成绩。

(2015-06-27《新闻联播》)

分析:这条消息虽然只有三句话,但新闻的结构比较完整、逻辑十分清晰。第一句话表明时间、地点、赛事情况、对阵双方,可以说是消息的导语,"中国女足"和"美国队"形成对举重音。第二句话是对赛事的概括,是消息的主体,"第二"和"拼尽了全力"重音,"强大""悬殊""不敌"次重。第三句话是对赛事的评价以及背景的补充,是消息的结尾,"第一次""第二轮""十六年""最好"重音,强调女足的进步、拼搏。播报这条消息时,整体基调由平到高,导语新鲜播报、流畅叙述,主体突出对比、流露遗憾,结尾重在赞扬、充满期待。

五、分典型要点创作

在新闻播报的具体实践中,还有一些典型问题、重点难点值得注意和多加训练。有一些已经在上文的实例分析中涉及了,下面作一些具体分析。

1.数字的处理

新闻中的数字可以最直观地说明问题、直接或间接地表达主题,在新闻播报中是需要重点关注的要点之一。数字的绝对值是事物本身的量化记录,因此首先要读对、读准。但是数字的作用绝不仅在于此,具体数字背后是有含义和色彩的,播音员如果仅仅"见数出声",受众接受到的就容易变成空洞的概念,不等进入深层思考就已经流散,传播的效果也就很难实现了。对数字的处理,一定要挖掘出数字背后的具体含义,在表达的时候进行"着色"。所谓着色,就是根据新闻事实和新闻实质,用有声语言赋予数字或大或小、或多或少、或轻或重、或褒或贬等不同色彩和意义,从而表达倾向、态度、情感,使得受众能够从中获得信息点并抓住关键点。而当消息中数字较多时,可以选择最有价值的、最能说明问题的一个或几个数字进行强调、着色,其他的则可顺势带过、清楚即可。

另外,小数点一般要儿化,即读作"点儿",这是新闻播音中"约定俗成"的处理方法,这并非带有感情色彩的儿化,而是读作"点"显得生硬、尖锐,"点儿"则易于接受,是出于听觉的舒适和受众的接受的目的。

例:

印度北部包括首都新德里在内的9个邦今天遭遇大面积停电,造成火车、地铁等交通服务严重瘫痪,并出现供水危机。此次大面积停电被认为是印度11年来最严重的一次停电。停电从当地时间今天凌晨2点40分开始,受影响的居民人数占印度总人口的28%,超过3亿人。在几个大城市里,交通信号灯失灵导致早高峰期间出现交通拥堵。印度官员表示,目前,大约40%的地区已经恢复供电,机场、地铁等主要公共设施已恢复运营。印度有关方面将对停电原因进行调查。

(2012-07-30《新闻联播》)

分析:这条消息报道的是印度出现的大面积停电现象,一共出现了 6 个(组)数字。"9"应当强调,前提是播音员了解一定的有关印度的背景知识,印度一共 28 个邦,而有 9 个邦停电,也就是说三分之一的省份停电,是一件非常可怕的事情;如果还不能直观感受,可以同理以中国作比,如果全中国十一二个省同时停电,会是怎样的景象、造成怎样的后果? 因此,虽然"9 个"绝对数量不多,但是却要往大处着色。"11"需要强调,说明这次停电的情况之严重数十年所罕见。"2 点 40 分"只是新闻事件发生的具体时间节点,在本条消息中并无太多其他意义,因此只需语流带过即可。"28%"和"超过 3 亿"是对等的,二者说的是同一个事实,但前者相对抽象,不易被受众记住,而后者则直观、且数字巨大,容易对受众产生冲击力并形成记忆点,因此,"28%"次重即可,重点强调"3 亿"。"40%"次重,直观感受来说"40%"体量接近一半、并不小了,但是考虑到还有大约 5 个省处于黑暗之中,这个数字要适当往小处着色。

2. 长句的处理

长句是新闻播音时常会遇到的现象,虽然提倡句子短、口语化,但囿于内容的表达,很多时候长句的出现不可避免。长句的处理涉及气息运动、唇舌力度、感受理解等方方面面,可以说,处理好长句是新闻播音的重要基本功。有些句子由于语法关系、内在逻辑以及修饰过多等较为复杂,可能看起来都比较费解,更别说受众听着理解了。因此,播音员要能够准确处理长句,将其语法关系整理清楚、内在逻辑梳理明朗、明确语句目的和重点,用精准的有声语言进行表达,力求受众能够听得入耳、入心。也即,梳理语法关系、明确气口位置,明确语句目的、精选重音表达。

例:

中共中央总书记、国家主席、中央军委主席胡锦涛《在庆祝香港回归祖国 15 周年大会暨香港特别行政区第四届政府就职典礼上的讲话》的蒙古、藏、维吾尔、哈萨克、朝鲜等 5 种少数民族文字单行本已由中国民族语文翻译局翻译,民族出版社出版,即日起向全国公开发行。

(2012-07-06《新闻联播》)

分析:这条消息仅 100 多个字,第一个小句子就有 90 多个字,这样的长句也是非常少见的。但是仔细分析句子结构和语法关系就会发现,其实逻辑关系并无难点,主要是领导人职务、讲话题目、五个少数民族分别较长,同时在一个句子中出现造成了这样的超长语句。因此在处理时主要处理好停连、气口的位置,避免因句子过长、停连不当造成语意断裂、播报支离破碎。"胡锦涛"之后停顿,既是气口也是对其的强调,同时注意前面三个职务要适当勾连不可断开;"大会""的""单行本"之后停顿,注意"的"字放前,其后再停,若在"的"字前面停顿,"的蒙古"语意就无法接续了;"等"字出口时可以偷一口气,以弥补之前长句仅停顿两次而没有深吸的不足;"翻译"和"民族"勾连,因二者意义相关、逻辑先后相近。

整条新闻虽为长句,但逻辑关系比较清晰,只要停连到位,没有太多难以理解的内容,因此重音除了"胡锦涛",只需选择"单行本","5种少数民族文字""全国"次重即可。

3. 提速的技巧

新闻播音一般每分钟300到320字左右,慢的话280字左右,快的话则能达到340字左右,这是比其他类型的文稿都要播得快的。但是需要注意的是不是越快越好,现在很多播音员把快当做专业能力的唯一指标,而基本功扎实的就会有声音没内容、有形无魂,基本功不扎实的就是"连滚带爬""一堆乱码"了。这样的快速播报很难将信息传达到位,如果连信息共享都不能实现,那么认知共识、愉悦共鸣就更难谈及了。速度的提高,首先要以受众"听得清"为标准,不仅仅是播音员自己理解到位了、播得舒服了就行的,关键得让受众听得明白、听得舒服。盲目加快播报语速,会导致发音动程不够、声韵调都被挤压变形甚至脱落、语言清晰度降低;缺乏细致处理的时间还会影响语流的自然推进,使得语流单一、僵直;语速过快还会导致思维跟不上语言,最终进入无思维、见字出声的状态。这样缺乏内容的播报肯定是失败的。速度的提高,还要用一些技巧。总体来说,应当打破标点符号的限制,多连少停;灵活使用语气进行"转场",使用偷气、就气等方式灵活调整气息;加强主次的对比,敢于将不重要的部分大胆带过。

例:

北京市积极贯彻《京津冀协同发展规划纲要》这一重大国家战略,着力有序疏解北京非首都功能,深入优化调整城市布局,发挥首都对周边地区的辐射带动作用,实现优势互补,良性互动。

目前,北京市正在积极推动老城重组,东、西城区已严禁再增加医疗机构床位数量。地处东城区,以神经内科和神经外科著称的北京天坛医院,计划2017年整体搬迁到南四环的丰台花乡。不仅如此,天坛医院还派驻主任级专家,与河北燕达医院共建了脑科中心,使得燕达医院的神经内科、神经外科成为京东地区脑病诊疗中心,门诊住院数量增长了近一倍。

目前,北京市已有近50家医疗机构与河北省60多家三级医院开展了多种形式的合作。像这样的融合发展,已经涉及京津冀地区的不少领域。

张再明原来在北京做石材批发生意,今年他把厂房搬到了河北沧州黄骅港,买了 50 年产权的 150 亩地,花了 1100 多万元,较之前在北京朝阳区租房,节省了大量资金。沧州还给予五年免税政策,就连以前石材原料的运费,也随着厂房搬迁到港口,省下不少。

协同发展也给河北、天津的经济带来活力,作为承接北京石材产业的河北沧州万国石材城,半年多时间已签约入住 110 多家企业,年产值达 49 亿元,而北京将严禁新建和扩建未列入规划的区域性物流中心和批发市场。

未来,北京市还将聚焦通州,加快推进市行政副中心建设。2017 年,全市将完成 1200 家污染企业调整退出任务。此外,北京还加大"以业控人"、"以房管人"力度,到 2020 年常住人口力争控制在 2300 万人以内,城六区争取下降 15% 左右,使人口资源环境与首都城市战略地位相协调,让市民的工作和生活更加便利。

(2015-07-11《新闻联播》)

分析:这条消息主题是北京贯彻国家战略疏解非首都功能。这条导语具有概括性的特点,将整条消息的内容编辑其中,因此所包含的要点也就比较多,相对来说要重点处理,语速不可过快。重音可选择"重大""非首都""辐射带动"这三个最能体现内容重点的词,将五个小句子变成三块内容支撑起来,既起到了归堆抱团的作用,也是导语的最高点;"北京市""积极""国家战略""有序""深入""优势互补""良性互动"等词次重,可以说是第二层级;剩下的则是第三层级,可让语流密一些,清楚带过即可。"深入"和"实现"出口时偷口气即可,实现语意的集中。

主体部分从"目前"开始,气息下降、以"从头开始"的语气进入消息主体的播报。三句话分别拎出"再""整体"和"一倍"三个重音,"积极""南四环""主任级专家""脑病诊疗中心"为次重。"地处东城区"和后一小句可直接连上,因为都是修饰性的内容,"不仅如此"和上一句可适当勾连,虽是句号,但语意有承续关系,接紧一些反而容易形成对比、突出重点,处理时可直接"就气",就是不需吸气而是就着上一句话最后的气息把这几个字说出来。"使得"前后各成一个意群,可连得紧密些。有逗号要相连时同样可采用"偷气"的方式进行处理。

主体第二段起了承上启下的作用,"50"和"60"两个数字要强调,"三级""多种""融合"次重。"不少领域"和下一段的具体例证"张再明"要在语气上形成呼应,因此不必因为段落的不同而断开,反而要适当接得紧密一些。"北京"和"河北沧州黄骅港"形成对比重音,"大量""五年免税"也是重音。"买了……花了……"两句虽有数字,但可不必强调,因为后文没有具体的对应数字显示到底省了多少,光看这几个数字的绝对值还是比较大的,因此正常带过即可。"就连……也……省下"三小句也可归堆抱团。"租房"和"节省"两句之间、"运费"和"也"、"港口"和"省下"三句之间虽有逗号,但处理成"连",这几个连接不同于上文,句子都较短,且前面都有较为充分的气口,因此都处理成"音断意不断、声断气不断",也就是有间歇但不呼吸。

主体第四段"河北、天津""110""49""严禁"重音,"半年多"和"未列入"为次重。"企业"和"年产值"两小句同样声断气连,其余内容顺势带过即可。

最后一段"通州""副中心""1200""以业控人""以房管人""2300""协调""更加"等词强调,"调整退出""15%"次重。第一句话的三小句以及"此外……北京……"可处理为声断气连;"到""城""让"出口时同时偷一口气,让语流更加紧密,也让语速在对比变化推进中得以加快。

【实例参考】

1.决议

中国共产党第十八次全国代表大会关于十七届中央委员会报告的决议

(2012年11月14日中国共产党第十八次全国代表大会通过)

中国共产党第十八次全国代表大会批准胡锦涛同志代表十七届中央委员会所作的报告。报告高举中国特色社会主义伟大旗帜,以马克思列宁主义、毛泽东思想、邓小平理论、"三个代表"重要思想、科学发展观为指导,分析了国际国内形势的发展变化,回顾总结了过去五年的工作和党的十六大以来的奋斗历程及取得的历史性成就,确立了科学发展观的历史地位,提出了夺取中国特色社会主义新胜利的基本要求,确定了全面建成小康社会和全面深化改革开放的目标,对新的时代条件下推进中国特色社会主义事业作出了全面部署,对全面提高党的建设科学化水平提出了明确要求。报告描绘了全面建成小康社会、加快推进社会主义现代化的宏伟蓝图,为党和国家事业进一步发展指明了方向,是全党全国各族人民智慧的结晶,是我们党团结带领全国各族人民夺取中国特色社会主义新胜利的政治宣言和行动纲领,是马克思主义的纲领性文献。

大会认为,报告阐明的大会主题对我们党带领人民继往开来、奋勇前进具有十分重大的意义。全党要高举中国特色社会主义伟大旗帜,以邓小平理论、"三个代表"重要思想、科学发展观为指导,解放思想,改革开放,凝聚力量,攻坚克难,坚定不移沿着中国特色社会主义道路前进,为全面建成小康社会而奋斗。

大会强调,当前,世情、国情、党情继续发生深刻变化,我们面临的发展机遇和风险挑战前所未有。全党一定要牢记人民信任和重托,更加奋发有为、兢兢业业地工作,继续推动科学发展、促进社会和谐,继续改善人民生活、增进人民福祉,完成时代赋予的光荣而艰巨的任务。

大会高度评价十七届中央委员会的工作。十七大以来的五年,是我们在中国特色社会主义道路上奋勇前进的五年,是我们经受住各种困难和风险考验、夺取全面建设小康社会新胜利的五年,各方面工作都取得新的重大成就。

大会同意十七届中央委员会对十六大以来十年奋斗历程的基本总结,认为我们紧紧抓住和用好我国发展的重要战略机遇期,战胜一系列重大挑战,奋力把中国特色社会主义推进到新的发展阶段,巩固和发展了改革开放和社会主义现代化建设大局,提高了我国国际地位,彰显了中国特色社会主义的巨大优越性和强大生命力,增强了中国人民和中华民族的自豪感和凝聚力。

大会强调,总结十年奋斗历程,最重要的就是我们坚持勇于推进实践基础上的理论创新,围绕坚持和发展中国特色社会主义提出一系列紧密相连、相互贯通的新思想、新观点、新论断,形成和贯彻了科学发展观。科学发展观是马克思主义同当代中国实际和时代特征相结合的产物,是马克思主义关于发展的世界观和方法论的集中体现,对新形势下实现什么样的发展、怎样发展等重大问题作出了新的科学回答,把我们对中国特色社会主义规律的认识提高到新的水平,开辟了当代中国马克思主义发展新境界。科学发展观是中国特色社会主义理论体系最新成果,是中国共产党集体智慧的结晶,是指导党和国家全部工作的强大思想武器。科学发展观同马克思列宁主义、毛泽东思想、邓小平理论、"三个代表"重要思想一道,是党必须长期坚持的指导思想。

大会指出,90多年来,我们党紧紧依靠人民,把马克思主义基本原理同中国实际和时代特征结合起来,独立自主走自己的路,历经千辛万苦,付出各种代价,取得革命建设改革伟大胜利,开创和发展了中国特色社会主义,从根本上改变了中国人民和中华民族的前途命运。中国特色社会主义道路,中国特色社会主义理论体系,中国特色社会主义制度,是党和人民90多年奋斗、创造、积累的根本成就,必须倍加珍惜、始终坚持、不断发展。在新的历史条件下夺取中国特色社会主义新胜利,要牢牢把握以下基本要求:必须坚持人民主体地位,必须坚持解放和发展社会生产力,必须坚持推进改革开放,必须坚持维护社会公平正义,必须坚持走共同富裕道路,必须坚持促进社会和谐,必须坚持和平发展,必须坚持党的领导。只要我们顽强奋斗、艰苦奋斗、不懈奋斗,就一定能在中国共产党成立一百年时全面建成小康社会,就一定能在新中国成立一百年时建成富强、民主、文明、和谐的社会主义现代化国家。全党要坚定这样的道路自信、理论自信、制度自信!

大会认为,根据我国经济社会发展实际,要在十六大、十七大确立的全面建设小康社会目标的基础上努力实现新的要求:经济持续健康发展,人民民主不断扩大,文化软实力显著增强,人民生活水平全面提高,资源节约型、环境友好型社会建设取得重大进展。全面建成小康社会,必须以更大的政治勇气和智慧,不失时机深化重要领域改革,坚决破除一切妨碍科学发展的思想观念和体制机制弊端,构建系统完备、科学规范、运行有效的制度体系,使各方面制度更加成熟更加定型。

大会同意报告关于我国社会主义经济建设、政治建设、文化建设、社会建设、生态文明建设的部署。大会强调,要加快完善社会主义市场经济体制和加快转变经济发展方式,把推动发展的立足点转到提高质量和效益上来,着力激发各类市场主体发展新活力,着力增强创新驱动发展新动力,着力构建现代产业发展新体系,着力培育开放型经济发展新优势,使经济发展更多依靠内需特别是消费需求拉动,更多依靠现代服务业和战略性新兴产业带动,更多依靠科技进步、劳动者素质提高、管理创新驱动,更多依靠节约资源和循环经济推动,更多依靠城乡区域发展协调互动,不断增强长期发展后劲,促进工业化、信息化、城镇化、农业现代化同步发展;要坚持走中国特色社会主义政治发展道路和推进政治体制改革,发展更加广泛、更加充分、更加健全的人民民主,坚持党的领导、人民当家作主、依法治国有机统一,以保证人民当家作主为根本,以增强党和国家活力、调动人民积极性为目标,扩大社会主义民主,健全社会主义协商民主制度,完善基层民主制度,加快建设社会主义法治国家,健全权力运行制约和监督体系,发展社会主义政治文明;要扎实推进社会主义文化强国建设,坚持社会主义先进文化前进方向,推动社会主义文化大发展大繁荣,兴起社会主义文化建设新高潮,提高国家文化软实力,发挥文化引领风尚、教育人民、服务社会、推动发展的作用;要在改善民生和创新管理中加强社会建设,从维护最广大人民根本利益的高度,以保障和改善民生为重点,提高人民物质文化生活水平,多谋民生之利,多解民生之忧,加快健全基本公共服务体系,加强和创新社会管理,推动社会主义和谐社会建设;要大力推进生态文明建设,树立尊重自然、顺应自然、保护自然的生态文明理念,把生态文明建设融入经济建设、政治建设、文化建设、社会建设各方面和全过程,加大自然生态系统和环境保护力度,努力建设美丽中国,实现中华民族永续发展。大会强调,必须坚持以国家核心安全需求为导向,按照国防和军队现代化建设"三步走"战略构想,加紧完成机械化和信息化建设双重历史任务,建设与我国国际地位相称、与国家安全和发展利益相适应的巩固国防和强大军队。

大会强调,全面准确贯彻"一国两制"、"港人治港"、"澳人治澳"、高度自治的方针,必须把坚持一国原则和尊重两制差异、维护中央权力和保障特别行政区高度自治权、发挥祖国内地坚强后盾作用和提高港澳自身竞争力有机结合起来。必须坚持"和平统一、一国两制"方针,巩固和深化两岸关系和平发展的政治、经济、文化、社会基础,开创两岸关系和平发展新前景,团结台湾同胞维护好、建设好中华民族共同家园,为和平统一创造更充分的条件。

大会同意报告对国际形势的分析和提出的对外工作方针,强调中国将继续高举和平、发展、合作、共赢的旗帜,坚定奉行独立自主的和平外交政策,始终不渝走和平发展道路,始终不渝奉行互利共赢的开放战略,坚决维护国家主权、安全、发展利益,坚持在和平共处五项原则基础上全面发展同各国的友好合作,推动建设持久和平、共同繁荣的和谐世界,同各国人民一道为人类和平与发展的崇高事业而不懈努力。

大会强调,形势的发展、事业的开拓、人民的期待,都要求我们以改革创新精神全面推进党的建设新的伟大工程,全面提高党的建设科学化水平。全党要增强紧迫感和责任感,牢牢把握加强党的执政能力建设、先进性和纯洁性建设这条主线,坚持以人为本、执政为民,坚持解放思想、改革创新,坚持党要管党、从严治党,全面加强党的思想建设、组织建设、作风建设、反腐倡廉建设、制度建设,增强自我净化、自我完善、自我革新、自我提高能力,建设学习型、服务型、创新型的马克思主义执政党,确保党始终成为中国特色社会主义事业的坚强领导核心。

大会强调,反对腐败、建设廉洁政治,是党一贯坚持的鲜明政治立场,是人民关注的重大政治问题。反腐倡廉必须常抓不懈,拒腐防变必须警钟长鸣。要坚持中国特色反腐倡廉道路,坚持标本兼治、综合治理、惩防并举、注重预防方针,全面推进惩治和预防腐败体系建设,做到干部清正、政府清廉、政治清明。

大会强调,党的集中统一是党的力量所在,是实现经济社会发展、民族团结进步、国家长治久安的根本保证。党面临的形势越复杂,肩负的任务越艰巨,就越要加强党的纪律建设,越要维护党的集中统一,形成全党上下步调一致、奋发进取的强大力量。

大会强调,面对人民的信任和重托,面对新的历史条件和考验,全党必须增强忧患意识,谦虚谨慎,戒骄戒躁,始终保持清醒头脑;必须增强创新意识,坚持真理,修正错误,始终保持奋发有为的精神状态;必须增强宗旨意识,相信群众,依靠群众,始终把人民放在心中最高位置;必须增强使命意识,求真务实,艰苦奋斗,始终保持共产党人的政治本色。

大会号召,全党全国各族人民高举中国特色社会主义伟大旗帜,更加紧密地团结在党中央周围,为全面建成小康社会而奋斗,不断夺取中国特色社会主义新胜利,共同创造中国人民和中华民族更加幸福美好的未来!

(2012-11-14《新闻联播》)

2.公告

现在播送中华人民共和国全国人民代表大会公告第一号。

第十二届全国人民代表大会常务委员会委员长、副委员长、秘书长和委员已由第十二届全国人民代表大会第一次会议于 2013 年 3 月 14 日选出,共175人。委员长:张德江;副委员长:李建国、王胜俊、陈昌智、严隽琪(女)、王晨、沈跃跃(女)、吉炳轩、张平、向巴平措(藏族)、艾力更·依明巴海(维吾尔族)、万鄂湘、张宝文、陈竺;秘书长:王晨(兼)。

委员(按姓名笔画为序):丁仲礼、卫留成、马志武(回族)、马馼(女)、马瑞文(回族)、王乃坤(女)、王万宾、王尔乘、王刚、王庆喜、王佐书、王陇德、王其江、王国生、王明雯（女，彝族）、王胜明、王晓、王喜斌、王毅、云峰（蒙古族）、车光铁（朝鲜族）、乌日图（蒙古族）、方新（女）、尹中卿、邓力平、邓秀新、邓昌友、艾斯海提·克里木拜（哈萨克族）、石宗源（回族）、龙庄伟（苗族）、龙超云（女，侗族）、史莲喜（女）、白玛赤林（藏族）、白志健、白恩培、丛斌、令狐安、冯长根、冯淑萍（女）、吕祖善、吕薇（女）、朱发忠、朱静芝（女）、乔晓阳、任茂东、刘政奎、刘振伟、刘振来（回族）、刘振起、刘新成、刘德培、闫小培（女）、许为钢、许振超、孙大发、孙志军、孙宝树、买买提明·牙生（维吾尔族）、严以新、苏泽林、苏晓云（土家族）、苏辉（女）、杜黎明、李飞、李世明、李屹、李安东、李连宁、李玲蔚（女）、李适时、李盛霖、李景田（满族）、李智勇、李路、李慎明、杨卫、杨邦杰、杨震、吴恒、吴晓灵（女）、何晔晖（女）、汪毅夫、沈春耀、迟万春、张云川、张少琴、张平（民盟）、张兴凯、张鸣起、张健、张涛、张继禹、陆浩、陈凤翔、陈吉宁、陈光国、陈秀榕（女）、陈述涛（满族）、陈国令、陈建国、陈喜庆、陈斯喜、陈蔚文、陈豪、姒健敏、范徐丽泰（女）、欧阳淞、卓新平（土家族）、罗亮权（苗族）、罗清泉、周天鸿、周其凤、庞丽娟（女）、郑功成、郎胜、赵少华（女，满族）、赵白鸽（女）、赵胜轩、赵德明（瑶族）、郝如玉、柳斌杰、修福金、信春鹰（女）、侯义斌、洪毅、姚建年、姚胜、贺一诚、秦顺全、袁驷、莫文秀（女）、徐显明、郭凤莲（女）、郭雷、唐世礼（女，布依族）、黄小晶、黄华华、黄伯云、黄润秋、黄献中、曹卫洲、龚建明、盛光祖、符跃兰（女，黎族）、章沁生、梁胜利（壮族）、彭森、董中原、蒋巨峰、蒋庄德、韩晓武、辜胜阻、傅莹（女，蒙古族）、温孚江、谢小军、谢旭人、窦树华、嘉木样·洛桑久美·图丹却吉尼玛（藏族）、蔡昉、廖晓军、穆东升（回族）。

现予公告。

（2013-03-14《新闻联播》）

3. 公告

现在播送中华人民共和国全国人民代表大会公告第二号。

第十二届全国人民代表大会第一次会议于 2013 年 3 月 14 日选举：习近平为中华人民共和国主席，李源潮为中华人民共和国副主席。

现予公告。

（2013-03-14《新闻联播》）

4. 公告

现在播送中华人民共和国全国人民代表大会公告第三号。

第十二届全国人民代表大会第一次会议于 2013 年 3 月 14 日选举习近平为中华人民共和国中央军事委员会主席。现予公告。

中华人民共和国第十二届全国人民代表大会第一次会议主席团 2013 年 3 月 14 日于北京。

（2013-03-14《新闻联播》）

5.公报

中国共产党第十八届中央委员会第四次全体会议,于 2014 年 10 月 20 日至 23 日在北京举行。现在全文播送:中国共产党第十八届中央委员会第四次全体会议公报。

中国共产党第十八届中央委员会第四次全体会议公报(2014 年 10 月 23 日中国共产党第十八届中央委员会第四次全体会议通过)

中国共产党第十八届中央委员会第四次全体会议,于 2014 年 10 月 20 日至 23 日在北京举行。

出席这次全会的有,中央委员 199 人,候补中央委员 164 人。中央纪律检查委员会常务委员会委员和有关方面负责同志列席了会议。党的十八大代表中部分基层同志和专家学者也列席了会议。

全会由中央政治局主持。中央委员会总书记习近平作了重要讲话。

全会听取和讨论了习近平受中央政治局委托作的工作报告,审议通过了《中共中央关于全面推进依法治国若干重大问题的决定》。习近平就《决定(讨论稿)》向全会作了说明。

全会充分肯定党的十八届三中全会以来中央政治局的工作。一致认为,党的十八届三中全会以来,国际形势错综复杂,国内改革发展任务极为繁重,中央政治局全面贯彻党的十八大和十八届一中、二中、三中全会精神,高举中国特色社会主义伟大旗帜,以邓小平理论、"三个代表"重要思想、科学发展观为指导,深入贯彻习近平总书记系列重要讲话精神,团结带领全党全军全国各族人民,统筹国内国际两个大局,牢牢把握稳中求进工作总基调,保持战略定力,以全面深化改革推动各项工作,注重从思想上、制度上谋划涉及改革发展稳定、内政外交国防、治党治国治军的战略性、全局性、长远性问题。中央政治局适应经济发展新常态,创新宏观调控思路和方式,积极破解经济社会发展难题,着力保障和改善民生,基本完成党的群众路线教育实践活动,坚定不移反对腐败,有效应对各种风险挑战,各方面工作取得新成效,党和国家事业发展打开新局面。

全会高度评价长期以来特别是党的十一届三中全会以来我国社会主义法治建设取得的历史性成就,研究了全面推进依法治国若干重大问题,认为全面建成小康社会、实现中华民族伟大复兴的中国梦,全面深化改革、完善和发展中国特色社会主义制度,提高党的执政能力和执政水平,必须全面推进依法治国。

全会提出,面对新形势新任务,我们党要更好统筹国内国际两个大局,更好维护和运用我国发展的重要战略机遇期,更好统筹社会力量、平衡社会利益、调节社会关系、规范社会行为,使我国社会在深刻变革中既生机勃勃又井然有序,实现经济发展、政治清明、文化昌盛、社会公正、生态良好,实现我国和平发展的战略目标,必须更好发挥法治的引领和规范作用。

全会强调,全面推进依法治国,必须贯彻落实党的十八大和十八届三中全会精神,高举中国特色社会主义伟大旗帜,以马克思列宁主义、毛泽东思想、邓小平理论、"三个代表"重要思想、科学发展观为指导,深入贯彻习近平总书记系列重要讲话精神,坚持党的领导、人民当家作主、依法治国有机统一,坚定不移走中国特色社会主义法治道路,坚决维护宪法法律权威,依法维护人民权益、维护社会公平正义、维护国家安全稳定,为实现"两个一百年"奋斗目标、实现中华民族伟大复兴的中国梦提供有力法治保障。

全会提出,全面推进依法治国,总目标是建设中国特色社会主义法治体系,建设社会主义法治国家。这就是,在中国共产党领导下,坚持中国特色社会主义制度,贯彻中国特色社会主义法治理论,形成完备的法律规范体系、高效的法治实施体系、严密的法治监督体系、有力的法治保障体系,形成完善的党内法规体系,坚持依法治国、依法执政、依法行政共同推进,坚持法治国家、法治政府、法治社会一体建设,实现科学立法、严格执法、公正司法、全民守法,促进国家治理体系和治理能力现代化。实现这个总目标,必须坚持中国共产党的领导,坚持人民主体地位,坚持法律面前人人平等,坚持依法治国和以德治国相结合,坚持从中国实际出发。

全会强调,党的领导是中国特色社会主义最本质的特征,是社会主义法治最根本的保证。把党的领导贯彻到依法治国全过程和各方面,是我国社会主义法治建设的一条基本经验。我国宪法确立了中国共产党的领导地位。坚持党的领导,是社会主义法治的根本要求,是党和国家的根本所在、命脉所在,是全国各族人民的利益所系、幸福所系,是全面推进依法治国的题中应有之义。党的领导和社会主义法治是一致的,社会主义法治必须坚持党的领导,党的领导必须依靠社会主义法治。只有在党的领导下依法治国、厉行法治,人民当家作主才能充分实现,国家和社会生活法治化才能有序推进。依法执政,既要求党依据宪法法律治国理政,也要求党依据党内法规管党治党。

全会明确了全面推进依法治国的重大任务,这就是:完善以宪法为核心的中国特色社会主义法律体系,加强宪法实施;深入推进依法行政,加快建设法治政府;保证公正司法,提高司法公信力;增强全民法治观念,推进法治社会建设;加强法治工作队伍建设;加强和改进党对全面推进依法治国的领导。

全会提出,法律是治国之重器,良法是善治之前提。建设中国特色社会主义法治体系,必须坚持立法先行,发挥立法的引领和推动作用,抓住提高立法质量这个关键。要恪守以民为本、立法为民理念,贯彻社会主义核心价值观,使每一项立法都符合宪法精神、反映人民意志、得到人民拥护。要把公正、公平、公开原则贯穿立法全过程,完善立法体制机制,坚持立改废释并举,增强法律法规的及时性、系统性、针对性、有效性。坚持依法治国首先要坚持依宪治国,坚持依法执政首先要坚持依宪执政。健全宪法实施和监督制度,完善全国人大及其常委会宪法监督制度,健全宪法解释程序机制。完善立法体制,加强党对立法工作的领导,完善党对立法工作中重大问题决策的程序,健全有立法权的人大主导立法工作的体制机制,依法赋予设区的市地方立法权。深入推进科学立法、民主立法,完善立法项目征集和论证制度,健全立法机关主导、社会各方有序参与立法的途径和方式,拓宽公民有序参与立法途径。加强重点领域立法,加快完善体现权利公平、机会公平、规则公平的法律制度,保障公民人身权、财产权、基本政治权利等各项权利不受侵犯,保障公民经济、文化、社会等各方面权利得到落实。实现立法和改革决策相衔接,做到重大改革于法有据、立法主动适应改革和经济社会发展需要。

全会提出,法律的生命力在于实施,法律的权威也在于实施。各级政府必须坚持在党的领导下、在法治轨道上开展工作,加快建设职能科学、权责法定、执法严明、公开公正、廉洁高效、守法诚信的法治政府。依法全面履行政府职能,推进机构、职能、权限、程序、责任法定化,推行政府权力清单制度。健全依法决策机制,把公众参与、专家论证、风险评估、合法性审查、集体讨论决定确定为重大行政决策法定程序,建立行政机关内部重大决策合法性审查机制,建立重大决策终身责任追究制度及责任倒查机制。深化行政执法体制改革,健全行政执法和刑事司法衔接机制。坚持严格规范公正文明执法,依法惩处各类违法行为,加大关系群众切身利益的重点领域执法力度,建立健全行政裁量权基准制度,全面落实行政执法责任制。强化对行政权力的制约和监督,完善纠错问责机制。全面推进政务公开,坚持以公开为常态、不公开为例外原则,推进决策公开、执行公开、管理公开、服务公开、结果公开。

全会提出,公正是法治的生命线。司法公正对社会公正具有重要引领作用,司法不公对社会公正具有致命破坏作用。必须完善司法管理体制和司法权力运行机制,规范司法行为,加强对司法活动的监督,努力让人民群众在每一个司法案件中感受到公平正义。完善确保依法独立公正行使审判权和检察权的制度,建立领导干部干预司法活动、插手具体案件处理的记录、通报和责任追究制度,建立健全司法人员履行法定职责保护机制。优化司法职权配置,推动实行审判权和执行权相分离的体制改革试点,最高人民法院设立巡回法庭,探索设立跨行政区划的人民法院和人民检察院,探索建立检察机关提起公益诉讼制度。推进严格司法,坚持以事实为根据、以法律为准绳,推进以审判为中心的诉讼制度改革,实行办案质量终身负责制和错案责任倒查问责制。保障人民群众参与司法,在司法调解、司法听证、涉诉信访等司法活动中保障人民群众参与,完善人民陪审员制度,构建开放、动态、透明、便民的阳光司法机制。加强人权司法保障。加强对司法活动的监督,完善检察机关行使监督权的法律制度,加强对刑事诉讼、民事诉讼、行政诉讼的法律监督,完善人民监督员制度,绝不允许法外开恩,绝不允许办关系案、人情案、金钱案。

全会提出,法律的权威源自人民的内心拥护和真诚信仰。人民权益要靠法律保障,法律权威要靠人民维护。必须弘扬社会主义法治精神,建设社会主义法治文化,增强全社会厉行法治的积极性和主动性,形成守法光荣、违法可耻的社会氛围,使全体人民都成为社会主义法治的忠实崇尚者、自觉遵守者、坚定捍卫者。推动全社会树立法治意识,深入开展法治宣传教育,把法治教育纳入国民教育体系和精神文明创建内容。推进多层次多领域依法治理,坚持系统治理、依法治理、综合治理、源头治理,深化基层组织和部门、行业依法治理,支持各类社会主体自我约束、自我管理,发挥市民公约、乡规民约、行业规章、团体章程等社会规范在社会治理中的积极作用。建设完备的法律服务体系,推进覆盖城乡居民的公共法律服务体系建设,完善法律援助制度,健全司法救助体系。健全依法维权和化解纠纷机制,建立健全社会矛盾预警机制、利益表达机制、协商沟通机制、救济救助机制,畅通群众利益协调、权益保障法律渠道。完善立体化社会治安防控体系,保障人民生命财产安全。

全会提出,全面推进依法治国,必须大力提高法治工作队伍思想政治素质、业务工作能力、职业道德水准,着力建设一支忠于党、忠于国家、忠于人民、忠于法律的社会主义法治工作队伍。建设高素质法治专门队伍,把思想政治建设摆在首位,加强立法队伍、行政执法队伍、司法队伍建设,畅通立法、执法、司法部门干部和人才相互之间以及与其他部门具备条件的干部和人才交流渠道,推进法治专门队伍正规化、专业化、职业化,完善法律职业准入制度,建立从符合条件的律师、法学专家中招录立法工作者、法官、检察官制度,健全从政法专业毕业生中招录人才的规范便捷机制,完善职业保障体系。加强法律服务队伍建设,增强广大律师走中国特色社会主义法治道路的自觉性和坚定性,构建社会律师、公职律师、公司律师等优势互补、结构合理的律师队伍。创新法治人才培养机制,形成完备的中国特色社会主义法学理论体系、学科体系、课程体系,推动中国特色社会主义法治理论进教材进课堂进头脑,培养造就熟悉和坚持中国特色社会主义法治体系的法治人才及后备力量。

全会强调,党的领导是全面推进依法治国、加快建设社会主义法治国家最根本的保证。必须加强和改进党对法治工作的领导,把党的领导贯彻到全面推进依法治国全过程。坚持依法执政,各级领导干部要带头遵守法律、带头依法办事,不得违法行使权力,更不能以言代法、以权压法、徇私枉法。健全党领导依法治国的制度和工作机制,完善保证党确定依法治国方针政策和决策部署的工作机制和程序,加强对全面推进依法治国统一领导、统一部署、统筹协调,完善党委依法决策机制。各级人大、政府、政协、审判机关、检察机关的党组织要领导和监督本单位模范遵守宪法法律，坚决查处执法犯法、违法用权等行为。加强党内法规制度建设，完善党内法规制定体制机制，形成配套完备的党内法规制度体系，运用党内法规把党要管党、从严治党落到实处，促进党员、干部带头遵守国家法律法规。提高党员干部法治思维和依法办事能力，把法治建设成效作为衡量各级领导班子和领导干部工作实绩重要内容、纳入政绩考核指标体系，把能不能遵守法律、依法办事作为考察干部重要内容。推进基层治理法治化，发挥基层党组织在全面推进依法治国中的战斗堡垒作用，建立重心下移、力量下沉的法治工作机制。深入推进依法治军、从严治军，紧紧围绕党在新形势下的强军目标，构建完善的中国特色军事法治体系，提高国防和军队建设法治化水平。依法保障"一国两制"实践和推进祖国统一，保持香港、澳门长期繁荣稳定，推进祖国和平统一，依法保护港澳同胞、台湾同胞权益。加强涉外法律工作，运用法律手段维护我国主权、安全、发展利益，维护我国公民、法人在海外及外国公民、法人在我国的正当权益。

全会分析了当前形势和任务，强调全党同志要把思想和行动统一到中央关于全面深化改革、全面推进依法治国重大决策部署上来，审时度势、居安思危，既要有抓住和用好重要战略机遇期推进改革发展的战略定力，又要敏锐把握国内外环境的变化，以钉钉子精神，继续做好保持经济持续健康发展工作，继续做好改善和保障民生特别是帮扶困难群众工作，继续做好作风整改工作，继续做好从严治党工作，继续做好保持社会和谐稳定工作，为明年开局打好基础。

全会按照党章规定，决定递补中央委员会候补委员马建堂、王作安、毛万春为中央委员会委员。

全会审议并通过了中共中央纪律检查委员会关于李东生、蒋洁敏、王永春、李春城、万庆良严重违纪问题的审查报告，审议并通过了中共中央军事委员会纪律检查委员会关于杨金山严重违纪问题的审查报告，确认中央政治局之前作出的给予李东生、蒋洁敏、杨金山、王永春、李春城、万庆良开除党籍的处分。

全会号召，全党同志和全国各族人民紧密团结在以习近平同志为总书记的党中央周围，高举中国特色社会主义伟大旗帜，积极投身全面推进依法治国伟大实践，开拓进取，扎实工作，为建设法治中国而奋斗！

（2014-10-23《新闻联播》）

6.决议

现在播发中共中央关于全面推进依法治国若干重大问题的决定。《决定》于2014年10月23日中国共产党第十八届中央委员会第四次全体会议通过。《决定》说，为贯彻落实党的十八大作出的战略部署，加快建设社会主义法治国家，十八届中央委员会第四次全体会议研究了全面推进依法治国若干重大问题，作出如下决定。

一、坚持走中国特色社会主义法治道路,建设中国特色社会主义法治体系

依法治国,是坚持和发展中国特色社会主义的本质要求和重要保障,是实现国家治理体系和治理能力现代化的必然要求,事关我们党执政兴国,事关人民幸福安康,事关党和国家长治久安。

我国正处于社会主义初级阶段,全面建成小康社会进入决定性阶段,改革进入攻坚期和深水区,国际形势复杂多变,我们党面对的改革发展稳定任务之重前所未有、矛盾风险挑战之多前所未有,依法治国在党和国家工作全局中的地位更加突出、作用更加重大。

全面推进依法治国,总目标是建设中国特色社会主义法治体系,建设社会主义法治国家。这就是,在中国共产党领导下,坚持中国特色社会主义制度,贯彻中国特色社会主义法治理论,形成完备的法律规范体系、高效的法治实施体系、严密的法治监督体系、有力的法治保障体系,形成完善的党内法规体系,坚持依法治国、依法执政、依法行政共同推进,坚持法治国家、法治政府、法治社会一体建设,实现科学立法、严格执法、公正司法、全民守法,促进国家治理体系和治理能力现代化。

实现这个总目标,必须坚持以下原则。

——坚持中国共产党的领导。党的领导是中国特色社会主义最本质的特征,是社会主义法治最根本的保证。把党的领导贯彻到依法治国全过程和各方面,是我国社会主义法治建设的一条基本经验。我国宪法确立了中国共产党的领导地位。坚持党的领导,是社会主义法治的根本要求,是党和国家的根本所在、命脉所在,是全国各族人民的利益所系、幸福所系,是全面推进依法治国的题中应有之义。党的领导和社会主义法治是一致的,社会主义法治必须坚持党的领导,党的领导必须依靠社会主义法治。

——坚持人民主体地位。人民是依法治国的主体和力量源泉,人民代表大会制度是保证人民当家作主的根本政治制度。必须保证人民在党的领导下,依照法律规定,通过各种途径和形式管理国家事务,管理经济文化事业,管理社会事务。必须使人民认识到法律既是保障自身权利的有力武器,也是必须遵守的行为规范,增强全社会学法尊法守法用法意识,使法律为人民所掌握、所遵守、所运用。

——坚持法律面前人人平等。平等是社会主义法律的基本属性。任何组织和个人都必须尊重宪法法律权威,都必须在宪法法律范围内活动,都必须依照宪法法律行使权力或权利、履行职责或义务,都不得有超越宪法法律的特权。

——坚持依法治国和以德治国相结合。国家和社会治理需要法律和道德共同发挥作用。必须坚持一手抓法治、一手抓德治,大力弘扬社会主义核心价值观,弘扬中华传统美德,培育社会公德、职业道德、家庭美德、个人品德,既重

视发挥法律的规范作用,又重视发挥道德的教化作用,以法治体现道德理念、强化法律对道德建设的促进作用,以道德滋养法治精神、强化道德对法治文化的支撑作用,实现法律和道德相辅相成、法治和德治相得益彰。

——坚持从中国实际出发。中国特色社会主义道路、理论体系、制度是全面推进依法治国的根本遵循。汲取中华法律文化精华,借鉴国外法治有益经验,但决不照搬外国法治理念和模式。

二、完善以宪法为核心的中国特色社会主义法律体系,加强宪法实施

法律是治国之重器,良法是善治之前提。建设中国特色社会主义法治体系,必须坚持立法先行,发挥立法的引领和推动作用,抓住提高立法质量这个关键。要恪守以民为本、立法为民理念,贯彻社会主义核心价值观,使每一项立法都符合宪法精神、反映人民意志、得到人民拥护。要把公正、公平、公开原则贯穿立法全过程,完善立法体制机制,坚持立改废释并举,增强法律法规的及时性、系统性、针对性、有效性。

(一)健全宪法实施和监督制度。宪法是党和人民意志的集中体现,是通过科学民主程序形成的根本法。一切违反宪法的行为都必须予以追究和纠正。完善全国人大及其常委会宪法监督制度,健全宪法解释程序机制。

将每年十二月四日定为国家宪法日。在全社会普遍开展宪法教育,弘扬宪法精神。建立宪法宣誓制度,凡经人大及其常委会选举或者决定任命的国家工作人员正式就职时公开向宪法宣誓。

(二)完善立法体制。加强党对立法工作的领导,完善党对立法工作中重大问题决策的程序。凡立法涉及重大体制和重大政策调整的,必须报党中央讨论决定。

健全有立法权的人大主导立法工作的体制机制,发挥人大及其常委会在立法工作中的主导作用。

加强和改进政府立法制度建设,完善行政法规、规章制定程序,完善公众参与政府立法机制。

明确立法权力边界,从体制机制和工作程序上有效防止部门利益和地方保护主义法律化。

(三)深入推进科学立法、民主立法。加强人大对立法工作的组织协调,健全立法起草、论证、协调、审议机制,健全向下级人大征询立法意见机制,建立基层立法联系点制度,推进立法精细化。

(四)加强重点领域立法。依法保障公民权利,加快完善体现权利公平、机会公平、规则公平的法律制度,保障公民人身权、财产权、基本政治权利等各项权利不受侵犯,保障公民经济、文化、社会等各方面权利得到落实,实现公民权利保障法治化。增强全社会尊重和保障人权意识,健全公民权利救济渠道和方式。

三、深入推进依法行政，加快建设法治政府

法律的生命力在于实施，法律的权威也在于实施。各级政府必须坚持在党的领导下、在法治轨道上开展工作，创新执法体制，完善执法程序，推进综合执法，严格执法责任，建立权责统一、权威高效的依法行政体制，加快建设职能科学、权责法定、执法严明、公开公正、廉洁高效、守法诚信的法治政府。

（一）依法全面履行政府职能。完善行政组织和行政程序法律制度，推进机构、职能、权限、程序、责任法定化。

（二）健全依法决策机制。把公众参与、专家论证、风险评估、合法性审查、集体讨论决定确定为重大行政决策法定程序，确保决策制度科学、程序正当、过程公开、责任明确。

建立重大决策终身责任追究制度及责任倒查机制。

（三）深化行政执法体制改革。根据不同层级政府的事权和职能，按照减少层次、整合队伍、提高效率的原则，合理配置执法力量。

推进综合执法，大幅减少市县两级政府执法队伍种类，完善市县两级政府行政执法管理，严格实行行政执法人员持证上岗和资格管理制度，健全行政执法和刑事司法衔接机制，实现行政处罚和刑事处罚无缝对接。

（四）坚持严格规范公正文明执法。依法惩处各类违法行为，加大关系群众切身利益的重点领域执法力度。严格执行重大执法决定法制审核制度。

建立健全行政裁量权基准制度，全面落实行政执法责任制，惩治执法腐败现象。

（五）强化对行政权力的制约和监督。加强党内监督、人大监督、民主监督、行政监督、司法监督、审计监督、社会监督、舆论监督制度建设，努力形成科学有效的权力运行制约和监督体系，增强监督合力和实效。

（六）全面推进政务公开。坚持以公开为常态、不公开为例外原则，推进决策公开、执行公开、管理公开、服务公开、结果公开。各级政府及其工作部门依据权力清单，向社会全面公开政府职能、法律依据、实施主体、职责权限、管理流程、监督方式等事项。

涉及公民、法人或其他组织权利和义务的规范性文件，按照政府信息公开要求和程序予以公布。

四、保证公正司法，提高司法公信力

公正是法治的生命线。司法公正对社会公正具有重要引领作用，司法不公对社会公正具有致命破坏作用。必须完善司法管理体制和司法权力运行机制，规范司法行为，加强对司法活动的监督，努力让人民群众在每一个司法案件中感受到公平正义。

（一）完善确保依法独立公正行使审判权和检察权的制度。

(二)优化司法职权配置。

(三)推进严格司法。

(四)保障人民群众参与司法。

(五)加强人权司法保障。

(六)加强对司法活动的监督。

五、增强全民法治观念,推进法治社会建设

法律的权威源自人民的内心拥护和真诚信仰。人民权益要靠法律保障,法律权威要靠人民维护。必须弘扬社会主义法治精神,建设社会主义法治文化,增强全社会厉行法治的积极性和主动性,形成守法光荣、违法可耻的社会氛围,使全体人民都成为社会主义法治的忠实崇尚者、自觉遵守者、坚定捍卫者。

(一)推动全社会树立法治意识。

(二)推进多层次多领域依法治理。

(三)建设完备的法律服务体系。

(四)健全依法维权和化解纠纷机制。

六、加强法治工作队伍建设

全面推进依法治国,必须大力提高法治工作队伍思想政治素质、业务工作能力、职业道德水准,着力建设一支忠于党、忠于国家、忠于人民、忠于法律的社会主义法治工作队伍,为加快建设社会主义法治国家提供强有力的组织和人才保障。

七、加强和改进党对全面推进依法治国的领导

党的领导是全面推进依法治国、加快建设社会主义法治国家最根本的保证。必须加强和改进党对法治工作的领导,把党的领导贯彻到全面推进依法治国全过程。

(一)坚持依法执政。依法执政是依法治国的关键。各级领导干部要对法律怀有敬畏之心,牢记法律红线不可逾越、法律底线不可触碰,带头遵守法律,带头依法办事,不得违法行使权力,更不能以言代法、以权压法、徇私枉法。

(二)加强党内法规制度建设。党内法规既是管党治党的重要依据,也是建设社会主义法治国家的有力保障。党章是最根本的党内法规,全党必须一体严格遵行。

党规党纪严于国家法律,党的各级组织和广大党员干部不仅要模范遵守国家法律,而且要按照党规党纪以更高标准严格要求自己,坚定理想信念,践行党的宗旨,坚决同违法乱纪行为作斗争。

(三)提高党员干部法治思维和依法办事能力。党员干部是全面推进依法治国的重要组织者、推动者、实践者,要自觉提高运用法治思维和法治方式深化改革、推动发展、化解矛盾、维护稳定能力,高级干部尤其要以身作则、以上率下。

（四）推进基层治理法治化。全面推进依法治国，基础在基层，工作重点在基层。

（五）深入推进依法治军从严治军。党对军队绝对领导是依法治军的核心和根本要求。

（六）依法保障"一国两制"实践和推进祖国统一。坚持宪法的最高法律地位和最高法律效力，全面准确贯彻"一国两制"、"港人治港"、"澳人治澳"、高度自治的方针，严格依照宪法和基本法办事，完善与基本法实施相关的制度和机制，依法行使中央权力，依法保障高度自治，支持特别行政区行政长官和政府依法施政，保障内地与香港、澳门经贸关系发展和各领域交流合作，防范和反对外部势力干预港澳事务，保持香港、澳门长期繁荣稳定。

运用法治方式巩固和深化两岸关系和平发展，完善涉台法律法规，依法规范和保障两岸人民关系、推进两岸交流合作。运用法律手段捍卫一个中国原则，反对"台独"，增进维护一个中国框架的共同认知，推进祖国和平统一。

（七）加强涉外法律工作。适应对外开放不断深化，完善涉外法律法规体系，促进构建开放型经济新体制。

《决定》号召：全党同志和全国各族人民要紧密团结在以习近平同志为总书记的党中央周围，高举中国特色社会主义伟大旗帜，积极投身全面推进依法治国伟大实践，开拓进取，扎实工作，为建设法治中国而奋斗！

（2014-10-28《新闻联播》）

7.名单

现在播送中国共产党第十八届中央委员会委员名单（205名）（按姓氏笔画为序）：于广洲、习近平、马凯、马飚（壮族）、马兴瑞、马晓天、王君、王侠（女）、王珉、王勇、王晨、王毅、王三运、王万宾、王玉普、王正伟（回族）、王东明、王光亚、王伟光、王安顺、王志刚、王岐山、王沪宁、王国生、王学军、王建平、王胜俊、王洪尧、王宪魁、王冠中、王家瑞、王教成、王新宪、王儒林、支树平、尤权、车俊、尹蔚民、巴音朝鲁（蒙古族）、巴特尔（蒙古族）、卢展工、叶小文、田中、田修思、白玛赤林（藏族）、白春礼（满族）、令计划、吉炳轩、朱小丹、朱福熙、全哲洙（朝鲜族）、刘鹏、刘源、刘鹤、刘云山、刘亚洲、刘成军、刘伟平、刘延东（女）、刘奇葆、刘晓江、刘家义、刘粤军、刘福连、许达哲、许其亮、许耀元、孙怀山、孙建国、孙春兰（女）、孙政才、孙思敬、苏树林、杜青林、杜金才、杜恒岩、李伟、李斌（女）、李从军、李东生、李立国、李纪恒、李克强、李学勇、李建华、李建国、李鸿忠、李源潮、杨晶（蒙古族）、杨传堂、杨金山、杨栋梁、杨洁篪、杨焕宁、肖钢、肖捷、吴昌德、吴胜利、吴爱英（女）、吴新雄、何毅亭、冷溶、汪洋、汪永清、沈跃跃（女）、沈德咏、宋大涵、宋秀岩（女）、张阳、张茅、张毅、张又侠、张仕波、张庆伟、张庆黎、张志军、张国清、张宝顺、张春贤、张高丽、张海阳、张裔炯、张德江、陆昊、陈希、陈雷、陈全国、陈求发(苗族)、陈宝生、陈政高、陈敏尔、努尔·白克力(维吾尔族)、苗圩、范长龙、林军、林左鸣、尚福林、罗志军、罗保铭、周济、周强、周本顺、周生贤、郑卫平、房峰辉、孟学农、孟建柱、项俊波、赵实(女)、赵正永、赵乐际、赵克石、赵克志、赵宗岐、赵洪祝、胡泽君(女)、胡春华、俞正声、姜大明、姜异康、骆惠宁、秦光荣、袁纯清、袁贵仁、耿惠昌、聂卫国、栗战书、贾廷安、夏宝龙、铁凝(女)、徐守盛、徐绍史、徐粉林、高虎城、郭声琨、郭金龙、郭庚茂、郭树清、黄兴国、黄奇帆、黄树贤、曹建明、咸建国、常万全、鹿心社、彭勇、彭清华、蒋定之、蒋建国、蒋洁敏、韩正、韩长赋、焦焕成、谢伏瞻、强卫、楼继伟、解振华、褚益民、蔡武、蔡名照、蔡英挺、蔡赴朝、雒树刚、魏亮、魏凤和。

(2012-11-14《新闻联播》)

8.名单

现在播送中国共产党第十八届中央委员会候补委员名单(171名)(按得票多少为序排列,得票相等的,按姓氏笔画为序排列):马建堂、王作安、毛万春、刘晓凯(苗族)、陈志荣(黎族)、金振吉(朝鲜族)、赵宪庚、咸辉(女,回族)、莫建成、崔波、舒晓琴(女)、马顺清(回族)、王建军、朱明国(黎族)、刘学普(土家族)、李强、杨崇勇(满族)、余远辉(瑶族)、陈武(壮族)、陈鸣明(布依族)、竺延风、郑群良、赵金(彝族)、赵立雄(白族)、赵树丛、段春华、洛桑江村(藏族)、钱智民、高津、高广滨、梁国扬、谌贻琴(女,白族)、韩勇、蓝天立(壮族)、詹文龙、潘良时、艾虎生、旦科(藏族)、任学锋、刘胜、刘慧(女,回族)、李士祥、李宝善、李家洋、杨岳、杨学军、张杰、张岱梨(女)、张建平、陈川平、郝鹏、柯尊平、娄勤俭、姚引良、夏杰(女,回族)、徐松南、蒋伟烈、万立骏、王辉忠、牛志忠、邓凯、叶红专(土家族)、尔肯江·吐拉洪(维吾尔族)、刘玉亭、刘石泉、李康(女,壮族)、李昌平(藏族)、杨卫泽、陈左宁(女)、努尔兰·阿不都满金(哈萨克族)、林铎、金壮龙、赵爱明(女)、秦宜智、秦银河、高建国、郭剑波、黄坤明、黄新初、曹淑敏(女)、葛慧君(女)、曾维、于伟国、王宁、王军、王健、吕锡文(女)、阮成发、李希、李群、李云峰、李国英、吴曼青、沈素珮(女)、范长秘、欧阳坚(白族)、赵玉沛、黄莉新(女)、龚克、梁黎明(女)、刀林荫(女,傣族)、马伟明、王敏、王文涛、牛红光、毛超峰、公保扎西(藏族)、朱善璐、任洪斌、汤涛、李金城、李宪生、李培林、吴政隆、张晓明、张喜武、张瑞敏、张瑞清、尚勇、胡和平、倪岳峰、殷方龙、曹广晶、雷春美(女,畲族)、王永春、许林平、孙金龙、金东寒、贺福初、夏德仁、鄂竟平、蒋超良、马正其、石泰峰、李玉妹(女)、杨晖、吴长海、宋丽萍(女)、张业遂、陈润儿、姜建清、梅克保、潘逸阳、丁薛祥、乌兰(女,蒙古族)、孙守刚、李佳、赵勇、徐乐江、曹清、蔡振华、万庆良、尹力、杜家毫、李春城、何立峰、陈刚、王荣、吉林、刘剑、李冰、张轩(女)、胡晓炼(女)、郭明义、王晓初、江小涓(女)、王洪章、胡怀邦、乙晓光、仇和、李小鹏。

(2012-11-14《新闻联播》)

9.名单

现在播送中国共产党第十八届中央纪律检查委员会委员名单(130 名)(按姓氏笔画为序):于春生、马勇霞(女,回族)、王伟、王炜、王长河、王东峰、王立英(女)、王仲田、王华庆、王会生、王岐山、王怀臣、王忠民、王和民、王宜林、王森泰、王晓龙、王家胜、王宾宜、王瑞生、丹珠昂奔(藏族)、尹晋华、石生龙(满族)、叶青纯、申维辰、付建华、冯惠敏(女)、宁高宁、弘强(女)、曲青山、曲淑辉(女)、吕建成、任泽民、多杰热旦(藏族)、刘滨、刘长银、刘生杰、刘向松、刘金国、刘建华(女)、刘晓滨、刘赐贵、江必新、安立敏(女)、苏波、杜金才、杜金富、李宁、李刚、李熙、李五四、李书磊、李玉赋、李兆前、李法泉、李建波、李适时、李秋芳(女)、李家祥、杨立顺、杨志今、杨明生、杨晓渡、肖亚庆、吴刚、吴玉良、吴杰明、岑旭、邱学强、何平、余欣荣、辛维光、汪民、宋明昌、宋爱荣(女)、宋璇涛、张力、张军、张勇、张立军、张纪南、张昌平、张晓兰(女)、张晓刚、陈伦、陈大卫、陈文清、陈训秋、陈建民、陈绪国、陈新权、苗华、金书波、周英(女)、周泽民、周福启、郑国光、赵洪祝、胡玉敏(女)、胡问鸣、侯凯、侯长安、侯贺华、俞贵麟、姚增科、袁彦鹏、耿文清、耿燎原、柴绍良、徐敬业、郭永平、郭向远、黄先耀、黄建国(湖南)、黄建国(军队)、黄建盛、黄树贤、黄晓薇(女)、黄殿中、曹培玺、崔少鹏、梁滨、董力、韩亨林、谢杭生、谢国明、强卫东、臧献甫、熊维平、黎晓宏。

(2012-11-14《新闻联播》)

10.简历

现在播送李克强同志简历。

李克强,男,汉族,1955 年 7 月生,安徽定远人,1974 年 3 月参加工作,1976 年 5 月加入中国共产党,北京大学法律系和经济学院经济学专业毕业,在职研究生学历,法学学士、经济学博士学位。

现任中共中央政治局常委,国务院总理、党组书记。

1974—1976 年,安徽省凤阳县大庙公社东陵大队知青。

1976—1978 年,安徽省凤阳县大庙公社大庙大队党支部书记。

1978—1982 年,北京大学法律系学习,校学生会负责人。

1982—1983 年,北京大学团委书记,共青团中央常委。

1983—1983 年,共青团中央学校部部长兼全国学联秘书长。

1983—1985 年,共青团中央书记处候补书记。

1985—1993 年,共青团中央书记处书记兼全国青联副主席。

(其间:1991 年 9 月—11 月,中央党校省部级干部进修班学习)

1993—1998 年,共青团中央书记处第一书记兼中国青年政治学院院长。

(1988—1994 年,北京大学经济学院经济学专业在职研究生学习,获经济学硕士、博士学位)

1998—1999 年,河南省委副书记、代省长,兼任黄河防汛总指挥部总指挥。

1999—2002 年,河南省委副书记、省长,兼任黄河防汛总指挥部总指挥。

2002—2003 年,河南省委书记、省长,兼任黄河防汛总指挥部总指挥。

2003—2004 年,河南省委书记、省人大常委会主任。

2004—2005 年,辽宁省委书记。

2005—2007 年,辽宁省委书记、省人大常委会主任。

2007—2008 年,中央政治局常委。

2008—2013 年,中央政治局常委,国务院副总理、党组副书记,国务院三峡工程建设委员会主任,国务院南水北调工程建设委员会主任,国务院深化医药卫生体制改革领导小组组长。

2013 年起,中央政治局常委,国务院总理、党组书记,国务院三峡工程建设委员会主任,国务院南水北调工程建设委员会主任,国务院深化医药卫生体制改革领导小组组长。

中共第十五届、十六届、十七届、十八届中央委员,十七届、十八届中央政治局委员、常委。第八届全国人大常委会委员。

(2013-03-15《新闻联播》)

11. 贺电

近日,世界卫生组织宣布利比里亚埃博拉疫情结束,利比里亚总统埃伦·约翰逊·瑟利夫致信国家主席习近平,感谢中国为利比里亚抗击埃博拉疫情作出巨大贡献。

习近平主席近日向瑟利夫致贺电。

习近平在贺电中说,中非是风雨同舟的好伙伴、好朋友,支持非洲抗击埃博拉疫情是中国义不容辞的责任。去年 8 月初,当利比里亚等西非国家遭遇埃博拉疫情肆虐的危难时刻,中国政府和人民率先向有关国家提供了多轮紧急人道主义援助,为利比里亚战胜疫情作出了积极贡献。

习近平在贺电中表示,在瑟利夫总统坚强领导下,利比里亚政府和人民全力以赴抗击埃博拉疫情并终结疫情,中国政府和人民对此表示热烈祝贺和高度赞赏。中方愿积极参与"后埃博拉时期"经济社会重建。中方将加强两国各领域友好互利合作,更好惠及两国人民。

(2015-05-25《新闻联播》)

12. 贺信

在北京获得 2022 年冬奥会的举办权之后,中共中央总书记、国家主席、中央军委主席习近平也在第一时间向申冬奥代表团发来了贺信,贺信全文如下。

申办冬奥会代表团:

北京携手张家口获得了 2022 年第二十四届冬季奥林匹克运动会的举办

权,我向你们致以热烈的祝贺。

你们为申办冬奥会付出了巨大的努力。希望你们再接再厉、扎实工作,在全国各族人民的大力支持下,把 2022 年冬奥会办成一届精彩、非凡、卓越的奥运盛会。

习近平

2015 年 7 月 31 日

(2015-08-01《体坛快讯》)

13. 贺信

第十一届"北京论坛"7 日在北京开幕。国务院总理李克强向论坛发来贺信。

李克强在贺信中表示,经过 10 年努力,"北京论坛"已成为具有影响的中外学术交流平台。今年论坛以"文明的和谐与共同繁荣——中国与世界:传统、现实与未来"为主题,具有鲜明的时代意义。希望与会代表通过回顾传统、分享现实、共展未来,碰撞出更多促进不同文明交融互鉴的思想火花。

李克强指出,当前世界多极化、经济全球化和文明多样化深入发展,各国利益相互依存,应当相互理解和尊重对方不同的传统文化和发展现实,和谐相处,共同发展。中国是一个拥有伟大传统和灿烂文明的古国,也是一个蓬勃向上、充满生机的发展中大国。中国愿从自身国情出发,以更加开放、包容的姿态,加强同世界各国的交流合作,借鉴人类一切文明的有益成果,努力建设一个拥有高度文明的现代化中国,也为建设更加和谐繁荣的世界作出更大贡献。

(2014-11-07《新闻联播》)

14. 贺词

亚洲相互协作与信任措施会议非政府论坛首次年会 5 月 25 日在北京开幕。国家主席习近平向年会发来贺词,代表中国政府和人民,并以个人的名义,向会议的召开致以热烈的祝贺,向出席会议的各方嘉宾表示热烈欢迎。

习近平说,亚洲相互协作与信任措施会议成立 23 年来,在建立和落实信任措施、增进不同文明对话、促进共同发展等方面作出不懈努力,取得积极进展,已成为亚洲国家探索亚洲安全治理模式的重要机制。

去年 5 月,我在上海"亚信"第四次峰会上提出,亚洲各国应当寻求共同、综合、合作、可持续安全,探讨建立地区安全与合作新架构。我们在加强自身合作的同时,要坚定致力于同其他地区国家、其他地区和国际组织的合作,努力实现双赢、多赢、共赢。中方作为亚信主席国,将同亚信成员国及其他亚洲国家一道,致力于实现上述目标,使亚信为促进亚洲安全和稳定发挥更大作用。

探索本地区安全之路,促进亚洲地区不同文明、地域、种族、宗教互尊互信、和谐共生,民间力量不容低估。前政治家、外交家、专家学者、媒体精英、致力于民间友好交流的非政府组织等,均可为此发挥作用。这也是我在去年上海亚信峰会上倡议成立亚信非政府论坛的初衷。我们要形成民间交流网络,为广泛传播亚信安全理念、提升亚信影响力、推进地区安全治理营造更好的条件。

本次年会以"未来十年的亚洲:安全与发展"为主题,旨在推动对新形势下亚洲和平与发展的更广泛思考。希望各方代表和嘉宾集思广益、坦诚交流,为推动构建亚洲命运共同体、推进亚洲和平与发展出计献力!

(2015-05-25《新闻联播》)

15.讣告

中国共产党中央委员会、中华人民共和国全国人民代表大会常务委员会、中华人民共和国国务院、中国人民政治协商会议全国委员会沉痛宣告:中国共产党的优秀党员,久经考验的忠诚的共产主义战士,杰出的无产阶级革命家、政治家,党和国家的卓越领导人,中国共产党第十三届、十四届中央政治局常委,中央纪律检查委员会原书记,第八届全国人民代表大会常务委员会委员长乔石同志,因病医治无效,于2015年6月14日7时08分在北京逝世,享年91岁。

乔石同志1924年12月出生于上海。少年时期,他接受进步思想,追求革命真理,积极参加抗日救亡活动。1940年8月加入中国共产党,相继任上海同济大学地下党总支书记,上海地下党新市区委副书记,上海市北一区学委书记等职,组织指挥了同济大学"一·二九"争民主、反迫害运动,是上海学生运动的重要领导人之一。

1949年7月起,乔石同志历任中共浙江省杭州市委青委书记,中共中央华东局青委统战部副部长,鞍山钢铁建设公司工程技术处处长,酒泉钢铁公司设计院院长兼钢铁研究院院长,酒泉钢铁公司陕西工程管理处党委书记等职。1963年4月,调中共中央对外联络部工作,历任研究员、副局长、局长。

"文化大革命"中,乔石同志受到残酷迫害,被隔离审查和拘禁,先后两次被下放到"五七"干校。

1978年1月至1983年7月,乔石同志先后任中共中央对外联络部副部长、部长。1982年9月,当选为中央书记处候补书记。他全面贯彻中央关于党的对外工作的方针政策,按照党际关系四项原则,广泛同各国共产党、社会党、民族主义政党及其他进步政党和组织接触,为党的对外工作拨乱反正、开创新局面作出了积极贡献。

1983年6月,乔石同志兼任中共中央办公厅主任。他大力推进各项改革,建立健全工作机构,梳理整顿各项业务,推动中办各项工作为实现党的工作中心战略转移、推进改革开放和现代化建设服务。

1984年4月,乔石同志兼任中共中央组织部部长。他坚定贯彻落实中央关于干部队伍革命化、年轻化、知识化、专业化的方针,大胆启用和培养中青年干部,大力推动干部队伍第三梯队建设,积极推进干部人事制度改革,扎实推进整党工作,积极落实干部政策特别是知识分子政策,有力推动了组织战线的拨乱反正工作的深入和新时期新老干部的合作与交替,为全面加强党的建设作出了积极贡献。

1985年7月,乔石同志任中共中央政法委员会书记,同年9月,增选为中共中央政治局委员、中央书记处书记。1986年4月任国务院副总理。他认真贯彻中央关于政法工作的方针政策,加强和改善党对政法工作的领导,在推进民主法制建设、依法管理、加强社会治安综合治理、保障社会安定等方面倾注了大量心血。他深入研究新时期社会治安的新情况、新问题,为探索形成改革开放新形势下具有中国特色的广泛依靠群众解决社会治安问题的新路子作出了贡献。

1987年11月,乔石同志当选为中央政治局委员、常委,中央书记处书记,中央纪律检查委员会书记。他认真贯彻从严治党方针,大力加强党风廉政建设,深入研究改革开放和社会主义市场经济条件下反腐败斗争的特点和规律,制定完善廉政建设的法律法规,把惩治腐败纳入法制化轨道。

1989年3月,乔石同志兼任中共中央党校校长。他大力推进深化党校改革,强调理论学习和教育是加强党的领导和建设的一条根本措施,要加强干部理论教育,坚定不移地走有中国特色的社会主义道路。

1992年邓小平同志发表南方谈话后,乔石同志积极支持、大力宣传邓小平同志改革开放的思想主张。

1992年10月,乔石同志当选为中央政治局委员、常委。1993年3月,当选为第八届全国人民代表大会常务委员会委员长。他高度重视人民代表大会制度建设、立法工作、监督工作。1992年11月,乔石同志兼任宪法修改小组组长。该宪法修正案由八届全国人大一次会议通过,以国家根本大法的形式确立了建设有中国特色社会主义理论的指导地位。乔石同志任职期间把加快经济立法作为第一位的任务,出台了一批重要经济法律,初步形成了社会主义市场经济法律体系框架,任期内审议通过法律和有关法律决定草案百余件,为形成中国特色社会主义法律体系奠定了坚实基础。

1998年3月,乔石同志不再担任全国人大常委会委员长职务。从领导岗位上退下来后,他仍然关心党和国家事业的发展,坚决拥护支持党中央的领导,关心中国特色社会主义伟大事业,特别是十分关注民主法制建设,关注党风廉政建设和反腐败斗争,表现出一个老共产党员的赤诚与忠贞。

乔石同志的一生,是革命的一生、战斗的一生、光辉的一生,是追求真理、追求进步、为共产主义事业奋斗的一生。在70多年的革命生涯中,他对共产主义崇高理想坚贞不渝,对党和人民无限忠诚,对革命、建设和改革事业鞠躬尽瘁。他的逝世,是党和国家的重大损失。我们要学习他的革命精神、崇高品德和优良作风,更加紧密地团结在以习近平同志为总书记的党中央周围,高举中国特色社会主义伟大旗帜,协调推进全面建成小康社会、全面深化改革、全面依法治国、全面从严治党,为实现"两个一百年"奋斗目标、实现中华民族伟大复兴的中国梦而奋斗。

乔石同志永垂不朽!

(2015-06-14《新闻联播》)

16.讣告

中国共产党中央委员会、中华人民共和国全国人民代表大会常务委员会、中华人民共和国国务院、中国人民政治协商会议全国委员会沉痛宣告:中国共产党的优秀党员,久经考验的忠诚的共产主义战士,杰出的无产阶级革命家、政治家,党和国家的卓越领导人,中国共产党第十一届、十二届中央书记处书记,第十二届、十三届中央政治局委员,国务院原副总理,第七届全国人民代表大会常务委员会委员长万里同志,因病医治无效,于2015年7月15日12时55分在北京逝世,享年99岁。

万里同志1916年12月出生于山东省东平县,青少年时代就接受进步思想,积极投身抗日救亡活动。1936年5月,加入中国共产党。1937年10月,根据中共山东省委指示,万里同志组织筹建中共东平县工委,后历任冀鲁豫边区运西地委副书记、书记,为冀鲁豫地区抗日战争的胜利作出了重要贡献。

解放战争时期,万里同志担任中共冀鲁豫区委委员、秘书长,冀鲁豫军区政治部主任,参与领导冀鲁豫区人民群众积极参军参战、组织生产、支援前线,为支援刘邓大军千里跃进大别山、实现解放战争的伟大战略转折作出了贡献。

新中国成立后,万里同志先后担任建筑工程部副部长,城市建设总局局长,城市建设部部长、党组书记,中共北京市委书记处书记、北京市副市长。在北京市工作期间,协助周恩来总理负责国庆10周年献礼工程建设,仅用不到一年时间,就圆满完成人民大会堂等北京"十大建筑工程"建设任务,创造了世界建筑史上的奇迹。

1971年3月,万里同志任中共北京市委常委、市革委会工交城建组副组长。"文化大革命"中,万里同志受到严重迫害,被监护审查。

1973年5月,万里同志解除劳动改造,恢复工作,任中共北京市委书记(当时设有第一书记),北京市革委会委员、副主任。他提出一定要把首都规划好、建设好、管理好,并敏锐地提出了保护环境、治理污染的主张和措施。

1975年1月,万里同志任铁道部部长,后任铁道部党的临时领导小组组长。他坚决支持邓小平同志提出的实行全面整顿、把铁路系统作为整顿突破口的主张,认真贯彻落实整顿的方针,扭转了铁路系统的混乱局面。"文化大革命"结束后,万里同志于1977年2月任轻工业部第一副部长。

　　同年6月,万里同志调任中共安徽省委第一书记兼安徽省军区第一政治委员、安徽省革委会主任。他以非凡的政治胆识,大力支持、推广肥西县"包产到户"和凤阳县小岗村"包干到户"的做法,积极推动全省农业管理体制变革,为开辟中国农村改革的新道路作出了重要贡献。万里同志是中国农村改革的先锋,他领导的安徽农村改革,是对新中国成立以来我国农村经济体制的一次重大突破,是对社会主义经济制度的一次艰辛和成功的探索。

　　1980年2月,在党的十一届五中全会上,万里同志当选为中央书记处书记。同年3月,兼任中央财经领导小组成员;4月,担任国务院副总理。他坚持解放思想、实事求是,冲破"左"的思想束缚,科学总结农业学大寨的经验教训,全面推行家庭联产承包责任制,推动农村改革全面深入发展。他提出改革农村生产经营体制,发展商品生产,肯定"包干到户"是党领导下的我国农民的伟大创造,是马克思主义理论在我国实践中的新运用。

　　1988年4月,在七届全国人大一次会议上,万里同志当选全国人大常委会委员长。同月任全国人大常委会党组书记。他强调要根据党在社会主义初级阶段的基本路线,认真履行宪法和法律赋予的职责,提出要把"保证和促进改革"作为人大的首要职责,把加强社会主义民主法制建设作为人大的中心任务。他高度重视社会主义民主政治建设,强调发扬社会主义民主是政治体制改革的重要方面,主张通过改革一步一步使我国社会主义民主政治走向制度化、法律化。他高度重视立法工作,强调要适应社会主义现代化建设和改革开放的需要加强立法工作,保障社会主义市场经济发展。他高度重视人大监督工作,提出要把对法律执行情况的监督检查同制定法律放在同等重要的地位,明确执法检查是人大履行监督职责的重要形式,对促进法律的实施起到了积极作用。他坚决维护党和国家安定团结的政治局面,维护社会秩序和稳定,强调处理好改革发展稳定的关系。

　　1992年10月,根据党的十四大重大决策精神和我国改革开放发展进程,万里同志提出修改宪法的建议,主张把邓小平建设有中国特色社会主义理论等载入宪法。他亲自主持宪法修改小组工作,领导起草了宪法修正案草案,并于1993年3月由八届全国人大一次会议通过。1993年3月,万里同志不再担任全国人大常委会领导职务。从领导岗位上退下来以后,他仍然关心党和国家事业的发展,坚决拥护支持党中央的领导,积极关注中国特色社会主义伟大事业。

　　万里同志一生忠于党,忠于人民,忠于共产主义事业。他刻苦学习马克思列宁主义、毛泽东思想和中国特色社会主义理论体系,始终坚持共产主义理想信念,对中国特色社会主义伟大事业充满信心。他坚决贯彻执行党的十一届三中全会以来的路线方针政策,坚定不移地在思想上政治上行动上同党中央保持高度一致。万里同志一生坚持真理,坚持正义,坚持原则,顾全大局,遵守党的纪律,维护党的团结,对改进作风、坚决惩治腐败坚定支持。

万里同志的一生,是革命的一生、战斗的一生、全心全意为人民服务的一生,是追求真理、追求进步、为共产主义事业奋斗的一生。他为中国人民的革命和建设事业贡献了毕生精力,为改革开放和社会主义现代化建设事业作出了重大贡献。他的逝世,是我们党和国家的重大损失。我们要学习他的革命精神、崇高品德和优良作风,更加紧密地团结在以习近平同志为总书记的党中央周围,高举中国特色社会主义伟大旗帜,协调推进全面建成小康社会、全面深化改革、全面依法治国、全面从严治党,为实现"两个一百年"奋斗目标、实现中华民族伟大复兴的中国梦而奋斗。

万里同志永垂不朽!

(2015-07-15《新闻联播》)

17.讣告

中国共产党的优秀党员,久经考验的忠诚的共产主义战士,无产阶级革命家,我国科技和财经战线的杰出领导人,原中共中央顾问委员会常务委员,原国务委员张劲夫同志,因病于 2015 年 7 月 31 日 23 时 58 分在北京逝世,享年101 岁。

(2015-08-01《新闻联播》)

18.设问式导语、逻辑顺序主体、评价式结尾

浙江经济这些年一直排在全国前列,这里面就有数不清的劳动密集型产业的贡献。可如今,小工厂、小作坊面临困境,"汗水式增长"已经难以为继了。怎样才能点石成金呢? 浙江的办法是:用创意改造老产业,靠"互联网+"寻找新活路。一个个特色小镇,正在点亮浙江经济的新面孔。

眼前这个小伙子叫刘小禹,他每天做的事就是在网上卖袜子。而就在半年前,他还是一家袜厂里手最快的"袜子定型工",每秒能够套一只袜子,一天可以套近两万只。他所在的工厂位于有着"国际袜都"之称的浙江诸暨大唐镇,这里一年生产 240 亿双袜子,相当于给全世界每人做 4 双。可从去年开始的诸暨市袜业整治行动,让数千家低端小作坊被关停,刘小禹所在的袜厂也在其中,他不得不转型。从不会打字上网,到现在试着开网店,短短几个月,刘小禹已做成了两单袜子生意。如果说刘小禹是被动转型,那 80 后的杨剑则是早早看到了小作坊式的企业已经面临淘汰的困境。杨剑没有像父辈们那样,他另起炉灶,通过互联网销售袜子,现在一年的销售量就超过了父母 10 年的生产总量,利润也比他们高出近 10 倍。在过去 30 年间,像诸暨袜子产业这种块状经济,曾让浙江民营经济领跑全国,但现在,这种工艺装备落后、环境污染重、安全隐患多的作坊式经营,已经成为浙江经济发展必须跨越的障碍。转型迫在眉睫,2014 年,诸暨市关停了近 3000 家"生产、生活、仓储"不分家的三合一企业,取而代之的,

是投资 55 亿元、用 3 年时间打造一个以智库为核心的"袜艺小镇",汇集研发、设计、投融资到电商网络,把品牌和市场同时抓在自己手中,真正从制造走向创造。一双袜子的转型,其实是浙江许多传统产业转型升级的一种探索。最近,包括诸暨"袜艺小镇"在内的浙江首批 37 个"特色小镇"出炉,这些小镇中有扶持大学生创业的"余杭梦想小镇";有集聚浙江万亿民间资本的"山南基金小镇";更多的是依托浙江的传统优势产业,在转型中获得了新生命力的小镇。

袜子还是那个袜子,但是搭上互联网的快车,换一种卖法,就能身价翻倍;小镇还是那个小镇,但闯进创意产业空间,换一种发展思路,活法就大不相同。所以传统产业不是夕阳产业的代名词,只要品质不降、总有新花样,就不愁没市场。这就好比一个一流的厨师,永远不愁没工作;而一个三流的软件工程师,就未必那么受欢迎。战略性新兴产业和传统产业,不存在谁完全取代谁的问题。传统产业不必妄自菲薄,它的出路在于转型升级、更新版本、增强全球竞争力,这条路要是走顺了,产业自身就有前途,我们的整体经济结构也会更合理。

(2015-08-07《新闻联播》)

19. 结果式/评论式导语、逻辑顺序主体

今年上半年我国 GDP 增长 7%,符合预期目标。专家分析,通过改革开放进一步释放发展空间,中国经济还将在今后一个时期具备保持 7% 左右增长的潜力。

目前,我国有全球最为完备的工业体系和产业配套能力,其中不少工业类别都具有全球领先规模。同时,我国已成为世界上最大的互联网和移动互联网经济体,在新一轮全球经济调整中中国经济不仅面临着更多机遇,更具备许多不可比拟的优势。专家指出,我国工业化、城镇化尚未结束,地区发展差距大,2.6 亿农民工需要转变为市民,7000 多万贫困人口需要脱贫,1 亿城市棚户区住户需要新的家园,这些都蕴含着巨大的发展空间。专家认为,当前中国正通过加快简政放权,财税、金融等改革建立统一公平竞争的市场体系,通过加快实施"一带一路"战略,推进人民币国际化,建立更高层次和水准的开放经济体系,带动资本、技术和服务等走出去。这些措施将不断释放出改革红利,为实现经济增长提供持续性动力。

(2015-08-07《新闻联播》)

20. 点染式导语、时间顺序主体

内蒙古自治区坚持执行党的民族政策,大力发展经济,促进民族团结,努力打造祖国北部边疆亮丽风景线。

眼下正是内蒙古的旅游旺季,在鄂尔多斯市伊金霍洛旗苏布尔嘎嘎查,当地牧民表演的民俗节目——鄂尔多斯婚礼,尤为受到游客的欢迎。从 2002 年起,伊金霍洛旗依托成吉思汗陵,大力发展旅游业,鼓励牧民经营牧家乐、餐馆

和马队。2012年当地又引进一家旅游企业,牧民们把草场租赁给企业,每人每年能够拿到1万元承包费,同时还可以承包景区的旅游项目,收入与景区五五分成。现在,当地牧民每年三分之二的收入都来自旅游。2011年以来,内蒙古累计投入少数民族发展资金9.5亿元,实施了1738个项目,有力地促进了少数民族地区经济发展。2014年,自治区又提出,将利用3年时间,实施包括危旧房改造、安全饮水在内的农村牧区"十个全覆盖"工程,进一步改善少数民族地区的生产生活条件。

(2015-08-07《新闻联播》)

21.引用式/抒描式导语、时间顺序主体

抗战期间,一曲《长城谣》,唱出了海内外中华儿女对长城、对家乡的眷恋。"大家拼命打回去,不让贼寇逞豪强",也化作发自人们心底的抗日怒吼,筑起中华民族团结抗战的新的"长城"。

1937年7月卢沟桥事变后,上海的电影编剧潘子农准备筹拍一部反映战区流亡的电影,请作曲家刘雪庵为主题曲《长城谣》谱曲。因为上海、南京相继陷落,电影没能拍成,但主题曲《长城谣》却没有白写。这首歌迅速从武汉唱到了全国。1938年9月,武汉合唱团赴南洋宣传抗日,《长城谣》感动无数华侨。除了捐钱捐物,不少华侨还回国参与抗战。当时,我国唯一的对外通道"滇缅公路"上,急缺运输车辆和司机。以陈嘉庚为首的南侨总会就紧急征募司机和修理人员回国服务,组成"南侨机工回国服务团"。1939年,先后有3200多名南侨机工回国服务,在1000多公里的滇缅公路上运送武器和补给。20年前,当抗战胜利50周年的时候,周小燕作为首唱者,登上了长城,再次唱响了《长城谣》。如今回想那一刻,她仍然激动不已。

(2015-08-07《新闻联播》)

22.导入式导语、逻辑顺序主体

今天,和我们一起分享座右铭的是我国著名的词作家——阎肃。60年的创作生涯,阎肃写了许多脍炙人口的经典歌曲。一起来听听阎肃的座右铭故事。

走进阎肃家的客厅,一整面墙的书柜里满满都是书,这些书他全部都读过,有的甚至读过五六遍。阎老说,酷爱读书的习惯是从小养成的。9岁那年,一个偶然的机会,他读到了两句话。(同期声:叫作读万卷书,行万里路,那个时候并不懂这个书,但是我懂四个字叫开卷有益)这两句话从此开始影响阎肃,少年时,他每天至少要用六七个小时的时间去阅读,这个习惯让他受益终身。阎肃说,"读万卷书"在他后来的创作过程中功不可没,《西游记》的主题曲《敢问路在何方》就是一个典型的例子。创作遇到了瓶颈,两个星期里,阎肃茶不思、饭不想。关键时刻,还是曾经读过的书给了他灵感。这样的神来之笔在阎肃的创作过程中不止一次,这让他对自己的座右铭有了更深的理解。如果说"读万卷书"

· 63 ·

让阎肃的文学修养得到积淀,那么"行万里路"则让他有了创作的情怀和源泉。从1955年开始,阎肃每年至少有三分之一的时间下部队,他的足迹遍布祖国大江南北。《我爱祖国的蓝天》这首歌50多年在空军部队一直传唱不衰,写这首歌之前,阎肃在部队呆了整整一年,才终于有了创作的灵感。85岁高龄的阎肃还在创作新的歌曲,每年他至少还要去部队采风一到两次,并且依然保持着每天阅读至少2小时的习惯。

(2015-08-08《新闻联播》)

23.转折式导语、逻辑顺序主体

北京联合河北张家口成功申办2022年冬奥会。不仅加速了京津冀的协同发展,也让人们的生活悄然改变着。

北京延庆西北部的小海坨山,2022年冬奥会高山滑雪项目的场馆就建在这里。常广春是山下西大庄科村的村民,2008年她开办了一个农家乐,原本都是接待登山的驴友,申冬奥成功后,来这里的游客增加了不少。现在不少村民也看到了商机,像常广春一样,办起了农家乐。同样在承办大部分雪上项目的河北张家口崇礼县,这个只有12.6万人的小县城,如今从事冰雪产业的达到2万人。去年全县接待游客超过200万人次,综合收入达14.1亿元,一举摘掉了贫困县的帽子。变化的不只是百姓的生活,申冬奥的成功也促进了京津冀区域协同发展。将于2019年完工的京张高铁,使北京到张家口时间缩短到50分钟。京津冀和周边地区产业调整的步伐进一步加快,大气治理联防联控等各项措施正在逐步落实。

(2015-08-08《新闻联播》)

24.评论式/导入式导语、逻辑顺序主体、总结式/评价式结尾

治国必治边,治边先稳藏。今年是西藏自治区成立50周年,50年来,中央关心、地方支援、西藏各族干部群众艰苦奋斗,雪域高原不断从贫穷走向富裕,从落后走向繁荣。为集中反映西藏自治区50年来特别是十八大以来,各项事业取得的巨大成就,本台《新闻联播》今天起推出系列报道《辉煌50年 大美新西藏》。今天播出第一集《创新社会治理 成就大美新西藏》。

广场周边的婚纱店都很忙,店主告诉记者,在夜晚的布达拉宫广场拍婚纱照,已经成为很多年轻人的一种时尚,顾客中80%以上都来自内地。镜头前,一张张灿烂的笑脸,把拉萨打扮成了一座高原不夜城。而在海拔5000多米的堆龙县德庆乡门堆村,7岁的旦增措姆也在这个夏天露出了笑脸,几天前,她刚刚在北京做完先心病手术。让旦增措姆一家高兴起来的,是当地政府针对先心病患儿推出的免费救助机制,连治疗带食宿,为他们一家省去了近4万块钱的花费。政府埋单,提升公共服务水平,不光是让农牧区的家庭尝到了免费治病的甜头,也让寺庙里的僧人解除了养老的后顾之忧。在西藏桑耶寺,50多岁的洛

桑克珠去年刚刚搬进了政府专门给僧人修建的养老院,这个 50 多平米的套间,比原来的僧舍差不多大了 10 倍。洛桑提到的驻寺干部,是西藏社会治理创新的一项重要举措。2011 年下半年,西藏自治区选派首批驻寺干部进寺庙,成立寺庙管理委员会。虽然叫管委会,但他们的主要工作是服务,就是要和僧人交朋友、结对子,帮他们及家人解决生活中的实际困难。如今在西藏,7000 多名驻寺干部进驻 1787 座寺庙,46000 多名僧尼享受到养老保险服务;2 万多名干部组成工作组,派驻 5400 多个行政村,带领村民拓宽致富门路;698 个便民警务站覆盖所有县城,推动城镇实现网格化管理。社会治理创新,带来人心安定、社会稳定,各项事业不断进步。西藏自治区经济总量由 50 年前的 3 亿元增加到今年的 1000 亿元。以免费医疗为基础的社会保障体系覆盖到全体农牧民,并在全国率先实现 15 年免费义务教育。

西藏发展,稳定是前提;西藏稳定,民生是头一条。西藏自然条件特殊,生态环境脆弱,全面实现小康,离不开公共服务,离不开福利保障网,离不开创新社会管理。社会管理的大文章做好了,人心聚,根基稳,城市乡村充满活力,西藏持久繁荣也就有了可靠的保障。

(2015-08-09《新闻联播》)

25.点染式导语、时间顺序主体、评价式/回味式结尾

在青海,有一位领导干部,他从政为官 50 年,带领成千上万的牧区百姓致富,自己却不曾为亲属的私利打开过一道方便之门;他官至省部级 30 年,在家里办起免费的"牧民旅店",农牧民可以说来就来,在他去世多年之后,当地群众仍然忘不了这位"省城里的好乡亲",他就是青海省原副省长尕布龙。

这首花儿小调所唱的人,就是尕布龙。从 1950 年这个 24 岁的牧羊人放下牧鞭参加工作,尕布龙当过县委书记、州委副书记、省委常委、副省长、省人大常委会副主任,不管职位多高,大多数时间他都是在乡下跑。上世纪 80 年代,为了让农牧民尽快致富,当时主管全省畜牧业的尕布龙带领工作组来到共和县哈乙亥村蹲点调研,一蹲就是 5 年。他带领大家找水源、建学校、改善畜种,使哈乙亥村从远近闻名的贫困村成为人均收入超过 8000 元的富裕村。每年春节,尕布龙都会回到老家海北草原,带着村里的干部,替乡亲们放上几天羊,这个习惯他坚守了几十年。每逢到农牧区调研,尕布龙都和秘书、司机住在一间屋,吃饭也要交三份钱。虽然自己在省城当官,却没给亲属打开过一次方便之门,女儿至今仍在草原放牧,儿子是一个普通职工。尕布龙对家人要求严格,对农牧民却很热心,他在省城的家,就是农牧民的落脚点。尕布龙经常念叨,牧区偏远交通不便,乡亲们来趟省城不容易,人生地不熟,看病、办事落脚的地方也不好找,家里的房门要一直向大家敞着。在尕布龙家,最多的时候,农牧民有 30 多人,为了让来治病的农牧民能熬药,他家常年生煤炉子,平均每年要买 6 吨煤,

每月要买 300 斤面粉,面片每天也要做 5 锅。尕布龙都是和大伙儿一起吃大锅饭,从来不开小灶。1979 年尕布龙升任青海省副省长,按规定要搬进省政府家属楼居住,但对举家搬迁,尕布龙却不太情愿。直到 1998 年,原来的地方不能作为住宅区了,尕布龙才搬进了省政府住宅楼。"牧民旅馆"也随之搬了进去。2001 年,75 岁的尕布龙正式退休,政府住房他交还组织,回到了老家海北州永丰村,他们家又变成了党员活动室和村卫生所。据不完全统计,30 年来,住过"牧民旅馆"的各族群众多达 7000 余人。

领导干部的工作重心归根到底就是群众工作。如果群众工作没做好,那说明离群众不够近。尕布龙做到了省级干部,还能把自己家变成牧民客栈,和牧民一个锅里搅勺子。干群关系密切到这个程度,被老百姓由衷地当做乡亲,这是一个干部最大的成功。

(2015-08-09《新闻联播》)

26.点染式导语、逻辑顺序主体

有这样一支队伍,61 年来,坚持用双脚丈量祖国大地,他们先后六上珠峰、两下南极,徒步行程 5700 多万公里,相当于绕地球 1400 多圈。飞船上天、青藏铁路、西气东输、南水北调,国家每一项重大工程背后都有他们的贡献。这支队伍,就是国家测绘地理信息局第一大地测量队。

周末,在陕西测绘局的大院里,国测一大队的不少队员正利用这难得的休息进行一场篮球赛,但 7 岁的雷明却死活拉着他的爸爸在一边玩土,因为过不了几天,他的爸爸又要出差了。此时,远在几千公里外的西藏和新疆,几十个测绘小组正在进行首次全国地理国情普查。在这个平均海拔 4700 米的高原无人区,王晓强和他的队友们,每天要徒步作业十几公里,一干就是四五十天。61 年间,国测一大队累计完成国家各等级三角测量 1 万余点,建造测量觇标 10 万多座,提供各种测量数据 5000 多万组,他们所负责的大地测量成果占到了中国版图近一半。在邵世坤他们看来,不计较个人得失,是一个测绘人、一个共产党员应该具有的"品质"。如今,在国测一大队的 300 多名职工中间,就有 120 名共产党员,34%是 35 岁以下的年轻党员。在新时代和新环境下,他们用"青春"这两个字,赋予了"奉献"新的意义。

(2015-08-09《新闻联播》)

27.设问式导语、时间顺序主体

山路陡峭曲折容易发生交通事故,但是一些宽阔平坦的道路也经常引发交通事故。两年前,河南郑开大道就是这样一条事故多发的平坦大道,那么它是怎么通过改造来减少交通事故的发生呢?

郑开大道是一条连接郑州和开封的快速公路,总长 44 公里,2006 年 11 月通车,设计时速 80 公里。通车后,从郑州市区到开封仅需 30 分钟。从航拍镜头我们可以看到,郑开大道道路笔直平坦,然而就是这样一条道路,曾经车祸频发。据公安部公布的数据,郑开大道自 2006 年 11 月开通到 2013 年底,发生交通事故的死亡人数为 55 人;仅 2013 年一年,郑开大道就发生重特大道路交通事故 6 起,死亡 29 人。交警介绍,两年前郑开大道并不像现在中间有 3 米宽的绿化带,当时道路中间只有两条双黄线,跨越双黄线的违章驾驶情况时有发生。根据交警部门的统计,这种随意调头、随意穿越的现象是造成郑开大道事故频发的主要原因。2014 年 1 月 5 号,郑开大道升级改造工程正式启动,改造工程的核心就是新增 3 米宽的中间分隔绿化带和防撞墙,同时完善交通配套设施,增加各个路口的标识、标线和信号灯设置。目前,整个郑开大道的升级改造工程基本完毕,据交警部门统计,改造之后郑开大道的交通事故率下降了 80%。

(2015-08-08《新闻直播间》)

28.悬念式导语、逻辑顺序主体

沙特阿拉伯军方 3 号说,沙特使用飞机在也门亚丁向总统哈迪的支持者空投武器。还有媒体报道说,沙特的地面部队已经进入也门。

沙特军方说,沙特方面当天在也门南部城市亚丁附近投放了武器、通讯工具和药品,向也门总统哈迪的支持者提供补给,以赶走此前一天占领亚丁总统府的什叶派胡塞武装组织。在沙特空投了武器后,哈迪支持者在交火中占了上风,胡塞武装组织被迫撤离他们在亚丁占领的地区。美国媒体援引沙特方面的消息说,一支沙特特种部队已经进入也门,协助同为逊尼派的哈迪的支持者打击什叶派胡塞武装组织。这些沙特士兵并不直接参与作战,而是负责对哈迪的支持者进行军事指导。沙特政府拒绝评论是否有地面部队进入也门。此外,沙特内政部证实,目前已经有 3 名驻守边界的沙特士兵在与也门胡塞武装的交火中死亡。在哈迪支持者和胡塞武装交战的同时,盘踞在也门的"基地"组织阿拉伯半岛分支也在趁乱发动袭击。3 号,疑似"基地"组织的武装人员袭击了位于也门哈德拉毛省穆卡拉市的一个军事基地,造成至少 5 名士兵死亡。武装人员还洗劫了基地里的军火、弹药。目前,穆卡拉市的大部分地区已经被"基地"组织所控制。此前一天,穆卡拉市的监狱遭袭,包括大批"基地"组织成员在内的约 300 名囚犯逃脱。在俄罗斯的呼吁下,联合国安理会定于 4 号举行紧急会议,磋商当前的也门局势。这次会议将对俄罗斯的提案进行讨论,提案建议,沙特等国应该考虑到人道主义因素,暂停对也门的空袭。

(2015-04-04《新闻联播》)

29.长句

日本国会众议院今天强行表决通过新安保法案,对此,国务委员杨洁篪下午在与访华的日本国家安全保障局局长谷内正太郎举行中日两国高级别政治对话时,就此表明中方严重关切和严正立场。

杨洁篪表示,由于历史原因,日本军事安全动向一向受到亚洲邻国和国际社会的高度关注。日本众议院表决通过新安保法案,是二战后日本在军事安全领域采取的前所未有的举动。在国际社会求和平、谋发展、促合作、图共赢的时代背景下,日方加紧强化军事力量,大幅调整军事安全政策,不符合当今时代潮流和世界大势,不能不让周边国家和国际社会疑虑和质疑日本是否要放弃专守防卫政策。杨洁篪强调,今年是中国人民抗日战争暨世界反法西斯战争胜利70周年,在世界人民铭记历史、企盼和平的时刻,我们郑重敦促日方切实汲取历史教训,坚持和平发展道路,尊重亚洲邻国的重大安全关切,不要做不利于地区和平稳定的事。7月16号,日本国会众议院召开全体大会,执政的自民、公明两党凭借多数议席优势,强行通过旨在解禁集体自卫权的新安保法案。民主、维新、日共、社民和生活等在野党抵制法案表决,对执政党强行表决进行了严厉谴责。民调显示,日本国内超过半数民众对该法案持反对态度。

（2015-07-16《新闻联播》）

30. 长句

由解放军总政治部主办的《中流砥柱——中国共产党及其领导的人民军队抗日战争主题展》今天在北京开展。《中流砥柱》主题展共分"高举全民族抗战旗帜"、"八路军新四军出师抗战 开辟敌后战场"、"解放区军民反攻作战夺取抗战胜利"等五个部分,展出照片、图表、画作等近430幅,文物515件,集中反映了中国共产党及其领导的人民军队浴血抗战的英雄气概和建立的卓越功勋,突出表现了中国共产党在抗战中的中流砥柱作用。

（2015-07-16《新闻联播》）

31. 数字

商务部今天发布的数据显示,今年上半年我国对外投资遍及全球147个国家和地区,企业在加速"走出去"的同时,对外投资的水平也明显提高。与此同时,交通运输部今天表示,上半年我国交通运输经济缓中趋稳。

数据显示,今年1到6月,我国非金融类对外直接投资达到560亿美元,同比增长了29.2%,中国企业"走出去"水平明显提高。"一带一路"沿线国家成为对外投资热点地区。前6个月,我国对"一带一路"沿线国家和地区直接投资达70.5亿美元,同比增长了22.2%。国际产能合作和装备制造业的"走出去"取得了明显进展。前6个月,我国成套设备出口达到600亿美元,同比增长10%,中国已从原来主要出口消费品的国家变成了出口投资品的国家。与此同时,政府简政放权,为企业"走出去"创造了更宽松的环境。与此同时,交通运输部今天也发布了上半年我国交通运输经济的主要数据。上半年,铁路公路水路完成客运量108.5亿人,同比增长0.5%。高铁、动车等便捷、舒适、高效出行方式客运量持续较快增长。铁路货运仍呈下降趋势,公路和水路货运保持增长,快递业持续高速增长,完成快递业务量 84.6 亿件,增长 43.3%。港口外贸生产呈现"进口下降、出口增长"的特点,前 5 个月外贸进港量下降 4.5%、出港量增长 9.4%。

(2015-07-16《新闻联播》)

32. 提速

作为古代海上丝绸之路的见证,宋代沉船"南海Ⅰ号"经过 1 年的考古发掘,取得重要成果。今天,这艘被中外瞩目的宋代古船,终于揭开了神秘面纱,也为古代海上丝绸之路提供了难得的实物例证。

"南海Ⅰ号"现已探明的船载文物有 6 到 8 万件之巨。最新发现的 122 件嵌有各种宝石的纯金牌饰、戒指、镂空胸佩和项链,工艺精湛,带有浓郁的中西亚异域风格,这是继上世纪 70 年代陕西何家村唐代金器窖藏发现后,金属器文物的又一次重大发现,为横跨东亚、中亚、西亚的海上长程贸易通道,提供了难得的实物例证。而备受考古专家和学者关注的是,这艘唯一存世的较完整的南宋古船本体,目前船体残长已探明为 21.8 米,最大船宽约 9.6 米,有 13 道水密隔舱。从发现的货币种类和船体初步判断,"南海Ⅰ号"为南宋时期具有官船性质的远洋贸易船,排水量达 300 多吨,能够沿海上丝绸之路连续航行 3 个月之久。据了解,"南海Ⅰ号"大规模文物提取需要两到三年时间,诸多谜团将有望逐一破解。

(2014-12-29《新闻联播》)

33. 背景

从博鳌亚洲论坛十五年的主题演变,我们不难看出,十五年来,亚洲经济在国际经济格局当中的地位不断提升,而博鳌亚洲论坛也成长为立足亚洲、面向世界的全球论坛。

2001 年博鳌亚洲论坛正式成立。来年的 2002 年,论坛首届年会举行。此后,论坛每年定期在博鳌召开年会。从 2002 年第一届到 2004 年第三届,每年论坛举行的时间为 2 天。随着论坛在国际上的影响力不断扩大,论坛会期也随之变长。从 2005 年开始,到 2013 年,论坛举行的时间变成了 3 天。而从 2014 年开始,论坛的举行时间又增加了 1 天,变成了 4 天。今年,根据大会议程,从 3 月 26 号到 29 号举行的论坛也是 4 天会期。从阵容来看,在博鳌亚洲论坛成立之初,有中国、菲律宾、澳大利亚等 26 个国家作为发起国;而到了 2006 年第五届博鳌论坛举办的时候,以色列和新西兰也被追加为博鳌亚洲论坛的发起国,至此,博鳌亚洲论坛的发起国增至 28 个。在 2010 年第九届论坛,博鳌亚洲论坛理事会进行换届选举。新增选的 9 位理事中,3 位来自俄罗斯、法国、美国等区域外大国的前政要,第一次将博鳌亚洲论坛理事会的成员从亚洲推向全世界。博鳌亚洲论坛举办至今已有 14 届,如果说 2002 年首届论坛还是围绕着亚洲经济合作与发展来举行的话,那么 2004 年的第三届论坛不但强调了亚洲之间的合作,更强调了面向世界讨论亚洲问题,让更多亚洲区域外的知名人士参加论坛的对话和交流。而 2011 年的第十届博鳌亚洲论坛则强调包容性发展、共同议程和全新挑战,也就是要使全球化和经济一体化带来的利益惠及所有国家和地区,是经济增长产生的效益和财富惠及所有地区。这一届论坛也吸引了俄罗斯、巴西以及西班牙等欧美国家。

(2015-03-26《朝闻天下》)

34.完整节目

片头＋预告

主持人:欢迎收看龙视都市频道《新闻夜航》,我是小翟。首先进入今天的夜航头条。

夜航头条

题目:立夏不见夏　雨雪一直下

主持人:冬天下雪,夏天下雨,这是一般人的常识,今天是立夏,可这哈尔滨的阴雨不断,连点儿阳光都看不见,而在黑龙江的一些地方,这立夏过得更"凉快",因为人家那的立夏是伴随着一场大雪而来的。

画外音:今天一大早,飘飘洒洒的雪花把漠河再次带回冬天模式,山间的绿色被白雪掩盖,粉红色的兴安杜鹃傲雪绽放。降雪伴随降温,早晨的气温已经不足零度。

同期声:(漠河县居民王艳娟)前两天 天气已经三十来度了,今天突然这么冷有点儿接受不了,把冬天的衣服都拿出来穿了,太冷了。

画外音:和漠河相似,一周以来,呼玛县的气温经历了 30 度的大跳水,入夏第一天,又迎来了一场雨夹雪。不过这场降水过程,对整个 4 月持续干旱的呼玛县来说,却是"久旱逢甘露"。

同期声:(呼玛县农民张瑞岐)这场雨下了有两公分吧,对小麦来说是个及时雨吧,这小麦从种上 20 多天一滴雨没下,这场雨下得非常好。

画外音:立夏这天,嫩江县同样降温降雨,但是那里的农民也嫌这场雨实在太小了。嫩江县前进镇保胜村以种植玉米为主,去年秋季雨水大,土地深层较湿,表层却干旱,急需一场降雨。

同期声:(嫩江县前进镇农业中心主任杜传秋)需要再下一场雨杀下浆,这样有利于散墒,能进一步的加快我们镇的春播进度。

画外音:干旱的土地需要雨水,嫩绿的秧苗却实在不喜欢寒冷的天气。李贵是鸡东县平阳村的农民,因为这几天的降水降温,他家的水稻秧苗发生了不同程度病变,部分秧苗已经死亡。立夏这天,桦川县的最高气温只有 8 摄氏度,降温降水也导致这里的水稻秧苗生长缓慢、根系发育不良,有的还出现低温冷害。

同期声：桦川县农技推广中心高级农艺师佟立杰：一个是温度一定要保证在 10 摄氏度以上；再就是夜间如果低于 5 摄氏度，或者是在零摄氏度左右的时候，大家要注意预防倒春寒，就是把煤气罐搬到大棚过道上烧开水 20 分钟，用热气来增温，或者是用脸盆大的容器放稻壳，然后点燃用烟雾祛寒增温。

天翼新闻眼

题目：化肥含石子　机器咽不下

主持人：刚才的片子我们也看到了，在下雨前，有些禾苗都已经长出来了，这时候其实也是抓紧施肥的好时机了。前两天，哈尔滨的李延江也在地里施肥播种了，没想到撒化肥机闹起了脾气，不过随后李延江发现，这事儿可不能怨撒化肥机，因为化肥里头内藏玄机。

画外音：4 月 30 号上午，李延江和家人到地里施化肥。没想到，化肥还没施上几垄，撒化肥机就出了故障。

同期声：（哈尔滨市道里区阎家岗农场村民李延江）一瞅机器不对劲儿呀，咔咔响，就跟机器挂不上档似的。

画外音：李延江停下车，检查了几遍，发现异响是从加肥口里发出来的。

同期声：（哈尔滨市道里区阎家岗农场村民李延江）一瞅有石子，它卡在甩盘上，别传动轴和齿轮箱。

画外音：这石子是从哪儿来的呢？加肥口离地面一米多，地里就算有石子也很难掉进去，难道是化肥里有石子？再往机器里加化肥的时候，李延江留了个心眼儿，打开没拆封的袋装化肥后，先用过滤网过滤一遍，再加进机器里，随着化肥渗进去，果然有一些石子被筛了出来。

现场：（哈尔滨市道里区阎家岗农场村民李延江）小的都漏下去了，这都是大的，这不都是，跟五彩石似的，这不能当肥使，这玩意儿搞建筑能用，你看这鹅卵石，锃亮。

画外音：一袋儿化肥里，竟然出现了四五十块儿小石子。李延江一共买了60 袋儿化肥，其他袋儿化肥里或多或少也有石子。李延江说，他用这一品牌的化肥已经很多年了，对这款产品的质量还是信得过的，但不知道这回怎么会出现石子。不过在经销商看来，出现这种情况并不奇怪。

电话采访：（当地经销商）有可能加工车间上料的时候，有可能产生点儿，有可能的事儿，别说是咱这个肥，啥肥里头都有，一点儿没有那不可能。

画外音：李延江又把情况反映给了生产厂家，厂家负责人说，很多化肥是从矿石里提取出来的，作为生产厂家，他们每天都要从原料厂引进大量矿石，出现这种情况，可能是原料供应商提供的一些矿石颗粒过大，他们在加工过程中不够细致导致的。

电话采访:(厂家负责人)大块儿到我们这儿怎么办呢,得用机械粉碎,重新粉碎,粉碎一般就是砸吧砸吧拉倒了(如果粉碎的时候不是特别细,有可能出现这样的情况呢)完全有可能。

画外音:这位负责人说,他们还没到现场查看,所以具体原因还无法确定,但为了避免再出现类似情况,他们近期将更新设备。

电话采访:(厂家负责人)换成小眼儿的,孔要小,孔小到什么程度呢,可以把肥料中绝大多数都漏下去,少数漏不下去的,重新加工。

画外音:无独有偶,前段儿时间,贵港市一位村民买的化肥里,也出现了石头。

同期声:(贵港市港北区大圩镇村民钟子彪)我准备加那个钾肥和尿素进去,拌匀来,先倒这个出来,我就搅,等一下就发现那么多石头。

画外音:厂家负责人说,肥里出现石头,多半是车间筛磷矿石的筛子出了问题。

同期声:(贵州省福泉磷肥厂销售科经理杨正康)出现这个事情,实际上就是我们在工艺上出了一点儿问题,至于怎么给经销商赔偿,或者是怎样跟经销商说,那是我们厂家的事。

题目:房子很奇怪　没有排水管

主持人:这石头混进了化肥里,再结实的机器,也不好消化啊,要不咋说得严把质量关呢。这两天雨下得不小,很多觉得家里房子质量不好的人开始犯愁了,因为家里漏水啊,哈尔滨的王素勤却说,自己家的房子以前质量挺好的,可是这回家里也开始下起小雨了。

画外音:这几天,可把王素勤忙活坏了,自从开始下雨,她就不断地往邻居家跑,而这可不是为了串门联络感情,而是给人家干活。

同期声:(哈尔滨市光华小区居民王素勤)她家漏得最厉害,她这个水吧,就漏到我家楼下去了,我就一会儿一拧水,你看现在,现在还在漏呢,外面不下雨了,还在漏呢。

画外音:王素勤说,楼上这家邻居托她照顾房子,结果这几天邻居漏水漏得厉害,她家也受牵连,家里白净的墙面出现了一块块"地图",甚至还从这些地图上渗出水来。

同期声:(哈尔滨市光华小区居民王素勤)这儿顶上,现在还滴水呢,看没看到,就转圈,整个转圈,就从墙里面往外渗水。

画外音:王素勤说,她们两家都不是顶楼,这些水都是从外墙慢慢渗进来的,处理起来非常麻烦,所以这几天抹布、塑料布、大盆小罐儿、甚至还有孙子的尿不湿,都成了王素勤接水的工具。而这样渗水的情况在光华小区里并不少见。

同期声:(哈尔滨市光华小区居民姜凤兰)(这是干啥的)这不是挡水的嘛,

怕流啊,这不是都透了嘛,我说是,这家伙淘不过来啊,这问题在这儿,一流子淌,还接不着,这块儿能接住。

画外音:居民们说,这样漏水的情况是从去年10月开始的,当时,小区里来了一个施工队,说是给房屋做惠民保温工程的,可是工程干了一半,施工队发现政府根本就没有承包这项惠民保温工程,承包公司是为了诈骗保证金才雇他们干活,所以这做了一半的工程也就停了下来。

(2013年10月20日《新闻夜航》播出画面)

非正常拍摄:(现场施工人员)具体的这个事儿咱们也不知道,咱们就是干活,给人家打工,但现在说受骗,我们立案了。

画外音:当时停了工,房顶上的架子没有拆,墙体做一半留一半,而引起漏水的原因,就是整栋楼没有一根排水管。

同期声:(哈尔滨新阳物业公司光华分公司经理庄殿生)水流管都没有了,因为这个虚假工程,施工单位把这个水流管都摘下去了,等到他发现他被骗了之后,工程就停工了,所以说这水流管就没有安上,导致屋顶的水都浸到苯板里去了。

画外音:庄殿生透露,去年这起案件就交给了公安部门处理,具体进展还不太清楚。不过由于不少居民家里都漏了水,他们打算采取一些应急措施。

同期声:(哈尔滨新阳物业公司光华分公司经理庄殿生)该管我们肯定得管,等这两场雨停了以后吧,我们上去以后,将那个水流口处理一下子,避免这个墙体再湿,老百姓遭这个罪。

主持人:这下我们可要表扬一下物业了,老百姓有了困难,不是自己责任也要帮一下,这次希望物业公司能够处理得好一点儿,下次雨季到来的时候,居民家里别再漏了。其实啊,最好的解决办法还是有关部门能够尽快把这个案子弄清楚,究竟谁来为这样烂尾的工程负责,彻底地解决这些隐患。

题目:加固堤坝 保卫家园

主持人:连绵不断的雨水,对于一些地方来说,确实是一个难题。您肯定还记得去年那场全省范围的洪涝灾害,杜蒙县一心乡就是在灾害中受影响比较严重的乡镇之一,去年秋天那里的水位仍然居高不下,冬天水结了冰,情况终于得到缓解,春天化开后,抗洪形势再次严峻起来。

画外音:由于春季风大浪急,4月底,杜蒙县一心乡的一心村和团结村的护屯坝连续两次决堤,低洼处的一处房屋和不少土地泡在水中。为了堵住缺口,这几天,村里的老少爷们一直在坝上忙活着。

同期声:(杜蒙县团结村村民高翔)我们已经在这干两三天了。把这开口已经堵上,为了保护我们的家园。

画外音:杜蒙县一心乡一心村和团结村附近本来只有几个不大的泡子,受去年乌裕尔河和双阳河水系泄洪的影响,几个泡子的水位居高不下。春季解冻后,泡子里的水没有下泄通道,水位再创新高。为了确保农民春耕生产顺利进行,乡里已经组织了大量人力,开展抗灾自救,出动钩机、翻斗车、四轮车10多台大型机械设备,修筑受损堤坝。

同期声:(杜蒙县一心乡副乡长洪长志)水务局领导给我们亲自到现场踏查,并给我们拨付了两万余条编织袋,我们乡也积极采购物资,截至目前,采购的塑料薄膜3吨,围板1500延长米,木杆5000根。

画外音:记者从省防汛抗旱指挥部了解到,今年春季,我省主要江河没有大的灾情发生,春汛期已经平稳度过。

夜航直击

题目:一场车祸 两人遇难

主持人:平稳度过春汛期,也多亏了大家各司其职,时刻警惕,这样的阴雨天,还有一件事也得提高警惕,那就是开车上路,今天凌晨3点多,在哈尔滨市道外区先锋路上,一辆轿车在行驶的过程中撞上了前面的一辆货车,轿车车身损失严重,车里还有被困人员。

救援现场:拽车画面

画外音:这辆钻进大货车尾部的轿车,已经严重变形,货车后面的两个轮胎也被撞报废了。当时轿车里有三男一女,消防人员到达现场后,轿车驾驶员和左后位置上的一名女子已经被120送到了医院,而副驾驶和坐在右后位置上的人却被卡在了车里。

同期声:(哈尔滨市公安消防支队太平中队黄金成)后面儿这个人直接就上人拽出来了,前面儿这个人呢,把副驾驶座位靠背给放平了之后,也是一并抬出来了。

画外音:交警部门介绍,被卡住的两个人,有一人当场遇难,另外一人在送往医院的途中停止了呼吸,先被送到医院的女子正在哈医大一院接受治疗,而轿车司机只受了轻伤。

主持人:年轻的生命,就这样走了,真是感到惋惜,虽然现在还不太确定事故原因,但能撞得车身变形,想必是跟速度快有直接关系吧,所以,我再次提醒大家,开车的时候一定要减速慢行,尤其是在雨雪天气,另外一点也要千万记住,开车不喝酒,喝酒不开车。

题目:深夜火灾 疑似纵火跳楼

主持人:昨天晚上9点左右,在哈尔滨河柏小区一栋单元楼的9楼发生了一起火灾,而在起火之后不久,一名男子坠楼身亡。

画外音:着火的住户就在哈尔滨市河柏小区102栋1单元的906室。楼下的邻居发现着火之后拨打了119火警电话,可是就在消防队员赶到现场之前,一名男子突然从 9 楼坠落了下来。

现场:(现场目击者)119、120、派出所都来了。

画外音:经过 120 现场确认,坠楼的男子已经当场遇难,而就在消防官兵冲进 906 室灭火的时候,发现在室内还有一名女子已经停止了呼吸。

现场:(哈尔滨河柏小区居民)(屋里那个呢? 女的是女主人?)他们是一家的。(两口子)对、对。

画外音:现场的火势很快得到了控制,而哈尔滨市道里区刑警大队的民警也很快赶到现场,拉起了警戒线。

同期声:(现场目击者)跳楼、杀人、放火,(谁杀谁了?)好像是他把他媳妇杀了。(跳楼的这个人)嗯。

画外音:邻居们说他们只知道这个坠楼身亡的男子姓赵,今年 50 多岁。着火以及两个人真正的遇难原因,都还有待公安机关以及消防部门的调查。

预告+广告

题目:面前一"跪" 引发冲突

主持人:一起和朋友吃吃饭喝喝酒什么的,挺乐呵的个事儿,哈尔滨的一对小夫妻就趁着五一小长假,和朋友们出来聚聚,可这饭没吃好,还添了些伤疤。

监控画面:(声音来源:哈尔滨市民刘新)这时候那个胖子坐那边儿喊,说他别喝,然后这女的就过来了,然后他们拿瓶子上来就开始打了。

画外音:这段监控录像发生在哈尔滨的一个饭店里,四五个男子拿着啤酒瓶子,向另一个人的脑袋上连续打了好多下,整个打人过程持续了 2 分多钟。

监控画面:(声音来源:哈尔滨市民刘新)你看见武器了吗? 他在拿着一个白色的东西抽我。

画外音:被打的这个男子叫陈刚,是刘新的丈夫,5 月 3 号晚上 11 点左右,他们和几个好友正在吃饭,突然被几个不认识的人殴打。刘新的脸被划出 5 厘米长的伤疤,陈刚也受了伤,头部、背部都留下了伤疤。

同期声:(哈尔滨市民刘新)他们看见把我砍伤之后,流了一脸的血,然后他们看见流血了就都跑了。

画外音:无缘无故怎么能挨打呢? 原来在打架的前几分钟,刘新的朋友高琦,走到卫生间门口的过道时,突然一个女子摔倒在她的脚下。

同期声:(刘新的朋友高琦)就扑倒在(好像)我的左边。然后我就吓了一跳,我还说,哎呀,怎么跪下了呢?

现场:(饭店的老板)可能你们说了难听的话,或者是什么之类的东西,你在监控里能看见他们相互发生了口角。

画外音:的确,在监控里显示,当那个女子在高琦面前摔倒后,高琦并没有回到座位上,而是和摔倒的那个女子对峙了将近 1 分钟,最终在另一个人的劝阻下,高琦才回到座位上,之后就发生了片子开头的那一幕。至于双方发生冲突的起因和案件的细节,哈尔滨市公安局文政街派出所已经展开调查。

题目:新车路上跑 罚单少不了

主持人:不管因为什么,最起码的要求,咱得遵纪守法,比如说开车吧,这里边要学的可不仅仅是技术,更有交通法规,新车买到手后,每个司机都迫不及待地钻进驾驶室手握方向盘兜兜风去,不过您知道把新车开出去要是不遵守规定,那可是要挨罚的。

画外音:马延明在哈尔滨华通丰田4S店买了一台丰田吉普车,不过想要把这车开走,那还得有临时牌照。

同期声:(哈尔滨市民马延明)丰田公司的人员告诉我说,交200块钱,他可以带着我去给这车落户,跑这些事。

画外音:马延明说,为了方便他就把这钱交了,4S店的一个工作人员就坐着他的新车往车管所开去,可是这车还没开到一半,就被交警拦下了。

同期声:(哈尔滨市民马延明)被交警截住了,交警截住之后,就说没有牌照,然后罚我200块钱,然后驾驶证扣12分。

画外音:驾驶证被扣12分,就得重新学习,重新考试了。虽然马延明解释自己是去办理牌照的路上,不过交警开出罚单,也是依法办事儿。

非正常拍摄:(哈尔滨太平交警大队民警)买车你得拿着发票,到车管分所,先把交强险交了,交强险交了就可以办临牌了,拿完临牌回4S店取车上道。

画外音:马延明说,既然有这样的规定为什么在当初购车时,4S店的工作人员不事先告诉自己呢,更何况当时车里就坐着他们的工作人员。

非正常拍摄:(哈尔滨华通丰田4S店工作人员)(允许开着新车去吗?)这个是不允许的,因为我们在交车之前都会和客户说,正常需要客户提前把这个临牌办完买回来之后,临牌得贴在车上,这个时候才能开车。

画外音:既然知道这样的规定,那为什么工作人员没有阻止客户开车走,反而坐着客户的车去办理手续呢?

非正常拍摄:(哈尔滨华通丰田4S店工作人员)这个客户就要自己走,就要开车去,说着急走。这个经理说你要求开车去的啊,(马延明:没有)(4S店工作人员)客户不开车走,我们怎么跟着啊?

主持人:客户不开车走,工作人员难道就没办法跟着客户去办理手续了吗,那么客户交的200块钱代办费是做什么的呀,真是让人挺不理解。另外,马延明也有点糊涂啊,买了新车,就应该相关的规定好好地学习清楚,否则你这么上道开车,也是对自己不负责啊。所以在这里我也要提醒一下买了新车或是即将买车的司机朋友们,新车买到手后,千万别急着往外开,一定要到车管所先办理临时牌照,然后将牌照黏贴在前后车窗上,这样才能上道了。

题目:家里两台车　被砸又被划

主持人:没有牌照的车不能上道,双鸭山的徐宝成有牌有照,谁也没惹着谁,却接连栽在了同一块砖头上,徐宝成说,不是他不小心,而是这砖头实在难以防范。

画外音:徐宝成说,砖头伤害的不是他本人,而是他新买不到一个月的这辆白色吉普车。

同期声:(双鸭山市民徐宝成)(5月)4号早上起来,我看机器盖顶上有块小砖头,砖头我寻思我也没搁,停楼下,怎么还有砖头呢。拿下来我一看车门子被人划了。

画外音:在右前车门上,有几道被划过的痕迹,清晰可见,虽然划痕并不深,可是维修却很麻烦。

同期声:(双鸭山市民徐宝成)划痕这个处理不了了,必须把这车门子重新喷漆了,费用得 2000 左右。

画外音:徐宝成说,除了觉得这钱花得冤枉,他还非常气愤,因为三个月前,家里另外一台车还被砸过,当时的情况更是惨不忍睹。

现场:(双鸭山市民徐宝成)给我砸得玻璃一块没剩。轮胎搁刀给我挑开了,完了钣金砸四个大坑,就这黑车这个位置。(这是第一次被砸?)哎,这是第一次,那车修完了让我给卖了,买的新车。

画外音:徐宝成说,有了第一次的教训,他特意花 1000 块钱买了一个高清摄像头,对新车重点照顾,幸运的是,这个摄像头还真派上用场了,把 5 月 4 号凌晨车被划的过程全录了下来。

现场:(双鸭山市民徐宝成)奔我车过来的,还写字儿呢,写完字儿,又狠劲划一下子,狠劲划一下子,把划车那个扔那儿了。

同期声:(双鸭山市民徐宝成)针对我有啥事儿说事儿呗,是不是,你何必对车呢,你能解决什么问题呢。

画外音:徐宝成说,他并不认识划车的人,可这两次的意外给他造成了近万元的损失,目前,当地派出所已经开始调查这两起砸车和划车的事件。

题目:垃圾仍然存在　再次承诺清理

主持人:2 月 27 号,我们节目报道了牡丹江依兰段出现大量生活垃圾的事情,当时,依兰县环卫处承诺要在 4 月中旬把垃圾处理掉,现在已经到了 5 月份,那里的垃圾处理完了吗?

字幕:2 月 27 日《新闻夜航》播出画面

画外音:沿着江堤往下看,巨大的垃圾堆就像一条长龙,横卧在牡丹江上,一直延伸到江心,数以百计的乌鸦和喜鹊盘旋在垃圾堆的上空,寻找它们的食物。在现场,几辆车身上写着依兰县环卫处字样的卡车开进了垃圾场,没有经过处理的生活污水和垃圾直接被倾倒进了牡丹江。

同期声:(依兰县居民刘生)夏天一涨水的时候,这些垃圾全都得流入这个江里,全都得冲进松花江里面。

画外音:依兰县环卫处的负责人说,去年遭遇了50年一遇的大雪,城区内的积雪没有地方堆放,所以他们在江面上开辟了一片地方用来临时堆放积雪,在运输过程中,夹杂了一些生活垃圾。

同期声:(依兰县环卫处主任李刚)春融之前应该是4月中旬,争取在这个期间我们尽量把它处理。

画外音:按照依兰县环卫处当时的承诺,4月中旬,就能把江上的垃圾处理掉,可这都到了5月份,江水都已经化了,江上的垃圾却依旧清晰可见,江边附近漂浮着大量垃圾。

现场:(记者王昆鹏)江中心,那一片垃圾,江面上漂浮的一些塑料袋,不时地散发着臭味。

同期声:(依兰县环卫处主任李刚)在承诺的期间,已经把地面原有的垃圾进行了二次倒运,现在剩余一部分是因为机械作业,出于车辆安全问题考虑,大型机器无法上。

画外音:依兰县环卫处表示,剩下的这部分垃圾没有清理,是因为遇到了困难。

画外音:李刚说,靠近江中心有三处垃圾,由于江水已经解冻,无法确定水下的深度,不敢贸然人工清理,接下来,他们会尽快拿出方案。

同期声:(依兰县环卫处主任李刚)不知道水的深浅,怕有坑,大型机械无法介入,只要机械能运作的层面,我们已经覆盖,清理完毕了。(那想没想过其他的运输工具,比如用船派人上去清理?)船,一个是我们没有这方面的资源,再一个,人在船上作业的时候,涉及一个安全问题。(接下来剩存的垃圾,什么时间处理完?)我们搁人工,集中三次、四次,也就是在十天左右之内,搁人工上去捡拾,应该是能清理完毕。

我要表扬你

题目:鸟儿来龙江　遇上好心人

主持人:良好的环境要靠人们用心来维护,维护好了自然就会有朋自远方来了。在我省各地,越来越多的候鸟从南方飞回来了,而它们也得到了不少来自人类的关爱。

画外音:4月29号,宋玉玺和伙伴在小兴凯湖出船,突然听到有"扑棱、扑棱"的声响,顺着声音一看,一个灰色的身影正在旁边的湿地里挣扎。

同期声:(兴凯湖渔民宋玉玺)飞也飞不起来了,俺俩就把它抓着了。(记者:当时抓的时候叨不叨你?)叨,叨。俺俩那不有网嘛,搁那网片子盖上了才把它逮着。(接)后来我在那站着摆楞它,后脑勺让他叨一下。

画外音:兴凯湖是春季候鸟迁徙时一个重要的停歇点儿,大批的候鸟在这里休整,这只鸟腿上有伤,应该是因伤掉了队。宋玉玺拨通了附近野生动物救助中心的电话,因为觉得大鸟挣扎着站着太痛苦,宋玉玺就抱着鸟等待保护区工作人员的到来。

同期声:(密山市铁西自然保护区野生动物救助中心工作人员柏景东)初步判断是白枕鹤,白枕鹤呢,是世界鸟类联盟红色濒危物种,同时也是国家二级保护动物。

画外音:最近,杜蒙县的孔祥民也在湿地里捡到了一只受伤的大鸟,看样子这是一只天鹅,在孔祥民家养了几天,天鹅已经精神头十足,早不是被捡回来时的景象。

同期声:(杜蒙县巴哈西伯村村民孔祥民)脑袋扎在水里,光翅膀扑通也起不来了,我一看这不是要够呛了吗?当时还有一个天鹅,那个飞走了。

画外音:天鹅的翅膀受了伤,林业部门的工作人员给天鹅上了药,就把天鹅留在了孔祥民家养伤。天天吃着小鱼和蔬菜,没几天的工夫天鹅就养好了伤,回到了大自然。

画外音:鹤岗市张邦安捡来的几只鸟身上没伤,不过它们却没法回到大自然,因为它们还是几只胎毛没退的小不点儿。

同期声:(鹤岗市民张邦安)在拉乘客的时候到牛奶社,在等人的期间,我看见这3只幼鸟。这3只幼鸟没有大鸟的扶持还不能(觅食),我怕它饿死了,所以我就把它捡回来了。

画外音:小家伙个头不大,食量却不小,两天工夫就吃了六七斤生肉。因为浑身毛茸茸的,张邦安很喜欢它们,同事也都来张邦安家看热闹。

同期声:(张邦安的同事于贵)我也是第一次看见这个动物,咱也没见过这玩意啊,你们找个有关部门养活一下,别死了,白瞎了。

画外上字幕:在张邦安的托付下,记者找到了鹤岗市野生动植物保护科,专家说,别看小家伙现在像一个灰毛球,等到它们长大了,再看样子就熟悉了,它们其实就是猫头鹰的幼崽。学名大型领角鸮,成年后,展翅能达到两米。因为小猫头鹰还不具备野外生存能力,保护科的工作人员把它们送到了一家鸟店喂养。

同期声:(鸟店店主徐厂辉)我看这幼鸟大概出生刚有25天左右,一般的鸟类在野外45天能初飞。在我这就得喂肉啥的,鸡肠子什么的,再喂它大约20天吧,就能回归大自然了。

预告＋广告

夜航调查

题目:日本医学界代表调研收集 731 罪证

主持人:昨天,由日本全国保险医团联合会和全日本民主医疗机关联合会组成的 26 人代表团,来到哈尔滨参观了侵华日军第 731 部队遗址,并与中国 731 问题专家举行座谈。

画外音:4 月 29 号,中日律师与日遗毒气受害者听证会在哈尔滨侵华日军第 731 部队罪证遗址办公大楼举行,来自日本的南典男等 5 位律师,与 12 位遭芥子气毒剂伤害的受害者面对面交流,进一步了解受侵华日军遗弃化学武器伤害的 57 名黑龙江受害者情况。

同期声:(日本律师南典男)731 部队是一个反人道的部队,在侵华战争期间做了很多伤害中国人的事情,我作为日本人,我希望更多的日本人,能够了解这些事,知道这些事。(他说的日语,央视男声翻译成的中文)

画外音:南典男律师说,他帮助中国人对日诉讼,是因为 1992 年他接触了一位日本 731 部队的中国受害者——敬兰芝老人。他说,如果是自己的妈妈受到那样的伤害,自己肯定受不了,于是他决定帮助中国受害者诉讼。从 1992 年到现在,他和 30 多位日本律师,一直坚持义务为芥子气中国受害者向日本政府申诉,不过举行这样的听证会还是第一次。

同期声:(日本律师南典男)虽然现在诉讼很困难,但是现在这些受害者的状况,也越来越不好了。我希望把搜集来的资料带回日本,好让更多的人了解这些情况,为他们多做些事情。

画外音:芥子气是一种糜烂性毒剂,它有一种大蒜味和芥末味,能够引起皮肤红肿、气泡,甚至溃烂,吸入蒸气或雾,会损伤上呼吸道,高浓度会致肺损伤,中毒严重会致死亡。国际癌症研究中心已确认芥子气为致癌物。侵华日军曾在中国东北地区秘密驻有负责毒气研究和试验的 516 部队、731 部队,并且把芥子气大量用于侵华战场。

题目:日军遗留毒气伤害案

主持人:就是这种致癌物质——芥子气,在我国,已经先后使数百名国人受害,他们的生活直到现在,仍然受到芥子气中毒后遗症的折磨。可日本政府对于当年遗留下来的罪行,却拒绝负责,受害者索赔诉讼的道路举步维艰,下面让我们一起回顾下这些年我们的维权历程。

画外音:2003 年 8 月 4 号,在齐齐哈尔市北疆花园小区的建筑工地,伴随着挖掘机的一声闷响,一个芥子气毒剂桶被挖漏,现场毫不知情的工人连续挖出了 5 个毒剂桶。泄漏的毒液造成 40 多人受害,其中伤势最严重的李贵珍不治身亡。在中国政府的强烈要求下,经过多次外交交涉,日本政府同意为处理此次事件的善后工作支付 3 亿日元,折合人民币 2421 万元。

画外音:2007 年 1 月,这一事件的 48 名受害者和家属向东京地方法院提起诉讼,要求日本政府给予约 14.3 亿日元,约合 1.08 亿人民币的国家赔偿,用于受害者的长期医疗和生活等费用。

画外音:2010 年 5 月 24 号,日本东京地方法院作出一审判决,驳回了受害者诉求。尽管律师团和受害者都很失望,但是在一审判决后,毒气案受害者的委托律师,又开展了长达两年的调查取证,并补充了大量的新的证据。

画外音:2012 年 9 月 21 号,东京高等法院仍然决定维持原判。对于这样的结果,特意在判决前一晚从中国赶到东京聆听审判结果的受害者代表丁树文和董粉宏表示,他们难以理解,也无法接受。

同期声:(侵华日军遗留毒气事件受害者丁树文)非常不满意,非常沉重,心里头,不是我一个人的,是我们四十多个人的心情,还有家里人,孩子。

同期声:(侵华日军遗留毒气事件受害者董粉宏)明明知道我们这些人就是受害者,实际情况摆在这儿,摆在面前,他承认这件事儿,就是没办法出来解决。他不出来面对这个事情,所以说我们感觉,就是日本政府相当对不起我们,对不起我们这些中国受害者。

画外音:东京高等法院审判长大桥宽明承认,侵华日军遗弃化学毒剂对受害者造成伤害的事实,但法院驳回受害者诉求给出的主要理据是,日本政府缺乏足够资料,无法预见相关事件的发生,因此无需承担责任。不过多年来协助受害者控告日本政府的受害人律师南典男却质疑,齐齐哈尔市是日军侵华期间重要的化学武器研制基地,日本政府理所应当对战后遗留在当地的芥子气有详实记录,相关危害完全可以预见,并通报给中国政府。律师团作为民间团体经过调查,就能在图书馆,包括日本防卫省的资料室找到大量证据,但日本政府却毫不作为,任由事故发生,所以必须承担责任。

同期声:(芥子气伤害案原告代理律师罗丽娟)日本律师团准备得应该说是非常充分,而且基本上是达到了极致的程度,但是还是没有被二审采纳,所以我个人认为,这不光是法律上的问题,可能已经达到了一种政治上的事情。

夜航警事

题目:交警执勤　遭遇"掩护"

主持人:专门偷一个小区,看来这个小偷专一得昏了头,今天早上 7 点多,哈尔滨一名司机也挺浑,开着吉普车就顶撞执勤的交警,还有人从车上下来打起了掩护,让这辆车溜走了。

画外音:今天早上 7 点多,交警刘杨在哈尔滨石头道街和兆麟街交口执勤。他看到一辆白色的吉普车,从本该直行的道路上右转弯,就示意这辆车靠路边停车。

现场：(哈尔滨市公安交通管理局道里大队一中队交警)民警在前面截他，他就用车咣、咣、咣在前面硬推。然后咱民警就趴机器盖子上了。

画外音：当时正是上班高峰期，不少人目睹了这一幕。常年在路口卖报纸的甘振东，就眼看着这名交警被车上走下的几个人围了起来。

现场：(目击者甘振东)两个女的，一个男的，那个男的没戴个帽子，个儿不算太高，还有那俩女的，拽着(交警)刘杨，就把刘杨拽一边儿去了。这时候那吉普车就开走了。

现场：(哈尔滨市公安交通管理局道里大队一中队交警刘杨)就是这仨人儿，倒是没打我，撕扯我，把我胳膊拽开以后，把我拉边儿上去了。

画外音：敢情下车的几个人拦住交警，就是为了给司机打掩护，让他有机会开车逃走。但只是一个单纯的道路违法行为，为什么要如此害怕交警的盘查呢？随后，交警部门调取了这辆吉普车的车牌号，可查询结果却是一辆奔驰轿车。

现场：(哈尔滨市公安交通管理局道里大队一中队交警)这三个人已经让我们控制住了，车跑了，就这个车跑了，车是假牌子，我们刚才调了。

画外音：这名交警说，好在其他同事迅速赶来，刘杨才没有在这次冲突中受到更严重的伤害。

现场：(哈尔滨市公安交通管理局道里大队一中队交警刘杨)机器盖子勒得特别疼，这两个手指头(别的没啥)，别的现在暂时没啥。

画外音：目前，刘杨已经在附近的派出所报案，当时与他撕扯的三个人也正在接受警方的调查。

声音来源：(哈尔滨市公安局兆麟派出所民警)不让你扣车，把你拉一边儿去，现在看是最起码是俩人儿，这边儿胳膊拽一个，那边儿胳膊拽一个，仨人儿现在看最少是俩人儿。有证人，阻碍(治安)肯定是够了。

题目：老树闹情绪　砸车发脾气

主持人：这位司机的脾气不小，哈尔滨林机小区的居民王新元却和大树有了段不太愉快的经历，这棵大树怎么惹着他了呢？

画外音：4月29号，王新元晚上回家，刚进屋就听到停在楼下的车不停报警。

同期声：(哈尔滨林机小区居民王新元)下来一瞅，一棵大树，这么粗，掉下来了。

同期声：(王新元邻居)这一刮风下雨了，它就掉枝子，孩子大人都挺害怕的。

画外音：掉落的大树枝把车砸了一个大坑，好在没伤到人，惹祸的大家伙表面瞅着枝繁叶茂，实际上身子骨已经不行了。

同期声:(林机小区居民)这个杨树脆,里面儿都糠了。

画外音:居民们说,小区里的几棵老树已经不是第一次这样闹情绪了,伤人伤车的事儿发生过好几回了。他们觉得,园林部门应该定期养护这些老树,可哈尔滨市香坊园林管理所的工作人员解释说,按照《哈尔滨市城市绿化管理条例》绿地养护责任的规定,"公共、防护绿地和风景区绿地",才由园林部门维护;而砸王新元车的大树在居民区(字幕:居民区),所以养护单位应该是小区的物业(字幕:小区物业。条例划红线第一项和第三项)。

同期声:(哈尔滨市香坊区园林管理所一中队队长宁兆林)最早有一个林机物业,但是现在林机物业整个弃管了,以后应该归办事处管理。

画外音:可哈尔滨市香坊区通乡街道办的工作人员解释说,虽说没有物业,居民区的绿地应由街道办事处管理,但《哈尔滨市城市绿化管理条例》第二十八条第二项中也规定,"单位和单位自由生活区的绿地,由产权单位养护",因此林机小区的这片树木的管护责任说到底还得是产权单位哈尔滨林机厂。

同期声:(哈尔滨市香坊区通乡城管办科长王宁)据我们也了解到林机厂有一个留守处,我们也会积极地帮助咱们这个居民,找到这个留守处,能够尽快地把这个问题解决。

寻找龙江好人

题目:生命不息　植树不止

主持人:不管这棵大树的主人是谁,都别因为它惹了祸,就嫌弃它,因为大自然里,缺不了这份绿色。大庆市一位65岁的老人,他的爱好,就是种树,而且一坚持就是16年,在这期间他自己掏腰包,投资了100多万元。

现场:(姜国仁)浇水,着急,还把水车给停了,也不能把水车停了啊,放水!

画外音:65岁的姜国仁,操着浓重的山东口音,种树时显得有些急躁,这也难怪,为了让这些树苗存活,他好不容易才借来的水车,老伴王秀芝因为忙着挖坑种树,忘了浇水,所以姜国仁才发起了脾气。

现场:(姜国仁的爱人王秀芝)(记者:你干不好他还会说你啊?)他就那样,一干活就急了,好了,好了,不说了,你看。(姜国仁又喊起来了)

画外音:姜国仁和老伴儿1975年来到大庆,退休之后,姜国仁开了一家铆焊加工公司,虽然厂子办得有声有色,但是每次环境卫生检查,姜国仁总是挨批评。

同期声:(大庆市义务植树志愿者姜国仁)到处都是垃圾,一刮风,哪里都是,每次检查都是不合格,街道办事处给我提意见,要不你栽树吧,栽树他们就不倒垃圾了,所以从这以后,就开始栽树。

画外音:刚开始地里进不去机械,刨坑挖土全靠人工,姜国仁和同事用了半个月,种了2万多棵树,虽然辛苦,可是厂子周围的环境却真的改善了。也就是从这个时候开始,姜国仁迷上了种树,每年厂子赚的钱,他都用来买树苗。

同期声:(姜国仁的爱人王秀芝)我一开始,也不知道,后来我给他洗衣服吧,从衣服兜里掏出来一个水票子,一看上面两万多,我就问他这两万块钱干啥去了,他就说浇树了,我挺生气的。

画外音:虽然生气,可是看到老伴儿天天起早贪黑种树,王秀芝也就不忍责怪了。

同期声:(姜国仁的爱人王秀芝)一开始不支持,挺生气的,后来一看,他干活挺累的,帮帮他吧,也不是坏事儿,是好事儿,这是绿化。

画外音:老两口一起种树搞绿化,即使后来厂子倒闭了,他们也没有中断,16年来,他们投入了100万多元,在大庆萨尔图区义务种植树木10万多株。

同期声:(姜国仁的邻居高松)他种树吧,早上走的,晚上回来,一天都看不到他,我是前几天知道的,我听我们邻居、同事说的,说老姜种树上电视了,电视转播了,这我才知道。

画外音:姜国仁对绿化的这份执著,让人感动,在他的带领下,他的邻居和一些志愿者也都纷纷加入到植树的队伍中来。

同期声:(大庆市义务植树志愿者孟中秋)先把树从那边扛过来的,100多棵树,这么重,几乎都得两个人扛,我们绝对是真干、实干啊,大庆的话,盐碱地比较多,然后风沙也挺大的,然后种点儿树,改善改善环境吧。

主持人:从一个人种树,到和老伴种树,再到带着邻居和其他志愿者一起种树,老姜的绿化之路,可以说是越走越宽。义务植树,不求回报,老姜的这种环保精神让人敬佩,我们也希望大家都能加入进来,共同守护我们的绿色家园!

题目:大话龙江人(二):龙江精神

主持人:靠着辛勤的劳动,靠着一代代人的传承和努力,才铸就和沉淀出了宝贵的龙江精神。现在又到了"大话龙江人"的时间,今天我们就看看各行各业的人,是如何诠释"龙江精神"的!!

中间会穿插影视资料画面

字幕+音效:你所理解的大庆铁人精神?

同期声:(哈尔滨市民)我就是感觉,黑龙江人比较实在,为人处世比较豪爽,就是说干活比较踏实,像大庆人那样的,能苦干、实干。

同期声:(哈尔滨某幼儿园燕子老师)南方多才俊,我地多什么?多豪杰,其实豪杰这两个字,能够体现我们龙江人这种豪爽、这种朴实。我们现在各行各业的人,我们都在用着原来那种奋斗的精神,那种豪爽,那种朴实精神,去踏踏实实地走好每一步,这就是我所理解的龙江精神。

同期声:(女子手枪运动员王若同)我感觉体育也是一种龙江精神。

同期声:(十米气步枪运动员王俊昊)就是每天刻苦训练,然后在赛场上不断拼搏的一种。

同期声:(十米气步枪运动员苑宇明)一个动作反复地学,就感觉这种精神挺体现的,只能在赛场上,只有那么短短的时间,就十年磨一剑吧!

字幕+音效:你所理解的闯关东精神?

同期声:(哈尔滨市民吕广学)过去老人那时候,就是吃不饱穿不暖,还那么干活儿,那个苦,现在没法形容了。

同期声:(哈尔滨某公司职员李岩芝)闯关东精神,主要的一个关键精髓点在闯字吧,就是我们不畏惧,可以白手起家,这种敢打敢拼,与天与地抗衡的这种精神。(你们家是闯关东过来的吗?)是,我爷爷就是当时闯关东,修铁路,修中东铁路过来的。

同期声:(哈尔滨某公司职员王玉玲)比较勇于创新进取的那种精神,不安于现状,想走出去的那种感觉。

同期声:(律师潘悦)我们的祖辈,是从山东、河南、河北各个地方闯关东来到这里,他们的性格中都有一个共同的特点,就是冒险精神、勇敢,而这片土地,它是毫无保留地接纳了我们的祖辈,并且滋养了我们一代又一代的人,而这片土地的特点就是包容,这种勇敢和包容结合在一起,实际上形成了我们现代人的一种龙江精神。

画外音:祖辈的闯关东精神,为龙江人铸造了挺拔的脊梁;大庆铁人精神,赋予龙江人坚韧不拔的韧性。也许我们不是最聪明的,但是我们踏实肯干,吃得了辛苦,耐得住寂寞;也许我们并不强悍,但是我们敢于拼搏,勇于进取。坚强、勇敢、执著……这就是可敬可爱的龙江人!

主持人:说了这么多,如果电视机前的您对"龙江精神"这四个字有自己的理解,也可以发微博"@新闻夜航",或者关注我们的官方微信,和我们一起互动。

预告+广告

题目:待产的自己"被"征婚了!

主持人:同江的张丹平时特别低调,很少和生人打交道,可最近,她莫名其妙的成了名人,很多人都主动和她联系。

画外音:十多天前,家住同江的张丹像往常一样在家看电视,这个时候,一旁的手机却突然变得异常忙碌起来。

同期声:(同江市民张丹)就有一些男的,打电话骚扰,然后还有短信进来。

画外音:接二连三的电话一下子就把张丹整得焦头烂额。张丹说,骚扰电话都是外省市的,有的是响一声就挂断了,有的则是一些婚介所打来的,问自己征婚的事儿。短信内容呢,也大多都是"你好,你在干什么"之类的话,其中也不乏百合网、世纪佳缘等一些婚介网站发来的短信。

现场:(同江市民张丹)我也不可能征婚了,现在马上就要有宝宝了。

画外音:原来,张丹已经怀孕好几个月了,待产的自己"被"征婚了,起初,张丹还以为是别人的恶作剧,和自己开玩笑。可之后,接到的一个电话却让她心中一惊。

电话采访:(你是哪儿的啊?)陕西的。(你在哪儿看见我的电话号码的?)嗯,就是那种色情群。

画外音:电话那头的男子说,张丹的电话是被人通过发帖的方式公布到黄色网站上的。这一下,张丹可有点儿懵了,自己一直怀孕在家,大门不出二门不迈,怎么自己的电话就泄露了呢? 这时,她突然想到了自己前不久在淘宝网上买的一份凉皮。

同期接插画面:(同江市民张丹)就特别想吃,然后当时就买了,买完之后邮过来,一看,不是那种东西,尝了一下子,口感不是很好,就给了一个差评。

画外音:张丹说,当天晚上,凉皮的卖主就电话联系到了自己,希望能把评价改过来,但考虑到了凉皮的口感和对方说的简直是天壤之别,所以张丹坚持没改。而之后就出现了张丹说的,自己的手机被众多陌生来电轰炸了。

同期声:(同江市民张丹)后来我爱人接了,接了之后,我爱人就说,说那个,你给她打电话干嘛? 他说就是骚扰一下,没别的事儿,然后还问我们是不是差评师。

画外音:随后,记者电话联系到了淘宝店主。淘宝店主说,张丹手机被陌生来电骚扰的事情,他并不清楚。张丹给商品差评之后,淘宝店主把这个事情和他的一个朋友说了,可能是他的那个朋友做的。

电话采访:(淘宝店主)(你就是把以前的那个帖子删了,你看行不行?)我跟他说一下吧,(行嗷?)嗯,行,不好意思啊。(也别让他打什么电话的了,你看行不行?)嗯,那行,不好意思啊。

党员记者走基层

题目:助产士:托起明天的太阳

主持人:上一条片子里,怀孕的张丹莫名其妙的接到了不少征婚电话,要生宝宝了,张丹就别为这个闹剧太上火了,毕竟啊,生宝宝才是天大的事儿。有人说啊,妈妈和宝宝之间,身体的温度,就是最好的语言;而妈妈的双手、妈妈的怀抱,就是最好的摇篮! 今天是国际助产士日,就让我们来认识一下妈妈和宝宝第一次相遇的那个人——助产士!

字幕+键盘音:2月10号,哈医大四院产科待产室

画外音:预产期和阵痛感昭示着小蕊今天要当妈妈了;负责协助小蕊的助产士,叫苏丽杰,43岁的她拥有24年的助产经验,可谓行家里手!

现场:(哈医大四院产科助产士苏丽杰)每次疼都出很多汗是不是?(产妇:

对)这是真疼了,不像你在病房那种疼是不是?(产妇:对)

画外音:不过,时机不成熟,小蕊还得耐心等等;对床的产妇小池,看样子比小蕊更着急,负责协助小池的助产士,名叫陈巧玲,26岁的她,入行4年,是助产士里的后备军!这不,小池的分娩时机到了,巧玲把产妇小池推进了分娩室。

现场:(哈医大四院产科助产士陈巧玲)(记者:这就马上要开始了是吗?)对。

画外音:一双明亮的眼和一双灵巧的手,是助产士的两把刷子,产妇的每一个表情和每一种反应,助产士必须心里有数。通过仪器,宝宝强劲的心跳声响彻分娩室。

现场:(哈医大四院产科助产士陈巧玲)(产妇:我肚子疼)肚子疼就使劲儿,最疼的时候使啊!好,不让使劲儿的时候千万别使啊!慢点儿来慢点儿来,别使猛劲儿,再来一个劲儿。

画外音:身为巧玲的师傅,苏丽杰总会抽身儿过来搭把手,师徒二人的默契,在一分一秒的时间里缓缓流动着,耐心意味着胜利!

现场:(哈医大四院产科助产士苏丽杰、陈巧玲)来深吸一口气,好好,特别棒。小池,别使猛劲儿,慢点儿使劲儿,好,特别棒。小池,好,缓缓地再来气,再加油,加油!身子别往后缩啊,缓口气儿,换口气儿。来,再来个劲儿,加油!别使猛劲儿,慢点儿使,再来个劲儿,来。小池,好,别翘屁股啊!好,加油!好,特别棒,再来,太好了,太好了啊,不出声儿。

画外音:鼓劲儿、听宝宝心跳,再鼓劲儿、再听宝宝心跳,分娩室里的每一个动静,都是对新生命的期待。

现场:(哈医大四院产科助产士陈巧玲)慢点儿,好,缓口气儿。小池,再来个劲儿,慢点儿来劲儿,别躲,屁股坐我手上,好。慢点儿使,不使了,哈气,张嘴哈气,哈气,哈气,不使劲儿。小池,哈气,哈气,哈气,不使劲儿,哈气,哈,哈。好,好,好,看看有没有宫缩,好点儿,再来点儿劲儿,慢点儿来,不疼时候来点儿劲儿,好。使,注意,劲儿使挺猛,注意,不能出声。

画外音:试一次,不行,就再试一次,一个小时里,巧玲的右手托着产妇小池的臀部,一刻也不敢放松。可是,产妇小池没劲儿,开始央求两位助产士,切一刀。

现场:(哈医大四院产科助产士苏丽杰、陈巧玲)一点点,一点点啊。现在使点儿劲儿,给你保护着,你也要有点儿耐心啊。疼不疼?不疼再来个劲儿,(产妇:我想切,切一刀吧)你现在切也不赶趟了,孩子出来了,你再使一个劲儿啊!脑袋不要起来,再来点儿来,再使个儿劲儿差不多了,来,再来,来,不疼的时候再来个劲儿,快来,好,哈气。

慢点儿哈气,别喊,别喊,不使劲儿,哈气,哈气,脑袋不小啊,哈气,好。

给看一下北京时间好,12:28,真12:28,男孩儿啊,这孩子不小啊!

谢谢。

画外音:这就是分娩室,宝宝响亮的啼哭就是助产士胜利的号角。称一下体重,整整7斤,真不错!可没等新妈妈小池消化完这份胜利的喜悦,苏丽杰负责的产妇小蕊被推进了分娩室。

现场:(哈医大四院产科助产士苏丽杰)你这底下现在就坏了。

你给沟通一下,做个小侧切吧,疼的时候告诉我啊,使劲儿的时候告诉一声啊,一点多,随时可以使劲儿吗?使吧,坐住手啊,坐着我的手使劲儿,坐住了,坐住了,使点儿劲儿,加油。深吸气,使点儿劲儿,加油!

还挺紧的,好,(宝宝出来)13:08。(产妇:太出其不意了)

高兴吗。(产妇:谢谢谢谢)看,一贴着妈妈就不哭了,脐,断脐。

画外音:比起小池,小蕊的身体条件更适合侧切,侧切虽然让产妇的分娩过程容易了,可是因为多了一道伤口,产后的治疗步骤增多了,恢复时间也拉长了。称一下这个小家伙的体重,也是整整7斤,苏丽杰说,分娩室里,总是藏着意想不到的喜悦。

现场:(哈医大四院产科助产士苏丽杰)我们也是有一种成就感。

每次生完,我们也是感觉真有成就感,双手托起无数个生命。我们接产这么长时间了,也是感觉不到那种挺麻木啊,是很替她们高兴,发自内心的。

画外音:哈医大四院的产科病房里,一共10名助产士,苏丽杰和陈巧玲说,提起这臂力,个个都是女中豪杰。

现场:(哈医大四院产科助产士陈巧玲)因为产妇在用劲儿的时候,她用多大劲儿在保护着。

现场:(哈医大四院产科助产士苏丽杰)最忙最累的时候,有时真是想打退堂鼓。四个同学当年一起分到哈尔滨,一起分到医院,他们都不干了,就我还在坚持。

画外音:助产士接手一个产妇,前前后后,至少得五六个小时,而且顺利迎来了宝宝,并不意味着助产士的工作完全告捷。

现场:(哈医大四院产科助产士苏丽杰)把你的侧切口给你缝上啊,一定要配合我,再给你打点儿麻药,好吧。

现场:(哈医大四院产科助产士陈巧玲)然后在产房还得继续观察两个小时,产后出血,因为两个小时是产后出血的好发时间。

画外音:助产士,双手忙不停,嘴巴也闲不住,因为产妇需要那一声声鼓励。

画外音:具备多年助产经验的苏丽杰开玩笑说,主管分娩的激素,总喜欢故意习难助产士。

现场:(哈医大四院产科助产士苏丽杰)一般晚上生孩子比较多。

专家就说,催产素是一种害羞的激素,一般是在黑天容易释放。快下班的时候,来个急产,可能这时候你就回不了家。

画外音:而每一名助产士,就是在这样的磨练下成长起来的。

现场:(哈医大四院产科助产士苏丽杰)她们学的时候特别辛苦,她们而且特别用心,看见下班以后要有产妇肚子疼了,这一宿就留下了,白天还要正常上班。

现场:(哈医大四院产科助产士陈巧玲)老助产士就是手把手地教我们。(记者:教多久)半年左右。

画外音:就算这样,苏丽杰和陈巧玲都希望,更多身体条件合适的孕妈妈能够选择顺产。

现场:(哈医大四院产科助产士苏丽杰)顺产的孩子,经过产道挤压了,较能适应现在的规律。

现场:(哈医大四院产科助产士陈巧玲)我们主任比较支持正常分娩。剖宫产之后有瘢痕妊娠,第二次怀孕的时候,在瘢痕的地方妊娠,特别的危险。

画外音:苏丽杰忙得像一枚陀螺,一日三餐和照顾儿子全都交给了丈夫李黎。

炒菜现场:(苏丽杰的丈夫李黎)一直我做得比较多家务。有时候我单位忙,就是需要她家务方面能给我分担分担。她那面儿,生小孩儿时间也确定不了,赶上也忙的时候,有的时候很不理解。

但是吧,心里边儿吧就感觉到挺别扭,但是事情过去之后就好了。

画外音:丈夫李黎的包容、儿子的转变,让苏丽杰既感激又惭愧。而儿子的转变,是在去年夏天发生的。

(书桌前)同期:(苏丽杰的儿子李帅辰)家长会啥的大部分都是我爸开的,基本上没咋去。那次去她单位的时候,看到她在单位跑来跑去的。走廊里,就是病房旁边加床者特别多呗。妈说那段儿时间生孩子特别多,特别忙。正好赶上我中考那段儿,就一直在那儿写作业。下班点儿了,我说妈,咱俩该回家了吧?说不行,还有个人肚子疼,开几指了,我也不懂,说马上就要接生了。

画外音:惦记,变成了陪伴,苏丽杰是这样,陈巧玲也是这样。26岁的陈巧玲,上大学起就离开家乡巴彦,独自生活,上学时住宿舍,工作了就住合租房,四个朋友分享一间屋子。在产科病房,喜庆的日子就是忙碌的日子,所以许多节日,巧玲没法回家,电话听筒里的声音,变成了她对父母的全部陪伴。大学四年里,巧玲的班里没有男生,毕业工作后,巧玲的科里也很少出现男生,有段时间,巧玲强烈地担心过,自己会一直单身。

现场:(哈医大四院产科助产士陈巧玲)父母比较急,打电话催。

但是没办法,这个环境就是这样,很少接触到男性,基本上接触到的男性都是已婚的产妇的家属。

画外音：好在，巧玲有一帮好朋友，在这个让她放松、让她快乐的圈子里，巧玲遇见了有缘人。下班的时候，有人接她；吃饭的时候、过节的时候，有人陪她。

现场：（陈巧玲的男朋友易国彪）一回家，这手，托孩子那只手，一动就疼，第二天还得重复这样的工作，不管多疼。心疼啊。

记者手记：都说，宝宝是一个家庭里最珍贵的礼物，而助产士，就是用一双手、一颗心，捧起了这份礼物，托起了初升的太阳，她们的每一次跑动、每一句叮嘱、每一声鼓励、每一抹笑容，都为了三个字：新生命！

题目：权威发布一——哈尔滨：打造国际化大都市 形成"夜文化"风景线

主持人：从现在开始，哈尔滨市将推出主要商圈营业时间推迟到晚上十点半的举措，形成"夜文化"风景线，来提升城市品位。下面，一起进入《夜航权威发布》。

画外音：为提升城市品位，哈尔滨市包括中央大街、索菲亚教堂、中华巴洛克等主要商圈将延时营业，最晚到晚上10点半，打造哈尔滨城市夜文化的独特风景线。为了市民夜间出行的方便和安全，这些商圈沿线的交通、治安等服务也将相应跟上。

题目：权威发布二——哈市交警喜获"全国五一劳动奖状"

画外音：哈尔滨市公安交通管理局被全国总工会授予"五一劳动奖状"，获得了建队以来的最高殊荣，这同时也是黑龙江省交警系统领域所获的最高等级荣誉，同时，中科院年度《公共服务蓝皮书》显示，哈市交通畅通满意度，在全国38个主要城市中名列第八，在东北副省级城市是排名第一。

题目：权威发布三——哈尔滨十大出城口将对主干路维修改造

画外音：从现在开始到9月底，哈尔滨十大出城口将实施主干路的维修改造，沿线辐射的28个村、32个屯将实施全面"整容"。预计9月底前完成整治。

题目：权威发布四——2014中国哈尔滨青年文化博览会召开

画外音：2014中国哈尔滨青年文化博览会在哈尔滨国际会展中心举行，展会为青年人提供平台，展示科技文化成果，也为青年人寻找机会，鼓励创业和就业。青博会为冰城市民奉上了一场精彩丰富的文化盛宴。

题目：权威发布五——哈尔滨：两条公交线路进驻哈尔滨西客站

画外音：为了满足哈尔滨市松北区居民出行需求，公交管理部门将调整延伸公交124路和216路线路至哈西客运站，保障松北区、呼兰区居民到西客站的公交出行。

题目：夜航气象

主持人：下面一起进入今天的夜航气象

题目：最美家庭图片展征集

主持人：龙视都市频道"最美家庭"摄影作品征集现已开启！只要您将表现

幸福、和谐的家庭生活照片发送至邮箱 hljtvdspd@163.com,就有机会参与龙视都市频道《我的家》系列图片展活动当中！作品具体要求可关注"龙视都市频道"官方微信和微博。名额有限,赶快投稿吧!

题目:这个小偷很"专一"

主持人:接下来要说的这位是个独行大侠,和行侠仗义的一代大侠相比,他这个大侠却是不怎么光彩。不过人家也有优点,那就是专一。

画外音:前几天,家住哈尔滨市幸福镇安居社区的小孟像往常一样下班回家,刚打开家门,她却发现,家里的衣服都散落在地上,值钱的东西都被拿走了。小孟说,这已经是家里第二次失窃了,上次失窃就在今年2月份。

同期声:(哈尔滨市公安局香坊刑侦一大队郊区中队教导员李国军)就是在2013年的年底,到今年的春节期间,香坊幸福镇安居社区,连续发生入室盗窃案件。

画外音:李警官说,同一个小区接连发生盗窃案件,被小偷下手的目标都是小区的一、二楼,再加上作案时间多是晚上,种种迹象表明这些案件很可能是一人所为。

同期声:(哈尔滨市公安局香坊刑侦一大队郊区中队教导员李国军)把防护栏剪断,然后钻窗入室。作案手段基本都这样,我们就是并案,这些案件都是由一名犯罪分子所为。

画外音:根据这个线索警方最终抓获了犯罪嫌疑人宋长军。

同期声:(犯罪嫌疑人宋长军)我就是看他家没人,我拿剪子把窗户剪开了,顺窗户进。(偷几次?)我也记不清了。

画外音:这就是宋长军的作案工具,其中用来夹断窗户上铁栅栏的液压钳是在网上买的,而每次宋长军都会把偷来的赃物放在租住的房子里,而房子就在实施作案的安居社区附近。

现场:(犯罪嫌疑人宋长军)在那个,香坊区幸福镇曹家村租房居住,在这个地方,作案的实施地就是幸福镇的安居社区。它俩的直线距离不超过一千米。

画外音:在宋长军租住的房子里,随处可见各种手机、貂皮、笔记本电脑,从60年代的集邮册到高档保健食品,种类繁多,让人眼花缭乱。

现场:(这屋都什么东西是偷的,直接说)电脑是偷的。

同期声:(犯罪嫌疑人宋长军)有手机,有酒,还有集邮册,(还有呢?)影集,(摄像机)摄像机,有。(照相机有吧)有。(衣服、笔记本、貂皮有吧?)有。

画外音:据了解,犯罪嫌疑人宋长军今年34岁,20岁时因盗窃被判入狱10个月,出狱后,他只身一人从外地来哈尔滨靠打零工为生。每月收入在1500元左右,生活拮据的他于是又重操旧业,由于对安居社区的地形比较熟悉,所以就只选择这一个小区作案。

宣传＋广告

题目：防震减灾科普馆要开馆啦！

主持人：地震时该怎么自救呢？ 嗯……寻找空旷地带，在房间里就蹲到桌子底下，为自己创造安全三角区，说起来我也会不少，可是，真的地震来了，你会不会慌了神，忘了怎么办呢？ 现在，哈尔滨有地方可以体验地震，锻炼自救了，那地方，自己动手的地方还挺多。

现场：按地震模拟台，积木倒塌。

画外音：各位别见怪，咱们记者也是第一次接触这东西。不过这地震模拟台可不是这么玩的，而是要发挥聪明才智，用积木搭房子，比比哪种房子最扛震。

现场：（黑龙江省地震局李天翔）它已经松动了，它就倒了，就是在民房尤其是农村民居中，用一些抗震措施的话，比如说像圈梁构造柱，它就会比普通的砌体结构还要结实，就是像咱们哈尔滨的这种全浇筑的，它不会倒的，在一般的地震中不会倒，主要是农村的泥土房、干打垒，这种房子倒的比较多。（用一些有趣的画面）

画外音：这里是黑龙江省防震减灾科普馆，馆里用了各种方式来普及地震知识。自己操作实施地震，可以见识地震的威力；答题闯关虚拟逃生训练，可以掌握避震自救知识；地震模拟小屋，更是可以锻炼自己的协调能力。

现场：现在还可以，啊，先是水平式的晃动，再是上下的震动。

画外音：地震小屋模拟的是七八级地震的感觉，这可苦了站着拍摄的摄像兄弟，晃起来的滋味真不好受啊。

现场：（陈雪娇）但是我们为了让大家再直观地感受一下，我们把手机、钥匙、还有书都放在了这里，地震的时候它们会发生什么样的情况呢？ 不多说了，地震马上开始了。（房间震动画面）

画外音：从5月12号起，防震减灾科普馆就要开馆试运行了，这也是全省第一家防震减灾专业科普展馆。在试运行阶段，每周五周六科普馆都会免费开放。

同期声：（黑龙江省防震减灾宣传教育中心负责人仇尚媛）宁可千日不震，不可一日不防，是希望大家能提高防患未然的意识，来这个馆里体验一下，地震来临的时候需要怎么自救，怎么样进行互救。

主持人：好，以上就是今天《新闻夜航》的全部内容，欢迎您登录龙视网络台，回看我们的节目视频，接下来请您锁定龙视都市频道，继续收看730独播剧场。

（2014-05-05《新闻夜航》）

35.完整节目

男主播：各位观众，晚上好。

女主播：晚上好。

男主播：今天是 6 月 4 号星期四，农历四月十八，欢迎收看《新闻联播》节目。

女主播：首先为您介绍今天节目的主要内容。

男主播：中共中央政治局常务委员会召开会议，听取"东方之星"号客轮翻沉事件救援和应急处置工作情况汇报，就做好下一步工作作出部署，习近平主持会议并发表重要讲话。

女主播：李克强主持召开国务院常务会议，听取关于"东方之星"号客轮翻沉事件救援和应急处置情况及下一步工作打算的汇报，研究部署大力推进大众创业、万众创新的政策措施的事项。

男主播："东方之星"号客轮翻沉已近 70 个小时，水下探摸和船体切割救援同步进行，中央财政紧急拨付 1000 万元专项经费，全力支持客船人员搜救工作。

女主播：各级党委党组负责同志走上讲台，为党员干部讲"三严三实"专题党课，以高质量党课启动专题教育开局。

男主播：《领航科技 创新中国》系列报道今天带你认识为国防强国梦不懈奋斗半个多世纪的防空导弹专家——于本水。

女主播：美国司法部门披露污点证人证词称，国际足联官员曾经在 1998 年和 2010 年世界杯申办过程中收受贿赂，南非否认存在行贿行为。接下来请您收看详细内容。

男主播：6 月 4 号上午，中共中央政治局常务委员会召开会议，听取了国务院事件救援和处置工作组关于"东方之星"号客轮翻沉事件救援和应急处置工作情况的汇报，就做好下一步工作作出部署。中共中央总书记习近平主持会议并发表重要讲话。

画外音：会议认为，"东方之星"号客轮翻沉事件发生后，党中央高度重视，迅速对救援和应急处置工作提出明确要求，领导和组织有关方面迅速行动、开展救援。在党中央坚强领导下，在国务院工作组直接指挥下，湖北、湖南、重庆等地党委和政府、中央有关部门统一行动，人民解放军、武警部队及海事部门迅速调集力量、全力投入救援，发挥了主力军、突击队作用。人员搜救、伤员救治、善后处理以及原因调查等工作正在有力有序进行。在这次事件应急处置工作中，有关方面反应及时，救援有序，措施得力。

会议强调，事件救援和应急处置工作正在紧张进行，工作任务相当艰巨。各有关方面要以对人民生命安全高度负责的态度，动员一切可以动员的力量，采取一切可以采取的措施，争分夺秒抓紧做好各项工作。当前，要抓好以下工作：

一是要继续做好人员搜救和伤员救治。要坚持把救人放在第一位,军地各单位要加强协调联动,组织潜水员继续进行水下搜救,逐层逐间仔细搜寻。要坚持科学调度、科学施救,同时注意救援船只和人员自身安全。各有关方面要大力支持人员搜救工作,切实保障救援工作有效开展。要调配医疗专家和资源,千方百计抢救受伤人员。

二是要深入细致做好善后工作。这次事件遇险人数多,做好家属安抚等善后工作十分重要。各有关地方党委和政府要切实负起责任,耐心细致开展工作,切实体谅家属悲痛心情、做好安抚工作,切实维护社会稳定。

三是要严肃认真开展事件原因调查。要组织各方面专家,深入调查分析,坚持以事实为依据,不放过一丝疑点,彻底查明事件原因。

四是要加强新闻宣传和舆论工作。要按照及时、准确、公开、透明的原则发布信息,主动发布权威信息,回应社会关切。

五是要加强对事件处置工作的组织领导。要加强统筹协调,协助地方解决事件救援和处置工作中的困难和问题,研究确定相关政策措施。各有关地区和军地有关部门要加强配合、形成合力,确保做好事件救援和处置各项工作。

女主播:本台消息:国务院总理李克强6月4日主持召开国务院常务会议,听取关于"东方之星"号客轮翻沉事件救援和应急处置情况及下一步工作打算的汇报;确定大力推进大众创业、万众创新的政策措施,增添企业活力,拓展发展新天地;部署促进社会办医健康发展,满足群众多样化健康需求;决定实施法人和其他组织统一社会信用代码制度,提高社会运行效率和信用。

画外音:会议指出,"东方之星"号客轮翻沉事件发生后,按照党中央、国务院部署,有关地方、部门和人民解放军、武警部队迅速行动,争分夺秒搜救人员。国务院成立救援和处置工作组开展现场指挥,人员搜救、伤员救治、善后处理等工作及时、有力、有序推进。下一步,要按照中央政治局常委会议精神和国务院重点要求,继续把救人放在第一位,只要有一线希望就决不放弃。倾力救治伤员,耐心细致做好家属安抚和善后处理等工作,有关地方和部门要满怀爱心把工作做到位。国务院事件调查组组织船舶结构、航行安全、气象水文等方面专家,实事求是查明事件原因。准确发布信息,做到及时、公开、透明。以高度负责精神全面加强安全生产管理。

会议认为,推进大众创业、万众创新,要坚持改革推动,以市场活力和社会创造力的释放促进生产力水平上新台阶、开辟就业新空间、拓展发展新天地。一要鼓励地方设立创业基金,对众创空间等的办公用房、网络等给予优惠。对小微企业、孵化机构和投向创新活动的天使投资等给予税收支持。将科技企业转增股本、股权奖励分期缴纳个人所得税试点推至全国。二要创新投贷联动、股权众筹等融资方式,推动特殊股权结构类创业企业在境内上市,鼓励发展相互保险。发挥国家创投引导资金的种子基金作用,支持国有资本、外资等开展创投业务。三要取消妨碍人才自由流动的户籍、学历等限制,营造创业创新便利条件。为新技术、新业态、新模式成长留出空间,不得随意设卡。四要盘活闲置厂房、物流设施等,为创业者提供低成本办公场所。发展创业孵化和营销、财务等第三方服务。五要用简政放权、放管结合、优化服务更好发挥政府作用,以激发市场活力、推动"双创"。加强知识产权保护,通过打造信息、技术等共享平台和政府采购等方式,为创业创新加油添力。

会议指出,按照国务院部署,结合医药卫生体制改革,促进社会办医健康发展,有利于扩内需、惠民生和发展现代服务业。为此,一要简化医疗机构设立审批,取消床位规模等前置条件。将社会办医纳入区域医疗资源规划,取消数量和地点限制。二要支持通过股权、项目融资等筹集社会办医开办费和发展资金。将提供基本医疗卫生服务的社会办非营利性医疗机构纳入政府补助。三要探索以公建民营、民办公助等方式建立区域性检验检查中心,面向所有医疗机构开放。试点区域注册和备案管理,推进医师多点执业。四要落实社会办医各项税收优惠,将社会办医纳入医保定点范围,在职称评定、课题招标等方面与公立医疗机构同等待遇。五要完善监管,建立退出机制,严打非法行医、过度医疗等。真心实意扶持社会办医。

会议认为,对法人和其他组织统一社会信用代码,是构筑社会信用体系、建设全国统一市场的重要改革举措,能促进公共管理水平提升和交易成本下降,实现社会运行效率倍增。会议决定,实施法人和其他组织统一社会信用代码制度,在注册登记时一次性免费发放统一代码和登记证(照)。对已设立的法人和其他组织,原则上在 2017 年底前完成代码和证(照)转换,旧证(照)在到期前继续有效。

男主播:"东方之星"号客轮在长江湖北监利段翻沉已经接近 70 个小时,目前搜救工作仍在紧张进行,截至今晚 6 点,各方救援力量已搜救 91 人,其中 14 人生还,77 人遇难。

画外音:从昨天晚上开始,水下探摸救援和船体切割救援同步进行。救援人员在船体底部划定了三处切割区域,分别是空气舱、污水井和首间舱,这三个地方通道比较集中,可能当时逃生人员会比较多。(动画)救援人员通过切割口,探测到生命迹象后,将进入船舱继续搜救,如果没有探测到生命迹象,还需要把切割口封上。

同期声

画外音:截至目前,三个切割点全部完成了切割作业,救援人员经过仔细探测,都没有发现生命迹象。水下探摸搜救一直在持续进行,搜救指挥部从上海、江西等地紧急调遣了 180 多名潜水员增援,目前,现场的潜水员总数已达 200

多名,被分成三个班次在水下进行不间断搜救。潜水员采取分层、分次搜索的办法,并把搜索过的水下舱室系上红绳、做好标记。

同期声

画外音:潜水员每次下水都长达 40 分钟左右,几乎达到身体极限。为了提高夜间水下探摸搜救的效率、准确性和安全性,潜水员们用携带的器材作为引导,进行接力潜水;因为沉船很多门窗被物体挡住,开启比较困难,潜水员采取了破窗、撬门等措施,尽可能增加探摸范围。与此同时,船体的扶正工作也在进行,目前已完成两道钢缆穿引工作。今天下午,舟桥部队也到达了救援现场,开始准备铺设连接北岸和事发地救捞船的浮桥,方便救援物资的转移和配送。中央财政 3 号紧急拨付 1000 万元应急搜救专项经费,全力支持"东方之星"客船人员搜救工作。昨天下午,医疗专家组对正在湖北省监利县人民医院进行救治的 5 名获救人员进行了会诊,目前他们的生命体征都非常平稳。此外,事件发生后,海事、公安部门对事发水域采取了禁航的交通管制措施。航道部门对沉船进行了扫测定位,并及时调整航标。截至 3 号下午,上、下行的船舶已恢复通行。

女主播:国务院前方指挥部新闻中心继 6 月 3 号之后,再次组织境外媒体到"东方之星"客轮救援现场采访报道。

画外音:美联社、法新社、英国广播公司、日韩媒体,早早就将镜头对准了核心救援现场。好多记者已经是第二次登船了。

同期声

画外音:美国广播公司记者威廉姆对中国政府的救援给予了肯定。

男主播:本台消息:今年 4 月中央召开"三严三实"专题教育工作座谈会以来,在中央领导同志示范带动下,各级党委(党组)负责同志纷纷走上讲台,带头为党员干部讲"三严三实"专题党课,对本地区本部门本单位专题教育进行动员部署,以高质量党课实现专题教育良好开局。各级党委(党组)负责同志深入学习贯彻习近平总书记系列重要讲话精神,讲清"三严三实"的重大意义和丰富内涵;联系党员干部思想作风实际,讲清"不严不实"的具体表现和严重危害;真正把自己摆进去,把职责摆进去,把实际思想和工作摆进去,讲清落实"三严三实"的实践要求和努力方向;亮出从我做起、向我看齐的态度,讲清开展专题教育的具体要求和措施。广大党员干部为领导带头讲党课纷纷"点赞",认为"三严三实"专题教育以讲党课启动开局"是一大创新","继承和发扬了党的好传统",党课"讲出了真心话、讲出了真感情",听后让人"有豁然开朗的顿悟、猛击一掌的警醒","真切感受到十八大后形成的清风正气扑面而来"。

明天,人民日报将刊发《创新之举 有效之策——以高质量党课启动"三严三实"专题教育》综述文章。

女主播:本台消息:《人民日报》明天将发表评论员文章,题目是《依法推进香港普选是中央坚定不移的立场》。

文章指出,香港特区政府日前正式预告,行政长官普选法案将于 6 月 17 号提交立法会审议、表决,这意味着实现 2017 年行政长官普选目标的程序已进入关键阶段。特区政府提交的法案,贯彻落实了基本法和全国人大常委会的有关决定,符合国家主权、安全和发展利益,符合香港的实际情况,兼顾社会各阶层利益,体现均衡参与的原则,得到了多数香港市民的认同,是行政长官普选最为合适的制度安排。中央坚决支持特区政府提出的普选法案,衷心希望香港各界把握历史机遇,依法落实普选,使 500 多万香港合资格选民第一次实现一人一票直接选举行政长官。

文章说,落实行政长官普选,是《香港基本法》规定的目标,是中央政府对全体香港市民的庄严承诺。落实行政长官普选,符合香港的根本利益,也符合国家利益。特区政府提出的普选法案合情、合理、合法,是切合香港实际情况的民主制度,也是全面贯彻落实"一国两制"和《基本法》的具体体现。落实行政长官普选,立法会议员角色关键、责任重大。

文章强调,香港普选的历史契机已经到来,香港政制发展进入一个关键节点。我们期盼,香港合资格选民一人一票直接选举行政长官能够成为现实,共同谱写香港民主发展的新篇章。

男主播:接下来是《领航科技 创新中国》系列报道。从仿制出我国第一代防空导弹,到自主研制出现代化的低空、超低空防空导弹,中国工程院院士于本水,在我国导弹研制的道路上默默无闻地走过了 56 年,使我国的国土防空能力不断提升。今天我们就来认识这位为国家强大不懈奋斗半个多世纪的科学家。

同期声

画外音:于本水,81 岁,中国工程院院士,我国防空导弹专家。他先后主持和参与了我国多型号导弹武器的研制工作,对我国国防和航天事业做出了创造性成就和重大贡献。1960 年,从莫斯科航空学院毕业回国的于本水,开始从事第一代防空导弹研制。这时的工作还主要是仿制前苏联的导弹。

同期声

画外音:从那时起,于本水就抱定了一个人生目标,一定要研制出属于中国自己的防空导弹。不仅要中国造,还要最先进。70 年代,于本水敏锐观察到低空、超低空空袭战术正被各国所采用。他建议,我国也应研制一种机动性能好、反应时间快、机动过载大、抗干扰能力强的低空、超低空防空导弹。最终该建议被采纳,并被列为国家重点发展项目。

同期声

1980 年,以于本水为主任设计师的科研团队,开始自主研发现代化低空、超低空防空导弹。针对这一课题,于本水提出了一系列解决方案,使导弹具备了更出色的飞行和打击性能。1982年,导弹发射试验圆满成功。经过实弹测试,该型导弹不仅具备良好的目标打击能力,并且在紧急情况下,几秒就能把导弹发射出去。它的成功研制,使我国的低空防御能力一跃走在了世界前列。1992年,该型低空、超低空导弹获得了国家科技进步特等奖。随后于本水又主持研制出我国的第一个第三代舰空导弹,在中国首次实现了拦截掠海飞行的导弹。做了一辈子防空导弹的于本水说,强国梦一直以来就是他的人生奋斗目标。

同期声

男主播:来看今天的《中国创时代》报道。最新统计数据显示,我国的海归人数首次超过了留在海外的留学生人数。在新一轮的创业潮中,海外归国人员正在成为很多领域的领潮人。

画外音:这是杭州经济开发区政府不久前在美国硅谷举办的一场创业宣介会,面向整个北美地区的留学生和华人。本来,主办方是打算介绍一下杭州的创业环境和最新政策,没想到反应热烈程度出人意料。

同期声

画外音:国外的海归想回国,已经归国的创业热情正高。讲台上对着投资人侃侃而谈的这个小姑娘叫梁琪琪,在韩国KBS电视台实习期间,她见识了文化产业的巨大市场空间。工作两年多以后,梁琪琪和8个同是动漫迷的小伙伴,办起了一个原创动漫网站。

同期声

画外音:梁琪琪说,自己创业其实赶上了好时候,国家工商登记制度改革,几乎没费什么事儿,公司很快就注册下来,在很多地方,优秀的海归创业项目还能享受房租减免等优惠政策。此外,一些新兴的众创空间还可以为创业者提供法律、财务以及人力资源管理等方面的支持。

同期声

画外音:越来越好的创业环境和服务正在吸引海外人才加速回流。最新的官方统计显示,改革开放后到现在,留学回国人员总数超过180万人,其中有100万是最近三年回国的,2014年,海归的人数第一次超过了留在海外的留学生人数。

同期声

画外音:中国与全球化智库的统计显示,互联网、IT和通信等高新产业领域是海归创业最集中的领域,几乎占了70%;其余20%的海归进入咨询、法律服务和教育等知识服务经济领域。在美国纳斯达克上市的中国高科技企业中,70%是由海归参与创办或管理的。

同期声

男主播：下面来看一组联播快讯。

画外音：今天公布的《2014 中国环境状况公报》显示，全国主要河流、重点湖泊的一、二类水质占 33.8%。主要城市集中式饮用水源地达标水量占取水量的 96.2%。在监测的 161 个城市中，有 16 个城市空气质量年均值达标。

国内距离最长的特高压通道——酒泉到湖南±800 千伏特高压直流输电工程开工。2017 年建成投运后，将促进甘肃风能、太阳能就地转化，每年向湖南输送超过 400 亿度电。

四川卧龙自然保护区近日用远红外相机拍摄到三只雪豹的照片和视频。初步判断，是雪豹妈妈正带着两只幼崽巡视领地，寻找捕猎机会。

女主播：国际足联官员涉嫌贪腐丑闻近来在持续发酵。3 号，美国司法部门披露了作为"污点证人"的前美国足协主席查克·布雷泽此前认罪的法庭文件。在文件当中，布雷泽承认，自己和其他国际足联官员曾在 1998 年和 2010 年世界杯申办过程中，安排并收受贿赂。

画外音：这份法庭文件长达 40 页，记录了布雷泽 2013 年 11 月在纽约东区联邦法院出席听证时的认罪情况。布雷泽当时承认，从大约 2004 年开始，他和其他国际足联执委会官员收受贿赂，以帮助南非成为 2010 年世界杯举办国。他还承认，在 1992 年前后，协助了 1998 年法国世界杯申办过程中的行贿行为。

美国人查克·布雷泽现年 70 岁。他曾担任过北美、中美和加勒比足球联合会负责人、美国足协主席，并曾在国际足联执委会中任职。美国联邦调查局的调查显示，1996 年到 2011 年间，布雷泽从赞助商、电视转播权及门票收入等方面获利 1530 万美元，他还利用职务之便非法获利数百万美元。为减轻惩处，布雷泽 2011 年起为联邦调查局做污点证人，帮助其做"卧底"。在 2011 年至 2013 年做"卧底"期间，他不仅向美国联邦调查局提供自己经手的文件，而且在 2012 年国际足联会议期间，携带窃听器，偷偷录下布拉特与国际足联高层的对话。

除了布雷泽的指认，日前，媒体还曝光了一封南非足协写给国际足联总部的信件。根据这封信，2008 年南非方面曾要求国际足联，将原本计划筹办 2010 年世界杯的 1000 万美元，转给北中美及加勒比地区足联的账户。这项转账的"主导人"很可能是国际足联秘书长瓦尔克。美国方面调查认为，这笔钱就是南非方面的"贿赂金"。对此，南非体育部长姆巴卢拉 3 号予以否认。姆巴卢拉说，这笔公开的账目，是支付给资助北中美及加勒比地区的足球发展项目的。姆巴卢拉还暗示英国和美国是这一系列纷争的幕后推手，并称南非作为曾经的殖民地，会与帝国主义抗争到底。国际足联秘书长瓦尔克当天也表示，自己是无辜的。前国际足联副主席、曾担任过北中美和加勒比足球联合会主席的杰克·华纳,也否认南非提供的 1000 万美元与贿赂有关。华纳表示,将向调查人员告知他所知道的一切有关国际足联腐败的信息。

女主播:经济合作与发展组织 3 号在法国巴黎发布 2015 全球主要经济体经济前景展望报告。报告说,在迈向"经济新常态"过程中,中国经济结构调整正有序进行,经济"稳增长"具备有力支撑。

画外音:经合组织的报告对中国经济列出专章进行评析。报告说,中国经济增速虽然放缓,但结构调整正有序进行,多项改革举措红利初显。经合组织还指出,中国经济稳增长具备多重动力,除结构改革带来的红利之外,城市化深入发展和"一带一路"决策布局带来大量基础设施投资需求,货币政策放宽等措施支撑着短期经济增长。今年以来,经合组织已多次为中国经济改革"点赞"。今年 3 月,经合组织就曾在报告中评价说,中国经济结构调整"取得明显进展、改革步伐加快",中国改革的多项成果不容否认。

经合组织是一个以促进成员国经济和社会发展为宗旨的政府间国际组织,目前有 34 个成员国,包括美国和大多数欧元区国家。

女主播:下面请您收看国际快讯。

画外音:乌克兰军方 3 号说,东部民间武装当天凌晨动用重武器对顿涅茨克州多处乌军阵地发动进攻,主攻方向是顿涅茨克市以西 30 公里的小城马林卡。乌军和民间武装方面各有伤亡。东部民间武装对此予以否认,称他们只是在打防御战。近期,乌克兰东部冲突地区局势逐步恶化,乌政府军与民间武装交火明显增多。

近日,美国军方"不慎外送"活性炭疽杆菌的"乌龙"事件越闹越大。美国国防部 3 号说,隶属美国军方的实验室错误地将可能仍有活性的炭疽杆菌样本送到了美国 17 个州的 51 个实验室。韩国、澳大利亚和加拿大也收到了样本。美国防部否认有人故意为之,并强调,样本中的炭疽杆菌浓度非常低,目前未发现有人染病。炭疽杆菌可用于制造生物武器。人类感染后首先引起皮肤病变,严重时会引发败血症死亡。过去十年,美军实验室会定期把灭活的炭疽杆菌样本寄给其他合作实验室,用于开发生化检测仪器。

男主播:今天的《新闻联播》节目播送完了,感谢您收看。

女主播:获取新闻资讯,您还可以关注我们央视新闻的微博、微信和客户端。好,观众朋友,再见。

男主播:再见。

(2015-06-04《新闻联播》)

36.完整节目

男主播:各位观众晚上好。

女主播:晚上好。

男主播：今天是 6 月 7 号星期日，农历四月二十一，欢迎收看《新闻联播》节目。

女主播：今天节目的主要内容有——

男主播："东方之星"号客轮翻沉事件搜救现场举行哀悼仪式，船内搜寻和下游巡查继续进行，更多志愿者加入救助服务。

女主播：香港主流民意支持依法普选行政长官，新华社播发文章《"我们离普选从未如此之近"》。

男主播：国家一系列税收便利措施和优惠政策对创业就业促进作用正在显现。

女主播：解析病毒分子结构，加快疫苗药物研发，今天的《领航科技 创新中国》报道，我们来认识人工光源研发专家——冷用斌。

男主播：在核心技术环节全面发力，我国机器人研发瞄准制造业转型升级加速追赶世界先进水平。

女主播：942 万名考生走进高考考场，考试招生改革追求更加公平规范，贫困地区学子有了更多的机会。

男主播：七国集团峰会在德国召开，俄罗斯总统普京表示，俄罗斯与欧洲国家关系恶化责任不在俄方。

女主播：以下来看详细报道。

女主播："东方之星"号翻沉客轮搜救今天进入第 7 天。根据前方指挥部消息，截至今天下午 6 点，遇难者人数升至 432 人，有 14 人生还，仍有 10 人下落不明。今天上午，搜救现场举行哀悼仪式，表达对逝者的悼念。

画外音：哀悼仪式在水面救援平台上举行。上午 9 点，哀悼仪式开始。

停留在搜救水域附近的所有船只鸣响汽笛 3 分钟。参与搜救的各方救援力量代表以及在一线参与报道的新闻媒体人员共计 700 多人参加了哀悼仪式。人们面朝"东方之星"号方向肃立默哀。正在"东方之星"号上进行搜寻的人员，也在此时停下手中工作，原地默哀。

今天，湖北监利下起大雨，相关省市处理善后事宜的工作组人员，安排遇难者家属在驻地进行了哀悼活动。截至今天下午 3 点，有 1500 多名家属到达监利。监利县此前已分批安排了 1000 余名遇难者家属到事发水域吊唁亲人，寄托哀思。

从昨晚到今天，登船搜寻工作依然昼夜进行。官兵们仔细排查，不放过任何一个角落。在搜寻过程中，救援人员也尽最大努力保证遇难者的尊严。

同期声

画外音：目前，救援人员的搜寻重点依然是翻沉客轮的顶层客舱。

同期声

画外音：船舱内的清理工作今天也在抓紧进行。

现场报道

画外音:遇难者和失踪人员的物品会在登记造册后,移交给民政部门处理,最终由家属前来认领。沿江搜寻也是 24 小时不间断展开,目前,事发地点以下的长江水域已全部纳入搜寻范围当中。在长江监利段大马洲水道,1500 多名民兵预备役人员分成多支水面和岸上搜救队,采取重要江段设置站点观察、每 10 公里江段安排快艇巡查等方式展开搜寻。江西、安徽、湖南等地增加巡查密度和频次,尤其对长江沿线江滩和回水区进行不间断搜寻。江苏派出船艇、直升机,在江面、空中、沿岸展开立体搜寻。在长江上海段,搜寻人员利用船上配备的高清摄像头以及雷达设备进行实时监控。当地海事部门还通过船舶交通管理系统进行信息广播,协调来往船舶参与搜寻行动。

沉船事件中的 14 名获救者,到今天已有 8 人回到家中,还有 6 人在医院接受治疗,他们目前病情稳定,大多处于康复阶段。

女主播:现在搜救和搜寻工作还在继续,我们向所有参与救援的人表示敬意。从"东方之星"翻沉事故发生到今天已经 7 天了,这 7 天里我们很多人经历了太多,承受了太多,但是还有很多事要继续去做。遇难者的家人要安顿好逝者,用更多的时间去抚平自己的伤痛。伤者仍然需要救治和护理,家属抚慰和一系列善后工作要完成,事故的原因也要彻底查明,吸取教训。所有的这些都要我们继续努力,用爱心、关心和责任心去做好这一切,让逝者安息,生者坚强。

男主播:"东方之星"客轮翻沉事件发生后,除了参与搜救的专业人员外,还涌现出了不少志愿者。面对灾难,他们用爱温暖着身边的每一个人。

画外音:这几天,监利县的一家小面馆门口换上了新招牌,要为所有的寻亲家属、救援人员提供免费的热饭热菜。考虑到乘客家属人生地不熟,一线救援人员没有时间吃饭,店家还送饭上门。接到一线救援现场打来的订餐电话,他们立马关店,全员开始准备晚餐。他们还特意熬了银耳汤、绿豆汤和豆浆,送到救援一线。在江边大堤上,正好碰到了来寻亲的家属,小面馆的老板鲁超超立即送上热腾腾的包子和印着电话的外卖卡。

渔民唐光华,湖南长沙人,50 多岁,"东方之星"出事的当天晚上,他正在附近的江面干活。从那天夜里开始,只要风浪不是特别大,他都会自己驾船一趟一趟地到江面搜救,这几天一个人吃住都在这条船上。熟悉水性的唐光华早几年也在这里救过人,他说,江面救人,他的小船也好使。

同期声

画外音:唐光华说这些天他还会坚持寻找下去。

同期声

画外音:为了稳定家属们的情绪,监利当地政府机关人员,对每位家属实行"一对一"的贴心服务。

同期声

画外音：中午 12 点不到，监利县国税局干部刘美珍，就把从重庆万州赶到监利寻找母亲的郎均舒接到单位餐厅吃饭。担心饭菜不合重庆人的口味，刘美珍专门让食堂工作人员多加入一些麻辣调料，怕郎均舒独处难过，刘美珍就一直陪着她。终于，郎均舒说出了自己的一个心愿。

同期声

画外音：了解情况后，刘美珍立即向前方搜救指挥部作了汇报。监利县还在 6 个主要接待乘客家属的大型宾馆内，设置了 6 个医疗点，为乘客家属提供 24 小时的免费医疗服务。

同期声

女主播：本台消息：新华社今天播发文章，题目是《"我们离普选从未如此之近"——香港主流民意支持依法普选行政长官》。

文章说，随着香港特区立法会审议及表决政改方案的日期日益临近，香港社会各界支持行政长官普选方案的意愿也越发一致——无论政商名人还是基层群众，香港市民均期望在政制发展的关键时刻，为 2017 年顺利实现一人一票普选特区行政长官贡献自己的力量。大多数香港市民赞同现在是距香港实现普选越来越近的关键时刻，他们纷纷发声，敦促反对派支持政改方案，呼吁各方凝聚共识、共同落实普选。

男主播：稳定和扩大就业是我国宏观调控的重要目标。国家一系列税收便利措施和税收优惠政策的实施，对创业和就业的促进作用正在显现。

画外音：大学还没毕业，杨博瀚就创办了一个专门为网络玩家服务的网络社区平台，他来到办税厅为自己的公司办理税务登记。

同期声

画外音：而根据目前的税收优惠政策，他在创业之初，营业税、增值税、企业所得税几乎都不用交。

同期声

画外音：今年一季度，税务部门共为高校毕业生、失业人员、残疾人、随军家属、军转干部和退役士兵等群体创业就业减免税 39.23 亿元，涉及安置人员近 50 万人。税收便利优惠和国家其他一系列鼓励创业就业的政策措施已经产生了叠加促进效应，新办企业迅速增加。

同期声

画外音：从全国来看，2014 年 3 月以来，新登记的企业和个体工商户多达 1600 多万户。

同期声

男主播：H7N9 禽流感病毒的直径只有头发丝的千分之一，医学家利用一种神奇的同步辐射光源,解析出这种高致病性病毒的分子结构,从而大大加快相关疫苗、药物的研发。今天的《领航科技 创新中国》节目,我们就带大家认识这位让 H7N9 病毒现出原形的人工光源研发专家——冷用斌。

同期声

画外音:冷用斌,43 岁,中科院上海应用物理研究所研究员,上海光源束测系统的负责人,参与打造世界先进的第三代同步辐射光源。让病毒显形的就是这个巨大的"鹦鹉螺"状的建筑,名叫"上海光源",这个大型同步辐射光源就像一个巨大的超级显微镜,它的静态分辨率可以达到 0.3 纳米,这比万分之一的头发丝的直径还要小。我们看清物质的结构就需要物体对光的反射,而要想看清分子水平的微观世界,就需要能量更大、更精确的光束。这个装置可以帮助人们直接观测到发生在十亿分之一秒内的化学过程。在实验室里,北京大学的一个课题组正在做乳腺癌细胞的钙化分析,通过同步辐射光的放大可以反映出癌细胞微量元素的分布,为乳腺疾病的诊疗提供帮助。

同期声

冷用斌曾在美国深造并参与散裂中子源工程的研制工作,他当时就有一个想法:"提高自己的水平,回国建设中国自己的光源。"2004 年 10 月,冷用斌回国投身建设"上海光源"项目。五年后,他的中国光源之梦终于实现。

同期声

画外音:如今,"上海光源"开放已经 6 年多,300 多家科研单位和上万家用户,利用同步辐射光源,研制新药、设计新材料、创新治疗技术,涵盖了生命、物理、化学、材料、环境、地质、考古、信息等众多学科领域。但在冷用斌看来,这些还远远不够。

同期声

男主播:在《中国制造2025》发布后,以高档数控机床和机器人为代表的十个重点领域,迎来了千载难逢的发展机会,中国企业也开始在这些高端领域全面发力。

画外音:在沈阳新松机器人自动化股份有限公司的自动化车间里,工程师正在调试新研发的机器人视觉系统,有了这只"眼睛",新松的机器人就可以自己识别不同的零部件,从而实现机器人造机器人。

同期声

这项高精度、高技术含量的工作则依赖于沈阳新松自主研发的机器人控制系统。在此之前,以控制器、减速器为代表的机器人核心部件并没有真正国产化,造成国产机器人本体成本远高于国外同行,很难上规模,沈阳新松率先在被称为工业机器人心脏的控制器方面发力。新松研究院的院长徐方清楚地记得控制器 1.0 版本研发过程中经历的波折。

同期声

在当时,5毫米的运动范围在国内已经处于领先的地位,可是国外机器人厂商已经能把这个数据控制在1毫米以内,这也意味着,中国制造的机器人只能做一些粗笨的工作。

同期声

新松的技术团队通过优化控制器、改进伺服驱动技术等一系列手段,终于把工业机器人精度提升到和国外机器人同等水平。中国机器人企业已经开始在工业机器人的核心技术领域全面发力。目前,天津大学在并联机器人上获得美国专利;奇瑞装备有限公司与哈尔滨工业大学合作研制的165公斤点焊机器人,已在自动化生产线开始应用。

女主播:一段时间以来,在广东、湖北、上海、安徽等地方,出现了一种创新型研究机构,它们既不像事业单位,也不像科研机构,不像企业,更不像大学,但是它们在创新上却释放着巨大的活力。今天我们就走近这些"四不像"的研究机构,看看它们正在带来什么样的变化。

画外音:中国科学院深圳先进技术研究院是我国较早出现的一家创新型科研机构,当记者来到这里时,院长樊建平正在美国招聘脑科学方面的人才。

同期声

画外音:樊建平说,这次已经和20多位学者达成招聘意向。迎面走来的这位单肩背包、戴墨镜的酷老头儿,曾经是美国斯坦福大学干细胞研究高手,2011年,他被樊建平"挖"回了国。

同期声

画外音:招聘进来的全球精英多,出去创业的也不少。研究院每年人才流动率都在11%到18%左右,末位淘汰率则达到5%,在这里,没有事业单位"铁饭碗"、"终身制"一说。高流动率,让深圳先进技术研究院累计将5000多位科研人员推向了市场,带来的是技术更加有效地辐射到市场中。低成本健康,本是深圳先进技术研究院几年前提出的一个理念,而在研发过程中,每诞生一项新技术,就有科研人员带着技术下海创业,8年时间,从无到有,催生出了一个全新的低成本健康产业链。

同期声

低成本健康产业的快速发展,带动全国健康服务业产值100亿元以上,直接惠民超过5000万人。不仅如此,深圳先进技术研究院布局的机器人、健康与医疗等四大板块,已经孵化出了200多家企业。

同期声

画外音:作为长期研究科技体制创新的专家,李哲发现,目前,这种新型研究机构,数量正在呈现出爆发的态势,全国接近上千家的"四不像"研究机构,正在将各类研发资源、企业需求、市场资金集成到一起,在多个产业领域释放创新活力。

男主播:今天是 2015 年高考第一天,全国有 942 万考生走进考场,这也是去年国家出台考试招生改革整体方案后的首次高考。在全社会关注下,高考力求更加公平、更加规范。

画外音:今天一早,在四川凉山、甘肃武威、赣南宁都、苏北淮安,公交专车早早等在农村学校门前,把考生们送到城区考点,而对这些农家子弟来说,高考路上有社会关爱,更有国家政策的扶持。今年全国的重点高校将拿出 5 万个招生名额,面向贫困地区的农村户籍考生单独划线录取,比 2012 年扩大了四倍,这让教育薄弱地区的农村考生有了更多上名校的机会。

同期声

画外音:按照改革要求,取消奥赛和体育特长生等五大类高考加分的政策今年将首次实施,采用全国统一命题的省份扩大到 18 个,让高考更加公平规范。今天是开考第一天,各地采取严格措施保证考场秩序。教育部今天责成江西教育考试部门迅速调查被举报的替考行为,一经查实,不管是相关考生还是考务人员、高校学生都将依据法规从严处理。

男主播:把身边好人融入文艺作品,把道德讲堂搬进文化广场,江苏加强文化建设的同时,积极开展文化惠民活动,让普通百姓共享文化成果。

画外音:正在上演的是流行于江苏省灌云县一带的淮海锣鼓戏,唱的是当地家喻户晓的模范人物——王继才夫妇 28 年驻守海岛的故事。身边人、身边事,百姓听起来很受感动。

同期声

画外音:用丰富的文艺作品感染群众的同时,江苏还推出了“送欢乐下基层”、“文化进万家”、“高雅艺术进校园”等一系列文艺志愿活动。在盐城,当地开展的“你点节目我送演出”惠民活动才 3 个月,点播率就超过 5000 人次,直接受益群众 10 万多人。

同期声

画外音:截至目前,江苏省已经建立文艺志愿服务团体 50 个,参与的文艺工作者 3 万多人次,累计展开公益性文艺活动超过 700 场次,惠及普通群众 150 多万人。

女主播:崇明岛被称为“长江门户”,岛上陆海空、武警部队就有 20 多支,每年有数万名官兵上岛驻训。当地政府把部队的重难点问题纳入“项目化拥军”,为部队战备训练提供强有力的支撑。

画外音:这块某海防部队刚刚建成不久的训练场地,占地 132 亩,涉及 100 多户居民。建设之初,部队担心矛盾较多一时很难解决。

同期声

画外音：当地政府特事特办，短短 30 天训练场就完成了从规划到建设等，部队很快就投入了战备训练。像这样把一些重难问题纳入"项目化拥军"，进行统筹安排，集中力量解决，是崇明拥军支前的一大亮点。崇明岛是国家级风景旅游区，岛上有 200 多种鸟类，而空军某部新建的机场，却让当地群众难免担忧。

同期声

画外音：为此，当地政府专门在自然保护区为鸟类建了个新家，并制定《军事战备净空保护制度》等多项法规性文件。致富不忘拥军支前，他们把部队的困难当作自己分内的事，仅今年项目拥军就有 32 个，先后为驻岛部队划拨训练用地 6500 亩，修建战备公路、铺设输油管道 100 多公里，岛上 90％以上驻军部队获得军事训练先进单位。

男主播：下面请看联播快讯。

画外音：中国进出口银行积极支持东北三省老工业基地装备制造业拓展海外市场，截至今年 5 月末，贷款余额突破 300 亿元人民币，重点支持了轨道交通、石化冶金、海工装备、高档机床等优势装备企业。

沪昆高铁最长隧道——壁板坡隧道今天顺利贯通，隧道全长 14756 米，位于滇黔两省交界，采用左右双线隧道形式。沪昆高铁预计明年底通车，届时昆明至上海只需 10 个小时，比现有的沪昆铁路节省近 30 个小时。

经国务院批准，天津滨海国际机场从明天开始对全球共 51 个国家的过境外国人实行 72 小时免签政策。经天津转机去往第三国家的旅客，在办理边检手续后，可在天津境内停留 72 小时。

"跨越——2015 朱日和 A"演习正式进入实兵对抗阶段，红蓝双方围绕"开进展开、阵地攻防、城市要点夺控"三个回合全方位角力，提升实战打击能力。

女主播：七国集团峰会今天在德国南部巴伐利亚州的山区小镇加米施·帕滕基兴召开。

画外音：美国、德国、法国、英国、意大利、日本和加拿大七国领导人在为期两天的峰会上，将讨论多项热点议题。包括乌克兰危机、打击极端组织、希腊债务危机、抗击传染病等。英国首相卡梅伦还表示，将以国际足联贿赂丑闻为例，在峰会上呼吁打击腐败。

七国集团 1997 年因俄罗斯加入变为八国集团。去年 6 月，因克里米亚问题，俄罗斯遭到七国的联合抵制，原定在俄罗斯索契举行的八国集团峰会，最后被迫取消，改为在布鲁塞尔举行七国集团峰会。近日德国外长施泰因迈尔等一些欧洲官员表示，长时间维持七国集团模式不符合国际社会的利益，全球范围内地区冲突解决需要俄罗斯，但俄罗斯也需为重返八国集团模式作出努力。

就在七国峰会召开前，俄罗斯总统普京接受意大利媒体采访时表示，俄罗斯一直都非常认真地对待与欧洲的关系，俄罗斯与欧洲国家关系恶化，责任不在俄方。普京表示，先提出经济制裁的是欧美国家，在俄罗斯边境附近多次进行军演的是美国所主导的北约组织，这些紧张气氛都不是俄罗斯制造的。普京说，俄罗斯不是西方的威胁，西方国家不必害怕俄罗斯。

女主播：再来看国际快讯。

韩国保健福祉部今天确认，韩国中东呼吸综合征确诊病例增至64例，死亡病例增至5例。韩国保健福祉部说，新增的14例确诊病例中，有10人可能是在三星首尔医院内，因直接或间接接触第14例确诊患者后感染。截至目前，三星首尔医院共出现17例确诊病例，包括2名医护人员。此外，韩国政府今天还公布了出现中东呼吸综合征患者及患者曾逗留的24家医院的名单。

伊拉克内政部说，伊拉克政府军和什叶派民兵6号在西部安巴尔省多个地区与极端组织展开激战，击毙至少24名极端组织武装分子。当天发生激战的主要是距首都巴格达以西约50公里的费卢杰市北郊、安巴尔省首府拉马迪附近的胡塞拜镇和哈巴尼亚空军基地。5月17号拉马迪被极端组织攻陷，目前伊拉克军方正全力夺回控制权。

埃及开罗紧急事务上诉法院6号宣布，推翻今年2月下级法院将巴勒斯坦伊斯兰抵抗运动"哈马斯"定为恐怖组织的裁决，理由是该法院缺乏司法权。哈马斯当天对最新裁决表示欢迎，称新裁决将缓解哈马斯与埃及政府间的关系。哈马斯是巴勒斯坦主要激进组织之一，与埃及前总统穆尔西领导的"穆兄会"关系密切。穆尔西被解职后，哈马斯与埃及政府关系逐渐恶化。此前，埃及政府一直致力于推动巴以和谈，调解哈马斯与以色列之间的关系。

在结束为期三天的伊朗核问题副部长级谈判后，伊朗核谈代表阿拉格希6号表示，由于互不信任的氛围笼罩谈判桌，伊核问题谈判近期进展艰难缓慢。阿拉格希还表示，草拟中的伊核协议将建立机制，一旦一方认为另一方违反协议，就可以退回到签署协议前的状态。阿拉格希此前曾表示，伊核谈判难以在预定的6月30号最后期限前达成协议，很可能延期。

据英国广播公司7号报道，他们发现了前国际足联副主席、曾担任过北中美及加勒比地区足联主席的华纳将南非足协汇款挪作私用的单据。报道称，南非曾分三次向华纳在家乡特立尼达和多巴哥所开设的公司账户中，共汇入1000万美元。南非说，这笔钱是用于发展北中美及加勒比地区足球事业的。英国广播公司目前发现了记录这三笔汇款时间的相关单据，单据同时显示，这1000万美元实际上被华纳私用，如取现、还信用卡、个人借贷等。目前身在特多的华纳正处于保释阶段，面对质疑和指控他坚称自己是清白的。

男主播：今天的《新闻联播》节目播送完了，感谢收看。

女主播:获取新闻资讯,您还可以继续关注我们央视新闻的微博、微信和客户端。再见。

男主播:再见。

(2015-06-07《新闻联播》)

37.完整节目

画外音:(内容提要)

日本前首相中曾根康弘撰文强调:日本与亚洲各国的战争属于侵略战争。

美国国防部追加 660 万美元研发"XS-1"空天飞机。

2015 黑帽大会,工程师现场开讲:如何攻破汽车安全防线? 汽车制造商又该如何防范黑客的入侵?

伦敦地铁大罢工,百万人街头等公交。

简单五步,手机也能"玩"全息。

韩国流行新风尚:男人下厨,魅力十足。

主播:各位晚上好,欢迎收看新闻频道正在直播的国际时讯。

主播:首先来关注日本,日本首相安倍晋三预计在 8 月 14 号,以内阁决议的方式发表战后 70 周年谈话。随着这一日期的临近,日本舆论纷纷督促安倍在谈话中明确写入"侵略""道歉"等关键词。日本前首相中曾根康弘 7 号在《读卖新闻》和《文艺春秋》上同时撰文指出日本对亚洲各国的战争是侵略战争,日本如果不能正视这段历史,将无法获得亚洲邻国的信赖。

画外音:在给《读卖新闻》的投稿中,中曾根康弘写道:"日本对亚洲各国的战争是侵略战争。"他表示,1915 年后,日本对中国的侵略性变得更强,日本军部主导的战争严重伤害了中华民族感情,对东南亚国家来说,日本军队肆无忌惮的侵入他们的家园,这是不可辩驳的侵略行为。在给《文艺春秋》的投稿中,中曾根康弘也承认,日本在过去那场战争中的行为是"明白无误的侵略"。中曾根在文章中提醒日本首相安倍晋三,应该带着勇气与谦虚的态度正视自身历史中负面的部分。关于改善与中韩等国的关系,中曾根指出,应该以谨慎的态度对待历史问题上的摩擦,在坦率反省过去的同时,也应该谨言慎行。一个民族受到的伤害,即使历经三代人上百年的时间也不会消除。中曾根康弘现年 97 岁,曾在 1982—1987 年期间担任日本首相,是日本政坛有影响力的政治家之一。在二战期间,中曾根曾在日本海军服役,参加过战争。中曾根康弘是最早访问中国的日本国会议员之一,中日邦交正常化以后,中曾根又多次访华。他出任首相后,曾经宣告,为亚洲和世界的和平与繁荣,日本同中国合作,互相努力,是日本最基本的政策。

主播:日本前首相中曾根康弘的话,安倍能不能听进去,现在还不得而知。但是从旨在为安倍战后 70 周年谈话提供建议的"21 世纪构想恳谈会"的报告书来看,报告书只写入了"侵略"和"殖民统治",提到了"反省",但是没有触及是否应该道歉。此外,报告书还把战后日本与中韩两国未能和解的原因归咎于中韩的态度。

画外音:战后50年,村山谈话的四大关键词"侵略""殖民统治""反省""道歉"相比,这份报告书中出现了前三个词,但没有"道歉"。报告还用注解的方式补充说:若干成员认为"侵略"没有国际法上的明确定义,对采用"侵略"一词提出异议。从报告书内容和安倍此前的表态看,可能于8月14号发表的安倍谈话,预计将写入"反省",但拒绝道歉。侵略和殖民统治安倍也很有可能不会直接提起。而对于日本与中韩两国围绕过去大战未能达成和解的主要原因,报告举例指出了中韩方面的态度,称:和解需要加害者"真诚的赎罪"和受害者的"宽容之心",有专家提出,这样实在是"颠倒黑白""蛮不讲理"的逻辑。21世纪构想恳谈会是安倍的私人咨询机构,从今年2月起,着手讨论安倍谈话的基本框架。并起草了这份报告书。专家会成员共16名,包括10名学者、3名商界领袖、2名记者和1名国际援助人员。均由安倍亲自挑选,论调也与安倍高度一致。

主播:对于日本首相安倍晋三私人咨询机构公布战后70周年谈话报告书一事,我国外交部发言人华春莹7号表示,今年是中国人民抗日战争暨世界反法西斯战争胜利70周年,包括中国在内的亚洲国家和国际社会高度关注日本领导人即将发表的有关讲话。我们敦促日方正视和深刻反省日本军国主义发动的侵华战争,特别是要在战争性质和战争责任问题上发出清晰和正确的信息,以实际行动取信于亚洲邻国和国际社会,只有这样,日本才能同亚洲邻国真正实现和解,并在此基础上,共同发展面向未来的关系。韩国政府官员6号谴责安倍谈话建言报告书的内容不利于改善韩日关系,并表示,这份报告书对战后韩日关系的描述片面且牵强附会,对改善两国关系毫无益处。

画外音:稍后请继续收看美国国防部追加660万美元经费研发"XS-1"空天飞机。2015黑帽大会工程师现场开讲,如何攻破汽车安全防线。汽车制造商又该如何防范黑客的入侵?伦敦地铁大罢工,百万人街头等公交。简单五步,手机也能"玩"全息。韩国流行新风尚:男人下厨,魅力十足。

主播:美国空军神秘的"X-37B"飞行器今年5月执行了第四次在轨飞行任务。有军事专家认为,"X-37B"是实现美国全球快速打击战略的重要武器,有了它,美军有望一小时内攻击地球上任何目标。不过,"X-37B"也有短板,就是它的体积和容量有限,这就使得它的攻击能力也比较有限。据英国《简氏防务》周刊近日报道,美国国防部高级研究项目局正在研发一款体型比"X-37B"大得多的空天飞机"XS-1",美军在原有的400万美元研发经费的基础上最近又向波音公司加了660万美元的研发经费,约合人民币3700万元。

画外音:"XS-1"空天飞机与"X-37B"一样,都是可重复使用的无人发射器。

不过,"XS-1"体型比"X-37B"要大得多。按照设想,"XS-1"空天飞机分两级或多级,它的成本、操作方式和可靠性与现代飞机类似,能够像普通飞机一样水平起飞,升至地球大气层边缘,能够快速部署1340～2300公斤的小型载荷卫星入轨,之后"XS-1"空天飞机的可重复使用的第一级返回地球补充燃料,加载新的卫星,24小时内可再次发射。按照合同,波音公司必须在2016年8月前完成"XS-1"的设计,并测试基础技术。最晚不超过2019年进行原型机的试飞任务。之后,五角大楼会决定是否采购"XS-1"。"XS-1"空天飞机目前仅是一些初步的设计构想,而美国空军神秘的"X-37B"飞行器已经进行了第四次在轨飞行任务,美国空军对于"X-37B"究竟在太空中干了什么,一直不做解释。"X-37B"飞行器同样由波音公司制造,机体长8.8米,翼展4.5米。有人认为它是美国神秘的太空武器,也有人认为它是太空间谍活动的平台。有军事专家认为,"X-37B"可以搭载导弹、激光发射器等先进武器,对别国卫星和其他航天武器采取控制、捕猎和摧毁等攻击,甚至还可以向地面目标发起攻击,是美军实现全球快速打击战略的重要武器。

主播:"全息投影技术"也叫"虚拟成像技术",利用"干涉"和"衍射"原理,记录和再现物体真实的三维图像。听起来这项技术非常具有专业性,但是看完下面的这段视频,您也许就会觉得没那么神秘了。近日,一位网友利用日常的生活用品通过简单五步,就把智能手机变成了一个迷你全息投影仪。

画外音:制作前,您需要准备一方格纸,一个CD盒,胶带或强力胶,一支笔,剪刀,一部智能手机,一把小刀或者玻璃刀。首先用笔在方格纸上画出一个等腰梯形,剪下来备用。然后,拿出事先准备好的CD盒将边缘部分拆除。第三步,将等腰梯形方格纸作为模板,用小刀在CD盒上裁出4个同样大小塑料材质的等腰梯形。第四步,将四块塑料梯形拼成一个金字塔形状,用胶带或者强力胶粘在一起。最后一步,把塑料小金字塔倒置在手机屏幕上,播放全息技术的特制视频,3D动态图像就盘旋在半空中了。它的原理非常简单,手机在播放图像时,CD盒可以反射图像发出的光,并且由于塑料CD盒是透明的,人可以透过它来观赏图像。

主播:下面来看一组时讯发现。

画外音:美国迈阿密一家公司最近推出了一个能够边骑自行车边为手机充电的设备,使用者需要在自行车后轮上安装这款电磁感应设备,骑车时,后轮的转动会使设备发生切割磁感线运动,将动能转化为电能,并存储在配套的电池中,使用者将手机连接在车把手上的USB接口就可以为手机充电了,发电设备同时还能为车头灯供电。

特斯拉公司最近公布了一款给电动汽车自动充电的设备"金属蛇",这款自动充电设备能够扭动身体,自主完成充电设备与汽车充电箱的对接工作,然后为汽车充电。不过特斯拉公司还没有公布"金属蛇"上市的时间和售价。

透过窗户拍照片,窗玻璃的倒影、窗外的铁丝网常常成为一张完美照片的杀手,不过别担心,美国谷歌公司和麻省理工学院近日发布了一款新型软件,能自动清除照片上的障碍物,还您一张干净的照片。这款软件通过对照片中的前景和远景进行识别,可以自动将前方的遮挡物移开,清晰地呈现后方的景物。

主播:继续关注欧洲的非法移民问题。通过地中海偷渡,是非法移民进入欧洲的主要途径之一,但这也被认为是最危险的移民路线,稍有不慎就会命丧大海。因此很多非法移民把目光转向了陆路。马其顿,位于欧中东南部巴尔干半岛,距离西亚、北非相对较近,并且对边境的管理也比较松散。因此,这里成为了非法移民进入西欧的一个理想中转站。

画外音:在马其顿小城盖复盖利亚的火车站里,连日来,到处是等火车的非法移民,有老人有孩子,他们等待的是去往塞尔维亚和匈牙利的火车。这张地图显示,来自阿富汗、叙利亚、利比亚和阿尔巴尼亚的非法移民汇聚到马其顿后,一部分人从这里取道塞尔维亚、匈牙利、奥地利后抵达德国,还有一部分前往法国加莱,最终进入英国。非法移民到达马其顿后,通常再乘坐火车一路向北,穿过塞尔维亚,进入申根国家匈牙利,由于申根地区的国家相互之间取消了边境检查,非法移民一旦进入申根区国家匈牙利,除非被当地警方逮捕,否则便能很容易地穿梭在各个申根国之间。马其顿和塞尔维亚都不是申根国家,匈牙利作为申根成员国,迫于大量非法移民涌入的现状,已经开始加强边境管理。本月3号,匈牙利政府开始在与塞尔维亚接壤的边境地带,修建一堵高4米、长180米的围墙,并争取在本月底之前完工,以阻止更多非法移民入境。据英国媒体统计,已有超过10万名非法移民抵达匈牙利。

主播:因为对薪资待遇不满,6号伦敦4家工会联合组织地铁罢工,所有地铁全部停运,数百万伦敦市民和游客的出行受到严重影响,这也是继7月9号以来伦敦地铁连续第二次罢工。

画外音:(乘客与公交车司机的争吵)这段视频记录的是6号发生在伦敦一辆公交车上的一幕,司机和乘客针锋相对,互不相让。而让他们如此火冒三丈的,除了矛盾本身,恐怕还有陷入混乱的伦敦交通。从5号下午开始,伦敦地铁交通全面罢工,这次罢工将持续30小时,直至7号恢复运营。为了减小客流压力,伦敦政府向各交通枢纽增派了600名所谓通行大使,增加了250辆公共汽车,并在市中心额外增开了部分自行车租赁点,以疏导客流避免拥堵。尽管如此,数百万伦敦市民和游客的出行还是受到严重影响。伦敦市区多地出现排长队等公交车,以及公交车爆满的场面,身为上班族的埃拉说她当天用了两个多小时才到公司,而平时搭乘地铁只需要40分钟。

同期声

主播:面对拥挤不堪的路面交通,很多伦敦人也是各显神通,纷纷拿出自己的独门对策。有滑滑板出行的,有蹬滑板车上班的,这位则骑上了一辆大小轮自行车,还有人干脆划起了划艇。看来,只要能不耽误出行,任何方法似乎都值得一试。这次的伦敦地铁罢工的起因是地铁公司计划从 9 月 12 号起,在周末市中心加开部分 24 小时运营的地铁线路。为此工会提出提高地铁司机的待遇,但是劳资双方未能达成共识。

在很多人的固有印象里,会觉得韩国是一个大男子主义当道的社会,厨房理所当然是属于女人的。男人无须也不会涉足其中,不过,这种观念似乎正在发生转变,现在韩国社会流行的新风尚是:男人下厨,魅力十足。

画外音:这里,是位于韩国首尔的"快乐男人"厨艺培训班,穿戴整齐,正在专心致志处理食材的清一色都是男人。

同期声

画外音:李镇守,今年 53 岁,自己经营着一家企业。类似他这样事业有成已进中年的大叔,培训班上还有好几位。

同期声

画外音:根据经济合作与发展组织的最新调查,韩国男人平均每天只花 45 分钟分担家务,在 34 个成员国中排名倒数第一。不过,随着越来越多的韩国女性开始在职场大显身手,韩国男人不下厨的理由也渐渐变得站不住脚了。此外,韩国最近热播的一些真人秀节目里,经常会出现男明星下厨房的情景。同时,帅气阳光的男性名厨也上了电视,成为了偶像。男人不下厨的传统观念也在逐渐被打破。一家专卖厨房用品的电商表示,今年上半年针对男性的厨房用品销量增长了 24%。

同期声

主播:汽车在我们眼里是现代社会中方便快捷的代步工具,但在黑客眼里,汽车就是安装了车轮的电脑,是可以被攻击的对象。一台电脑,一个无线网络,就能远程操控汽车,让汽车急停,或者把汽车开进水沟。日前,在美国拉斯维加斯举行的 2015 黑帽大会上,网络安全工程师就现场开讲如何破解汽车的安全防线。

同期声

画外音:这场座无虚席的演讲吸引了超过一千名观众,查理·米勒和克里斯·瓦拉赛克这两位网络安全工程师现场讲解如何远程控制一辆行驶中的吉普车。两个星期前,他们与记者联合拍摄了远程控制切诺基吉普车的视频,在互联网上迅速流传。通过无线网络辨识密码等一系列复杂的破解手段,米勒和瓦拉赛克在 16 公里之外将这辆正在行驶中的吉普车完全控制住。开车的记者体会到,从车载娱乐系统、空调系统、雨刮器到方向盘,甚至刹车逐步失控。视频广泛传播后,全球第七大汽车制造商菲亚特·克莱斯勒公司随后于7月24号紧急发布申明,修补了这一漏洞。同时宣布召回140万辆同款车型。这是全世界第一起因信息安全问题引发的汽车召回。

同期声

画外音:通过破坏性的方式来呈现问题,这是黑帽大会的组织者首次将黑客入侵汽车的经验分享给公众的用意。

同期声

主播:其实"切诺基吉普车被黑"这一事件也许只是个开始,更多品牌的车可能面临同样的风险。此前有消息说,特斯拉公司的电动车也被黑了,另外,黑客攻击时不一定要劫持汽车或者引发车祸,还有其他的手段。比如说,利用汽车导航系统跟踪车主行踪。远程操控车内话筒,录下车内对话等等。那么,是不是车越智能反而越危险呢?如何才能防范黑客的入侵呢?

画外音:在许多网络安全专家看来,这些频繁发起攻击的黑客并非个个技术实力超群,而是由于越来越便捷却缺乏必要保护的网络环境。

同期声

画外音:原福特汽车公司技术专家约翰·爱丽丝则表示,汽车越智能越危险的根本原因不是车的问题,而是软件和商业模式的问题。作为汽车制造商上游供货方的电脑软件制造商应该研发安全的软件,并做好维护和更新工作。

主播:黑帽大会创建于1997年,参加大会的除了安全领域的专业人士,还有企业和政府人员。为什么叫黑帽呢?因为在西方影视作品中带黑帽子的人通常是恶棍或坏人,正派的英雄带的是白色帽子,这种说法也被引入了计算机领域,按照业内说法,参加黑帽大会的其实大多是白帽黑客,他们通过进行安全研究来发现问题,但并不以违法犯罪和营利为目的,并且他们大多拥有稳定的工作。而真正对网络世界构成威胁的则是少数以犯罪为目的的黑帽黑客,以及游离于灰色地带的灰帽黑客。本台记者高崎在现场采访时还发现,本届黑帽大会还首次把自己的网络中心对公众开放了,甚至欢迎黑客们发起攻击,以试验最新网络的攻防技术。我们一起来了解一下。

同期声

主播:以上就是今天的《国际时讯》,感谢您的收看。了解更多新闻资讯,您还可以关注央视新闻的新浪微博、微信和客户端。

(2015-08-07《国际时讯》)

38.完整节目

画外音:(内容提要)

郑欧班列,终点布拉格货运场,辐射广、操作便捷,河南小伙异国开武馆,捷克经济添加中国元素,财经频道系列节目,"'一带一路'纪行·中欧班列"。

黑龙江粮企补贴新政引争议,补贴名单频遭质疑,补贴企业低价竞争,千家米厂被迫停产。

黄金价格一路走低,85后接棒"中国大妈"成炒金主力,抢金热潮不再,投资消费更理性。

巴西货币创新低,多领域受到冲击,出国旅游大幅减少,旅行社苦不堪言。

男主播:20点33分北京中央电视台财经频道,晚上好。

女主播:晚上好,欢迎收看正在直播的《经济信息联播》。

男主播:好,联播头条,我们来继续关注"'一带一路'纪行·中欧班列",在捷克布拉格,我们联合采访组就遇到了一位中欧班列的热心的推销员、捷克人普罗霍斯卡,老先生今年已经64岁了,跟铁路运输呢是打了40多年交道,我们一起来听一下他的故事。

画外音:拉基姆·普罗霍斯卡,是捷克CD物流的物流部总监,已过退休年龄的他,依然闲不住,被公司返聘回来,专门从事与郑欧班列的合作业务,听说我们是为郑欧班列而来,他先带我们来到了郑欧班列的卸货场站,他说,自己对这个场站有着很深的感情,自从2006年场站投入使用,他每周都至少要来这里一次。

同期声

画外音:之所以有着这么大的辐射区域,是因为E50、E55、E65等欧洲主要州际高速公路在这里交汇,我们到达场站的10分钟之内,就见到了来自波兰、德国、丹麦等好几个国家的货车。

同期声

画外音:在布拉格货运站,所有的集装箱都带有车轮,从火车上卸下来之后可以直接与卡车相连,整个过程司机一个人3分钟时间就搞定,而这里90%的货物都是以这种方式运输。拉基姆说,目前途经布拉格的中欧班列很少,如果能与这里发达的公路系统无缝对接,前景会非常广阔,拉基姆还给班列起了一个好听的名字,叫新丝绸之路列车,他说,如果能用班列来恢复古丝绸之路的贸易通道,将非常完美,而且铁路还有独特的优势。

同期声

画外音:自从2014年开始与郑州国际陆港公司合作以来,所有给客户看的材料都是拉基姆亲自设计并起草的,而且为了满足中国客户的需求,他还特意制作了中文广告页,正是在像拉基姆这样的热心推销员的推销下,与郑欧班列相关的客户数量已经增长了30倍,客户来源也从捷克扩展到了斯洛伐克、匈牙利和奥地利。

女主播:文化交流在推进"一带一路"中是实现民心相通的重要途径,也是发出中国声音、增进民间互信的有效手段,随着越来越多的中国人来到海外,越来越多的武馆也随之在异国他乡落地,在捷克首都布拉格,我们记者就探访了一家中国武馆。

画外音:在布拉格第三区,一条名为波如努瓦的街道上,我们找到了秦明堂国际武术中心,这是布拉格规模最大的武馆,已经开设了七家分校,28岁的秦飞,是武馆的总教练。

同期声

画外音:秦飞的老家在河南新乡,是个武术世家,父亲秦明堂1998年到捷克开设武馆,见证了中国武术在这里生根发芽,从小习武的秦飞24岁时曾在第六届国际太极拳交流大赛上获得两枚金牌,2009年来到捷克,和父亲一起打理武馆。

同期声

画外音:秦飞说,在海外,武术是外国人接触中国的一座桥、一扇窗,很多人因为练习武术也迷上了中国文化。

同期声

画外音:在秦飞一家人的感染下,越来越多的捷克人了解了中国文化,秦飞的学生、斯洛伐克人米哈尔就爱上了舞狮。

同期声

画外音:近年来,随着中国和捷克经济交流的继续加强,"一带一路"倡议的影响力逐渐彰显,中国元素在捷克社会生活中越来越多的出现,秦飞也受聘于捷克两所高校从事武术教学。

同期声

女主播:欢迎继续收看正在为您直播的《经济信息联播》。眼下正是夏粮收购的季节,为了调整收粮市场的平衡,黑龙江省今年专门出台了一项补贴政策,为部分粮食深加工企业发放补贴,听起来这是一件好事,但就是这份补贴文件却掀起了轩然大波。

画外音:为了推动当地的粮食深加工产业,今年4月15号,黑龙江省财政厅、粮食局、农发行共同出台黑财经〔2015〕21号文件《黑龙江省水稻加工和玉米深加工企业竞购加工政策性粮食补贴管理办法》。文件中写道,为促进黑龙江省粮食精深加工企业加快发展,经省政府同意,对全省单个企业,具备年加工能力10万吨级以上的水稻和玉米深加工企业可以获得每吨200元的政府补贴,对粮食加工企业竞购国储粮的每吨水稻补贴200元。

同期声

画外音:同时,连同这份补贴文件一同下发的还有一份享受补贴政策的稻谷加工企业名单,共102家,根据文件表述,这102家企业是根据《2014年粮油加工业统计年报》和《2015年1到3月份粮油加工企业月报情况》严格筛选出来的信誉较好的水稻深加工企业，年生产能力都在10万吨以上，然而，就是这严格筛选出来的名单却遭到了质疑。

同期声

男主播：嗯，我们看到这份补贴名单出来之后，出现了很多质疑的声音，不少当地的米业公司负责人认为补贴名单当中出现的多数企业的产能数据存在着虚报、不实等情况，那么事实是否如此呢？我们记者从佳木斯开始，沿着三江平原，进行了一次补贴企业的走访调查，继续来看。

画外音：在黑龙江省鹤岗市一个不大的院子里，挤着两家米厂和一家制品厂，其中的海辉米业有限公司就是列入补贴范围的企业之一，见到有人过来，门口的门卫以为是买米的，冲我们直摇头。

同期声

画外音：得到允许后，记者走进院子，看到院里杂草丛生空无一人，并没有加工生产的迹象，门卫告诉记者，该企业由于借贷欠款太多无力偿还，老板早已不知去向。随后，我们又来到另外一家列入补贴范围的企业——鹤岗市实实米业有限公司，记者在院里没有看到一粒稻谷，只杂乱的堆着一些破烂的生产设备，许多厂房的墙皮已经倒塌，厂房内有一排排养殖用的铁笼，这里俨然已经被改造成了一个养殖场。经过走访调查，记者发现，鹤岗市列入补贴范围的10家企业当中，破产和关停的企业有4家，另外两家分别是，黑龙江泰丰粮油食品有限公司和鹤岗市金盛粮油有限公司，那么，除了鹤岗之外，黑龙江省其他各地的情况又是怎样的呢？在被列入名单的鸡西市虎林昌盛米业有限公司、鸡东县的长江米业有限公司、虎林市百合香米业有限公司，记者都看到了同样的景象，这些公司的厂房不仅人去楼空，加工设备也已锈蚀严重，有的甚至连看门的门卫都没有，让人自由进出空荡荡的厂房。不仅破产关停的企业进入了补贴名单，一些连生产线都没有的粮食仓储企业也被列入了本应只针对加工企业的补贴名单，哈尔滨益野粮食贸易有限公司建三江分公司也是被列入补贴范围的企业，然而记者在现场只看到了粮仓，并没有发现任何大米加工设备，接待我们的企业负责人郑洪彬坦言，企业现在只是仓储，根本没有大米加工。

同期声

画外音：另外一家益海嘉里(密山)粮油工业有限公司也是此次列入补贴范围的大米加工企业，但是这里同样买不到大米，因为他们的大米生产线刚开始安装尚未调试，离正式生产还早得很。

同期声

画外音：记者经过近十天的走访，调查了数十家列入补贴的加工企业，发现其中有一半多的企业并不符合补贴标准。知情人告诉记者，在黑龙江省列入补贴范围的这 102 家大米加工企业，产能不达标的企业多达 58 家，超过半数，其中破产和完全停产的企业 13 家，没有加工设备和尚未投产的企业 7 家。

女主播：在刚刚的节目当中我们看到很多达不到生产标准的甚至已经破产倒闭的生产加工企业都在补贴的名列当中，而与此形成鲜明对比的是很多具备加工能力达标的企业却并没有进入到名单当中，那这个名单究竟是怎么制定出台的呢？我们继续来看记者调查。

同期声

画外音：这位加工企业负责人告诉记者，她这个企业的加工能力超出了补贴政策所要求的加工能力 20%，其所在的虎林市这次列入补贴范围的企业有 6 家，其中并没有他们的加工企业，记者在采访过程中发现，这份名单的公布并不是事先公示，而是直接下发的。

同期声

画外音：那么这份名单究竟是如何出台的呢？名单上出现的这些粮食加工企业，是否是各县市粮食部门经过严密审核后才上报的？

电话采访

画外音：那么，这些纳入补贴范围企业的名单是否就是由省里直接确定的呢？为了弄清补贴中的疑问，记者来到黑龙江省粮食局。

同期声

画外音：王局长告诉记者，这些停产、没有生产线的企业主要是因为自己虚报和地方粮食局审核不严才进入了补贴名单。

同期声

男主播：尽管遭到了很多质疑，但是今年推出的这项补贴政策还是推行了，由于补贴力度不小，获得补贴的企业在产品价格下调方面就有了一定的空间，并且已经开始降价销售，那么这样会不会给整个市场带来影响呢？我们继续来看调查。

画外音：黑财经〔2015〕21 号文件是 4 月 15 号出台的，到今天已经过去将近四个月了，政策出台以后，此前一直平稳的米价开始波动。

同期声

画外音：由于列入补贴范围的企业加工销售 1 吨政策性水稻可以获得 200 元的政府补贴，这相当于每斤大米多了 0.15 元的利润，如此高额的价差，企业主表示承受不起。

同期声

画外音：由于补贴标准高，许多得到补贴的企业降低成品价格导致低价竞争，许多企业还没有明白过来怎么回事，就被迅速下滑的粮价击倒，被迫停产关门，大量的加工好的大米积压在仓库里。

同期声

画外音:据记者了解,黑财经〔2015〕21号文件出台后的短短两个月的时间,全省1488家大小米厂被迫停产的超过1000家。

同期声

女主播:近日黑龙江省中小米业的代表就来到了省粮食局,向接待他们的粮食局的工作人员反映了补贴走样、没有纳入补贴范围的中小米厂生存困难等问题。

同期声

画外音:对于列入补贴范围的企业实际上并不能解决国有粮库库容的问题,李处长认同并表示会向上级反映,而对于没有纳入补贴的中小米厂生存困难的问题,她虽表示理解但也强调目前政策没有调整的迹象。

同期声

画外音:黑龙江省粮食局王局长介绍,目前该局已经派出了五路核查工作组奔赴全省,对所反映的问题进行核查,一旦有了结果会尽快向社会公布。

同期声

男主播:好,接下来继续我们的系列报道——炒金记。昨天呢我们是一起了解了北京炒金者的一个故事,那么接下来我们今天跟随记者去上海去看一看两位85后的炒金者的炒金经历,看看他们的投资理念跟中国大妈有什么样的区别。

画外音:祝小姐是一位普通的公司职员,从2014年初开始炒期货黄金,她告诉记者,因为朋友在一家期货公司做操盘手,几个月就赚了好几番,这让大学刚毕业的祝小姐感到羡慕,于是她向朋友讨教了关于黄金期货的基本知识,开始接触黄金期货。

同期声

画外音:随着操盘时间的增长,祝小姐也越来越懂行,从原来的凭感觉到后来她会看一些指数,看别人的分析进行操作,但操作的效果却不是很理想。

同期声

画外音:此后,祝小姐的操作显得越来越谨慎,每次她都会设一个止损点,来保证自己的盈亏。

同期声

画外音:跟祝小姐一样,苏浩也是一位85后,在金融公司上班,在网上炒期货黄金刚刚半个多月,因为本身从事金融行业,对于市场行情的变化苏浩显得比较敏锐。

同期声

画外音:7月20号,国际金价的大幅跳水,这给刚进入黄金期货市场的苏浩杀了个措手不及。

同期声

画外音：不过，苏浩并没有因为此轮大跌就逃离黄金期货市场，反而，他在价格低位震荡的时候又买了十手，对于黄金未来的走势，苏浩还是保持了非常乐观的看法。

同期声

男主播：好，再来看看旅游市场，现在正值暑期，北京的旅游市场也是进入高峰期了，警方发现，非法一日游的现象又有抬头的趋势，近日北京警方就打掉了昌平区两个以贩卖假玉来骗取钱财的非法一日游团伙，抓获涉案人员 80 多人。

同期声

画外音：接到报案后，北京市公安局第一总队会同昌平刑侦支队立即展开调查，掌握了初步证据后，民警对一家玉器店进行了突击检查。根据调查，民警发现，被骗的游客都参加了私人组织的非法一日游，在简单游览了一些景点后，他们就被带到了位于昌平区沙河附近的两家玉器店，警方发现，两家店均通过大量购进劣质低价玉器，以次充好，标上合格产品标签和批量购买的所谓鉴定证书，冠以极高的标价，雇佣讲师，编造各种身份，使用各种推销术语以诱人的折扣哄骗、引诱、刺激被导游拉来的游客购买劣质玉器。

同期声

画外音：在此次行动中，北京警方一举打掉了两个非法一日游团伙，抓获涉案人员 80 多名，收缴账本、电脑、廉价玉器等大量涉案物品，目前，这两家玉器店已被查封，案件还在进一步调查中。

女主播：两个犯罪团伙通过高价贩卖廉价玉器骗取了大量的钱财，他们究竟是以怎样的方法来行骗的呢？我们继续来了解。

画外音：记者在其中一家店内注意到，200 多平方米的展厅被分割成了十多个小房间，每间屋内的柜台上都摆放着标价高昂的玉器，在销售人员旁边还站着多名男子，他们衣着讲究，手上戴着银表、戒指，并且都自称是玉器店的老板。

同期声

画外音：据该玉器店里所谓的讲师交代，他本人并没有进行过任何玉石鉴定培训，但却以玉器店老板的身份，欺骗游客购买玉器，他说，平常导游会把游客带到店内，服务人员讲解几分钟后他就进门，讲解员就对顾客说老板来了，他会指着柜台里有标价的玉称可以打折出售。

同期声

男主播：嗯，看上去很简单的忽悠骗术却让众多的游客纷纷掏钱上当。在这我们要再次提醒消费者，选择一日游，一定要选择正规的旅行社，而购买玉石产品也要特别的谨慎。我们接下来换个话题,眼下很多人是喜欢佩戴各种各样的珠串,其实呢大部分把玩的珠串成本都不高,更谈不上太大的升值空间,那为什么还有那么多的人去玩这个东西呢,我们来看报道。

画外音:张义军在北京十里河做了三年珠串批发,最近一年他的客人基本上都来自二三线城市,在他看来,像这种小玩意,讲究的就是个流行,通常都是北京这样的大城市玩什么,过个两三年,就会向其他城市传导。

同期声

画外音:沈阳北市——沈阳最大的古玩市场,民国时期曾与上海城隍庙、南京夫子庙和北京天桥齐名,眼下,这里做珠串生意的确实不少。

同期声

画外音:每个档口都能看到珠串的影子,就连杂货摊位也不例外。张连杰是去年来古玩城做职业经理人的,他上任后第一个动作就是增加珠串销售面积。

同期声

画外音:这位原先在北京潘家园开店,前两年来他店里进货的沈阳人越来越多,他索性把店搬回了沈阳,北京一两年前卖的高端珠串现在是这里的抢手货,现在每个月,张双翼店里能有 20 万元的收入,比在北京开店的时候还要多三四倍。目前销售上升较快的地区,除了沈阳,还有杭州、西安和青岛,张双翼兄妹光是在沈阳北市就已经有两家店,现在准备开第三家。

同期声

女主播:小手串究竟怎样创出了大生意,详细报道敬请关注稍后《中国财经报道》播出的《珠串大生意》。更多消息来看一组联播快讯。

画外音:中国人民银行昨天发布 2015 年第二季度货币政策执行报告,报告显示,下一阶段货币政策的思路是宏观政策要稳、微观政策要活,继续实施稳健的货币政策,更加注重松紧适度,及时进行预调微调。

今年前七个月,我国进出口总值 13.63 万亿元人民币,比去年同期下降 7.3%,其中出口 7.75 万亿元,微降 0.9%,进口 5.88 万亿元,下降 14.6%,贸易顺差 1.87 万亿元,扩大一倍,其中,民营企业以及机电产品出口均有所增长。

国家质检总局今天公布 2015 年上半年国家监督抽查产品质量状况,在对日用及纺织品等 36 种产品进行国家监督抽查中,抽样合格率为 90.4%,与上年同期基本持平,总体质量水平呈稳步上升态势。

昨天,世贸组织争端解决机构公布了中国诉欧盟紧固件反倾销措施案专家组报告,裁决中方胜诉,2009 年欧盟对中国输欧紧固件采取反倾销措施,影响中国对欧出口 9 亿美元、200 多家企业、就业人口数万人。

国家防总预计,台风苏迪罗登陆后,南起广东、北至吉林都可能受到影响,福建、浙江等省将有大强度暴雨。铁路部门提示,今明两天,8月8日和9日,北京、上海、南京等多地,经福建、江西方向运行的多趟列车也将停运。

从9月1号起,中国电信企业在通过实体营销渠道销售手机卡时,将要求用户出示本人身份证件,并当场在第二代身份证读卡器上进行验证,这将为电话实名制增加技术和设备保障。

女主播:国际方面首先一起来看一下巴西,最近美元对巴西货币雷亚尔汇率达到了近12年以来的最高值,巴西央行日前宣布从8月起,加大对外汇市场的干预力度,而巴西国内多个行业已经受到雷亚尔贬值的影响。

画外音:巴西当地的媒体7号在报道中称,单是在过去的一周,美元对雷亚尔的升值幅度就达到了2.44%,而今年年初至今,美元兑雷亚尔累计升值幅度已经达到了31.95%,不断升值的美元已经开始影响到了许多经济领域,例如,美元升值使得境外消费成本上升,导致出国旅游人数大幅减少,这让许多旅行社苦不堪言。

同期声

女主播:智利中部本周遭遇暴雨天气,首都圣地亚哥和周边的邻近城市由于强降雨引发洪水,受此影响,超过4万居民家中断电。

画外音:当地时间5号到6号,智利首都圣地亚哥市降下暴雨,降雨量达81.4毫米,洪水水位不断上涨,漫过街道,房屋和汽车都浸泡在水里,一些当地民众充当志愿者帮助搬运沙袋。智利内政部副部长阿莱维表示,圣地亚哥的马波桥河正在加紧进行排水作业,他呼吁民众保持冷静,积极配合政府部门,共同抗击洪水。与此同时,在圣地亚哥西侧的沿海城市瓦尔帕莱索,狂风大浪天气导致港口全部关闭,渔船、游艇暂停出海,气象部门预计,强风和暴雨天气仍将持续至下周。

男主播:嗯,今日美国佛罗里达州的南部饱受非洲大蜗牛的困扰,这种大蜗牛不仅蚕食破坏各种作物,同时还有可能传染疾病,对本土的动植物构成威胁。

画外音:这只大蜗牛就是目前美国佛罗里达州严阵对抗的一种外来入侵物种,4年来,这群外来客缓慢持续地扩充新领地,引发迈阿密南部郊区与附近地区居民的恐慌,目前,佛罗里达29个地区均发现了这种非洲大蜗牛。据了解,非洲大蜗牛的体型巨大,身长可达20厘米,会进食超过500种植物,还会破坏建筑物上的灰泥,而为了拟定对策,一些专家齐聚佛罗里达,讨论如何消灭在此肆虐的外来外侵物种。有数据显示,自2011年以来,佛州在非洲大蜗牛灭除计划上已经花费超过1000万美元。连日来,佛罗里达州官员也在利用狗灵敏的嗅觉来搜寻蜗牛。

同期声

画外音:有报道称,上一次蜗牛入侵佛罗里达州是在1966年,当时一个从夏威夷度假结束的小男孩在口袋里放了3只蜗牛,此后他的祖母在后院把蜗牛放生,结果7年内,蜗牛数量倍增到17000只,政府花费了上百万美元才彻底解决问题。

男主播:今天是二十四节气的立秋,现在一些地方已经开始转凉了,这些地方也成了避暑圣地。

女主播:那节目最后我们一起到青海省的门源县去看看那里的油菜花海。好,感谢收看今晚的节目,明晚同一时间再见。

男主播:再见。

(2015-08-08《经济信息联播》)

39.完整节目

男主播:《中国教育报道》,一个开放而负责的资讯平台。大家晚上好,欢迎收看我们的节目,今天节目的主要内容有:

女主播:天津特大爆炸事故召开第四场新闻发布会,现场成功救出一名消防战士。

男主播:记者调查,儿童安全座椅并非可有可无,亟须立法强制使用。欢迎大家扫描屏幕上的二维码,关注并参与我们的节目。

男主播:首先来了解天津8·12特别重大火灾爆炸事故的最新消息。

画外音:今天14点左右,中国核生化应急救援队从核心爆炸区域内救出一名幸存者,当时幸存者在集装箱中,意识清楚,眼角受伤,目前幸存者已被送往医院救治。今天上午,接上级信息警示,因风向将发生改变,出于安全考虑,天津开发区第二小学临时安置点群众有序撤离,截至今天11时,有3辆大巴车载着群众离开。

女主播:今天上午10点,有关方面在天津滨海新区美华大酒店召开8·12危险品仓库爆炸事故新闻发布会,来看报道。

同期声

画外音:天津市环保局总工程师包景岭就环境监测情况作出了回答。

同期声

女主播:昨天傍晚,许多天津市民看到微信里说,运送牺牲消防官兵的车队将要从这里经过,于是就自发地到公路上为英雄送行,然而,这却是一条假消息。

画外音:记者在往塘沽的路上,发现有很多市民把车停在路边,不停地朝外面张望。

同期声

画外音:经过了解,这些市民都是通过微博微信得知今天会有送牺牲消防官兵的车队经过,为了表达对牺牲官兵的感激之情,他们自发地来到这里,为英雄送上最后一程。

同期声

画外音：据了解，很多市民为了表达哀思，送别英雄，已经在路上等了两三个小时，天渐渐黑了，还没有车队的影子。

男主播：传播牺牲消防官兵灵车经过的人可能并没有恶意，不过这确实给社会秩序造成了影响。而从天津港爆炸事故发生至今，很多不实的信息在网上流传，其中不乏一些趁乱生事的不法之徒。13号凌晨，一网友通过微博发布信息称，其父亲在天津市爆炸事故中遇难，3700余名网友对其表示了同情并为其捐款，然而14号晚，广西市城防港公安局网络监察支队发布消息说，确认该网友杨某某父母健在，杨某某发布虚假信息，涉嫌诈骗一事属实，涉及金额达到90000多元。目前，杨某某因为涉嫌诈骗，已被依法刑事拘留。

女主播：请大家在关注救援进展的同时擦亮眼睛，仔细辨别，不要误信或者误传一些不实信息。而在谣言中，还有这么一条说法，天津已经混乱无序，某商场超市被抢，那么就让我们跟随记者的镜头，亲眼去看一看。

画外音：记者在附近一些街道看到，路上车辆行驶正常，有商家已照常营业了，市民照常出行，大家心态也比较平稳。随后，记者进入了一家超市，发现前来购物的市民络绎不绝，购物结算的地方甚至还需要排队。

同期声

画外音：关于这两天的营业情况，记者也采访了超市的负责人。

同期声

男主播：好，我们来关注教育要闻。今天上午，由全国青少年校园足球工作领导小组办公室主办的2015年全国青少年校园足球夏令营在秦皇岛正式开营。

画外音：据了解，本次夏令营有来自全国各地的26支代表队的392名学生参加，夏令营的活动内容有：适应性训练、基本训练、对抗训练、教学比赛等内容。主办方表示，原来的夏令营是以足球训练比赛为主，而本届却是一届有教育特色的足球夏令营。

同期声

画外音：另外，本次夏令营还邀请了国内知名高水平的教练员参与，对参加学员的竞赛和训练进行专业的指导。夏令营期间，还将进行优秀运动员的选拔。

同期声

女主播：其他的媒体对于教育话题还有哪些观点，接下来一起进入今天的《媒体看教育》。

画外音：8月11号，上海交大党委书记姜斯宪公开表示，学校在鼓励学生创新创业方面,明确本科生和研究生可选择休学创业,支持教师保留身份带着科研成果创业。光明网评论说,上海交大开绿灯的创业更多的还是带着科研成果创业,高校创业风头正劲,但高校创业的绿灯也要开得有格调。舆论对上海交大的创业绿灯点赞,并非每所学校都要这样去做,如果各地高校不分青红皂白就鼓励师生去创业,恐怕容易画虎不成反类犬。

近日,某媒体报道,家住西安的笑笑(化名)吃过饭后提出要玩纸牌,母亲考虑他期末考试成绩欠佳,于是拒绝了他这一要求,但笑笑不想补课就想玩,为此,笑笑选择了离家出走。光明网评论说,暑期将孩子送去补习班确实是部分家长的无奈之举。对于多数家长来说,强制或者变相强制孩子参加补习班从表面看是为了孩子好,实则是对孩子成长和教育规律的无知,自以为是的关心,实则剥夺了孩子健康快乐成长的权利。

"原不原谅是上帝的事情,我只负责杀掉你。"这是中国传媒大学10级学生李斯达曾在社交网络上写下的独白。8月11号,李斯这对强奸同学未遂并将其杀害的事实供认不讳,除了在个人主页上写下的极端语言外,还有裸奔和大哭等异常行为。《中国青年报》认为,媒体报道的多起高校学生自杀或杀人事件,几乎无一不与心理问题有关,每一起悲剧发生前,总有迹可循。对于行为颇为怪异的同学,校方如果多一些关注,也许就能遏制、至少能减少类似悲剧的发生。

女主播:今年9月1号开始,我国将把儿童安全座椅纳入国家强制性安全用品的目录,没有获得强制认证的产品将不能出厂销售,此举将有效助推儿童安全座椅的推广和使用。而近日,记者还采访到,儿童安全座椅实际安装的人数还很少。

画外音:8月5号下午两点钟左右,在河南郑州市建设路西三环桥上的匝道处,一辆越野车从北向南行驶时,撞上了马路中间的石墩护栏,事故造成了包括车内一对七八个月大的双胞胎在内的4人死亡。据民警介绍,事故发生时两名婴儿在后座由两名大人抱着,而车内没有安置儿童安全座椅,这很可能是造成婴儿死亡的原因之一。

同期声

画外音:记者从镇江、南昌的一些母婴店了解到,儿童安全座椅的销售量和普及率目前仍旧较低。

同期声

画外音:商家介绍,国产儿童安全座椅一般售价在500元左右,一台儿童安全座椅可以使用几年而且安装也很方便。但是便捷价廉的儿童安全座椅并不能激发家长们的购买欲,在采访中很多家长表示都知道儿童安全座椅,但不打算购买。

同期声

男主播：据统计，我国每年有约超过1.85万名14岁以下儿童死于交通安全事故，而且儿童安全座椅的使用率非常之低。那么，儿童安全座椅的用和不用到底有着多大的区别呢？我们来看一组实验。

同期声

女主播：我们来看今天的《图说教育》。最近一个月，武汉的高考落榜生叶飞每天都会被招生电话轰炸，用他的话说"头都要炸了，恨不得扔掉手机"。叶飞很不解，这些招生机构是怎么知道自己的联系信息的。记者发现，每个招生机构都有着数目惊人的考生信息，而且还十分精确，包括学生的姓名、考分、所在学校，甚至是具体的家庭地址。其中一家招生机构有着上万条考生信息，每天拨打电话3000多个。而内容呢就是告诉你，分不够，也能上本科。而且还是211、985高校。如果学生和家长问起，孩子这么低的分数怎么能上本科时，他们就会混过这一话题，强调学生进入武汉大学本部，享受和普通本科生一样的资源和待遇。之前我们的节目就详细报道过在武汉大学上了4年学毕业才发现没有学籍的新闻。首先，是希望大家不要再上这样的当，同时也希望有关部门能深入调查，强力打击，斩断这其中的黑色利益链。

近期，一篇名为《高考招生医科类断档》的文章在微信朋友圈里被广泛转发。"好学生不学医""人医不如兽医"等这样一些言论引发了热议。那么今年的医学专业是否真的出现了断档呢？随着高考结果陆续公布，断档的谣言不攻自破，各个重点的医科类高校和各个重点高校的医科专业的高校录取分数线全线飘红，更没有出现断档的情况。不过因为医患关系紧张，学习周期长，工作压力大，不少的医学生也对自己未来的职业表示担忧。

这张照片是最近在哈尔滨举行的一场同学会，在座的每一位同学都是真正的老同学，平均年龄超过78岁，班主任年龄已经96岁了。他们是哈尔滨十八中学57届三年8班的同学，两年的同窗情，在他们心中保藏了60年。聚会中，同学们唱起了《让我们荡起双桨》，而96岁的刘老师朗诵了他为这次聚会写的一首小诗，朗诵的语音平缓清晰，有同学说，跟当年讲课的时候没有什么变化。几十年来，依靠这点滴的线索，三年8班一点点地拼凑着，原班57位同学，已经有10位同学不在人世了，如今，有22人在座。直到这次60周年的聚会，他们仍然在寻找着曾经的同学。今天的《图说教育》就是这些。

男主播：今年是中国人民抗日战争暨世界反法西斯战争胜利70周年，在吉林省军区长春第一离职干部休养所一间小小的荣誉室里，珍藏着很多照片、抗战日记等珍贵的红色记忆。都是由当时的副组长任希艺一件一件亲手收集来的。

画外音：在吉林省军区长春第一离职干部休养所，先后有132人在这里休养,他们都是参加过土地革命、抗战革命、解放战争的老功臣。任希艺是当时的副所长,如何把这些功臣们的事迹悉数保留下来,是任希艺一直挂在心头的大事。

同期声

画外音:2010年,为了留下这些珍贵的红色记忆,任希艺就和干事们一起开始收集资料,当时在这休养的132人当中,健在的只剩下37人了。再加上战争年代的照片本就稀少,收集起所有人的照片非常不容易,任希艺费了很多周折。有一位叫杨春名的老首长,他的原籍是山东新海人,后代子女又不在长春,寻找他的照片遇到了很大困难。

同期声

画外音:为了收集更多的影像资料和战争实物,任希艺多次到这些老首长的后代家里走访,足迹几乎踏遍了大半个中国。

同期声

画外音:日复一日的收集、整理、分类,使这间小小的荣誉室里,聚集了多个历史时期的珍贵照片、文件和一些抗战日记的手稿、复印件等实物。

同期声

画外音:荣誉室的收集、整理工作在不断和时间赛跑,在大家的努力下,在2011年,荣誉室终于建成了。隔年,任希艺也安心地退休了。然后,退休后的任希艺还是会经常回来看看。

同期声

女主播:以上就是今天《中国教育报道》的全部内容,感谢您的收看!

男主播:再见!

(2015-08-15《中国教育报道》)

40.完整节目

快报:世锦赛游泳比赛全面展开,孙杨晋级400米自由泳半决赛;国际奥委会全会最新选举,杨扬当选道德委员会委员;中国男篮启程赴欧洲拉练。

主播:各位晚上好,这里是中央电视台《体育新闻》,欢迎收看。首先一起来关注一下正在俄罗斯喀山举行的国际泳联世锦赛。今天游泳项目展开了多项预赛的争夺,包括孙杨、宁泽涛、叶诗文三位中国名将都表现出色,悉数进入下一轮。下面一起进入国际泳联世锦赛专题报道——跃动喀山。

主播:好,还是先来关注今天的最新赛况。游泳项目今天下午结束了多项预赛的争夺,孙杨、叶诗文和陆滢等中国选手都在各自项目中发挥出色,顺利晋级下一轮。

画外音:女子100米蝶泳预赛,伦敦奥运会100米蝶泳银牌得主陆滢被分在第7组第2道。前50米瑞典选手舍斯特伦第一个完成转身,陆滢以0.38秒之差排在第二；转身以后陆滢开始冲刺，不过瑞典选手优势明显，她以 56 秒 47 排名第一晋级半决赛，陆滢 57 秒 84 排在第四。另一名中国选手陈欣怡排名第十一，同样晋级。

同期声

画外音：男子 400 米自由泳预赛中国选手孙杨被分在第 6 组第 4 道。比赛一开始孙杨游得比较收，一直保持前三名的领先优势，直到最后 100 米，孙杨展现出了强大的冲刺实力，他在到边前反超对手，以 3 分 40 秒 99 的成绩排名预赛第一晋级决赛。另一位中国选手李昀琦排名第 26，无缘决赛。

同期声

画外音：女子 200 米混合泳中国选手叶诗文排在第 2 组第 4 泳道，前 50 米选手采用的泳姿是蝶泳，叶诗文第二个到边，比第一名慢了 0.6 秒；更换泳姿之后，叶诗文用仰泳追回第一的位置；但在最后的 50 米，加拿大选手开始发力并逐渐赶上叶诗文，两人几乎同时碰壁，结果显示加拿大选手更快一些，最终叶诗文以 2 分 11 秒 23 的成绩排名第五晋级半决赛。另一位中国选手周敏排名第22，遗憾出局。

同期声

画外音：亚运会冠军宁泽涛携手徐祺恒、林永庆和余贺新在男子 4×100 米自由泳接力预赛中，游出了 3 分 15 秒 47 的成绩，排名预赛第八，顺利晋级今晚的决赛。

同期声

主播：另外呢，在男子 50 米蝶泳的预赛中，中国选手余贺新和施扬最后一组出场。青奥会冠军得主余贺新以 23 秒 87 的成绩仅位列第 21 位，未能进入半决赛；而施扬呢，以小组第三的身份晋级。另外一同晋级的还有巴西名将小西埃洛、南非选手勒克洛斯等人。

同期声

画外音：在男子 100 米蛙泳的预赛当中，中国选手李响最终排在第 27 位，无缘明天的半决赛；邵依雯和曹月发挥一般，也是未能晋级今晚女子 400 米自由泳的决赛。

主播：体育频道今天晚上继续为您直播国际泳联世锦赛。

画外音：晚上 10 点 50 分为您带来多项游泳比赛的直播，除了孙杨所参加的男子 400 米自由泳的决赛之外，小将宁泽涛将携手队友参加男子 4×100 米接力自由泳的决赛，他们将挑战欧美强手。

主播：好，下面再来回顾一下北京时间今天凌晨结束的跳水比赛。在女子 3 米板的决赛当中，两位中国选手施廷懋和何姿发挥出色，一举包揽了金银牌。

画外音：今年在世锦赛前的四次正式交锋当中，施廷懋是以三胜一负占据了绝对的上风,本次世锦赛的比赛,施廷懋和何姿在半决赛过后就是以第一第二名晋级决赛,可以说两人争夺的最大对手就是自己的队友。决赛的第一跳两人并列排在第一位,从第二跳开始,施廷懋凭借着更加出色的发挥开始巩固自己的优势地位,并与何姿跳同样动作的时候,往往能在走板、起跳、水花效果等几个方面都做得更加完美。最终施廷懋是以383.55分夺得金牌,何姿以6.10分的劣势屈居亚军,意大利选手卡格诺托夺得季军。

同期声

主播:跳水比赛今天将进入最后一个比赛日的争夺,将决出最后的两枚金牌,下面听听我台专家记者杨烁对于比赛的分析和展望。

专家记者:在首次进入世锦赛的混合双人3米板的争夺中,中国队派出了24岁的王晗搭档17岁的小将杨浩联袂出战,我们最主要的竞争对手来自于加拿大的阿贝尔/杜拉克组合,只要平稳发挥,相信王晗、杨浩不仅可以斩获首枚世锦赛混合双人3米板的金牌,永载跳水史册,也可以帮助中国队锁定本届世锦赛跳水的第九枚金牌。在亚洲上演的男子10米台的较量中,又将是一场混战,中国队22岁的小将邱波将会向着他世锦赛该项目三连冠的目标发起强有力的冲击,而21岁的杨建则会携带着他的杀手锏——向前翻腾四周半屈体的动作,首次登上世锦赛的舞台。

画外音:面对2012年伦敦奥运会冠军美国人布迪亚、09年世锦赛冠军英国人戴利以及08年世界杯冠军德国人克莱因等世界名将的连番冲击,两名小将势必会当仁不让,全力捍卫中国男子跳台的尊严与荣誉。

主播:昨晚的花样游泳进行了最后一项争夺,自由组合自由自选的决赛,中国队得到了96.2分收获银牌,冠军还是被俄罗斯队获得。

画外音:中国队在自由组合自由自选决赛中排在第九位出场,她们这套组合动作选择了经典音乐剧《歌剧魅影》的配乐。在熟悉的音乐声中,中国队在水中完成了第一个平板托举,孙文雁将男主角纠结的内心刻画得淋漓尽致。伴随着音乐激烈的节奏,中国队又完成了托举速度、高度都很过硬的腿部动作,之后音乐节奏减缓,这个托举动作作为中国队在创意部分加分不少。整套编排中,中国队既有描写双人的对话,展现男女主人公情感的纠葛,也有整体一致的动作,表现情绪的悲愤和纠结。中国队将泳池变成了舞台,将《歌剧魅影》的故事完全地呈现出来,整套动作除了单人双人整体的精彩衔接,还充满着很高的艺术表现力。最终中国队获得96.2分。随后出场的是东道主俄罗斯队,托举动作稳定性、高度都完成得很出色,并且在很快的移动中加入腿部动作,提升难度。虽然编排的主题性不如中国队,但是在动作的造型变化、托举难度、密度上都高出中国队一筹。最终俄罗斯队以98.3的高分夺得金牌,中国队收获银牌,日本队排在第三。

同期声

主播：在今天凌晨进行的女子水球比赛中，中国队是以 10：8 击败了巴西队，晋级八强。

画外音：小组赛，中国队两胜一平位列第二。在今天凌晨的淘汰赛中，中国队与巴西队争夺一个八强的席位。头戴蓝色泳帽的中国队在比赛中占得先机，第一节中国队苏东伦截队友传球直接射门，帮助中国队取得 1：0 的领先；第二节结束中国队将领先优势扩大到 5：2；进入到第三节，比赛变得更加激烈，裁判不断作出离场的判罚，试图减少双方的肢体冲突，连续的判罚有些打乱中国队的节奏，失误频频出现。

同期声

画外音：陷入被动的中国队没有慌乱，耐心组织进攻，很快张薇薇、赵子涵连续攻破对方球门，让对手失去追平比分的希望，最终中国队 10：8 战胜巴西队晋级八强。

同期声

主播：好，一起来看一下世锦赛奖牌榜最新情况。中国军团是以 8 枚金牌、9 枚银牌、3 枚铜牌的成绩继续占据着首位，俄罗斯队 8 金 3 银 1 铜位列次席，美国、意大利、德国、巴西分列三到六位。

宣传片

主播：好，《体育新闻》正在直播。7 月 31 号遴选出 2022 年冬奥会和 2020 年青冬奥会举办城市之后呢，国际奥委会第 128 届全会继续他们的议程。昨天的国际奥委会选举出了 9 名道德委员会委员，中国短道速滑名将、冬奥会冠军杨扬作为运动员委员会代表入选，杨扬呢在本届全会上，不仅为北京申冬奥立下了功劳，还代表 2020 青冬奥会评估委员会进行了陈述，大会同时选举出了道德委员会主席、副主席。根据奥林匹克 2020 议程，道德委员会要包括至少 1 名运动员委员会委员，以及至少 5 名非国际奥委会委员。

主播：北京成功地申办 2022 年冬奥会受到了来自于世界各界的祝贺，韩裔俄罗斯运动员、短道速滑名将维克多·安就为北京的硬件设施点赞，而韩国江原道知事也表示连续两届冬奥会都在亚洲举办很难得，要与北京共襄盛举。

同期声

主播：江原道知事所说的申办三次才成功的正是 2018 年冬奥会举办城市韩国江原道平昌郡。在国际奥委会第 128 届全会上，国际奥委会还听取了 2018 年韩国平昌冬奥会组委会的报告，平昌冬奥会组委会主席赵亮镐在接受采访时表示他接手奥组委一年多，目前一切进展顺利，虽然奥运场馆工期有所延误，但是他有信心场馆一定会按时完工，此外，目前奥组委还在想尽办法尽量地削减和压缩平昌奥运会的建设开支。

主播:我们都知道平昌 2018 之后,北京 2022 也就近在眼前了,成为历史上首座既举办夏奥会又举办冬奥会的城市是一种巨大的荣誉,但北京也肩负着巨大的责任,我们需要继续努力,应对未来 7 年的更大挑战。

同期声

主播:现在距北京 2022 呢还有 7 年,不过离北京田径世锦赛开赛只有不到 3 周的时间了,然而就在今天国际田联却曝出了令人震惊的兴奋剂丑闻。英国《星期日泰晤士报》和德国广播电视联合会宣称得到了 2001 至 2012 年间来自于 5000 名运动员的 12000 份血液检测样本,样本显示,在这些年间奥运会和田径世锦赛上,竞赛长距离项目三分之一的奖牌获得者都有使用禁药的嫌疑。目前正在吉隆坡参加国际奥委会全会的世界反兴奋剂机构的主席里迪表示,他们已经派出了 3 名专家调查此事,希望在 9 月左右作出报告。国际田联副主席亚当斯称他们将与世界反兴奋剂机构密切合作,但是目前还无法作出官方声明。

主持人:今天上午中国男篮再度踏上行程,他们将奔赴欧洲进行为期 19 天的海外拉练。

画外音:上午 10 点,中国男篮从国家体育总局天坛公寓出发。老将刘伟第一个从公寓里走出来,随后其他国家队队员也陆续亮相。由于前往欧洲拉练的名额有限,这次出征的男篮国手只有 15 名队员。俄罗斯是男篮此次欧洲拉练的第一站,按照计划中国队将在 4 号和 5 号与俄罗斯男篮连打两场;8 月 6 号起中国男篮将在意大利贝纳通俱乐部的基地进行为期 9 天的训练,期间安排了 5 场教学赛,对手包括意大利队;之后中国男篮将前往塞尔维亚参加邀请赛。此次欧洲拉练中国男篮的目的就是寻找强队检验自身。

同期声

画外音:据悉,近期中国篮协就将宣布参加亚锦赛的 24 人大名单。

主播:东亚杯足球赛昨晚展开,中国女足首战以 0∶1 不敌韩国。出战本次东亚杯的中国女足沿用了世界杯阵容,然而首战缺少多名主力的韩国队,中国女足开场便落入被动,第 27 分钟韩国前场抢断,郑楔槟在禁区边缘抽出一记直挂死角的射门,1∶0,韩国队给了东道主当头棒喝。失球之后,郝伟马上用王霜换下庞丰月,经过中场调整,中国队下半场有了明显提升,然而在进攻上缺乏手段,让她们始终无法改写比分。本场中国队在控球率、射门数甚至是跑动距离上均落后于对手,最后只能接受一场 0∶1 的失利。8 月 4 号,中国队将对阵朝鲜队,昨天晚上朝鲜队 4∶2 击败了世界杯亚军日本队。

同期声

主播:今天晚上中国男足在东亚杯的第一个对手恰恰也是韩国队,目前中国队饱受伤病的困扰,与亚洲杯时的阵容相比后防线上已经是面目全非,尽管如此,中国男足仍然信心十足,后卫冯潇霆表示中韩双方相互很熟悉,谁更能够集中注意力,谁就能决定比赛的走向,我台体育频道将于今晚的 8 点 20 分为您直播中国与韩国队的这场比赛,欢迎您到时收看。

主播:好,这里是正在为您直播的《体育新闻》,稍后我们继续。

主播:好,《体育新闻》正在直播。中国摩托艇俱乐部联盟大奖赛第二站赛事在北京平谷金海湖落下了帷幕,此次赛事共有来自于全国 20 家俱乐部的 100 名水上摩托艇赛手齐聚北京,三天的比赛共进行了摩托艇立式、坐式等共九个项目的争夺。

主播:"谁是球王·小学组"夏令营半决赛昨天在重庆举行,乌鲁木齐第五精英队和重庆浦辉队成功晋级,在比赛开始之前呢,重庆市的小学生表演了一段名为"巴渝舞韵"的开场舞,来自于空港新城小学的 44 名学生放弃了暑假玩耍的时间,每天冒着 40 度的高温集训了一个星期,就是为了能够展现最佳的状态。好,下面一起了解明天全国各地的天气情况。

主播:《体育新闻》之后呢,将为您播出国际泳联世锦赛女子 3 米板的决赛争夺;之后是特别节目《圆梦之旅》;8 点 20 分为您直播东亚杯男子足球赛中国迎战韩国;10 点 50 分为您直播女子 400 米自由泳决赛等游泳项目的争夺,欢迎到时收看。好,今天的《体育新闻》就是这样,节目的最后一起来欣赏国际泳联世锦赛的精彩画面。

(2015-08-02《体育新闻》)

41. 完整节目

男主播:您好,欢迎收看中央电视台《军事报道》。今天是八一建军节,在这个特殊的日子里,我们与您一起分享人民军队 88 个春秋的光荣与梦想,与您一同倾听三军将士奋进强军征程的铿锵脚步声。

女主播:在这个光荣的日子里,我们谨向全军指战员、武警官兵、民兵预备役人员致以节日祝贺,向为军队建设作出重要贡献的军队离退休老同志、转业退伍军人、革命伤残军人和烈军属表示亲切慰问。今天节目的主要内容有:

男主播:长征路上打先锋,抗日战场敌丧胆。"走进光荣团队"系列报道,今天带您走进第 54 集团军"叶挺独立团"。

女主播:全军和武警部队官兵表示坚决拥护党中央给予郭伯雄开除党籍处分、将郭伯雄涉嫌犯罪问题及线索移送司法机关依法处理的正确决定。

男主播:《解放军报》社论:肩负起强军兴军的历史责任——热烈庆祝中国人民解放军建军 88 周年。

女主播:铸忠诚不辱使命,执干戈以卫社稷。全局和武警部队以多种形式庆祝建军节。

男主播:请看今天节目的详细报道。

女主播:有这样一支部队,她源于黄麻起义留下的火种,她曾打响了新四军对日作战的第一枪,创建和巩固了淮南抗日根据地,与日伪顽周旋于敌后战场。这支承载着太多的光荣与梦想的红军部队,就是兰州军区第 21 集团军某师。继续关注系列报道《走进光荣团队》。

画外音:贺兰山下,硝烟弥漫。实战化演练已经持续 10 多个小时,复杂的战场环境让官兵疲于应对,体力到了极限。

同期声

画外音:指导员的话激起了大家的战斗热情。官兵迅速完成阵地转移,做好射击准备。

同期声

画外音:一道道火舌划过夜空,目标被成功摧毁。

同期声

画外音:捍卫铁血荣誉,是这支部队从抗战开始就形成的光荣传统。这个师的前身,是中国工农红军第 28 军,抗战之初改编为新四军第四支队,走向抗日战场。八年敌后抗战,经历 300 多场战斗,英名威震江淮大地。在长期的烽火岁月中,这个师形成了"坚如钢铁、智勇顽强、所向无敌"的钢铁精神。进入新时期,官兵弘扬传统、聚焦打赢。"训练敢吃苦、打仗敢拼命"的血性和"勇于亮剑、敢打必胜"的虎气深深融入官兵血脉。去年 10 月,部队进入海拔 4500 多米的昆仑山腹地驻训,高寒缺氧时时考验着官兵的意志和作风。迫击炮实弹射击考核中,考核组设置的条件贴近实战,极为严苛。

同期声

画外音:原本一个炮班才能完成的任务,却落到了一个入伍不足两年的战士马超肩上。测距、计算、修正、装弹……第一发炮弹呼啸而出,脱靶。马超迅速调整角度、装填炮弹,第二发立即射出,炮弹像长了眼睛,准确击中目标。这时,战友才发现他的双手满是鲜血。原来第一次射击时,由于装药量过大,巨大的后座力使炮管猛烈下沉,马超左手被划开一条十多厘米长的口子,血流不止,托着炮管的右手也被高温烫伤,他的第二发炮弹就是在这样的情况下射出的。

同期声

画外音:用光荣传统凝神聚气,用红色基因铸魂育人。在这个师先后涌现出 88 个英模单位、390 多名英模人物。部队围绕强军目标,练兵备战。五入河西走廊、九上青藏高原、十三次挺进贺兰山阙,经历了各种复杂气候和实战背景检验磨砺,形成的 30 多项战法训法成果被收进总参《军事训练与考核大纲》。

同期声

男主播:新华社播发评论员文章,题目是《共同捍卫我们的历史记忆——学习习近平总书记在中央政治局第 25 次集体学习时的重要讲话》。文章指出,在中国人民抗日战争暨世界反法西斯战争胜利 70 周年的特殊年份,在"8·15"日本无条件投降日即将来临的特殊时刻,中共中央政治局就中国人民抗日战争的回顾和思考进行第 25 次集体学习。回顾中国人民抗日战争的伟大进程,肯定中国人民抗日战争为世界反法西斯战争胜利作出的伟大贡献,充分展现了中国维护第二次世界大战胜利成果和国际公平正义的坚强决心,郑重宣誓了中国人民牢记历史、不忘过去、珍爱和平、开创未来的积极姿态。文章说,历史是一个国家和民族最厚重的共同记忆,历史是最好的教科书,历史的真实面貌要靠扎实的史料来再现,历史的发展规律要用深入的研究来阐明,历史的伟大精神要在代代传承中弘扬。只有牢记用鲜血和生命铸就的中国人民抗日战争的伟大历史,牢记中国人民为世界反法西斯战争胜利作出的伟大贡献,我们才能在铭记历史中开创未来,捍卫民族尊严和荣誉,推动人类发展与进步。

女主播:党内不能有腐败分子的藏身之地,军队是拿枪杆子的,更不能有腐败分子的藏身之地。"八一"前夕,党中央严肃查处郭伯雄严重违纪涉嫌违法问题,充分体现了我们党依法治军从严治军的坚定决心和坚强意志,对于纯正部队风气、凝聚军心力量、锻造钢铁长城有着重要意义。全军和武警部队官兵坚决拥护。

画外音:严才能正纲纪,严才能肃军威,严才能出战斗力。治军之道,得之于严。无论时代怎么发展、环境怎么变化,军队的使命任务怎样拓展,依法治军、从严治军的基本准则决不能变。广大官兵表示,党中央的决策英明果断,是对党的纪律的坚决捍卫,也是对军队建设的高度负责。要从政治上、全局上认识郭伯雄问题的严重危害以及对其处理的必要性、正确性,自觉在思想上、政治上、行动上与党中央、中央军委和习主席保持高度一致。

同期声

画外音:坚决惩治腐败,不是权宜之计。依法治军没有禁区,从严治军没有例外。继徐才厚之后,"八一"前夕宣布查处郭伯雄,这再次证明,党内决不允许有腐败分子藏身之地,军中也决不允许有腐败分子藏身之地。

同期声

画外音:依法治军从严治军剑之所指,钢铁长城的基石更加坚实。厉行法治、严肃军纪是治军带兵的铁律,也是建设强大军队的基本遵循。广大官兵认为,对郭伯雄严重违纪涉嫌违法犯罪问题的严肃查处,再次表明我们党敢于直面问题、纠正错误,勇于从严治党、捍卫党纪,善于自我净化、自我革新。

同期声

画外音:官兵们联系实际谈到,人民军队从来不缺乏刮骨疗毒的勇气,始终具有很强的自净能力。郭伯雄、徐才厚等贪腐分子给军队抹了黑,但人民军队的本色不变,腐败分子根本代表不了忠诚勇敢、无私奉献的广大官兵,清除他们只会让人民军队建设发展的步伐更加铿锵有力。

同期声

画外音：严则所向披靡，松则溃不成军。建军节前夕，习主席在视察第 16 集团军时告诫全军：要坚持严字当头，在从严管理、依法带兵上下工夫。广大官兵尤其是各级领导干部表示，要带头践行"三严三实"要求，带头遵守廉洁自律各项规定，始终做到心有所畏、言有所戒、行有所止。

同期声

男主播：今天出版的《解放军报》发表社论，题目是《肩负起强军兴军的历史责任——热烈庆祝中国人民解放军建军 88 周年》。文章说，此时此刻，我们向党和人民庄严宣誓，人民军队永远是捍卫国家主权、安全、发展利益的钢铁长城。我们要让历史告诉未来，从胜利中走来的人民军队经过凤凰涅槃、重整行装，正意气风发地踏上新征程。文章指出，7 月 30 号，中共中央决定，给予郭伯雄开除党籍处分，对其涉嫌严重受贿犯罪问题及线索移送最高人民检察院授权军事检察机关依法处理，这充分体现了党中央推进全面从严治党、依法治军、从严治军的坚定政治决心，表明了党中央坚定不移惩治腐败的坚强意志，得到了全党、全军和广大人民群众的衷心拥护和坚决支持。文章说，落后就要挨打，强军才能安邦，没有一个巩固的国防、没有一支强大的军队，和平发展就没有保障，中国梦就难以实现。文章强调，肩负起强军兴军的历史责任，必须深入抓好铸魂育人，必须深入抓好练兵备战，必须深入抓好正风肃纪，彻底肃清郭伯雄、徐才厚案件影响，坚定不移惩治腐败，坚决纠治基层和官兵身边的不正之风。

女主播：治军之道，得之于严；精兵之道，练兵备战。古人云，兵不闲习，不可以当敌。今天，在内蒙古草原、在西北大漠、在中原腹地的一处处演练场，参训官兵用练兵实践为军旗增光，为自己的节日添彩。我们一起来看。

画外音：这里是内蒙古朱日和训练基地，参加"跨越 2015 朱日和"F 阶段的沈阳军区第 40 集团军某装甲旅已经完成了收拢集结，他们正在进行演习前的各项准备工作，这标志着又一场充满火药味的实兵对抗演习即将拉开帷幕。八月的漠北草原，骄阳似火。由装甲旅担负的红方部队刚完成集结，就展开战斗筹划部署。

同期声

画外音：大战在即，看似平静的大草原暗藏杀机。在之前进行的几场演习中，红方部队的侦察分队吃了不少苦头，前车之鉴让侦察连长佟永旭压力不小。

同期声

画外音：佟永旭带领侦察队员采用多种侦察设备从不同方向、不同距离对蓝军阵地实施立体侦察。

同期声

画外音：实兵交战虽然还没有展开，但无形战场的较量已经趋于白热化。

接下来,等待双方的将是一场严酷的考验。

记者:各位观众,我现在所在的位置是确山演习红军铁路梯队的卸载点,经过三天多的长途机动,红军的装甲分队已经全部到达集结地域,下一步,他们将与摩托化梯队会合,展开最后的临战准备!

画外音:突击队迅速搭建起临时站台,一辆辆坦克、装甲输送车和重型工程机械驶下平板。就在铁路梯队卸载的同时,侦察分队已经对疏散地域展开搜索。

同期声

画外音:收到前方的侦察情报信息,刚刚完成卸载的铁路梯队迅速分为多个装甲分队直奔疏散地域展开构工伪装。

同期声

画外音:打左翼主攻的"英雄坦克连"是中央军委授称的英雄连队,连长黄宇更是出了名的"铁连长",到达演习地域后,他发现有些战士敌情意识还不够强,按照预案,他发出了敌人袭扰的信号。一辆辆战车消失在茫茫夜色中,确山训练场上,真正的战斗即将开始。

同期声

记者:山丹的天气这两天一直是三十七八度的高温,面对即将展开的机动防空对抗,参加火力山丹演习的这个防空旅正在做着大战前的精心准备。

画外音:高炮四连今天展开射击精度校对训练,官兵采用了刚刚自主研发完成的可移动简易检验靶。

同期声

画外音:某型导弹发射车也展开适应性和针对性战前训练。

同期声

画外音:练兵备战只有进行时,没有完成时,官兵们紧张做着实兵演习前的各项准备,反复磨炼,缩短与战斗力的差距。

男主播:八月的鲜花为军人绽放,八月的歌声为军人唱响。在第88个建军节,全军和武警部队官兵以自己的方式庆祝节日。

画外音:9名刚从院校毕业分配到边防一线的排长,今天走上边防路。

同期声

画外音:肩负强军责任、雄行万里边关。身处边海防一线的官兵用自己的行动践行着入伍时的铮铮誓言。

同期声

画外音:今天,执行维和任务的官兵,与当地民众一起共同庆祝中国人民解放军建军88周年。军体拳、硬气功、民族舞等富有中国元素的表演,赢得了现场民众的阵阵掌声。

同期声

画外音:从天山脚下到南海前哨,从部队营区到野外驻训地,精彩纷呈的节目扮靓了座座军营。歌曲、舞蹈、大型实景剧等节目展现了建军88年辉煌成就。

同期声

画外音:在这个建军节,北京成功申办2022年冬季奥运会的喜讯传遍了军营,官兵们说,这是世界给中国军人最好的节日礼物。

同期声

画外音:"快闪"这一国际流行的短暂艺术行为也成为节日里官兵喜庆"八一"的活动形式,军旅艺术家突然出现,以"快闪"这种新兴的艺术表现形式,零距离演唱了经典军歌,给群众带来了一份意外惊喜。

同期声

画外音:历史不能忘记,英雄需要纪念。山西省临县故县村是当年百团大战中120师医训队驻扎的地方,也是第四军医大学的前身。今天,第四军医大学"张华传人"志愿服务队来到这里寻根溯源,重走先辈革命路,缅怀抗战英烈。

同期声

画外音:今天,正在参加"跨越2015—确山B"演习的第42集团军某装甲旅官兵,也来到杨靖宇将军的铜像前,重温英雄故事,感悟英雄精神。

同期声

女主播:情注军旅忠可鉴,缘定今生爱无价。在第88个建军节之际,驻粤的解放军、武警、公安边防、消防等现役部队的88名军人,携妻子在广东东莞举行"情注军旅,缘定今生"集体婚礼,让我们一起去共同见证他们幸福的时刻。

同期声

画外音:军人的婚礼饱含着浓浓的军味,在广东东莞市,伴随庄严的升旗仪式,88对新人的集体婚礼拉开了序幕。新郎都是来自驻军部队的一线官兵。某部战士黄熙烈与未婚妻鸿雁飞书传递思念8年,今天终于走进婚姻殿堂。

同期声

画外音:"情注军旅,缘定今生。"在这庄重而又不失浪漫的婚礼现场,军嫂彭丽的脸上洋溢着幸福。两年前结婚时,因丈夫所在的武警边防支队训练忙碌,没有办成的仪式一直是她心中的遗憾。

同期声

画外音:军民心连心,浓浓鱼水情。很多驻地群众自发赶来见证婚礼的神圣时刻,献上对军人的祝福。

同期声

画外音:军人有军人的责任,军人有军人的担当。我们许许多多官兵常年坚守在岗位上,与家人天各一方。在这个建军节,军营里一场场简朴又隆重的婚礼,为官兵送上了一份难忘的节日礼物。

男主播:莫斯科时间8月1日上午,2015俄罗斯国际军事比赛在莫斯科附近的阿拉比诺训练中心开幕。这次大赛涵盖了陆海空三军的12个竞赛项目,分别在俄罗斯的10个州举行,请看本台记者从莫斯科发回的报道。

记者:今天是中国人民解放军88岁的生日,在阿拉比诺的中国官兵参加了2015俄罗斯国际军事比赛的开幕式,他们将在赛场上和十几个国家的军人展开角逐。中国是除东道主俄罗斯外,唯一参加全部项目比赛的国家。

画外音:极具俄罗斯风情的开幕式以希腊奥林匹克的故事开篇,富有戏剧特色的表演形式,讲述了俄罗斯的历史,从马车到今天的战车,舞台横跨古今,巧妙的以俄罗斯陆海空三军装备为衬托。文艺表演兵味十足,18名空降兵携参赛国国旗和赛会会旗从天而降。4辆重型坦克随音乐跳起坦克芭蕾,与6对华尔兹舞者相映成趣。鲜衣红裙,美女野兽。随后参赛队依次入场。参赛的17个国家中,既有首次参赛的亚洲邻居吉尔吉斯斯坦,也有安哥拉、尼加拉瓜等来自非洲、中南美洲的国家。中国和东道主俄罗斯的参赛选手最多。除了去年参赛的"坦克两项""航空飞镖"竞赛外,海军的"里海赛马"、机械化步兵的"苏沃洛夫突击"、舟桥部队的"开阔水域"、防化兵的"安全环境"等10个项目中国都是首次参加比赛,很多项目的竞赛规则都和国内日常训练不尽相同。宣布2015年国际军事竞赛开赛后,俄罗斯的勇士飞行表演队的6架重型战斗机进行了长达22分钟的飞行表演,卡-52直升机也以其优异的空中性能吸引了观众的眼球。

男主播:今天是"八一"建军节,那么提到"八一"这个节日您最先想到的是什么呢?在第88个"八一"建军节到来之际,让我们带您一起来一场特殊的"八一"之旅吧。

女主播:是啊,像《红星歌》《小号手之歌》,多少人都是听着这些歌长大的。

男主播:嗯,还记得那些年八一厂的电影么?从60后到90后,童年时光怎么也少不了它们的陪伴。《小兵张嘎》《闪闪的红星》《地道战》《地雷战》《大进军》《大转折》《冲出亚马逊》《太行山上》,这些战争大片红极一时,风靡祖国的大江南北。

女主播:感谢您收看今天的《军事报道》。

男主播:明天同一时间我们再见。

女主播:再见。

(2015-08-01《军事报道》)

第二节　演播室主持

一、创作要求

电视新闻演播室主持，主要包括连线采访、嘉宾访谈等具体形式。当国内外发生重大事件、突发事件或是有重要政策法规出台时，除了消息播报之外，演播室现场连线、专家对话等方式都能为事件的深入报道、专业解读助力。

1. 话语样态灵活转换

电视新闻演播室主持，话语样式多为谈话式。无论是面对镜头、面对现场记者或是面对专家学者，说话、交谈的方式最为恰切，凸显互动交流的亲切感、贴近性，可以更好地完成传播过程、实现传播目的。而随着新闻频道的专业化、新闻直播的常态化，对播音员主持人的专业要求也越来越高，消息播报、串联主持、连线采访、嘉宾访谈等都成为新闻节目的常态，"主播"一词也应运而生，更好地概括、涵盖了其职责范围。因此，主播的语言也呈现播、说、谈、评等多种方式，需要根据新闻节目的具体要求灵活转换话语样式和话语体式，以良好的专业素养和心理素质适应当下电视新闻播音主持工作的要求。

2. 详稿提纲灵活处理

电视新闻演播室主持，有的时候会有较为详细的稿件，不同于新闻播报，很多时候就需要主持人或者主播根据节目要求、个人特点等作出一定程度的修改和加工。而连线采访和嘉宾访谈，基本没有完整的文字稿件，一般只有对话思路和访谈提纲，这就需要主持人或主播的即兴发挥。第一，对于所谈所访内容要有一定的了解与见地，能让话轮滚动起来，具备对话资格，形成和谐的话语场。第二，站在受众的角度代其发问，既了解国内外时政、热点、焦点，也了解受众心理。第三，根据需要自行组织导语、串联、点评等即兴内容，合理分配时间、把控对话走向。

3. 有机整合综合把控

演播室主持不同于单纯的消息播报，主持人或主播处于枢纽的地位，消息的整理播报、记者的连线采访、嘉宾的对话访谈、环节的转换串联等都需要其进行有机的整合，应当说是紧张繁忙的。因此，主持人或主播应当状态积极、精神集中，抓住重点、抓住细节。而不管是事先准备的内容，还是临时突发的状况，都需要主持人或主播根据情况及时调整、灵活应对、穿针引线、推动进程，避免连线或采访难以为继的尴尬或是无效话语的表达。因此，主持人或主播的临场应变能力、思维运动能力、话语组织能力等尤显重要，在此基础上方能实现对新闻节目的整体综合把控。

二、连线采访

1.涵义

电视新闻主播利用传播技术手段连接一个或多个新闻现场,电话或视频采访现场记者或事件相关人员,了解刚刚发生或正在发生的新闻事件,规模可大可小,时间可长可短。电视新闻演播室连线采访是当下比较常见的新闻传播模式,它连接新闻演播室与新闻现场,有着极强的时效性、突出的现场感和直接的冲击力。

2.分类

从连线现场来看,可以分为单点连线、多点连线等。

从连线方式来看,可以分为电话连线、视频连线等。

从连线规模来看,可以分为专题报道大型联合连线、新闻插播小型连线等。

从节目制作来看,可以分为直播连线、录播连线等。

当下的电视新闻演播室连线采访,大多为小型直播连线,以单点连线为主,电话连线和视频连线两种方式均较为常见。

3.作用

第一,及时获得新闻现场的最新进展情况。

第二,及时提出受众欲知并且需知的问题。

第三,丰富传播手段、增强交流互动;补充新闻细节、引出即时评论。

4.特点

第一,根据电话或视频连线内容,敏锐捕捉信息点并及时向对方追问。

第二,以现场记者的介绍、报道为主,主播的语言应少而精,但要快速反应、及时跟进。

5.要求

(1)快速反应、把控进程

电视新闻演播室连线,基本都是直播,直播的不确定性就要求主播应当调整好积极的状态以高度集中的精神、快速反应的思维来应对连线过程中发生的一切情况。

例:

主播:好的,接下来呢我们把目光转向我们的邻国印度。2014年印度议会的选举在今天拉开了帷幕。今天的投票呢从印度当地时间早上的7点,也就是北京时间上午的9点半正式开始。今天的投票主要在印度东北部的两个邦举行。今天参与投票的印度选民有2740万人,从本月7号一直到下个月的12号,印度的8.14亿选民将会分9个阶段在全国93万多个点来进行投票。首都新德里的投票将会在当地时间 10 号来举行。那么有关本次印度选举的最新消息我们现在马上连线本台在当地的记者。你好！

记者：你好！

主播：刚才啊我也给大家介绍了这次印度选举……

记者：今天呢，是印度大选的第一天，那么印度大选横跨……

主播：你请继续。

记者：啊好的。印度大选呢今天是第一天，那么印度大选本次横跨的时间比较长，从 4 月 7 号一直到 5 月 12 号，长达 36 天，那么选举的最新结果呢会在 5 月的 16 号正式公布。因为印度的国土面积比较大，所以这次选举呢分 9 个阶段进行，把全国的国土呢分成大概 9 个选区，在一个阶段内呢在一个选区进行投票选举，等它结束后呢再转移到下一个投票区进行选举。那么今天第一天呢是在印度东北部的两个邦进行了投票，那么这第一个阶段将会持续 2 到 3 天。

主播：嗯，刚才你介绍了哈，这次这个选举规模很大，耗时也比较长，一共是分成了 9 个阶段。那么根据你的了解，对于这次选举当地媒体是如何来报道的？预计哪些党派有可能会在议会选举当中胜出呢？

记者：因为印度大选是每 5 年一次，而且大选的结果也将直接影响到印度将来的发展，所以印度各大媒体对这次大选可以说极为关注，各种报道扑面而来。除了传统媒体之外呢我们也看到了新兴媒体也扮演了一个重要角色。除了互联网以及电子媒体，各大政党纷纷运用现在时兴的社交媒体来发布他们的信息，获得更多选民的关注。这次注册参加选举的印度政党多达 400 多个，但是真正有实力、有竞争力的可以说是寥寥无几，最后的角逐呢也将会在两大党也就是国大党和人民党之间进行。那么当地媒体呢普遍看好的一个人选呢是由印度人民党所推选的总理候选人穆迪，穆迪由于近年来在古吉拉特邦进行的经济改革呢使古吉拉特邦的经济发展非常地神速，成为印度经济最为发达的一个邦。除了传统的国大党和人民党，还有一只（四）黑马异军突起，那就是平民党。平民党成立虽然只有一年半的时间，但是它推行的强力反复政策使它获得了无数选民的青睐。但是由于平民党成立时间短而且没有执政经验，所以胜算不大。舆论普遍认为最后的赢家还在传统的国大党和人民党之间产生。

主播：好的，感谢本台记者从印度当地给我们带来的有关这次选举的最新的情况介绍。那么我们也了解到印度议会的这次选举对于印度未来政局的发展是有着重要影响的，这次选举的结果呢会在当地时间 16 号来公布。相关的情况呢我们会持续地进行关注。

（2014-04-07《新闻直播间》）

分析：这次视频连线的主题是印度大选。首先来看主播的语言，语流中有比较多的"那么""呢"等口语词汇，整体偏向于谈话式。当主播和记者互致问候之后,主播正准备组织语言导入话题的时候,由于信号传输的时差,记者未等主播说完就开始了报道,导致两人语流重合,先后停了下来。主播发现记者也停止了之后迅速反应,让记者"你请继续",这个时候自己总结的导语已经不重要了,重要的是前方记者的报道内容。所以不必再回过头说自己的话了,而是尽快让记者开始报道最新的情况。主播的临场应变力和控制力还是很好的,既化解了对方的尴尬,也让连线能够尽快进入正轨、顺利向前推进。

(2)跟进内容、捕捉细节

主播在和现场记者或是相关人员进行连线的时候,一定要认真倾听对方的语言,梳理出主次、提炼出重点、捕捉住细节,发挥自身的桥梁作用,有针对性地提问、追问,帮助受众理解内容、抓住主旨。

比如上文的连线实例中,主播在记者的第一段报道结束之后,有一小段承上启下的话语。第一句话是对记者报道内容的总结,主播准确地抓住了其核心就是选举的时间长、规模大,总结比较到位。第二句话提出问题,即媒体的报道和党派的情况怎么样。这两个问题看似割裂,实则有着一定的内在联系。世界各国的大选应当都是本国最重大的事件,而媒体在这一进程中往往扮演了重要的角色,不管是报道进程、还是预测结果、或是制造舆论,都会成为受众关注的焦点。在结果尚未明朗之前,媒体的报道会给人们以信息和导向。因此,主播的这两个问题应当说是准确的、专业的。在最后一段话总结的时候,主播同样抓住了一个重要的信息点,就是大选对印度未来走向的影响,顺势给出大选结果公布的时间,提请大家继续关注。

(3)把握时间、合理分配

电视新闻节目的时长是固定的,但是具体到某一小段的播报或是连线采访时,主播又有一定的处置权。由于直播的特殊性,对于时间的要求更高,某一个环节跟不上就可能导致整体的混乱。因此,主播除了集中注意力在对方的话语内容上之外,还应当有时间观念,尽量能够做到不管时长富余还是不足,都能够处变不惊、应对自如。合理分配时间、根据信息的价值取舍和倾斜、因节目时长或内容冗余而敢于打断等,这些都是主播应当具备的能力。

例:

主播:我们再来关注 7 月 20 号在黑龙江鹤岗市旭祥煤矿发生的泥石流事故。事发时井下有多名工人正在进行巷道修复工作,经过核实,当时有 3 名矿工成功地逃脱升井,15 名矿工被困,其中有 4 名矿工已经确认遇难。现在经过多天的救援,救援的通道已经打通,我们马上来连线正在现场的本台记者。你好,目前能不能联系到被困的矿工?医护人员是不是已经在现场待命了?

记者:好的。我现在呢就是在鹤岗市旭祥煤矿"7·20"事故的这个主暗井的井口。大家可以看见,我的身后就是旭祥煤矿的这样的一个井口。现在从这里望下去,虽然还是漆黑一片,但是我们在这里已经可以看见生命的曙光了。因为就在刚刚我们得到前线指挥部的消息,现在救援通道钻孔已经和巷道打通,刚才呢已经和井下被困的人员实行(现)了这样的一个喊话,现在得到的最新消息,里面现在至少应该是有6名被困的矿工现在应该还是生存着的这样的一个状态。那现在我们看到正在这个坐上这个矿车头戴矿灯的这些人员呢,他们的这个帽子上都写着"救援"两个字,随着刚才我们听到的一声哨响呢,他们现在马上要进到这个井下,他们主要要进行下一步的就是等到这个主要的救援通道全部打通可以将被困人员运送出来的时候,第一时间进去进行一个搜救的工作。我们可以看到,现在这个矿车已经启动了、缓慢地启动了,我想这带下去的不仅仅是一丝丝希望,更是对于我们来说可能更多的好消息。那随着他们的这个下去呢,我们也给大家介绍一下刚刚钻孔这个打通时候的这个位置的情况。我们在这里呢列出了一个当时事故(巷道)发生的这个部分的示意图,大家可以跟我来具体看一下(蹲到手绘示意图跟前演示)。7月20日发生这个事故的巷道呢主要从我手指的这部分泥石流从这里向下冲击一直到这个巷道的二段,一直到这个位置,那这个主要的这个事故巷道的长度大概有150米。那事故发生之后主要打通的一条救援通道就是和这个事故巷道平行的我手指的标着图4的这个位置,和这个事故巷道平行的这样一个救援通道,那今天刚刚在这个救援通道打通到还有3米就要和事故巷道贯通的时候呢,这个正常的这个救援通道打通的工作停止了,因为距离事故巷道(距离)比较近,之前一直在使用这个打炮然后掘进这样的方式,那还有3米的时候这样的工作已经不能够进行了,只能用手刨镐也就是我们平时用的镐一点一点手动地向前先打一个钻孔,当钻孔打通的时候就已经和里面的人正常对话了。那这个钻孔打通的位置就是在我手指的一29标高的这样一个位置。呃现在呢还有3米这个救援通道就可以打通,下面的工作主要是几部分,首先就是继续用这种手刨镐向前手动挖洞的方式向前打通救援通道,保证有一个空间可以把里面被困人员输送出来;第二呢就是食物的这个继续补给,呃在之前的救援工作中已经从这里这个上方的巷道打通了一条钻孔,打通到事故巷道55米的这样的一个钻孔,现在呢正在继续通过钻孔向下输送包括牛奶,还有这个粥等等这样医疗人员给出的比较适合被困人员的这样的一个饮食,保证他们的这个身体的一个正常的能量;那另外还有一个比较重要的工作,就是您刚才提到的这个救护工作,现在除了我们看到这边的现场,这些正在等待下井的这个救护的这个救护队以外,其实在后面还有更多的是"120"的医护人员,现在我们了解到在现场已经待命的有12辆救护车和60多名医护人员,随时准备着如果说第一时间升井第一时间对里面被困的人员进行一个身体情况的初步判断,然后直接送往医院进行进一步的医治。呃所以说呢,现在虽然说这个救援通道还有3米才能彻底地贯通,我们已经能感觉到下面的希望了。那这里呢经过几天我们的守候……

主播：好……稍后我们还将继续关注救援的最新进展。

（2015-07-27《新闻直播间》）

分析：这次视频连线的主题是发生泥石流事故的黑龙江旭祥煤矿救援通道已经打通。首先关注主播的语言，开始的几句应当说是播报式，播报事件的起因、经过、现状；随后提出问题，话语样式应当说转换成谈话式，既然通道已经打通，那么是都能和生还者对上话以及医护人员是否准备救援就成了大家关注的焦点。话语样式的转换应当说是自然的。再来看记者的现场报道，整体来说还是讲清了事实，但是其语言中"这个""这样"等口语词太多，使得主要内容被稀释、割裂，影响了受众的信息接收，还有不少语句重复啰嗦，甚至有颠三倒四的现象，这些都使其报道变得冗长、以致超出了直播的时限。主播在最后及时打断结尾，因为主要内容已经报道完了，记者还要说的有可能是这几天的感受和背景资料，并非这一次简短连线的主要内容，打断并无不可，而且必须要敢于打断、服从直播整体要求。

(4)摆正位置、调整情绪

在电视新闻直播连线时，主播既是节目的把控者，同时也是信息的接收者，在这一点上是和受众一致的，因此，一方面要成为新闻事件和受众之间的桥梁、中介，另一方面也要站在受众的角度上考虑到受众的需求、关注点。主播的情绪应当与连线事件、现场情绪同步，斟酌恰当的提问时机和提问内容，力求实现信息的共享、认知的共识、心理的共鸣。

例：

主播：据中国地震台网测定，北京时间今天的 12 点 58 分，云南省德宏傣族景颇族自治州盈江县发生里氏 5.8 级的地震，震源深度是 10 公里，属浅源型地震。随后在同一位置，13 点 03 分和 04 分又相继发生里氏 4.7 级和 4.5 级的地震。现在呢我们连线到了德宏电视台在盈江的记者。你好。

记者：你好。

主播：现场情况怎么样？有没有人员伤亡？还有建筑物有没有受损？

记者：我们现在正在盈江的主街上，我现在我自己所亲眼看到的是在街上有两栋楼房，其中一座是四层楼然后呢现在变成了三层，一楼的这个地方被压住了；然后还有另外一幢是已经倾斜，一楼的部分已经（被）压住了，还有一部分是已经倾斜还有一点的空间。我们的这些消防官兵还有武警官兵已经赶到了现场，他们正在检查有没有人被压住。

主播：还有没有其他的受损情况？

记者：其他的受损情况我现在没有办法掌握。但是还有一个是刚才赶过来的消防官兵告诉我，他们刚刚从另外一个地方赶来说那边也有房屋倒塌，然后

· 144 ·

呢压住了两个人。

主播:好的,有关地震的情况呢我们就先为您播到这儿,在随后的新闻中我们也会随时关注的。

(2011-03-10《新闻直播间》)

分析:这次视频连线的主题是云南盈江发生5.8级地震。同样注意主播的话语样式也是由播报式转为谈话式;语气应当饱含关切、提请关注。由于地震刚刚发生,通信设施受到损坏、震区情况不够明朗,因此是一次简短的电话连线。视频连线可以给人以现场的震撼感、真实感,而电话连线只有声音,音响报道就成为关键。在这次连线中,我们首先关注的点就是人员伤亡情况和建筑物损坏情况,刚到现场的记者掌握的信息有限,对于楼房"四层变成三层"的描述让我们直观地感受到了地震的威力,但也暂时舒了一口气,因为还没有人员伤亡的报告,发现有两人被压。在记者报道的同时,由于现场嘈杂,有些话并未听清,但信息的传达基本到位;最重要的是在背景声中能听到消防车的声音,让我们知道消防官兵和武警官兵都在现场全力搜救,从侧面展示了现场的情况,给大家焦急关切中以心安。从电话连线、音响报道的角度来说是比较成功的。

总体而言,电视新闻演播室连线采访应当反应迅速、找到重点、抓住细节、分配时间、同步情绪、注意延时、敢于打断、善于追问,以良好的综合素质完成这一日益常态化的传播工作。

【实例参考】

1. 电话连线

主播:我们马上要继续关注一下一起发生在斯里兰卡的突发事件,这是发生在斯里兰卡的爆炸事件。来自路透社的报道说,在当地时间今天下午,在斯里兰卡东部的拜蒂克洛地区的一个警察局附近发生了爆炸,造成了多人伤亡。发生爆炸的是警察局附近一辆装载着炸药的卡车。这些炸药呢是用于道路的建设。爆炸造成的死亡人数呢到目前据说已经上升到了60人,死者当中大部分是警察。另外来自路透社的报道还说斯里兰卡国家安全部的一位发言人表示说,有两名外国人在这场爆炸当中死亡,但是并没有透露具体的国籍。而美联社援引了斯里兰卡政府官员的话说,在死者当中就包括有两名中国公民。那么详细的情况马上为大家电话连线一下本台特派斯里兰卡的记者。你好。

记者:你好。

主播:从我们现在掌握的外媒的一些信息来看呢恐怕在一些确切的信息上并不是非常统一,我想了解一下你这边一手的资料有没有。

记者:可以的。我们刚刚从咱们(中国)驻斯里兰卡使馆得到的最新情况是这样的:就是这个事件发生时间是在当地时间中午1点左右,也就是北京时间下午的3点半左右。发生的情况是因为炸药的爆炸,当时爆炸的现场可能是有两位中国人死亡,还有当地的一些平民死亡。现在使馆方面已经派出了商务参赞以及两名助手专门赶赴事发现场进行调查实际的情况。从科伦坡到那个事发的现场呢大概是七到八个小时的车程,事发的地点是在斯里兰卡的东部省。具体的最新情况我们还不知道,现在大概情况是知道这些的。但是使馆方面呢已经启动了这样一个紧急的调查机制,然后呢相关人事的调查、情况的了解也在进行之中,估计更多的情况在随后的报道中会有出现。

主播:好的,谢谢你的报道。我们还会持续关注。保持联系。

(2010-09-17《新闻直播间》)

2.电话连线

主播:根据美国地质勘探局地震消息网的消息,日本东北部地区在今天晚上的22点32分也就是北京时间的22点32分发生了里氏7.4级的地震,那么在首都东京有强烈的震感。我们现在呢就来连线正在日本的我们的记者。你好。

记者:你好。

主播:嗯。能不能给我们介绍一下你们所在的地区关于地震有没有权威的消息发布。

记者:首先明确一下,我现在所在的地点,我现在是在日本宫城的首府仙台的郊区,也是这次地震最强烈的地方。这次地震是发生在宫城附近海域,那么震源深度是40公里,震级推测为7.4级。那么在地震发生的时候我们正在宾馆,是仙台郊区的宾馆,当时房屋发生了强烈的摇晃,灯光闪烁不定,那个时候墙上的挂钟被摔在了地上,那么我们跑到楼道的时候发现楼道固定消防栓也被甩在了地上,我们摄制组可以说是经历了惊魂一刻。跑到楼下的时候电梯已经停止了使用,我们这时候发现宾馆里的顾客也纷纷地跑到了楼道、大堂,一些日本民众已经跑到了街外(上)。那么电视呢马上就中断了正常的节目,开始了关于地震的直播。那么直播的内容主要是分三块,反应非常快。第一个是播放地震的强度范围以及他们所能收集到的地震的室内的画面。那么第二所关心的就是马上到来的海啸的预警,它预警宫城县的海啸到来大概是十几分钟以后,高度为1米,那么岩手县大概是50厘米左右,不同地点的海啸高度事先都有。那么还有一个大家非常关心的也是现在电视一直在直播的一个重点,那就是福岛核电站,地震发生后不久就切到了福岛核电站指挥对策本部也就是在福岛市中心的新闻发布会,那么他们发布说由于这次7.4级的地震呢,在福岛核电站核心圈工作的工人呢马上进行了撤退,现在福岛核电站一切都是非常安全的,没有出现新的事故。在接下来呢又报道了在福岛核电站不远处的女川核电站也是在这次地震和海啸中临时停机的一个核电站出现了新的事故,那就是它外部的一部发电机停用了,但是没有造成什么影响。现在整个电视还继续在直播地震的消息,宾馆呢当时跑到楼下的民众现在都不敢回去睡觉,都纷纷在大厅里观看电视节目等待最新的情况。

主播:那么到目前为止有没有关于人员伤亡情况的报告呢?

记者:呃在现场我们的感觉,虽然摇晃得非常的厉害,感觉震度比较强烈,但是并没有房屋的破坏,也没有看到人员的伤亡。那么我们从电视新闻直播当中也没有了解到有任何人员的伤亡。那么经过这次强烈的地震我们可以深刻地感受到为什么日本民众有这么强的一个防灾意识和防灾经验。应该说在7.4级的强震之下,整个来说宾馆住的这些旅客的情绪还是相对稳定的、有条不紊的,这样的一个强震并没有带来过度的惊慌。

主播:嗯。因为还有十几分钟之后有一个海啸的预警,那么现在你看到身边的这些人,有没有人为这个可能发生的海啸在做什么样的准备?

记者:呃从理论上来讲呢,现在这个海啸的高度应该不会造成什么过多的损失,因为我们在震度最强的地方就是宫城县仙台附近,它预测的海啸高度是1米左右。那么由于强烈的海啸已经发生过了之后呢,实际现在在沿海近几公里的地方已经都成为了废墟,所以1米海啸的高度第一本身不会造成什么强烈的(巨大的)损失,第二呢其他地区的海啸高度就更低了,50厘米左右。那么日本是这样一个惯例,一旦发生强震之后,它马上会在电视、电话、广播当中预警随之到来的海啸,那么这次地震看来虽然震度(级)并不低,推测震级是7.4级,但是所带来的海啸强度并不高,只是一个例行的预测。它电视在角上也有一个地图,专门画出了海啸的范围。看样子这次海啸一不会带来什么过多的损失,第二呢周围人也没有什么惊慌。

主播:嗯,好的,感谢记者从前方为我们带来的这些消息。请你注意自己的安全,同时保持在线,如果有最新的情况让我们保持连线。

(2011-04-07《24 小时》)

3.视频连线

主播:今晚 19 时 35 分,中国国家足球队将迎来亚洲杯预选赛小组第 2 场比赛,在主场长沙贺龙体育中心对阵伊拉克队。在预选赛首轮客场输给沙特之后,这场比赛将是一场输不起之战,比赛马上就要开始了,我们现在就来连线本台正在现场的记者,你好,请你给我们介绍一下现场的情况。

记者:好的。那么今天本来预报的是有暴雨,到现在还没有下起来,应该说是所有人的利好吧。那么在球迷方面呢我们可以看到,现在能容纳 3 万多名球迷的贺龙体育场呢已经坐了三分之二了。对于中国队来说呢,他们刚刚结束了这个赛前适应场地的训练,而在主力阵容方面呢卡马乔为了获得更多的进攻机会创造进球在攻击线上呢也作了很多的调整。那么这场比赛可以说是对中国足球很重要的一场比赛,我们没有世界杯预选赛的资格,也从来没有缺席过亚洲杯,但是这次我们在第一场输了比赛,而这场比赛如果我们失利的话,对后面小组出线的形势是非常严峻的。所以这场比赛来了中国很多现在的和历史的重要的人物,比如说蔡振华,比如说米卢,比如说里皮,还有很多的来自全国各地的球迷和媒体,那么大家都有一个共同的心愿,就是希望中国队能够用一场酣畅淋漓的胜利来带给我们一份希望,让中国足球能够从这个拐点上往上走。另外呢我想给大家预告一下,在今天晚上19点35分我们中央电视台的体育频道将会现场直播这场比赛。

主播:好的,谢谢你的报道。也预祝中国队今晚有好的表现。

(2013-03-22《新闻联播》)

4.视频连线

主播:鲁甸县龙头山镇是这次地震的震中,也是受灾最重的地区,本台记者孙振涛一直在持续关注这里的抢险救灾情况,最新的消息,我们来连线他。给我们报道一下你在震区了解到的26个半小时以来震中的灾情的总体的情况以及当前现场救援的最新的进展。

记者:好的,我来介绍一下。那么我现在所在的位置就是震中龙头山镇它的重灾区镇政府附近。那么在我背后可以很明显地看到,这一大片、整片的街区啊都已经几乎成了废墟;那么在我另外一个方向呢是镇政府的大院,这里的受灾也是比较严重的,(你)像砖混结构的这个墙啊都已经出现了大面积的垮塌。那么我们再往里走,我们可以看到啊在我的这(左)边呢,武警官兵呢正在进行一个紧张的救援作业。那么今天中午的时候啊我跟武警方面了解了一下情况,在我的正前方有一台挖机,那么在那台机器的前方,中午探测到了有生命迹象,那么据了解呢在那个位置掩埋了一位5岁左右的一个小男孩,现在呢武警部队呢正在进行一个紧张的施救。那么这里现在整个龙头山镇也是全县救援力量集结最集中的地方,那么我最新拿到的数字是整个鲁甸县已经有各种救援力量加起来(约)7000个人集结在这里了,那么其中80%左右就集结在龙头山镇。我们也希望这个救援能够更顺利地进行下去,我所了解的情况就是这样。

主播:刚刚你的祝愿也是我们揪心的共同的祈祷。那么现场的报道也看到了震中的救援正在一刻不停、争分夺秒地在进行当中,而从昨天下午地震发生之后呢,各方的救援力量也是在第一时间向震区全面挺进,搜救被困群众,救治转运伤员。

(2014-08-04《新闻联播》)

5.视频连线

男主播:这里是正在直播的《朝闻天下》,我们来关注超强台风"灿鸿"。中央气象台今天早上6点继续发布台风红色预警,今年第9号台风"灿鸿"的中心,今天早上5点位于浙江省象山县东南方大约185公里的东海南部海面上,中心附近最大风力有16级、52米每秒,预计"灿鸿"将会以每小时15到20公里的速度向西北方向移动,强度变化不大,将会在今天下午在浙江三门到舟山一带沿海登陆,登陆时强度可达到强台风或者是超强台风级。

女主播:另外呢,中央气象台今天早晨6点时继续发布暴雨橙色预警,预计今天的8时到明天的8时,浙江大部、上海江苏中南部、安徽东南部、福建东北部和台湾等地有大雨或大暴雨。其中呢浙江北部、上海以及江苏东部沿海的部分地区会有大暴雨,而浙江东北部的局地会有250毫米到300毫米的特大暴雨,同时还会伴有短时雷暴、大风等强对流天气。

男主播:目前今年第9号台风"灿鸿"距离浙江省沿海地区越来越近了,预计将会在今天中午前后在浙江沿海登陆。

女主播:那么此时浙江沿海已经是风雨交加了,台风登陆之前降雨会给浙江沿海各地的交通情况造成什么样的影响,那接下来我们要连线的是正在浙江省综合交通应急指挥中心的本台记者。

男主播:你好!

男记者:你好主持人!

男主播:一个有可能发展成为超强台风的台风正在接近浙江,现在浙江准备情况怎么样?

男记者:好的。我现在就是在浙江省的综合交通应急指挥中心给您来介绍一下。我们先来看我身后的几个大屏幕。来看第一个大屏幕是浙江省的三门县,预计此台风将会在今天下午在浙江省的三门县到舟山市之间登陆。我们来看从南向北的第一个三门县,我们看三门县现在应该说是下着小雨,因为整个监控探头上清晰度还是比较高的,而且我们看整个车辆行驶过这个公路以后溅起的水花也不大,可以说三门县受到台风的影响正在逐渐减弱。从昨天晚上到现在,三门县的降雨量大概是在30毫米到40毫米之间,可以说雨量并不是很大。我们再来看第二个画面,可以说这个画面和第一个画面相比,应该说是有非常明显的一个变化,不仅这个监控探头当中的这个清晰度非常的低,而且我们看(探头)上下摆动非常的严重,这个画面来自于舟山跨海大桥。从今天早上开始,舟山跨海大桥已经是全部停止通行了。就是因为现在这个台风对舟山跨海大桥的影响非常的大。我们看,不仅画面上下移动,而且就是连旁边这个灯柱也都左右摇摆了。今天早上刚到这边的时候我们还能看到整个大桥的全貌,但现在我们只能看到前面的100多米的距离了,可以说台风对舟山带来的影响已经比较大了。我们再来看现在舟山岛上的这个情况,这个是来自于舟山鸭蛋山的一个码头,我们看从这个画面当中更能感觉得到台风已经给舟山带来了非常大的影响,不仅是风大雨大而且浪也很急,这里是可以说是内海,但是我们看到这个海浪已经是比较高的了。因为在内海,其实往往出现海浪高的时候只有在台风的时候,而且我们看整个监控探头受到台风的影响已经不仅信号非常的差,而且我们看上面是非常非常的模糊。目前为止,整个舟山沿海的海浪已经是快达到了 10 米高,海风是达到了 12 级。整个中央气象台已经是启动了海浪的红色预警,这也是全国今年来说的第一次。我们再来看第四个画面,第四个画面是来自于杭州,是杭州的萧山国际机场,我们看现在整个萧山国际机场可以说是非常的冷清,但以往这个时候其实是早上航班出行的一个高峰期,今天早上的时候呢杭州萧山国际机场已经是停飞了 400 个班次的飞机,以往杭州萧山国际机场一天出发的班次也就不过 690 个班次,也就是说今天停飞了 70%。而不仅仅是杭州,宁波停飞了 60% 左右,就连温州已经是全部停飞了。所以旅客在出行之前请大家务必给航空公司打个电话了解一下今天的航班情况。截至今天早上的时候,整个浙江省为了应对台风的到来,已经是临时转移了有 80 万的沿海的居民,已经是让 26000 多艘的渔船回港避风了,可以说第 9 号台风正在步步逼近,而浙江省也已经是做好了最后的应对准备。主持人。

男主播:看来为了应对台风,各个层面上都做好了准备,无论是从交通方面还是从人员安置方面,基本上我们看见已经是准备就绪就等台风到来了。

女主播:没错,因为今年第 9 号台风"灿鸿"现在我们看是越来越近了,浙江宁波象山县目前已经进入到了十级风圈之内,而从昨天晚上开始,当地那边已经是风雨交加了,象山当地从 9 号起已经开放了 365 个临时安置点,紧急转移了 33000 多名处在危旧房屋内以及渔船上的群众。本台记者梁烨今天一早就来到了象山县石浦渔港一处靠近海边的安置点,具体情况我们来连线一下记者。

男主播:你好!

女记者:你好主持人!

男主播:我们看你现在在室外哦,刚才我们也提到你现在在一个群众的安置点,现在外面的天气怎么样?另外群众安置点的情况是不是比较的稳定,大家的温饱包括食宿方面是不是能够得到保证?

女记者:好的主持人!那么我现在呢就是在宁波市象山县石浦渔港的这个安置点的楼道里,那么其实从今天凌晨开始,象山县就进入到了台风"灿鸿"的十级风圈,那么从昨天晚上开始就不断的在风雨交加。我们可以现在看一下外面,那么这个雨下下来下到这个地面上是跟这个冲刷了一样,像这个球场前方的篮球架也是都倒了下来。并且我们从今天早上,从我们的驻地到这里的沿路我们也可以看见,那么靠海的地方,已经出现了很多树木倒伏并且海水倒灌的这么一个情况。外面风雨交加了里面到底怎么样呢?从 9 日开始当地已经陆续组织一些危旧房的人员紧急转移到一些安置点里面,整个象山县到现在为止总共转移了 33000 多名群众,开放了 365 个这样的安置点,那么我现在就来到了其中的一个安置点里。像这个安置点是当地的一个中学安置点,那么这里呢总共是安置了 420 多名从不同地方来到这里的群众,他们很多人员是来这边打工的,相对打工人员所占的比例大概 320 名左右。其实有一部分人是从前天的下午就来到这里了,像我们现在所能看到的,他们自己所带的一些铺盖卷包括这些被子等等,他们从自己打工的一些地方带到这里来的,他们在这里的一些食品是由当地政府给予保障,像他们现在已经是分发完了早餐,每人标配的是一瓶矿泉水、八宝粥、方便面还有这样的面包。据了解,其实当地已经在组织一些后勤保障人员为他们进行一些食品以及药品的保障,那么我们刚才在另一个地方已经了解到像这个安置点已经是配备了一些感冒药、腹泻药等等这样一些的药品。另外还必须要说的一点其实是从昨天晚上开始这边由于风雨越来越大,已经有不少一些电线的线路已经出现了断电的情况,因此为了预防这边也出现这样的情况,像当地还准备了手电筒包括应急的照明灯等等,以保证晚上这边出现断电的情况的话还能有一些这样的照明。并且我还了解到了,像这一个安置点它也是有自己的发电机的,因此这边能够保障这些安置过来的群众一个基本的这样的生活。那么这个台风有可能会在今天的下午就会登陆,目前的这个风雨也是越来越大,像楼顶高处有这样一些楼层,他们由于风雨吹进来到这个窗台,并且我们可以看一下,其实在楼上有很多窗台的密闭性并不是非常的好,那么有部分会有雨这样进来,因此像楼上会有很多安置的居民他们已经转移到了楼下。主持人,在这里我们也会持续关注台风对象山县所带来的影响,现场的情况就是这样。

男主播:通过记者的介绍,我们发现安置点它的准备工作还是很周到的,而且大家的情绪也不错。

女主播:其实我们刚刚连线气象主播的时候,他也提到这次"灿鸿"的体积其实非常大,除了它登陆的点我们要关注之外,其实它即将要辐射的面的一些地方,包括浙江、福建、上海的一些地方也都是现在严阵以待。

男主播:我们刚才连线的这个点呢可能是"灿鸿"即将要登陆的比较近的一个区域了,当然了后续也会给非常大面积的区域带来非常大的降雨,我们也将会持续地为您关注。

(2015-07-11《朝闻天下》)

6.视频连线

女主播:早晨的 6 点 56 分,《朝闻天下》的天气方面,接下来我们要连线的是中国气象局的《天气预报》主持人,早。

《天气预报》主持人:两位早上好。

男主播:最近台风是接连袭来,我们的新闻中也是重点地关注了"灿鸿"。

"灿鸿"的最新情况,再给我们介绍一下。

《天气预报》主持人:好的,对于"灿鸿"啊,这两天的一些天气节目当中呢,也是把06年的"桑美"和眼下的这个"灿鸿"做了一个对比,可以很直观形象地展现出"灿鸿"的强大,我们也来看一下,的确呢,"桑美"确实当时登陆浙江沿海一带时是最强的一个台风,它的特点用6个字来概括就是"体积小,威力大",而眼下的这个"灿鸿",我们也用6个字来概括它的特点,这就是"巨无霸,很可怕",那它的覆盖范围是"桑美"的整整9倍啊。那我们来看一下今天早晨5点钟的时候,"灿鸿"的中心是位于浙江省象山县东南方大约185公里的海面上,也就是说马上就要到家门口了,那么今天下午的时候它会到浙江的三门到舟山沿海一带登陆,登陆时的级别很可能会是强台风或者是超强台风的级别,虽然现在台风还没有登陆,可是它的风雨影响已经是全面爆发了。我们来看一下在浙江沿海这一带目前已经是刮起了8级以上的大风,阵风是达到11级,而且由于"灿鸿"的个头是非常的庞大,所以对它的影响我们可能关注点不光是局限在它的登陆点附近,反而应该是扩展开来看,主持人。

女主播:的确就像你刚刚所说的,我们要关注它的登陆点,这个三门和舟山之外,也提到它的体积非常大,是不是意味着它影响的范围也会更广呢?

《天气预报》主持人:没错,我们形象地说"灿鸿"呢,不是一个点攻击,而且一个面攻击。我们来看这张图,白色的线是"灿鸿"带来的风场非常密集,说明风力非常大,那么彩色的区域是它带来的降雨,颜色越鲜艳,说明雨势也越强,预示今明两天"灿鸿"带来的强降雨将会从浙江东部经过上海一直到山东这一带。先来看一下今天在图上的这一片海区或地区普遍会刮起10级左右大风,阵风会达到17级,与此同时,在浙江、上海还有江苏中南部会出现大到暴雨,尤其是在浙江的北部、上海还有江苏东部等地,会出现大暴雨,浙江东部的局部地区更会出现特大暴雨。超强台风来袭,提醒那里的朋友一定要提高警惕,注意人身安全。来看最新的城市天气预报。

(2015-07-11《朝闻天下》)

三、嘉宾访谈

1.含义

电视新闻演播室嘉宾访谈,即电视新闻演播室主持人通过视频、图片、数据等相关辅助资料就某一问题和一位或多位嘉宾(某领域专家学者)进行对话,明晰新闻事实、挖掘新闻内涵、实现传播目标。

2.分类

电视新闻演播室嘉宾访谈,有两种基本的形式,一个是就某一个新闻热点、新闻事件、新出政策等连线或是现场访谈某领域的专家学者,简明扼要、有针对性，即简短访谈；一个是专题报道或是常规节目中就某一主题访谈一位或多位专家学者，专业性强、详尽深入，即详细访谈。

值得注意的是，后者又和电视新闻专访类节目有相似之处。一般来说，访谈相对更为简短、且仅在演播室完成，是电视新闻播音主持的一部分；而专访的形式更为多样，有记者现场采访、新闻片插播、演播室主持、嘉宾连线采访等，最终剪辑而成一档完整的节目。而类似于《新闻1＋1》《今日关注》《海峡两岸》这种演播室时事述评节目，虽然是一档完整的节目，但因其访谈的相对单纯性、演播室的固定性等，我们也将其纳入广义的电视新闻演播室嘉宾访谈的范畴之中。

还有一种比较特殊也较为常见的情况，就是主持人或主播和嘉宾或特约评论员身处不同的演播室当中，在需要评论员评述的时候随时连线采访，既不影响主播的主要任务——新闻播报，也能及时详解新闻事件、深挖新闻内涵。这样的连线访谈不同于和现场记者的电话或视频连线，还是属于电视新闻演播室嘉宾访谈的范畴。

3.作用

电视新闻演播室嘉宾访谈是当下较为普遍的新闻传播方式，多机位切换、多视窗剪辑等，技术早已日臻成熟，传播效果也得到普遍认可。比如全球范围内出现战事，便会邀请军事专家、国际问题专家等做客演播室，详细解析战争原因、战事格局、历史问题、力量对比、武器装备、战争影响等专业知识，使人们了解战况、了解国际形势；比如流行病爆发之时，便会邀请医护人员、科普专家等作客演播室，向大家讲解病源、病因、预防、治疗等专业知识，防止恐慌、增强信心；再比如国内国际新出台了政策法规等，便会邀请法律专家、政治专家等解读新政、普及知识。对于专业领域的嘉宾进行访谈，可以拓宽新闻广度、开掘新闻深度、增强新闻可信度和权威度，更好地传递信息、服务受众、实现传播目的。

4.要求

（1）一丝不苟、成竹在胸

电视新闻演播室嘉宾访谈对主持人的要求比较高。一般来说，其担负着多重任务：与嘉宾探讨话题，与记者连线采访，插播新闻片，准备图片、数据、道具等相关资料，甚至播报新闻等等。尤其是在直播的时候，压力更会数倍加大。因此，主持人在走上主播台之前，必须对所探讨的话题、事件、现象等作精心的准备，资料要翔实、内容要全面，并且根据节目时长留出一定的"余量"以防突发状况的出现。只有一丝不苟、面面俱到，才能在访谈的过程中游刃有余、成竹在胸。

（2）思维清晰、控纵有节

电视新闻演播室嘉宾访谈的主持人承担的任务比较多，因此清晰的思维是节目进程中所必需的。主持人在准备的时候，就应当将访谈的流程形成文字稿,必要的时候还应当手写标注,尽量熟悉所有的环节,做到心中有数,比如哪里插播新闻片,哪里需要连线记者,哪里使用图片,等等。即便遇到节目现场突发的一些情况,比如连线不畅、嘉宾跑题、节奏拖沓等,遇事不慌是最基本的心理素质,连线不畅可以稍后连线,先插播事先准备的资料片,嘉宾跑题、节奏拖沓等则可以适当打断、及时引导,总之要根据自己的准备和预案合理安排、把控全场。主持人要将节目进程牢牢掌握在自己的手中,真正成为"主持"人,让节目有条不紊地进行。

(3)提问简洁、语言精练

主持人在和嘉宾进行对话的时候,要合理分配时间,要在有限的时间内获取更多的有效信息。主持人自己的语言应当是简洁的、明确的、清晰的,提问要开门见山,切不可兜兜转转、一唱三叹,铺排了半天反而让嘉宾找不着重点,不知如何接话。主持人在节目进程中话不宜多,适当接话、总结、转述,精练即可,主要还是让专家说,让专业的意见成为受众接受的主要内容。

例:

主持人:那么诺贝尔经济学奖公布,09年诺贝尔奖的评奖全部结束。关于诺贝尔奖的相关话题呢,马上请进本台评论员。杨先生你好。

评论员:你好。

主持人:那你怎么评价本年度的诺贝尔奖的评奖结果呢?

评论员:今年的这个评奖结果一一出来之后啊,大家都在说今年好像有很多结果出乎我们的预料。其实现在总的来看呢,这几个奖里面啊要分门别类地来看。它的自然科学的几个奖项呢应该说并不出人意料,一方面呢它体现了一些经得起年头检验的一些成果,另一方面呢这些成果大都体现了它的引导性,就是关乎人类和地球发展的未来,比如说有一些成果是直接关系人类怎么能够对抗癌症的,有一些呢是怎么能够利用新能源的,自然科学奖没有什么争议。那么另一个方面呢是他的一些人文方面的奖项出乎我们的意料,也有很多争议,像和平奖,包括文学奖,这也是这两个奖啊最近几年以来的一贯趋势。像文学奖,我们中国一直有一句话叫"文无第一,武无第二",一个文学家他的水平到底如何呢大家各有各的看法,特别是在这样一个文化多样性的世界上。那么和平奖呢就不用多说了,里面给我们很多这个评说的空间。那么今天刚刚颁布的这个经济学奖我认为是今年它最难评的一个奖,因为在全球金融危机的背景下,它特别要顾及很多大家公认有实力获得这个奖的学者的成果是不是会受金融危机的影响而站不住脚,所以今年评给了这两位研究新制度经济学的学者,但是即便是如此,他们的成果仍然是值得推敲。一方面呢奥斯特罗姆呢她研究的是政府治理,那么威廉斯教授呢研究的是企业治理,应该说这两方面的治理在美国目前都遇到了很大的难题;另一方面呢他们两个人的成果之间也有矛盾之处。所以我想今年最难评的还是这个经济学奖。

主持人：那么我们还看到这样一个现象，就是从近几年诺贝尔奖的评选来看呢，它的影响在下降，尤其他在中国的影响越来越小了，比方说很多作家不再说把获得诺贝尔文学奖作为自己终身的目标了，那你是有这样的感觉么？如果真的是这样，你觉得是什么原因造成的呢？

评论员：我觉得诺贝尔奖发展到今天啊它自身内部在发生分化。它的自然科学奖啊应该说在整个世界科学界的影响力啊还在稳中有升，因为整个世界科学界并没有另外一个奖项能够替代诺贝尔奖的重要的作用；另一方面呢对我们中国科学家来说，因为我们的科学家所采用的科学语言和他参与的科学活动啊基本上在他进入到大学、研究生水平之后，就已经自然而然地进入到了整个世界科学的体系当中，应该说整个世界无论欧美还是亚洲大家走的是同一个体系。那么另一方面呢它的人文的奖项像和平奖、文学奖，包括一定程度上经济学奖存在的争议越来越多，在这方面呢我们东方国家就往往提出你的标准过于欧美化了，而欧美国家认为我们欧美化就是世界化，因为世界的标准就是由欧美制定的。我想在这一方面如果诺贝尔奖固步自封的话，慢慢地在这方面它就会逐渐掉队了。

主持人：那按照你这个说法你觉得未来诺贝尔奖的发展趋势会怎么样？它会不会随着全球影响力降低变成一个地区性的奖项呢？

评论员：我认为诺贝尔奖它目前面临着这种可能的难题。一方面呢它的自然科学奖还在保持着这个重要性和上升的势头，另一方面它的几个涉及人文方面的奖项受到的争议越来越大。那么在这方面呢我想诺贝尔奖它很可能将来会像美国的奥斯卡奖一样，因为我们知道在电影界啊真正的世界三大电影节(是)戛纳电影节、柏林电影节还有威尼斯电影节，但是目前来说整个电影界更关注的还是奥斯卡，那么奥斯卡采取的是完全美国的标准，那么今后呢如果诺贝尔奖它自身走向了奥斯卡的这种前途的话，我想对诺贝尔来说违背了他的初衷。那么另一方面呢我想对于我们中国人来看啊，我觉得与其说我们寄希望于诺贝尔奖自己去改革，不如说我们还是改变一下我们自己对诺贝尔奖的期待，在自然科学奖上面我们希望我们科学家在二三十年之后有能力斩获，但是在人文奖方面我们想还是放宽心态，不要太在意它这个奖。

主持人：好的，谢谢杨先生今天的点评。

(2009-10-12《中国新闻》)

分析：这是非同一演播室的嘉宾访谈。就诺贝尔奖的话题主持人采访了特约评论员。总体来说主持人的思维还是清晰的，语言是简洁的。主持人的第一句话引出新闻事实，随即直接将第一个问题抛给评论员，没有多余的话。诺贝尔奖的评选结果大家都已经知道了，但是如何看待这样的结果是大家想知道了,因此评论员的言论更为重要。评论员的第一段评论逻辑清晰、条理顺畅,将自然科学和人文领域的奖项分开来说,人文奖项又一个一个具体来说,有详有略、重点突出;同时适当引用中国的俗语、联系个人的知识储备,让人觉得他的言论是站得住脚的。主持人的第二个问题相对长一些,但是并不冗余,从一个具体的现象入手提问,问评论员是否也有这样的感受,紧接着问如果是这样的话又是什么原因造成的,应当说逻辑是清楚的。评论员的评论同样是从两方面来说的,提出了争议和其标准固化的问题。主持人随着评论员的言论很紧密地提出最后一轮问题,就是诺贝尔奖的发展趋势。评论员的评论依然条理清晰,同时类比奥斯卡奖,最终明确地亮出了自己的观点。应当说这一小段对话访谈是比较成功的,主持人和评论员都很好地完成了各自的任务,在短短几分钟的对话中联系背景、分析事实、提出观点、给出评价、引导方向,较好地实现了传播目的,并且有着较好的传播效果。

【实例参考】

1.非同一演播室嘉宾访谈

主持人:接下来我们来连线特约评论员,进入今天的"两会晨评"。周先生,从刚才的一组数字当中呢我们看到了 2010 年的政府工作的主要目标是非常明晰的,你认为这组数字当中最值得我们关注的是什么?

评论员:我觉得最值得关注的当然是第一个数字啊,这个 8%,国民生产总值预期增长 8%。那么这个 8% 的背后啊实际上体现了非常不一样的意义,因为我们知道这已经是我们连续第六年在政府工作报告中间读到这个 8% 了,但是每一个 8% 呢实际上都体现了中国经济在快速发展的同时开始重视转变经济增长的方式,开始重视经济结构的调整。比如说去年的这个 8% 呢主要是在国际金融危机的大背景下保增长。那么可能很多人会觉得在去年那样比较困难的情况下我们都实现了 GDP 的 8%,那么今年这个 8% 应该不是一个什么样的难题,的确如此啊。但是提出一个 8% 的目标实际上对我们来说有一个非常切实的这个意义,因为这个 8% 实际上给我们今年的转变经济增长模式和调整经济发展的结构留出了必要的空间。可以说从这个连续六年来的 8% 我们实际上可以看到一个中国经济增长正在逐渐地从量开始向质的方向转变。比如说温家宝总理在这次的政府工作报告中间就专门提到我们的这个 8% 的增长是要"好"字当头,就是我们在关注经济增长速度的同时,实际上我们还要关注在经济增长背后我们经济增长的质量能够让各个方面都享受到这个 8% 带来的具体的成果。第二个方面呢实际上这个 8% 呢也给我们改善民生呢提供了一个新的条件和新的可能。因为连续高速的经济增长呢代表了中国经济的快速发展,但是在中国经济快速发展的同时,每一个人都希望能够从这个快速发展中间真正享受到经济发展带来的这个成果。8%的这个从量向质的转变、尤其这个"好"字当头、尤其要搞好民生的这一系列提法实际上给我们带来了新的希望，就是在2010年的经济发展过程中间，我们不但要重视经济发展的速度，同时我们要在一个平稳的速度下对经济增长的结构开始做出一个必要的调整。我觉得这个8%留给我们非常不一样的意义。

主持人：嗯，除了你说到的这个GDP增长8%这个大的方向以外，我们发现呢在这次的政府工作报告当中温家宝总理明确提出了要通过合理的收入分配制度把财富蛋糕分好，你觉得对收入分配制度的阐述最重要的意义在哪里？

评论员：我觉得调整收入分配制度呢这个是一件非常重要的事情，因为调整收入分配制度呢是我们改善民生的根本。比如说大家都非常关注这次温家宝总理政府工作报告中间对民生的提法，我关注了一下温家宝总理对2010年8个工作方向的阐述中关于民生的这一栏目阐述的字数和篇幅都是最长的，实际上这恰恰说明了本届政府在今年的工作中间对于这个民生的问题实际上有很多想法，也有很多需要去做的工作，而且这个工作的部署呢到了非常细致的程度，包括在保障房的投入规模、包括在医疗保险制度改革和养老保险制度改革上的提法实际上都有一个非常切实的有效的行为。那么当然大家都会非常关注今年提出来的这个调整收入结构啊这个合理收入分配制度的这个问题，因为这些问题呢实际上呼应了前一段时间我们社会对于民生问题的各个方面的关注。收入分配制度的改革对于今天的中国来说有着特殊的意义，因为在中国经济发展到了一定阶段之后啊，我们不免看到两方面情况的出现，一方面呢是城乡二元结构的对立开始逐渐显现，那么今年中央工作1号文件实际上又对这个城镇化的改革进行了一些系统的有效的阐述，这种城镇化的改革呢实际上是消除城乡收入结构差异的一个变化的趋势。另外一个方面呢我们也应当注意到，这次在具体地对于收入分配制度改革中间有一个系列的完整的说法，这一系列的完整的说法实际上也能够对于目前的城市中间老百姓的钱袋子（等）各个方面出现的问题作一个有效的弥补。温家宝总理对于民生有一个提法啊，他说我们所作的一切都是要让人民生活得更加幸福、更有尊严。那么我觉得幸福和尊严本身呢是民生的基础，而要实现这个幸福和尊严我觉得收入结构的分配呢恐怕是重中之重。

主持人：嗯，民生问题依然是2010年的主题。好，谢谢周先生的"两会晨评"。

（2010-03-06《朝闻天下》）

2.非同一演播室嘉宾访谈

主持人：那么就博鳌论坛的相关看点呢，我们再来连线此刻就在论坛前方的特约评论员，杨先生上午好。

评论员：你好。

主持人：博鳌亚洲论坛已经走过 15 年了，一年又一年过去了。那么这十几年来博鳌论坛归根结底讨论的到底是什么？另外，今年最值得期待的博鳌声音又是什么呢？

评论员：博鳌亚洲论坛呢它事实上已经成为整个世界讨论亚洲问题的首选平台。所以，如果说这十几年以来，一直到今年啊，博鳌亚洲论坛到底在讨论什么，除了每年一些非常具体的话题之外，我给概括了几个关键词，也写在了我身边的题板上。我想，亚洲人呢大家首先聚在一起经常来讨论讨论、来议一议"我是谁""我们到底要做什么"。你看（题板），今天呢，我们在这个论坛上，讨论的核心问题就是亚洲。那首先就是"我是谁"的问题，有的观众说了，这还用讨论么，难道我们不知道我们是亚洲人么？其实不然啊，我想我们在这个论坛上讨论的是亚洲发展的现状如何，大家要找到一个基本的判断，我们要一起来讨论讨论今天的亚洲有什么样的发展的进步、有什么样发展的局限性和差距。那我们整个亚洲在发展的过程当中啊，过去经常谈到的亚洲精神和习近平主席两年以前在这里所提的我们要共同在发展当中体现的"命运共同体"的概念，你看今年年会的主题就把"命运共同体"写进来了。那其实这就是解决的"我是谁"的问题。知道了"我是谁"，接下来就是我们一起要做点儿什么，所以呢"做点儿啥"也一直是每年博鳌亚洲论坛上大家关注的焦点。前面记者可能也向大家介绍了，今年"一带一路"是一个核心的话题，那我们当然要做的事情远远不止于"一带一路"，不过呢"一带一路"它像一根线一样，拎起了今天整个亚洲包括其他一些大洲大家共同要做的很多事情。在未来几天的博鳌亚洲论坛上，我相信从很多角度啊会围绕着"一带一路"的这种关键信息，这些信息也许给政治家们会带来一些新的判断的依据，给很多企业家呢带来投资经营的一些新的考虑，哪怕电视机前你只是一个普通的观众，也许"一带一路"的许多项目里面蕴藏了你新的就业和形成（获得）收入的机会，甚至股民们从里面都能够感受到一些最新鲜的消息。那解决了"我是谁"和"做什么"之后啊，还有三个关键点我写在了（题板）这边啊，那就是"我们要拿什么来做""和谁去做"和"怎么做"的问题。今年一个很重要的话题就是亚投行，其实亚投行这个问题啊本质上在讨论"我们拿什么来做"的问题。要把我们想干的事情都干好啊我想不仅需要一个亚投行，也需要之前的一些多边金融机构大家合作来完成，不仅需要的是资金，还需要很多别的要素的注入，尤其是创新要素的注入。那解决"和谁做"的问题，我就想起两年前习近平主席在这里讲的，"亲望亲好、邻望邻好"，那大家只有在共同的历史观和现实的责任感当中，找到更多的共识，才能够在"和谁做"的问题当中，大家都逐渐地变成各种方式来连接的合作伙伴。最后一个解决"怎么做"的问题。五年前习近平来到博鳌的时候，谈到亚洲应该实行"绿色"的发展；几天以前呢咱们中央政治局通过"关于生态文明建设"的建议的时候,特别提到要实现新型的工业化、城镇化、农业现代化、信息化和绿色化。几年以来,在博鳌,绿色这个词儿啊一直大家有很具体的讨论,我想未来的几天,这个词儿也许成为一个我们大家关注的焦点。那博鳌本身呢是一个非常丰富的互动的机会,今天不仅在论坛上有很多互动,在我们电视的报道和电视机前的观众之间也会有一些互动的方式,比如说从今天开始呢我们也会开通微信的"手机摇一摇"(功能),拿起手机对着屏幕在我们做博鳌论坛报道的时候可以摇一摇,摇一摇呢就能够参与到讨论当中。今天下午5点钟,在这个前方的演播室我们就会请来论坛上的两位重要的嘉宾一起来讨论,给出一个你不买"中国制造"的理由,就可以通过这个"摇一摇"啊实际上就是和我一起和大家一起参与今年的博鳌亚洲论坛。这就是我这一(时)段的现场评论。

(2015-03-26《新闻直播间》)

3.同一演播室嘉宾访谈

画外音:你想创业么? 你知道怎样创业么? 在本次博鳌论坛上创业成为大家关注的热点话题。360公司董事长,知名投资人,创业导师,经过多年的创业,他对其中的艰难困苦有着自己独特的感悟。弘毅投资总裁,他管理约480亿元资金的私募股权投资基金,他知道什么样的创业者更容易得到投资人的青睐。今天的博鳌演播室,主持人请来两位论坛嘉宾和您一起谈创业。

主持人:欢迎来到博鳌演播室,聚焦博鳌论坛,解读热点话题。首先欢迎两位嘉宾,欢迎您周总,欢迎您赵总。今天我们要讨论的话题呢是青年人创业,青年人创业潮是社会关注的热点,也是这次论坛所讨论的话题之一,那么我们请来两位嘉宾呢是资深的创业导师,给青年人创业出一出主意,分享一下经验。在我们整个直播和讨论的过程当中,我们也期待着您的参与,您随时可以拿起您的手机通过微信摇一摇,找到电视选项功能对着新闻频道摇一摇您就可以参与我们的讨论,通过您的选择来表达您的意见。那么首先我们给您出一道题,题目叫"您想创业么",您选择的结果会即时地在直播电视屏幕上显现出来,我们给您三个选项,您想创业么,第一我想,第二不想,第三还没有考虑好。现在我们在屏幕上看到的是参与我们电视互动的朋友的选择结果,它在不断的变化当中。那么首先我们通过一个短片来了解一下现在中国青年人创业热潮的状况。

画外音:今年1月,清华大学经管学院中国创业研究中心发布了中国青年创业报告,报告显示,我国青年创业活跃程度在全球创业观察的70个参与国家和地区中排在第二十二位,属于活跃的国家,80后是青年创业者的主体,31.1%的被访90后认为在未来三年内有创业意愿而且不惧失败。报告还显示,中国青年创业者的成长性具有一定质量,有77.7%的青年创业者的产品具有新颖

· 159 ·

性,青年创业者较有成长潜力。另外,青年创业者更有可能创造就业,青年创业者更关注国际市场。

主持人:显然,现在青年人是创业的主力军,我们再看一下我们公布的调查结果,在直播过程当中,您参与的过程当中,您的选择会直接地呈现在我们直播的电视屏幕上。我们看第一选项高居榜首,现在有 2000 多人选择想创业,我一直以为创业是少数人的事,但是你看从这个直播的选择过程当中,还有很多人有这个创业的梦想,我不知道两位在现实当中有没有感受到这种创业热。

嘉宾1:我觉得今年以来这个创业的氛围比硅谷还要热,首先有更多的 VC(风险投资),很多的钱涌进来,第二个每天都有很多年轻人能拿到融资,一个一个新公司都在成立,所以我感觉中国突然好像到了一个创业爆发的时期。我不知道赵总怎么看。

嘉宾2:我完全同意周总刚才的这个观察,因为我们做投资的,而且联想通过弘毅做晚期,通过联想投资做中期早期,还有孵化器,联想之星,所以看的面比较广,最近的确到了一个爆发阶段,我觉得国家在号召大众创业,万众创新。另外呢,经过这么多年的积累,特别是有很多像周总这样的成功案例,我觉得把大家心都给搞痒痒了。

主持人:我知道这个周总创业成功之后,他本身也在投项目,从今年来看,就是你们俩自己投的公司项目是不是比往年更多,看的项目更多,有这样的一个比较么?

嘉宾1:对,我们去年嘛,感觉到这个创业爆发潮以后我们投资的项目应该比在往前一年应该增加了 100%。

主持人:这么多,啊,一年就增加 100%,联想方面呢?

嘉宾2:也是这样的,这个整个面上,想创业的人很多,主意很多,早前的创业者和各种各样的好主意成倍成倍地在翻。

主持人:我觉得真正创业应该是少数人的事情,但是从刚才的调查结果来看,我们看还在急剧地攀升,4000 多人表达了自己想创业的愿望,尤其是年轻人我觉得有这样的理想和热情是非常好的。我想咨询一下二位,你说作为一个年轻人他大学毕业是先去一个大公司积累一点经验再去创业呢,还是直接就创业好呢?

嘉宾1:嗯,严格的来说呢我一直在给年轻人讲不要去狭义地定义创业,不要把创业就定义成我要自己开公司自己当老板才叫创业,我觉得创业是一种心态,那么你在加入别人创业公司去学习如何创业,我认为也是创业的一部分。中国的商业环境我认为来说还是比较复杂,我觉得很多年轻人如果真的想获得成功,提高成功率,我建议他们在刚开始的时候,不一定要急着自己办公司,而是加入创业公司,跟着这个创业老师去学习创业的这个过程,他也能判断自己到底适不适合创业,交别人的学费培养自己的能力,对吧,我觉得在积累了几年经验之后,条件成熟了,他再出手创业,我觉得成功率会更高。

主持人:周总出了一个好主意,叫交别人的学费提高自己的能力,赵总。

嘉宾2:我呢,真的是觉得如果你有这个创业的冲动,就应该开始创业,开始的方法、路径可以说我先跟您学一学,先跟别的创业团队走一走,或者自己从头开始。你注意到,在咱们这个高科技行业,特别是革命性的很多了不起的公司都是这些完全没有工作经验,从自己的理想做起,让自己的理想和现实碰撞走向成功的,所以我觉得没有什么这个统而划归的这个规律,按照我们讲的就是跟着自己的心去做。

主持人:我听您的观点好像跟周总有点小区别,周总的意思你先去花花别人的钱,再长长能力,您的意思是说花不花别人的钱不重要,只要你真的想做这件事情,你就可以马上去做。

嘉宾2:创业这个事是要有很强烈的动力和激情,然后还要不断地碰壁,百战百败、百败百战,因为你刚才讲创业仿佛是少数人(的事),其实不是这样的,这是大多数人的事,创业的成功可能是个小概率事件。

主持人:这样,我们待会再讨论,我们在给观众朋友出一个互动的选择,让观众参与到我们的讨论当中,我们再给您出一个题目就是您认为如果您想创业的话,那现在马上最需要的是一笔投资还是一个好的点子还是一个优秀的团队。您通过手机微信摇一摇功能,找到电视选项,对着新闻频道摇一摇,就可以参与我们的互动,您的选择结果会直接呈现在我们的电视直播屏幕上,也是我们讨论下一步进一步的基础。刚才讲到了周总要花别人的钱,长自己的能力,也在判断自己能不能创业,这也是很重要的一个观点,赵总刚才说创业是大多数人的事情,但是成功是少数人的事情,那实际都谈到一个问题,就是这个人到底适不适合创业,什么人适合创业呢?

嘉宾1:我实际上还是觉得创业虽然再热,并不是所有人都具备创业的能力,你光有热情、光有激情是不够的,因为创业最终能不能把握机会,还要靠实力、靠经验,所以我是主张在很多人在自己想创业之前,如果到别的创业公司能够学习一段时间,那么他至少能够对自己有个清楚的定位,这是我的观点,其实和赵总说的并不矛盾。

主持人:周总您本身自己就有这个创业经历,在您眼中,什么样的人比较适合去创业?

嘉宾1:大概有这么几个特质吧,第一个我是觉得要有点理想主义色彩,一个太功利的人就是为了挣点快钱,我觉得这样的人可能更适合做做生意,并不适合去创办一个企业,所以这是第一个你一定想去做点什么想去改变什么;第二个呢我觉得务实,因为我在一些创业节目里面看到许多年轻人他们总爱拿一些大的概念,什么O2O了,但是你的创业开始所有伟大创业的开始都是起始于一个产品,这个产品一定是能够给一部分人解决他们的问题,解决他们的需求,所以我觉得创业者一定要务实,如果没有这样一个想法,没有这样一个产品,你空谈创业理论是不行的;第三个呢,就是刚才其实在你出题时我认为很重要的,一个人创业很难,一个好汉三个帮,你必须要有一定的领导力,有一定的人格魅力,搭建一个团队,使得你有一个跟你有互补的更好的创业伙伴,那你能不能让这些人跟你一起来共担风险;还有一个特质我觉得很重要的呢,今天我们光谈到创业成功的光环,可能没有看到每个创业公司背后可能有99个不成功的公司,那么所以我认为对于创业者来说成功是偶然,失败是必然,那么你有没有不怕失败屡败屡战的这种韧性,这个才是长期的,不是靠激情而是靠韧性来长期地把一个事做下去。

主持人:就是说一个周总背后可能有一万个周总。

嘉宾2:我完全同意周总的这个观察,他是深有体会,那从我这个角度来说呢,我们看创业者或者是想创业的人太多,总结起来说呢就是一定要有理想有追求而且要高远,但不能理想化,这个有很高很长的目标也要做好很长时间的准备,但是千里之行,始于足下,每一步呢都要走得比较踏实,在这个过程还有一个能力比较重要就是悟性和学习的能力,这个在坚持和改变之间找好平衡,那么在中国,事实上现在整个创业的环境是不错的,整个支持体系也都比较多,我的一个建议啊就是想创业不要闷头创业,看着别人怎么创,找能帮你的人,然后这样子的话实际上会让自己的学习过程缩短一些。

嘉宾1:赵总的这个话启发了我,我要补充一点,其实各种形形色色的人我都投过,但是现在我有一种人不投——太刚愎自用太固执的人。每个人在创业的过程当中都不是一个伟大的企业家,他一定要有学习的能力、开放的胸怀。

主持人:周总,这个是我们等会要讨论的一个重点,就是你们两个人都是投资的,我们要给青年人讲一讲什么人你们会投什么人你们不会投,我们先来看一下在线调查的互动状况。

嘉宾2:这就比较直接。

主持人:这是我们刚才出的选项,现在要创业,你最需要什么,是一笔投资还是一个好点子还是一个好团队,相对来说平均一下就是一个好点子大家认为是最重要的,达到4000多选项。数字还在变化,你们怎么看待这个结果呢?

嘉宾1:我是赞同这个结果的,因为首先你所有的创业都是说你发现了一个消费者没有被满足的需求,然后你去想象一个点子或者产品来满足他,因为只有这样它才是你创业的一个起点。那么当你有了一个好的想法之后呢,那么下一个问题就是找钱和找人,我觉得找人会更重要,因为好的团队根本不缺资金,钱自然会来,但是相反你如果弄错了次序,即使弄到了一笔钱,如果没有好的团队,你在市场中找不到一个切入点,我也看到很多这种团队把钱花完了,最后就不了了之了。

嘉宾2:我完全同意,最后啊我们说投资是投人,还是看人,他的点子怎么样,他的学习能力怎么样,他的亲和力怎么样,他能不能够比较在不同的阶段能够放弃过去的东西学习新的东西,所以这个还是围绕人来投。

主持人:就是你们的选项,首先应该有个好点子,然后有一个好团队,然后钱可能自然而然的就来了。

嘉宾2:现在啊,特别是早期高科技,点子重要也不重要,我们看到很多成功的公司,他成功那时候做的事和他当时想的事完全是不一样的,这个世界变化得很快,技术之间相互交错,所以人要好,特别是团队要好,它会与时俱进,它会变,往正确的方向去变,反过来就不一样。

主持人:我们现在就要谈谈刚才周总提到的敏感问题了,你们经常看项目,很多创业者都希望得到你的投资和帮助,在你们看项目的时候,看团队的时候,什么样的人你们会投,什么样的人绝对不会投?

嘉宾1:我刚才讲了,我也同意赵总的意见,就是说每个人创业起点和他创业成功你如果统一用五年的维度来看,你发现这个人变化会很大,换句话说他今天创业他一定没有达到人生的顶峰,他创业也是他学习成长的过程,所以一个人有没有开发的心态,能不能听得进各方面的意见,向市场学习,向用户学习,甚至向竞争对手学习,甚至他找到我们的投资人,他能不能听听我们给他的建议,我觉得这个胸怀和格局非常重要,所以一个特别固执很自以为是的人,即使他很聪明最终他走不远,对特别固执的创业者,我是比较反感的,我就觉得这种人你帮他他也听不进去,最后你就看着他在错路上越走越远,就这种我绝对不投的。

主持人:显然刚愎自用是找投资的一个大忌。

嘉宾2:这个把它叫作风险创投,而且在讲风险创投的时候通常一句话概括两个主要力量,一个是创业的人(创业者),一个是辅助创业的创业资本家,它事实上是说互相交错、互相选择、互相磨砺的,没有创业者只有创业资本家,往往一个好主意不会被坚持到底,而且这个的确要有个平衡,我刚才讲了一定要有理想,不能一下放弃,但是不能过分理想化,该听的时候还是要听,要找平衡,创业资本家呢就是看了无数的人,带着无数的点子,成功失败他们也要有选择,说这个人更可能成功还是更可能失败,用什么样的方法帮他往成功引导,所以这两个交互呢是创业生态里面两个必不可少的方面,能够把这个关系掌握好对想创业的人也很重要。

主持人:最终形成一个平衡的合力,方向是一致的。

嘉宾2:什么时候该坚持什么时候该听,这事还是很重要的。

主持人：这样，现在我们请在线的观众参与我们第三个调查内容，就是您觉得如果您创业的话，什么行业什么领域适合您，您可以选择最热门的领域和行业，您也可以选择您最熟悉的领域和行业，您可以选择门槛比较低的领域和行业，您会做什么选择呢？您拿手机在微信摇一摇功能当中找到电视选项，对着新闻频道摇一摇，记住啊，现在要再摇一次，您可以进入这个选项进行互动，您选择的结果会直接呈现在我们直播的屏幕之上，现在大家已经可以看到，这也是我们跟嘉宾继续探讨的一个基础，从现在变化的数据来看的话，第二个选项走得最快，选择的人最多，说如果创业，他会选择自己最熟悉的行业，两位怎么看待这个选择结果，这是一个正确的选择么？

嘉宾1：应该来说我觉得还算正确，因为很多人创业他一定要从他积累生活和工作经验中才能来发现这种需求，所以包括巴菲特做投资都有一个观点就是不熟不做嘛，你如果对这个行业没有深入的理解的话，对用户没有深入的了解，光是闭门造车的想象的一个概念，这个产品可能到市场中一试可能就不行，所以我还是主张创业者刚开始呢还是大处着眼，小处着手，从自己的身边、自己熟悉的领域、自己熟悉的环境去找用户的这种机会，找用户的需求。

嘉宾2：我完全同意这样的观点，实际上我们再看带着主意的年轻人创业的时候，的确有过研究，他是不是对这个行业很熟悉有感觉，另外呢，熟悉不光是这个行业，熟悉包括他在这一方面认识的人是不是很多，他去招人的时候能不能把事说清楚，会不会有感染力，建立团队的时候大家能跟着他走，所以熟悉比较好。

主持人：我想创业者来看，也许热门很重要，最热门移动互联网，容易拉到钱，很容易打动人，将来的发展规模也没有边界。

嘉宾1：其实今天中国互联网给了一个大家特别巨大的机会，就是互联网它可以跟整个各个行业进行结合，就包括总理说的"互联网＋"，那么这种本身会产生非常大的颠覆和机会，所以我觉得大家不要去追求一些热门的概念，因为再热门的概念最后跟你这个创业者有什么关系呢，你还是要找到你熟悉的行业，与互联网进行结合，我再补充一点，还有一种选择就是很多没有经验的年轻人，我觉得他应该选择一个他最感兴趣、他特别热爱的职业，因为热爱和兴趣可以让他产生很持续的投入，那么慢慢他可能通过钻研变成这方面的专家，所以一定要干你喜欢的事，不一定要干大家都热门的事，也不一定干大家都认为赚钱的事。

嘉宾2：我觉得创业呢独特更重要，这个跟风啊往往是凑失败的那99％的一个基本起点，往往是你对一个事有更深刻的了解，所以你能够更坚持、更投入，然后很窄地专注把那一件事做好，因为创业不需要把很多事都做好，把一件事做得比别人都好你就可以有下一轮的支持，所以我觉得独特特别重要。

主持人：我们谈点行业内的事吧，我们知道现在作为投资者来说最热的就是移动互联网，现在估值都很高，作为你们评估项目时是不是认为现在已经有出现了比较严重的泡沫？

嘉宾1：这个我想听听赵总的。

主持人：哈哈。

嘉宾2：我觉得估值过高这是肯定的一个事实，但是这个和创业潮或者创业过程中大家都想做的规律也是一样的，都不能避免，90%甚至95%的企业都能够得到一段一段的资金支持，最终呢都不会是最成功的，有可能被别人买了或者是转移了，真正成功的可能是很少的这么几个公司，这个榜样的力量是很大的，它会吸引大家都去尝试，这就是为什么创业这个生态啊实际上不去避讳它是个潮或者有些泡沫，它是个很高风险的事，成功率很低，所以我觉得呢有泡沫但是不需要觉得这是一个很坏的事。

主持人：周总很谨慎。

嘉宾1：我同意他的观点。

主持人：其实您跟互联网接触最紧密的，但是您讲得很谨慎，不光同意，还有什么个人意见？

嘉宾1：其实现在我去以色列看过项目，也去硅谷看过，实话说如果讲技术的创新、创意的创新，我觉得美国和以色列的创业水平要比我们高，还是整体的要多一些，但是公司的价格，现在我觉得中国的公司价格最贵，因为中国的市场大，我们是世界人口大国，那我们就变成世界互联网第一大国，所以很多项目呢它就造价比较高，所以我觉得这一点就有点泡沫，但是我跟很多年轻人讲，大家都能拿到钱不是好事，甚至有很多不适合的人冲进来，大家就会乱烧钱，可能有恶性的竞争，所以当大家都能拿到钱的时候比平行超出的依然不是钱和价格的高低，依然是你对市场和用户的理解，所以有这种快速改善的能力，所以我觉得有泡沫适度，过大了可能投机因素会起来对真正的创业者未必是好事。

主持人：传授一点点小秘籍吧，请问一年当中比如重大的案子你们亲自过问亲自去看投不投资，刚才讲了创业者有了点子，有了团队，下一步就是融钱了，给创业者提供一点建议，如果想找到你们这种顶级投资者来融资的话，有什么经验传授一下。

嘉宾1：其实现在中国的投资潮起来以后，有很多创业者投资家和之间的论坛会议，我们的邮箱、工作地址都是公开的，我觉得最重要的是写一封最平实的信，不要去写那些浮夸的豪言壮语，踏实地告诉别人说我是做什么的，我发现了什么问题，我解决了什么问题，我定位什么样的市场，而且如果这个产品最好不是个idea，而是做出一个原型，那我们自己一用，就觉得这个东西很好，可能有更多人会喜欢，我觉得还是要用你最后做出来的一个成绩和看得见的东西来说服投资人。

嘉宾2：我觉得是精心地尝试，然后不休止地去提高，然后有机会呢就像创业者充满激情，要不怕失败，要去尝试各种各样的渠道。

主持人：我们再给观众朋友出第四个调查选项啊，第四个调查选项是您的创业目标是什么，第一是选择我要做成一家大企业；第二个是我要开一家公司改善我的生活就很好；第三呢是我的创业目标是实现财务自由，赚一点钱就去过自由自在的生活。您是什么选择，您通过手机微信摇一摇功能，对着电视新闻频道摇一摇就可以参与我们的互动，您的选择会直接呈现在我们直播的屏幕之上，好，我们继续来聊，刚才大家在具体操作方面来讲一下，青年者创业的经验和需要注意的问题，那么在整个社会环境和国家政策方面，你们作为投资者也是一个公司的执行者，你们有什么呼吁呢？

嘉宾1：我其实觉得有两件事让我觉得一直有点困惑，一个是 VIE 结构，正是有了 VIE 结构，才会使得中国很多优秀互联网公司到美国上市，这已经是一个既成的事实，而且我觉得鼓励中国的优秀公司到国外上市，也可以把国外的很多的这种资本吸引到中国来，对吧，你就算再烧钱，我也是把钱烧在了中国，解决了中国的就业问题，所以我觉得国家在政策上能给 VIE 我认为是给一个认可。第二个当然我也知道，国家在鼓励我们更多的创业公司能在本土的比如说 A 股市场的上市，那我就觉得作为本土的这个 A 股市场呢，最重要的是要解决一个期权的机制，就是公司可以给员工发期权，接受这种西方已经界定的游戏规则，这样可以更好地激励我们创业者和创业员工。

主持人：这是真正来自于企业的切实感受。

嘉宾2：我觉得咱们现在的宏观政策取向是特别好的，可能是全世界经济体最好的，因为中国用很深刻的成功和失败的经验和教训总结出我们以前的成长模式不可持续，而新的成长模式最重要的环节就是从制造往创造走，而创造呢需要积累需要大众参与，所以我们现在才有各种各样的政府的支持导向，政府呢在这里面还可以再做两件事，第一呢打造一个环境，减少行政干预，有时候政府觉得我们是不是要出资一笔钱，实际上不重要，给一个自由的竞争的环境，因为创业是最需要优胜劣汰的地方，所以让市场这双看不见的手来做，然后支持市场的力量汇集到中国，我觉得这件事呢最应该做。还有一个呢就是逐渐地快速地完善我们知识产权的保护条例，真正的创新一定是建立在知识产权是最有效的产权这个前提之下，我们已经做了很多，我相信以后会做得更多。

主持人：好，我们看看我们第四轮的调查结果，现在数字还在不断的变化当中在增加，第一选项创业目的是做一家大企业，占到 3900 多，啊是 1900 多，对，这是排名第二；第一是改善生活，就是我没有特别大的理想说要做上市啊，去美国纳斯达克没有这样的一个理想；第三个是我的创业目标是赚笔钱实现财务自由,过自由自在的生活,从现在的结果来看,两位怎么评价?

嘉宾1:我能理解,因为中国很多人小时候都很穷,所以对于改善生活实现财务自由我觉得都会有这种期望,你要是说我完全不在意钱这也是假的,但是我认为这个不能成为创业的动力,它是创业的结果,我还是认为真正能走得更远的人,他一定是梦想做一个产品,通过这个产品他就能给整个社会和用户创造价值,他有一种成就感,因为有的时候企业做的大跟小是命是运气。第二你只要给社会作出贡献,你的产品有价值,最后你一定能挣到钱,所以我认为仅仅以财务目标来作为创业的动力,他恐怕动力不足,为什么呢,第一我很容易实现了有车有房我就退缩了我就没有动力了,要么很多人就是实现不了,哎呦我还不如打工呢,打工可能也能赚赚钱,所以他就坚持不下去,我觉得还得有点理想主义,就是我一定要做点什么,就是说我可能改变不了整个世界,但是我可以改变一部分人,我可以改变世界的一小部分。

嘉宾2:我在这个互动中看到了一个很有趣的实际上相互矛盾的答案,一开始问你要不要创业,大家是希望主导我自己的生活,而这个为什么想创业,大家说我想做个小公司改善我的生活,我自己也创过业,实际上我这个管理公司投资公司也是从无到有,经过十年的创业,反正为了改善生活去创业不容易实现,因为创业往往是有很长时间。很多的失败、很艰苦的付出,往往会影响你的生活,比如说你想过正常人的生活,所以说,特别是大的创业,改变世界的创业往往呢这些事情是矛盾的,当然了你作为一个小公司,啊你比如说开个餐馆,我自己做自己的主也不要做得太大那是另外一件事,所以我觉得呢可能大家要做好准备,要创业会有很长时间很艰苦的付出。

主持人:所以我们回到刚才的话题,如果想创业其实创业和创新最终一定是来自于伟大的理想,这种理想是想要改变人们的生活。

嘉宾2:一定要有追求。

嘉宾1:不过我突然想明白了,可能咱们俩因为是要投资具有爆发力增长的公司,我们定的创业呢可能比较大一点,还有很多人创业呢他是自己解决就业,国家现在也把这个定义成创业,那从这个角度来说,我觉得第三第二条得分多实际上也可以。

嘉宾2:实际上大多数可以那么考虑,从哪开始。

主持人:所以你们两位投资者来讲,你们肯定是希望公司成长成为一个大规模的企业,一个是本身公司成长有成就,第二你们投资也有良性的回报。

嘉宾2:对,这个和我们风险创投一般是有关的。

主持人:这也是个健康的生态系统,非常好,这样的话才能真正引用资本的力量去推动创业和创新。好,感谢两位今天跟我们分享创业经历,分享你们的思想,谢谢大家。

嘉宾 2:谢谢大家。

嘉宾 1:谢谢。

主持人:也谢谢各位观众朋友参与我们的互动。

(2015-03-28《新闻直播间》)

4.完整节目

画外音:金砖、上合双峰会在俄罗斯乌法举行,国家主席习近平时隔两个月再度赴俄罗斯出席峰会并且发表重要讲话。备受关注的双峰会都取得了哪些实质性成果;金砖银行启动,将如何推动新兴经济体发展;上合组织 14 年来将首次增加成员国又有怎样的意义,稍后请看《今日关注》。

主持人:观众朋友大家好,欢迎收看正在直播的《今日关注》节目,7 月 8 号到 10 号,备受关注的金砖和上合组织双峰会相继在俄罗斯乌法举行,中国国家主席习近平时隔两个月再度赴俄罗斯出席峰会并且发表了重要讲话;乌法双峰会收获多项实质性成果,除了金砖银行即将进入到实质性的运转,印巴启动了加入上合程序,这两大标志性事件之外,还展现了为未来发展谋局,共同维护二战成果,反恐反毒有地区新章可循等诸多的亮点,取得了一加一大于二的效果;那么增加新的成员、反恐、合作,上合组织如何进入实质性的发展阶段,在当前全球经济发展放缓的大环境下,金砖国家又会怎样进一步地推进全方位的合作,这些影响与中国未来的发展有多大的关联? 这就是我们今天要关注的话题。首先通过一个短片来了解一下 10 号召开的上合峰会所取得的成果,一起来看。

画外音:7 月 10 号,上海合作组织成员国元首理事会第十五次会议在俄罗斯乌法举行,会议通过了《乌法宣言》,批准了包括《上合组织至 2025 年发展战略》在内的一系列文件,为这一地区组织未来 10 年发展谋篇布局,乌法宣言提出,今年是世界反法西斯胜利 70 周年和联合国成立 70 周年,这两个事件对国际社会团结起来应对全球挑战和威胁有重要意义,各国应巩固战后形成的全球协调机制和联合国机构体系,《宣言》还强调,上合组织成员国主张严格遵守不扩散核武器条约和进行核裁军,同时促进和平利用核能合作。《宣言》指出,个别国家无限制并单方面部署导弹防御系统将损害世界安全。支持采取务实措施防止太空军备竞赛,其中最重要的是制定禁止在太空部署武器的国际协议。会议还通过了启动接收印度、巴基斯坦加入上合组织程序等决议,而这也是上合组织在成立 14 年之后首次扩员。

主持人:就今天的话题,演播室请到两位专家,一位是中国国际问题研究院、欧亚研究所所长陈女士,您好;一位是清华大学当代国际关系研究院吴教授,欢迎您。陈所长,这次上合、金砖双峰会在俄罗斯的乌法举行取得了多项实质性成果,其中有一项就是上合组织在成立 14 年之后将会首次增加新的成员国,这项成果备受各方关注,那么现在会议已经通过了启动印度和巴基斯坦来加入到上合组织的程序,这个决议已经通过了,那么我的问题就是,为什么上合组织在成立14年来,在这么一个时间,来选择增加新的成员国?而且增加的新的成员国是印度和巴基斯坦,为什么?他们这两个国家的加入对上合组织而言会有什么样的重要意义?

专家1:我们知道上海合作组织是2001年6月份成立的,在成立十多年当中,上合组织在维护中亚地区安全、促进区域经济发展方面取得了卓越的成就,特别是在安全、经济还有其他领域的合作是成果丰硕,上合组织随着它的不断发展,在国际上的威望、地位、影响不断提升,有越来越多的国家对上合组织发生浓厚的兴趣,希望成为上合组织其中的一员;上合组织是一个坚持对外开放、不结盟、不针对第三方的组织,在这样原则的基础之上,上合组织实际上在2004年就启动了扩员,那时我们接收了观察员国和对话伙伴,那目前,上合框架里除了6个创始成员国之外还有5个观察员国、3个对话伙伴,这一次正式启动吸收新成员的程序是上合组织发展进程当中的重要举措,具有重要的历史意义。那么为什么是印巴?因为印巴在上合组织框架之内是第二梯队,是观察员国,印巴两国一直有强烈的愿望,希望成为上合组织成员国;根据相关的程序,上合组织框架内也通过了关于吸收新成员的法律法规,所以这次峰会就顺理成章启动吸收上合组织新成员国的程序,上合组织吸收了这两个成员国实际上对这两个国家来说一个是其在国际上的地位和影响进一步提升,那么成为成员国之后,印巴同其他成员国的关系也进到了一个新的阶段,同时因为印巴成为上合组织成员国,上合组织在维护地区安全、促进区域经济发展等各个领域的合作空间也是空前加大了。

主持人:这次峰会除了启动新成员加入程序之外,还通过了一个上合组织到2025年的发展战略,有评论说这个战略是在为上合组织未来十年的发展谋篇布局,既然是这样,战略当中有哪些重要的内容是值得我们关注的,未来上合组织的发展当中上合组织还会面对哪些重要课题?

专家2:我们知道2012年在北京召开上合分会的时候通过了一个《上合中期发展规划纲要》,有人把这个叫作"北京路线图",我认为今年通过的2025发展战略其实就是"北京路线图"的具体化,今年9月份上合各国商务部长、对外经贸部长还要开会,12月份各国的总理还要开会,要将2025发展战略进一步具体化,它涵盖了政治、经济、安全、文化、人文交流等方方面面的内容,为未来10年勾勒出了一个具体的路线图,我认为未来上合发展最大的问题是与西方国家关系与美国关系问题,上合最早成立于1996年4月,叫"上海五国",到现在已经走过了将近20年的时光,当时刚刚问世的时候,西方人是报以怀疑的目光,认为不过是一个纸糊的房子,经不起风雨,到了上合正式成立的时候,美国曾经考虑如何和上合发展关系的问题,美国对上合是有兴趣的,随着上合成员国、对话伙伴国、观察员国的不断增加,西方国家也想参与进来,这也是上合未来面对的一个问题,就是如何与欧美发达国家相处。

主持人:除了我们前面谈的两个问题之外,这次上合峰会还发表了《抗战纪念声明》,高度评价了中国在二战当中的历史功绩,而且普京总统也说到了上合组织成员国还有观察员国的首脑将在今年的9月出席今年中国举办的抗战纪念阅兵,那么,上合国家共同维护二战胜利成果,对于巩固战后国际秩序会起到什么作用?您的看法?

专家1:上合国家集体发声高度评价中国人民在二战期间作出的巨大牺牲,同时表示积极参与中国在9月份举行的抗战胜利阅兵庆祝活动,行动本身表明,上合国家追求的是公正合理的国际政治经济新秩序,在反法西斯战争胜利70周年之际,上合国家签署声明有着很强的现实意义和针对性,因为在二战期间,中国人民在抵抗法西斯的战争当中作出了巨大牺牲和贡献,特别是两个战场,东部战场和西部战场,中国人民以最大的牺牲为西部战场的胜利赢得了宝贵的时间,所以元首们如此高度的评价表明对中国作出的贡献的认可,对相应的活动的积极支持,也表明各国珍爱和平的意愿。上合组织有两个职能,一个是安全职能,另一个是经济合作,而上合国家集体发声谴责现在违背历史潮流而动的倾向,某些军国主义分子不承认、篡改历史是中国人民不能接受的,也是世界人民不能接受的;所以在这个时期,声明的签署有着特殊的意义和重要性。

主持人:我们注意到了,国家主席习近平出席上合峰会的时候发表了一个重要讲话,提到了五点主张,其中第一点是坚持"上海精神"、打造本地区命运共同体。对于习主席的这一点主张,我们应该怎么理解?

专家2:"上海精神"是1996年4月上海五国成立的时候发表的互信、互利、平等协商、尊重多样文明、谋求共同发展,后来围绕上合的发展我们有叫新的安全观、新的合作观、新的发展观、新的文明观,这几观当中的基础都是"上海精神",国家不分强弱、民族不分大小、意识形态也讲究多样性,只要我们有共同的利益,只要我们平等协商,就可以结成一个发展的共同体、合作的共同体,这也是命运的共同体,这和我们所倡导的与周边国家发展讲究亲、诚、惠、容,"一带一路"讲究互学互鉴、共商共建,本质上是完全一致的,这也是在欧亚地区上海合作组织不断发展壮大的精神基础。

主持人:这次在俄罗斯的乌法上合、金砖双峰会是首次放在一起举行,陈女士,我注意到您在我们节目之前接受其他的采访当中也提到了"合金"峰会的说法,那"合金"峰会这样的组合会产生什么样的叠加效应呢?先通过一个短片来了解一下,稍后请专家进一步解析。

画外音:7月8号至9号金砖国家领导人第七次会晤在俄罗斯乌法举行,会议就金砖五国关心的广泛议题达成共识,通过了《金砖经济伙伴战略》,着眼于为未来几年经贸合作制定蓝图,盘点此次峰会的具体成果,金砖国家的金融合作"落地"无疑是最大的亮点之一。峰会前夕,金砖国家新开发银行在莫斯科举行了首次理事会会议,来自印度的瓦曼·卡马特被任命为首任行长,会议还产生了成员国驻银行董事会的代表名单,完成了正式运营前的组织准备工作。金砖银行的落地标志着金砖国家机制从概念成为实体,筹建工作全面展开和应急储备安排的正式启动,充分证明了金砖国家合作的有效性和行动力。此次峰会上,我国领导人就打造金砖国家伙伴关系达成了共识,这也是对现有合作模式的充分提高,将不断增强金砖国家的凝聚力和国际话语权;有分析指出,乌法双峰会取得了一加一大于二的效应,对金砖和上合组织未来发展将产生重要影响。

主持人:说到这次金砖峰会取得的成果,金砖银行的启动是具有实质性的成果,有网友提到一个问题说:金砖国家新合作开发银行的建立对成员国和新兴经济体将带来哪些利好的因素,它和亚投行是什么样的关联?

专家1:金砖银行的建立对金砖多边机制来讲是有重要的历史意义的,是新阶段的开始,在此之前金砖是一个交流对话的论坛,这次峰会之后标志着金砖从论坛到开展务实合作的重大转折,而银行的建立是重要标志,银行的建立是对金砖国家的巨大利好消息,同时对广大的发展中国家也是巨大的利好消息,因为我们知道,金砖银行成立之后是对金砖国家和其他发展中国家的经济建设,特别是大型的基础项目领域的直接的融资支持,可以说,在此之前没有金砖银行的时候主要来自于世界银行、国际货币基金组织,但是这些广大发展中国家想得到支持的进程是很慢的,这次金砖银行的建立对他们来说是巨大的利好消息,可以从金砖银行得到更直接、更快捷、更有针对性的融资支持;金砖银行和亚投行是有区别的,亚投行是在"一带一路"框架内成立的平台,它的联系是金砖国家都是亚投行的参加国,不同就是亚投行面对的融资对象是亚洲国家,而金砖银行既面对内部国家也面对广大发展中国家,同时包括拉美的一些国家,所以这两者是有相同的地方,同时也有区分。

主持人:金砖的机制创立以来一直受到不少的质疑,唱衰的声音一直跟随,尤其是近段时间由于内外因素的作用,金砖国家的经济发展速度有所减缓,所以唱衰的声音再度起来了,那您觉得金砖国家在全球经济复苏当中扮演了什么样的角色?

专家2:一般外媒评价金砖的时候说,金砖听得见、看不见、摸不着,听得见是能够发声,大家把它当成是讨论问题的论坛,看不见有实体实践的运作,这一次启动了两个金融机制,一个是应急储备资金的资金池,如果国家有需要紧急的资金需求时,可以从资金池当中拿钱使用,平时放到各国央行上不互动;虽然以美元来计算,但以后考虑各国的货币可以纳入其中,包括国际货币基金组织当成计价单位纳入其中,这本身就是对当今世界各国储备单一化的有力扩展,让新晋国家的货币能纳入其中,另外目前国际的新晋机制,尤其是国际金融机制是上个世纪 50 年代建立的,一些国家对世界经济作出的贡献越来越大,但是他们的金融话语权非常小,这本身对金砖国家之间金融借贷关系会有有力的良性推动,而且影响已经产生,委内瑞拉总统马杜罗希望玻利瓦尔联盟以集体的形式加入金砖银行。

主持人:我们也知道这次是"合金"峰会首次在一起举行,刚刚已经说到一加一大于二的效果,为什么会有这样的说法,请您简单地分析一下。

专家 1:这次"合金"峰会的举行已经展现两者在一起最大的效能,金砖国家的核心三国是中、俄、印三国,上合国家的总数增加了,探讨的问题也有很多相近的地方,上合组织是有安全和经济两方面的职能,金砖也是这样,那么两个组织组合的时候,呈现出勃勃的生机,两者在促进世界经济发展、维护世界和平方面将发挥出一加一大于二的效应。

主持人:那么除此之外,在这次峰会上,安全方面的强化也是双峰会的一大亮点,通过一个短片来了解一下。

画外音:在本次峰会上安全合作的强化无疑也是一大亮点,不仅签署了《上海合作成员国边防合作协定》,还批准了《上海合作组织成员国打击恐怖主义、分裂主义和极端主义 2016 至 2018 年合作纲要》,批准启动反极端主义公约制定工作,发表了《上海合作组织成员国元首关于应对毒品问题的声明》,以反恐合作为重点的执法安全合作始终是上合组织的工作重心之一,成员国以上合组织反恐怖机构为平台,不断加强合作,在联合反恐演习、禁毒、边防、大型国际活动安保、打击网络恐怖主义等方面取得了重要进展,建立了情报交流和联合行动机制,然而在日益复杂的国际环境下,上合组织地区安全稳定仍然面临各种威胁和挑战,成员国元首在《乌法宣言》中对国际恐怖主义和极端主义蔓延、各种恐怖组织合流表示严重关切,支持国际社会根据联合国安理会决议加强打击恐怖主义,有分析认为,峰会在安全合作方面取得的成果对上合组织深化安全合作共同应对新的安全挑战具有重要意义。

主持人:说到这次双峰会强化安全方面的合作,我们注意到了这次上合峰会签署了上海合作组织成员国的边防和其他安全合作方面的声明,另外,普京总统在金砖峰会上也提出了金砖国家将会为进一步保障国际安全作出贡献,我们知道金砖的机构机制主要立足于经贸方面,为什么普京会作出这样的表态,我们应该怎么理解?

专家 2:在双峰会过程通过的一系列文件当中突出政治与安全的话题,包括金砖国家会议,这在以往是没有的,比如金砖国家会议谈到反对使用武力或者经济、政治制裁来打压国家,在上合已经通过的宣言当中也有这样的表达,反对太空武器化,应该马上制定相关的国际文件,同时,反对某个国家单方面过度的部署导弹防御系统,还谈到了网络监管问题,在成员国国境内不能存在违反另一个成员国的行为,成员国不能加入反对上合成员国的联盟或国家集团……从这一系列的表达当中发现两个峰会都强调安全问题,尤其在目前国际秩序急剧变化的时期,新兴国家需要更大的话语权,需要携起手来谋求各自国家以及各国所在的新兴国家集团的利益。

主持人:好的,今天的话题就到这,谢谢两位专家对今天的话题所作的分析点评,也谢谢大家收看今天的《今日关注》节目,请大家关注我们的微信公众号,来向专家提问,参与话题互动,谢谢大家,各位观众再见。

(2015-07-11《今日关注》)

5.完整节目

画外音:虽然相距遥不可及的 1400 光年,但是人们还是为发现另一个地球的消息兴奋不已,23 号宣布,我们发现了与地球最相近的"孪生兄弟",我们可以叫它"地球 2.0"。从阿姆斯特朗踏入月球的第一步,从新视野号近距离拍摄冥王星的第一张照片,人类探索外太空的脚步从未停止。(《中国新闻》:探测的 460 多颗类地行星,认为这当中 262 颗可能适合人类居住)无论是定居月球,还是移民刚被发现的另一个"地球",我们都必须善待脚下这个已是满目疮痍的地球。《新闻1+1》今日关注"善待地球,拯救自己"。

主持人:晚上好,欢迎收看正在直播的《新闻1+1》。今天凌晨一条消息的发布,让地球上的不少人觉都不好睡了,什么消息会有这么大的反响呢?我们先看一段视频。

画外音:NASA 的开普勒太空望远镜,发现了首颗与地球大小近似,并绕一颗类似太阳的恒星运行的行星,该行星位于其恒星周围的适居区,这颗最新被发现的星球距离地球大概 1400 光年,它位于天鹅座中的开普勒-452 系统,这颗名为开普勒-452b 的行星,体积约比地球大 60%,尽管它的质量和成分仍然未知,研究人员认为这颗星球很有可能是一颗岩质行星。

主持人:美国宇航局今天凌晨对外发布,它发现了迄今为止跟人类所居住的地球最为相似的一颗叫作系外行星,于是这大大刺激了人们的想象力,人们就开始给它取各种各样的名字,比如说,地球的堂兄、地球的另一半等等等等。那么如果它能称得上是地球堂兄的话,那上面有人居住吗?另外一个,有朝一日人类可以到那个上面去居住吗?我们一起来关注今天的节目。

画外音:北京时间 7 月 24 号凌晨零点,美国宇航局将举办媒体电话会议,宣布开普勒空间望远镜最新发现,这是昨天下午 4 点左右美国宇航局发布的消息,消息称今天我们发现了数千个系外行星,天文学家们梦想着寻找到几千年来的愿望——另外一个地球,随即国内各大媒体都在推送这条足以让全人类震惊的消息,而公众也在期待中发挥着各自的想象。(另一个地球,也会有另一个我们吗?就算有另一个地球也买不起票。也许那个星球生存着一种生物,正在计划移居地球。)北京时间 7 月 24 日凌晨,美国宇航局的邀约如期而至,万众期待的谜底终于揭开。[美国宇航局副局长:今天(23 号)我们宣布,我们发现了一个与地球最相近的"孪生兄弟",我们可以叫它"地球 2.0"。]这个名为开普勒-452b 的地球孪生兄弟与地球的相似指数是 0.98,它的直径是地球的 1.6 倍,体积比地球大 60%,重力大约是地球的两倍,年龄 60 亿岁,甚至比太阳还大 15 亿年,它的一年大约 385 天,和地球上的 365 天非常接近,(美国航天局数据分析师:我们发现了这颗行星和它围绕旋转的恒星,这颗恒星的表面温度和类型与太阳相似,这颗恒星比太阳大 10%,亮 20%,它比太阳存在的历史更久远)在美国宇航局宣布这个激动人心的消息后,各种网络终端几乎被刷屏,平时不大关心太空话题的朋友也激动起来。(一觉醒来,地球都有伴了,我还是单身。有水吗?温度合适吗?氧气足够吗?行李已打包,现在竞争太激烈了,听说地球都有两个了?)对于另一个地球的消息在网络刷屏的同时,今天又刷了各大都市报纸的头版。一阵喧嚣之后,很多天马行空的网友最终还是被拉回到了现实。(人类自己够卑鄙了,就不要去祸害其他星球了。发现类地星球固然重要,但净化地球更重要。)

主持人:这样一个科学的发现,我们可以看到是在多大程度上刺激着人类的想象力和好奇心,我们不妨先来仔细地了解一下这是一颗什么样的行星。它叫开普勒-452b,它的位置是距离地球 1400 光年,体积要比地球大出个 60%,年龄 60 亿岁,相似指数 0.98,公转周期 385 天,它的行星环境是它围绕一颗恒星旋转,距离刚好处于"宜居带"中,即表面温度允许液态水存在。好了,其实我们有很多问题要问。今天我们请到了一位专家,北京师范大学天文系讲师高博士。高博士这里面有很多的数字,您要一一给我们解释。

专家:好。

主持人:首先这个位置,距离地球 1400 光年,这是怎么测出来的?我们用什么样的交通工具或者用什么计算方式,能计算出这个 1400 光年?

专家:其实在所有这些数据里面,我们看到这么多数据,在天文学上最容易的一个数据就是 1400 光年这个值,这个值是怎么得到的呢?我们和这样一个第二地球的距离,就是我们的太阳和它所属的那个太阳的距离,这两颗恒星之间的距离,我们已经知道那颗恒星是一个很接近太阳的恒星,所以这样的一颗恒星,我们就能够知道把它拿到多远,它就会变暗多少,就像一个蜡烛一样。

主持人:那就是说这个,我们所说的地球和地球的堂兄之间的 1400 光年,用什么交通工具,如果我们可以抵达的话,用多长时间,举个例子,就是用高铁或者飞机。

　　专家：1400 光年是个什么概念呢，如果我们用今天中国的高铁时速 350 公里，甚至 400 公里的速度，去穿越这段距离的话，我们要走上超过 40 亿年。

　　主持人：40 亿年？

　　专家：40 亿年，对，即使用民航客机，可能也是 10 亿年量级这个数值，10 亿年。

　　主持人：那这就意味着几乎人类是不可能抵达的。

　　专家：目前用我们的想象是不可能用我们的方式抵达的。

　　主持人：未来随着科学的发展，有没有可能有朝一日人类有可能到达这样的一个地方。

　　专家：从目前的理论上来说，没有一种交通工具能做到这一点。

　　主持人：理论上都不可能。

　　专家：对，因为任何交通工具最快也不可能超过光速，即使我们用光速来走这段距离，也需要走 1400 年。

　　主持人：那对于人类来说就没意义了。那好了，再说它比地球的体积是要大 60%，我们再来结合这样一个体积，它的公转周期是 385 天的话，那么它和地球的区别会是什么？

　　专家：其实它跟地球最大的区别，就是它比地球大这么多，它比地球略大 60%，意味着它的引力会比地球强，所以站在它的表面上，如果有一个人站在上面的话，我们一个 100 斤的人站上去，感受到自己的体重就是 200 斤，是这样一个概念，它的重力是地球的两倍。它的公转周期 385 天呢，这非常好玩，它比我们的一年 365 天要略多一点。

　　主持人：这多出的 20 天意味着什么呢？

　　专家：这意味着什么呢？打个比方，这就像是如果那个行星上有人的话，如果这个人呢他已经 20 岁了，那么这个 20 岁的人相当于在我们的星球上活了 21 年，他经过了 21 年的时间，但只有 20 岁，他需要更多的时间积累，才算得上是一年。

　　主持人：好了，还有一个重要的数字，叫作这个大球和地球的相似指数是 0.98，那我们说 100% 是完全一样，那这 0.98 是不是相当于 98% 的相似？

　　专家：对，已经非常非常相似了。

　　主持人：那差在哪呢？

　　专家：差的这 2% 是什么呢？就是它要比地球略大一点，略大的这一点就会让它（和地球）重力的环境不一样。如果它有生命的话，生命的结构就会不一样，因为它的重力更大有可能就不会长出这么身躯庞大的动物，身躯庞大的动物，它的重力太大了就支撑不住自己的身体，所以可能有生物的话，是体型比较小的。

主持人：好！刚才我们了解到的是关于这样的一个星球的最粗略的了解，那么人类对于神秘的外太空，对于深邃的宇宙，总是有无知，总是有一种没完没了的好奇心，那么到底是为什么人类要这样做呢？我们继续关注。

画外音：在这浩瀚的宇宙中，是否还存在着像我们一样的世界，是否还有适合人类居住的宜居星球，多少年来，科学家们一直都在努力探索。月球，也许是人类最早关注的星球。400多年前，伽利略利用自制望远镜遥望月球，看到了与地球十分相似的山峦和河谷。而到了1969年，两名美国宇航员不仅首次在月球上留下了人类的脚印，第一个登上月球，并且在月球上行走的阿姆斯特朗还留下了世人难忘的名言："这是个人迈出的一小步，但却是人类迈出的一大步。"在昨天，美国媒体报道，美国宇航局表示，人类可在五到七年内重返月球，并可在2030年左右定居月球。除开月球外，世界各国的科学家们还在寻找太阳系之外的宜居星球。2009年3月致力于在宜居带内寻找类地行星的开普勒天文望远镜发射升空，在当年以此为期4个月的观测中，开普勒天文望远镜就采集到了地球周围3000光年内15万颗恒星的光线数据。2011年一颗代号为开普勒-22b的行星被发现，这也是开普勒首次在太阳系类似的恒星系统中发现的宜居行星，而这样的发现在随后的几年陆续增多。（新闻：美国航空航天局日前宣布，开普勒太空望远镜在搜寻太阳系外行星的最后两年期间，探测的460多颗类地行星，认为这当中有262颗可能会适合人类居住。）目前根据美国宇航局公开数据显示，开普勒太空望远镜已发现1000余颗类地行星和3000余颗行星候选者，科学家不断从这些行星中进行筛选，最新确定了12颗行星为宜居候选者。究竟怎样的行星才能适合生命存在呢？科学家们认为，表面有液态水是最基本的条件，其次是体积，体积不及地球一半的行星无法拥有足够的表面重力而锁住维持生命的大气层，因而寻找质量大约在半个或者10个地球之间的行星成为必要条件。从月球的百年探索到开普勒的慧眼识别，从土卫2的冰下海洋的发现到关于银河系中可能存在数以千年的宜居星球的推算结果，寻找宜居星球，甚至是进行星际移民的梦想，人类一直都在不断的探索中。

主持人：今天我们在各种各样的媒体上看到了各种各样开普勒-452b这样的一个星球的图片，要知道这样的图片并不是开普勒天文望远镜它自己拍摄下来的，而是它在不断观测过程中捕捉到的数据回传到地球上，科学家们在此基础上，在数据的基础之上分析总结，从而模拟出来的一个星球的图像，那么在科学家的模拟基础之上，艺术家又进行了再创作。我们可以看到这张图片上，因为科学家说有可能存在厚厚的大气层和流动的水，那么仍然有可能是有今天还在活跃的火山，因此艺术家就进行了艺术的再创作，有了这样的一张图片，那接下去，我们要请教高博士，这是一个艺术家的想象，有没有可能就像新视野号拍到冥王星一样，有朝一日我们会用照相机咔嚓一下记录到这样的一个新的星球的照(影)像。

专家:如果要拍摄到像冥王星那样清晰的照片,能把那样一个星星都拍清楚的话,那就需要非常非常靠近,我记得有一位战地记者曾经说过,照片拍不好,那是因为离得不够近。要想拍得清楚要离得足够近,可是我们还没有足够的技术能够穿越这1400光年,到这么近的地方去,所以我们只能通过天文学的技术手段,用科学数据来告诉我们答案是什么,我们没有办法亲眼看到真正的景象。

主持人:那给我们人类留下的这样一个巨大空间,就是人类所努力的方向。

专家:对。

主持人:那么刚才短片里面也看到了就是在回首过去几十年,人类在太空探索所取得的一步一步的成绩,那留给我们这样一个空白的话,我们接下去应该怎么走?

专家:嗯。我们在探索地外文明、探索外太空方面,人类做过三个方面的努力,三个方向,第一个是我们主动探测,我们会发射一些飞船、探测器到另一个地方去看一看,从最近的月亮,有我们的嫦娥计划,去月亮上去看一看,到远的冥王星,那是前不久的消息了,主动探测呢,我们还没有发现有生命的迹象,这是主动出击;第二就是被动监听,我们把望远镜建在地面上,我们建一个很大很大的望远镜来不停地监测天空,有没有这样人为的信号发送给我们,那如果有外星人,他也许想向我们打个招呼,给我们发个短信,那我们看看能不能收到这样的信号,当然这要我们从自然的信号中分辨有意义的信号,其实前不久,霍金的新闻就是这个方面的项目;第三个方面呢就是开普勒望远镜,开普勒望远镜是要去找适合生命居住的星球,也就是今天我们新闻上看到的这样的行星。

主持人:也就是这三步,人类在一步一步地向前走。那好了,刚才你也说了,即使是用光速这样的极限速度去穿越的话,需要1400年,对于人类来说,可能现实意义几乎是零,那么它的意义发现出来又在什么地方?

专家:我想可能这个意义不是我们通俗上说的功能上的意义,但是会有很大启发的意义。我们知道发现的这颗行星呢,它的太阳这个行星都要比我们的太阳、我们的地球要老一些,年龄要略大一些。

主持人:就是我们那个星的星系里的太阳,要比我们地球的太阳要略大。

专家:要略老一点,这就是意味着它是我们的未来,它是我们老了之后的样子,所以我们去研究它、观测它,就是在研究我们自己的未来会变成什么样子。

主持人:那目前来看,这个研究仅仅还是一点点,那随着未来这种科技的发展,会不会我们对他们星系的探索也会越来越多,从而成为我们的镜像。

专家:当然,一定会这样,随着我们天文学技术的发展,对它的研究越来越多,比如说我们可以知道,它的太阳会是一个什么样的一个活动,对我们自己的太阳已经很了解了，我们还可以知道它的行星上面，现在估计会有大气层，会有水，那到底有没有呢？除了空气和水以外，还有没有其他的一些化学成分，我们可以进一步地去研究。

主持人：像刚才你说，可能现实意义并没有，功利的意义并没有，这就好像是科学分为基础科学还有应用科学一样，可能它更多的起到的是基础科学的作用。

专家：是的。

主持人：好了，我们刚才一直在关注人类对于太空的探索是无止尽的，而且越探索，知道的越多，就知道原来自己知道的越少，这个话听着比较绕口，但实际上就是知道的越多就知道人类在宇宙中是多么的渺小，我们继续关注。

画外音：温室效应造成全球气候异变，全球陷入第二次冰河期，太阳活动异常，地球内部能量平衡面临崩溃，玛雅人的预言即将实现，人类将遭遇灭顶之灾。（电影《2012》片段：东京遭遇强烈地震，有消息称东京的大片陆地已沉入海底。）人类遭遇来自太平洋的海底的入侵，百万生命和人类资源将被吞噬。近几年一部部灾难大片带来巨大票房号召力，同时也折射出地球人对地球家园的隐隐不安。除了这些想象中的自然灾害，事实上，人类活动已经对地球造成难以逆转的破坏。2009 年一部走访了 50 多个国家拍摄的纪录片《家园》，真实展现了人类对于自然触目惊心的毁灭。于是乎，电影市场上大黄蜂、擎天柱、蜘蛛侠、钢铁侠，甚至煎饼侠都来拯救世界了，但是英雄也有无能为力的时候。（电影台词："你们只能孤军奋战了，我走了，山姆。"）大黄蜂们毕竟只属于科幻，而近半个世纪人类带着危机感和求知欲开始了对于新家园的努力探索。从 1961 年 4 月 12 日前苏联宇航员加加林成功进入太空起，人类不断地挑战智力和生理极限，把探索的脚步印在地球以外的星球上。本月 20 号，一项人类历史上规模最大的地外智慧生命搜索行动在英国伦敦启动，这项计划由俄罗斯亿万富翁尤里·米尔纳出资，由英国著名物理学家斯蒂芬·霍金与多名科学家共同参与，这项行动预计要花上十年的时间，耗资 1 亿美元。（霍金："我们一直相信，地球上的生命是自然产生的，那么在无限的茫茫宇宙中一定存在着别的形式的生命，在宇宙的某一个地方或许外星生命正盯着我们看呢。"）

主持人：在人类的印象中，说到冥王星始终觉得它就是在天文望远镜里面能够捕捉到能够看到那样的一个暗色的小点，但是随着"新视野"号对它的拍摄，我们看到其实这个冥王星也可以是"萌"王星，因为它身上有着一颗心形的图像，而且人类把它包装成了一个萌萌的可爱的样子。另外刚才短片中已经说了，霍金也准备开始去开启他的寻找外星人的旅程。其实人类用科技做翅膀，是一点一点走向了宇宙的深空，那我们不妨再回过头来说说自己的地球，对地球为什么科学家们有一点忧虑的感觉，是不是地球也是像人类一样有一个寿命的极限,它是有一个极限的?

专家:我们知道,地球上已经有各种各样的问题了,环境的问题,能源的问题,人口、粮食等等等等。我们现在没有办法预测到地球还能坚持到什么情况,如果环境这样继续恶化下去,什么时候就无法再忍受了,这个我们没有办法知道,但是这种焦虑始终伴随着我们。正是由于这种焦虑所以我们就会想去找到另外一个伊甸园,找到另外一个世界——有一个完美的世界能让我们移民过去。

主持人:那在某种程度上来说,人类这些年来不断地在向太空去探索,也是反映了自身的一种焦虑,也是希望找一个就是未来有一天真的灾难来临的时候,有一个可以去避身的、能有这样的一个避风港,像"诺亚方舟"一样。

专家:是这样。

主持人:有可能找到吗? 你觉得?

专家:其实与其说去开普勒-452b所在的星系去找避风港,还不如在我们身边想想办法,比如我们的月亮、火星,这可能是更靠谱的,更容易达到的,因为离我们很近,我们也已经有机器人、有探测器在上面去探测了,到上面去了。不用说很远,中国的嫦娥计划就有一步计划是要在月亮上建设月球基地,要长期在月亮上驻扎了,所以这是一个更近更能够实现的方式。

主持人:我问一个也许是外行的问题,人类离找到避风港、找到"诺亚方舟"这一天,还有多远的路要走?

专家:我想这可能是一个特别特别漫长的(过程)。

主持人:这是一个不断探索的过程。那还有一个问题,就是大家都关心为什么管它叫地球的堂兄,就觉得有可能、有没有可能有朝一日,刚才说了目前看不可能,要1400光年,地球人搬到那去住,有可能吗?

专家:我不太看好这个情况,但是我看到一个网友是这么说的,这让我非常感动,它这么的像我们的地球,它的太阳又这么的像我们的太阳,我们可以说是孪生的姐妹的关系,但有没有可能,假如它的上面有一位天文学家,它的天文学家用他们的天文望远镜来看我们的太阳,也许就在今天发布了一个新闻,找到了我们这个地球,想到这个让我们非常非常感动,我们不是孤独的。

主持人:非常感谢高博士。刚才我们一直在说,从理论上来说,从地球抵达这样的一个地球的表兄,都是不可能的。那么从现实意义上来说的话,我们作为生活在地球上的人类,还是目前要好好地善待自己所生活的地球吧! 谢谢!

(2015-07-24《新闻1+1》)

6.完整节目

片头:菲律宾总统阿基诺三世发表任内最后一次国情咨文,却再度抛出南海问题,要求菲律宾全民团结对抗中国。上任之初曾认为中菲关系不会因为南海问题受损的阿基诺三世上任以来对南海问题的态度为何会发生变化？面对菲律宾内外交困，阿基诺三世又是否要紧紧攥住南海最后一棵救命稻草，请关注本期节目《菲律宾在南海如何陷入困局》。

主持人：大家好，欢迎您收看中央电视台中文国际频道《海峡两岸》。菲律宾总统阿基诺三世 27 日下午在国内进行了他任内的最后一次国情咨文，那么在他长达两个小时十五分钟演讲当中，他还不忘提及南海并宣称要让人民团结起来来"保卫南海"，并且详细介绍了菲律宾的军方已经采购和计划添加的军事装备，那么为什么阿基诺三世在最后的一次国情咨文当中会再次提及到南海问题，今天就这样一些相关话题为您邀请到军事专家徐先生来做进一步的分析和介绍。您好。

专家：主持人好，大家好。

主持人：好，那我们首先通过短片来了解一下阿基诺三世最后一次国情咨文相关演讲。

画外音：菲律宾总统阿基诺三世为期 6 年任期将于明年 6 月结束，27 日，阿基诺在国情咨文中大篇幅回顾他自 2010 年出任菲律宾总统以来的成就，在演讲快结束时阿基诺三世谈到了南海问题，他声称菲律宾在南海正面临挑战，"我们面对的是一个无论是经济、影响力还是军力都远远领先我们的国家，团结是维护我们权利的关键。"而在阿基诺三世演讲的众议院外，抗议者持续示威。

同期声 1：总统任职的 5 年时间里，是一个失败接着又一个失败，这就是人们为什么在这里进行抗议。

同期声 2：他不是所有菲律宾人的总统，他只是少部分人的总统，比如那些富人，他的朋友、亲属。

画外音：美联社称大约 4000 名抗议者试图冲击众议院阻止阿基诺演讲，菲律宾官方动用高压水枪，抗议者则向警察扔石块和玻璃瓶。至少 3 名警察和 16 名抗议者受伤。

主持人：这一次阿基诺三世作的国情咨文的演讲是他任内最后一次的演讲，那在这个演讲当中我们看到他不忘提及南海问题，那么这个南海问题在他整个演讲当中会占多大的比重？而整个南海问题在他 6 年任期当中，他会不会把它作为一个政绩来进行宣扬？

专家：从现有资料来看，他的整个国情咨文作得时间很长，两个多小时，主体部分是什么，他是想回答我在这么多年、6 年的任期中间我做了多少成绩，因为目前他所处的状态并不是那么很好，不是像他当选的时候 42% 选票选给他。因为当时他有一个非常好的承诺，就是三个大承诺。第一，我要反贪；第二，我要脱贫；第三，我要搞民族和解。这是他的主体，但是始终没有忘记南海问题，他这个南海问题放在什么地方讲了，把他最重要的一些问题，前面那些承诺讲完以后,专门在最后辟出一段时间来讲了南海,讲南海的目的是什么,讲两个问题、两个主要目的,第一个就是说我对南海所谓国家主权问题我很认真,因为他的前任把黄岩岛划为200海里专属经济区是1994年,不是他的事,他2010年才上台,1997年拉莫斯总统宣布,"黄岩岛干脆就是菲律宾的领土",因此是1994年、1997年前任总统都有表态,那么到他这来的时候他就必须要有所继承,他说我在南海问题上做了很多,不仅维护了主权,而且还为军队加强实力保卫这个主权,所以花了不少钱,好多亿美金买这个买那个,所以他在南海最后表态也有两个目的,一个说明这个总统,我继承了前任总统原有的政策,这是第一,第二我是有成绩的,我是充实了我的军队的力量的,现在就是希望大家团结起来一致对外,把这个政策能够贯彻下去,让我这个总统和前任总统一起继承的这种基本维护利益的政策能够得到实现。

画外音:时间倒回到阿基诺上任之初,2010年6月30日阿基诺三世正式就职,成为第十五任菲律宾总统,在2011年8月26日当被问及南海问题时,阿基诺三世曾表示他不认为中菲关系会因南海问题受损,"争议有时能为巩固和加强双方关系提供契机"。阿基诺开始上任后的首次访华行程,也是"只谈贸易、不谈争议"。然而到了2013年6月12日菲律宾国庆日,在菲律宾独立115周年纪念活动上,阿基诺三世发表演说却称,菲律宾不会索要"明显属于其他国家的领土",只要求"我们的领土、权利和尊严得到尊重",并呼吁民众团结应对"外来威胁"。美联社称阿基诺在演说中没有提及中国的名字,但普遍认为他的这番讲话针对中国。2013年6月27日,菲律宾能源部长阿尔门德拉斯宣称菲律宾巴拉望岛西北部的两个油气区块属于菲律宾的领土,外资可以在南海水域勘探石油和天然气,这两个油气区块是菲律宾能源部在2012年6月启动的第四轮能源承包项目中允许外资勘探油气资源的15个区块中的两个区块,中国2012年曾就此向菲律宾提出严正抗议。

主持人:我们看到阿基诺三世在上任之初,他不认为中菲关系会因为南海问题而发生什么样的改变,并且在他上任第二年也就是2011年来中国进行访问的时候也说,对外表态说我们"只谈贸易、不谈争议",那么那个时期的阿基诺三世,他是怎么来面对南海问题,怎么来面对中菲关系的,他为什么那个时候会持有那样一个态度?

专家:对,这个是很奇怪的一个问题,他的态度和前面几任好像不太一样,特别是刚上任那两年,他2010年上台了,2011年就来访问了,什么原因?非常重要的原因就是他上台以后国内的经济状况,经济问题是非常重要的,而中国是菲律宾非常重要的一个贸易伙伴。我们中菲贸易中间的话,在菲律宾对外整个贸易中间相比之间的地位是怎么个重要法,大概总贸易量、双边总贸易量第二位,仅次于日本。进口额、进口量,我们进口菲律宾的货物贸易,第一名;我们出口到菲律宾的，第二名。你看看中国在整个经济问题上，对在贸易上维持菲律宾本身的经济发展非常重要。另外我们中资的投资也是相当的量，所以他一上台以后，他有三大承诺，要解决三大承诺问题，重大问题主要是经济问题、反贪问题、脱贫问题，特别是脱贫，所以他的注意力想放在经济方面就不能得罪中国，干嘛把麻烦事提溜出来，他肯定是采取一种办法，然后先解决贸易、解决经济问题，让我的承诺在总统一上来的"三把火"的时候能够让大家感觉到是吧。在那两年，刚上台的两年，经济增长率的GDP，大概是接近7%，他就觉得这个很好，是有利的事情，所以反正我这个问题先搁置一下，不影响我的主权问题，我先解决我的经济问题，所以当时在2010年、2011年总体来讲他是坚持这个原则，就是先贸易后来谈争议的问题，是这么一个状态。

主持人：那么说到阿基诺三世对南海问题态度转变，可能是在2013年之后，因为在2013年菲律宾国庆日的时候，阿基诺三世正式提出了南海问题，而且随着那以后就不断在国际场合一些国际重要的事务的时候，他会提高调门，就南海问题来针对中国，那么为什么后来他会发生一个这样的转变？

专家：对，这个问题提得非常好，我分析三个原因，第一个原因，到了2013年的时候，南海方向、包括我们中国东海方向麻烦出来了，不仅是它这一家，越南、马来西亚等声索国动作比较多。调门提得比较高是在2013年开始的，菲律宾凑这个热闹，他想反正2010年、2011年、2012年这几年我政绩还不错是吧，我三大承诺做得还可以，GDP增长也不错，6%到7%已经算很高速度了，老百姓的生活状态他认为做得还是可以的，所以在民族和解的问题上，他也能够签订了和平协议，他认为在国内的问题基本上取得了不少的成绩，回过头来他要迎合当时的南海这么一种态势，大家都在争议这个问题，那我菲律宾不能放松，所以这个时候问题就突出出来了，这是第一个原因，就是自己国内的一个因素；另外国内有一部分强硬派，民族主义强烈的强硬派，就指责总统你怎么搞的，前面两三任总统都表态非常强硬，怎么你到这怎么好像只顾国内一些经济问题，这个问题你怎么不抓，有一部分人比较强硬地对他也有批评，所以国内因素这是第一个。第二个就是美国的问题了，因为当时2013年开始以后，东海问题南海问题美国人开始介入了，美国人在菲律宾也采取一些拉拢的办法，各种各样的办法都使上了，包括军事基地的问题、卖东西的问题、军备的问题等等都在慢慢增强，所以从2013年以后这三年情况就发生了变化，他感觉美国人很支持他，他不是孤立的、不是单独的，有盟国有老大帮忙，再加上日本也在伸手也在帮忙，所以这个时候鼓励了他，增强了他在南海问题上争权，争夺他的这种权益、利益的这种勇气，这是第二个原因。第三个原因是整个一个国际形势也有很大关系，他觉得国际上的整个舆论对他有利，有人帮他出点子，干脆告到国际法庭，告到仲裁法庭来仲裁是吧等等，很多人帮他出点子，所以整个国际上面，再加上有一些西方媒体的片面报道,把批评中国的分量加得很重,所以他也觉得好,风向比较好,整个对中国不利,对我们几个声索国是有利的,所以也增加了他这一方面一种鼓励,增加了他整个的表态的强硬度,有所增加,有所变化,我觉得主要是这三个方面的原因。

画外音:另据英国路透社报道,有菲律宾政府官员 20 日表示,菲律宾政府计划明年支出增加 5.52 亿美元购买护卫舰、侦察机和雷达,以提高在南海的侦察能力,据报道,增加国防预算是菲总统阿基诺计划政府预算议案的一部分,2016 年将是菲律宾政府 20 年来国防预算最多的一年,一位不具名的菲律宾军方高级将领透露,政府提议的国防预算,将用于采购两艘护卫舰、两架双引擎远程巡逻机和三台空中监视雷达,剩余的部分将用于分期支付从韩国购买的 12架轻型战斗机。

主持人:刚才我们也提到说阿基诺三世也提到了他会不断去添加军事装备,之前菲律宾方面也在不断对它的军事装备进行更新,而且还提出在 2016 年要增加 5.52 亿美元来扩充国防预算,所以说那我们应该在军事角度如何来关注菲律宾的这样一种成长,如果说在军费国防预算当中增加这么大一笔开支的话是不是意味着就是整个在阿基诺三世的任期之内是想通过军事力量来升级南海问题?

专家:是的,但大家都知道菲律宾这个国家并不大,1 亿人口 30 万平方公里军队只有 12.7 万人,军费在 2012 年的时候,也只有 30 个亿不到一点,29 个亿多一点美金,人均军费也就是两万多,是这样一个水平很低的(国家)。它为什么这次要增加? 它在 2013 年时就提出一个计划,要整个军费三年之内增加 16.6 亿,这个 5.52 亿就是这 16 亿其中的一部分,想在 2016 年把它花出去,扩充军备,让它的海军让它的空军能够更新一些装备,干吗用? 守护它所谓的南海的权益,实际上他心里也很明白,靠这么一点军费买这么两艘军舰,再买两架运输机,再加 12 架轻型战斗机,再买几部雷达,能解决整个的你想在南海地区争夺你的权益吗? 那是不可能的事情,你面对的对手和你不是一个数量级的。通过这种渠道来解决这个争议问题,就是采取强硬的军事的手段来解决是不可能的,是走不通的,但是他非这么做不可,什么原因? 他在国内没法交代,他要和国内有个交代,就是说我还是很强硬的,我还是很爱国的,所以我们豁出去勒勒腰带也得把它增加,这个 30 亿美金一下增加 5 个多亿就意味着什么,2016 年军费要增大到 36 亿左右,这是破天荒的,在菲律宾的历史上来讲破天荒的、最大的,无形之中就会消减别的预算,全部的国家的预算才多少,是吧,才几百个亿是这样的。所以我觉得这样他一做的话带来的问题就会更多麻烦,所以作为他来讲他想在我最后一期了,豁出去了,反正烂摊子后面总统来干,因为菲律宾的总统有个制度,宪法上有个规定不能连任,六年完了下去就下去了,你想连任连任不了，意味着下一任总统肯定是另外一个人，另外一个人来收这个烂摊子，这个军费能不能在2016年花出去用得上，那都不一定，所以我觉得这里面总体来讲是一种姿态，阿基诺三世的一种姿态，来向老百姓有所交代，向某些强硬派有所交代，也向美国人有所交代，因为一买涉及军贸，买谁的，一般都是买美国的或者日本的是这样的。

画外音：菲律宾总统阿基诺三世发表任内最后一次国情咨文，却再度抛出南海问题，要求菲律宾全民团结对抗中国，上任之初曾认为中菲关系不会因为南海问题受损的，阿基诺三世上任以来对南海问题的态度为何会发生变化？面对菲律宾内外交困，阿基诺三世又是否要紧紧攥住南海最后一棵救命稻草，请关注本期节目菲律宾在南海如何陷入困局。

主持人：那么从阿基诺三世本身来看，他为什么要在自己任期都快届满的时候，因为他还有一年的时间要增加国防预算，他通过他的这样一种行为，他想达到什么样的一个目的呢？

专家：我觉得对他来讲实质性的利益并没有什么，最多可以起到个什么作用，转移人们的视线，因为他本人遇到了一点麻烦，因为有人在控告他，控告他两条罪状，第一个就是他有贪腐，第二个挪用公款，他现在在千方百计要想洗干净，所以他本人是有点麻烦的；另外在其他国内经济发展方面，特别在脱贫方面，大家是有意见的，所以这次议会他在演讲的时候，大家就可以看出来，他在里边演讲、众议院和参议院的几百名议员在那听他演讲的同时，会场外面4000多人示威，最后打起来了是吧，警察和示威群众都有伤亡，都有受伤的，他们示威的人主要口号是什么，反贪脱贫，主要目标是这个，所以在他这边演讲的同时有人示威，就说明人民对这个问题有意见有看法，因此他在这个问题上把大家的视线做适当转移，可以达到这方面能够缓解一些人们的批评，大家团结起来你们别闹，别在外面搞示威搞什么经济问题了，我们现在国家利益在受到威胁，有更强大的国家威胁到我们，所以我们应该怎么团结起来来对付、一致对外，所以他都有这么一种政治目的在里面。

主持人：用南海问题来转移国内焦点，您觉得民众会对他的这样一种行为买账吗？那么他面对的国内这样一种严峻形势会因此而改观吗？

专家：这是个问题，是个问号，要想依靠这种方法完全解决他所遇到的困境这是不可能的，但是会满足一部分议员，满足一部分强硬派的或者民族主义情绪比较强烈的一些部分群众的一些要求，可以满足一部分，但从根本上来讲解决不了这问题。最近不是大家也在天津开了个会，南海行为宣言的问题，所有的一些国家的代表来了，大家也是定了基调，仍然还是强调一个问题，就是政治解决、和平协商解决，推进行为准则以及双轨的这种方式来解决南海争议，所以这才是一条正路，作为他的一种办法，耀武扬威的一种办法，不能解决这个问题。

画外音：菲律宾总统阿基诺的任期即将结束，在他的支持度不断走低的同时，南海问题的热度却在国际上不断升高，在新安保法通过后，日本立即表态称将加大日本海上自卫队在南海的巡逻行动，美国新上任太平洋舰队司令近日更是放话称，濒海战斗舰将更加频繁访问南海，即使这些地区依然存在主权争端，但不会阻碍美国在争议地区进行军事行动，在南海仲裁庭审上受挫的菲律宾瞬间有了"胜利在望"的底气。菲律宾总统发言人埃米尼奥·科洛马也随即发表声明称："菲律宾在对抗中国关于南海主权主张上，获得越来越多的国际支持，菲律宾对此表示欢迎。"

主持人：从刚才短片我们也可以看到菲律宾一直企图拉拢日本拉拢美国来介入南海问题，来为自己解套，但是我们看到即便是菲律宾国内一些相关媒体也指出，其实这样一种做法反而是弱化了东盟之间或者是中国和菲律宾之间自主来解决南海问题这样一种能力，那是不是阿基诺三世在国际场合上或者是拉拢一些同盟伙伴来介入这样一个问题，真的弱化了我们彼此之间来真正解决南海问题的能力？

专家：是的，在整个南海问题上，实际上是两条思路，一条思路是以美国日本为代表的就是要有域外国家积极介入，强行给中国制造压力，然后把东盟所有的声索国和其他国家力量集中在一起，然后在日本美国的支撑下，向中国制造压力来解决这个问题，这是一条思路。第二条思路和它是不一样的，就是域外国家你不要介入，让我们自己内部来，我们东盟国家和中国之间以及中国和所有的声索国之间内部坐下来谈，通过行为宣言的实施，通过行为准则的协商来解决问题，始终是这么两条思路在碰撞。所以现在菲律宾为什么国内出现一种不同看法，说你这个做法一屁股全坐到美国、日本那一边，完全按照那条思路来做，你这边第二条思路必然就弱化了，所以你的菲律宾的地位在东盟里的地位，大家集体来商量问题的时候，就是说你的政治地位就受到削弱，大家一看你的屁股全都坐到那边去，那怎么谈？谈不拢。对这个问题的解决、缓解这个地区的紧张一点意义都没有，所以国内就有一部分比较明智的一些人，他就会提出这个意见，不能这么干，是不是，现在好了，军事基地也开放，日本人也弄来，美国人也弄来，好不容易20世纪90年代把他们轰出去，现在好了，一个个又回来了，你这个菲律宾的独立，菲律宾的整个自主到哪去了，必然要受到影响，所有国家只要有外国的军事基地都有这个，没办法的，解决不了的，解决不了这个困境。所有国家不论大小都会排斥国外的军事基地，这是正常的，容纳军事基地这是不正常的，所以菲律宾政府在这个问题上受到国内一些批评这是非常自然的，它的路子走错了。如果还要操弄南海问题，把南海问题作为国家安全的非常突出的问题，然后投入军费，浪费资源，这样的话我想这样的总统也是很困难的，我想下一任总统接任的话很难说，值得我们大家观察，看看是不是会有变化。老百姓在选择领导人的时候,在选择他的路线上和政策方针上非常关键,所以我看下一任总统接任他会不会有改变都存在着可能性。但是现任的阿基诺,你指望阿基诺三世最后的大半年里头要想重大改变恐怕十分困难,这是我的基本判断。

主持人:所以说接下来在阿基诺三世任期届满之内,你觉得南海问题还会扩大化吗?

专家:我想靠他来扩大化这个也很难,我觉得整个南海地区问题的主导者主要是中国是一个非常重要的一个力量,另外就是整个东盟还有其他很多国家,大家来群起而合之,对吧? 这样的话这个力量还是强大的,由东盟、中国还有所有相关的声索国一起商量怎么样解决这个问题,从法律上、从制度上来解决,找行为准则的问题看怎么样推进,现在一步一步已经进入第二阶段了,所以我觉得这是一个好事情,这是条正路,应该这样讲,菲律宾那个不是正路。如果你正常的一种强化自己,更新自己的国防力量,这是正常的,可以;你把目标非常明确的为了南海问题,我就要加强武装,这就不对了,这就不合适了,是吧? 这样就会对整个谈判的气氛、政治解决的气氛是不利的。

主持人:所以说到目前为止阿基诺三世采取的这样一种解决南海问题的方式是不是也是让阿基诺三世现在陷入困局,无论是内政还是外交都没有做得非常好的这样一个最主要的原因?

专家:我非常赞同你的观点,就是这样因为他路子走错了,他是依靠域外国家,依靠他所谓的盟国来帮他解决这个难题,路子走错了。所以他在国内会遭到一些反对,另外也影响了他在国内的执政能力和治理能力,所以从这个方面来看的话,老百姓并不太满意他。所以整个来讲、评价他,在整个六年任期中间,前两年还是不错的,取得了一些成绩,但是从2013年开始,他的战略判断发生错误,整个战略判断发生错误,所以战略选择发生了错误,他走了一条错误的路线,没有按照正确的路线来解决,这是目前造成他的巨大困境的一个根本原因。

主持人:所以说南海问题不会成为中菲之间的困境,也不会成为菲律宾这个国家的困境,而是说他的做法和行为方式使他陷入了困境,而这个困境也导致了没有办法去好好处理南海问题。好的,非常感谢徐先生对以上话题给出的解析,谢谢。

专家:谢谢,大家再见。

主持人:好,观众朋友在线收看、预约回看《海峡两岸》请您关注 CCTV4 官方微信、微博,下期节目我们再见。

（2015-08-01《海峡两岸》）

第三节　现场报道

一、概念阐释

1. 概念

电视新闻现场报道，即报道者置身新闻现场、叙述新闻事实、传达事件动态、点评新闻事件，以采访者、目击者和参与者的身份进行新闻报道。

报道者一般来说主要是记者，也可以是播音员主持人。电视新闻现场报道不同于广播新闻现场报道，需要报道者面对摄像机镜头出图像报道新闻事件，要注意有声语言和非语言的结合。现场报道具有及时性、真实性、丰富性等特点，越来越受到媒体和受众的重视。

关于电视新闻现场报道，还要注意区别"现场报道"和"现场播报"的异同。现场播报一般是指报道者在现场开头说一段已经准备好的话，之后便不再出现于电视画面中，其与新闻事件也没有同步活动、采访、报道。因此，一般不将其作为现场报道的一种类型。

2. 要素

(1)报道者

记者是电视新闻现场报道必不可少的要素，也可以说是现场报道的重要标识。如果一个新闻现场没有记者，只有一段画面和声音，受众多会云里雾里、不明就里。在绝大部分时候需要记者的出镜采访、说明、提炼、报道，或者是以画外音的形式配合现场画面进行讲解。

报道者首先应当是新闻的"过滤器"。除了对新闻选题、新闻价值的判断之外，在面对即将报道的新闻事件时，应当结合广义备稿和狭义备稿，在信息聚集的新闻现场分离出有效信息，在大量的背景资料中筛选出事件核心问题，组建一套完整的信息流。简单来说也就是要过滤无用信息、筛选报道核心、实现有效传播。

报道者应当是受众的"导游"。从交代背景、介绍现场，到整合信息、深入采访等，都需要报道者引领着受众在新闻现场以及新闻事实当中游走，通过一层一层分析、一点一点深入，最终让受众了解新闻事实，从中收获信息。

报道者还应当是受众的"代言人"。报道者采访现场相关人员是现场报道的重要组成部分，只有进行了深入、全面的采访，才能形成客观、可信的结论。报道者不仅要和新闻事件同步，还要和受众心理同步；既要考虑新闻传播的专业要求，也要考虑受众的心理期待。

报道者同时也是媒体实力的具化"缩影"。电视新闻现场报道者是其所在媒体的代表,对同一个新闻事件不同媒体的报道者可能会有不同的方式和角度,而他们的言行及水准往往从一个侧面展示出了媒体的理念和水准。

(2)在现场

新闻现场是新闻事件刚刚发生、正在发生或者即将发生的时空。一方面,空间概念的现场是必不可少的,必须要有事件发生的地点才有现场报道的可能;另一方面,随着媒体竞争的日益加剧,"现场"越来越带有时间的概念,如果所发生的新闻事件已经过去,那么新闻价值就大大削弱了,也已没有现场报道的必要,"快"成为现场报道的一个重要争夺点,能够"第一时间"从新闻现场发回报道一定会在竞争中占据先机。

同时,新闻现场也是新闻真实性的重要保证。报道者必须亲临现场、亲眼所见、亲耳所听、亲自采访,准确、清晰地报道新闻事件。要时刻牢记记者的使命和职业的要求,不能因为外界或自身的任何原因而作虚假的现场报道。

(3)受访者

电视新闻现场报道者在面对复杂的新闻现场和众多的新闻相关者时,为了报道的充实、全面、有说服力,选择受访者进行采访是一种常态。但是值得注意的是,受访者属于比较难以掌控的一个要素,会使得采访产生不确定性。比如"央视走基层"街头调查采访"你幸福吗",有人就回答"我姓曾",汉语的同音现象导致了交流产生了偏差。在现场报道中,报道者要恰当选择受访者,一般来说受访者范围要宽,要能反映事件的各个方面、和事件联系要紧密、要愿意配合完成采访报道。

(4)音响声

在现场报道当中,除了报道者的有声语言、采访的同期声之外,还应当有新闻现场的音响声。虽然说音响报道在广播报道中使用得较为普遍,但对于电视新闻现场报道来说,很多时候来自现场的声音配合着画面和有声语言,会产生更强、更直观的冲击力。比如现场直播报道钱塘江大潮,潮涌的声音便是报道的一个重点,因其是"壮观天下无"的钱塘大潮的重要组成部分。还有一些现场的音响声是可以起到说明事实、突出主题、渲染气氛等作用的,也应当在报道中着力加以呈现。

(5)设备组

这里所说的设备组,包含了两个方面的内容。一是采播设备,即话筒、摄影机、特殊情况下的手机、SNG卫星新闻采集车等;二是现场道具,即报道者为了能够解释现象、说明事实、分析情况、更好地传达信息等而在现场临时使用的一些物品和道具。

3. 特点

(1)时效性更强

新闻的时效性是衡量新闻价值的重要尺度,其中既包含了速度的快慢,也包含着其所带来的社会影响和社会效益。和一般的电视新闻传播相比,现场(直播)报道就在新闻现场,而新闻事件刚刚发生、正在发生或尚未发生,可以说没有时差或时差极小,这样的传播过程具有同步性、即时性,满足了受众的期待,符合电视新闻发展的要求,时效性的体现最为典型和集中。

(2)现场感更强

电视新闻现场报道能够通过采编设备等最直观地展现新闻现场的环境、气氛、人物、活动以及语言、音响等方方面面,报道者则在现场边看、边听、边感受、边观察、边记录、边采访、边报道,引导受众进入现场,给予受众强烈感染,这些综合作用共同赋予现场报道更强的现场感和感染力。

(3)信息量更大

不管是相对于纸媒、广播,还是其他电视新闻传播,现场报道的呈现元素都是最为丰富的。纸媒记者用文字报道,广播记者用声音报道,而现场报道记者除了运用有声语言之外,还有自身非语言的参与报道,表情、动作、服饰等都能够传递信息。除此之外,画面、音响、受访者、同期声等也都是现场报道的重要组成部分。可以这么说,现场报道中出现的一切因素都具有信息价值和意义,将其很好地组合、表现、挖掘,有利于传播目的的实现。

(4)可信度更高

现场报道是一种全面、丰富、立体式的新闻报道,现场的展现、采访,情况的发展、推进等都是真实性的最好注解。报道者用现场、用事实说话,说服力更强、可信度更高,能够给受众以强烈的冲击力和真实感,并使之信任其所作的报道。这是新闻传播的重要前提和保障。

二、创作要求

1. 准备技巧

(1)整体准备、具体准备

精心、到位的准备是电视新闻现场报道成功的前提和基础。无论报道日常事件还是突发事件,都要进行整体的和具体的两个层次的准备工作,也可以类比"广义备稿"和"狭义备稿"来理解。整体准备就是报道者应当有意识地把握政策、了解社会、体察民情、增加底蕴、开拓视野、提高素质,提高专业能力、完善综合素养。具体准备就是在现场报道之前的一些有针对性的准备,比如整理资料、梳理思绪、分清主次、明确重点,找准报道角度、明确报道主题、理清报道程序、确定采访对象,以及应对不同结果和突发状况的预案,等等。

(2)注重事实、坚守道德

事实应当是新闻报道者永恒的准则和目标。在现场报道的时候，千万不能以自己的感觉代替事实，而要把在新闻现场最朴素的感受鲜明、生动地表达出来，以冷静的态度从旁观者的角度报道，避免感情用事。还要注意不能将事实与观点混为一谈，告诉受众事实，不进行主观价值判断，要将事实和由此生发出来的观点分开，不能误导受众。新闻工作者的职业道德是需要坚守的，除了注重事实，现场报道者还应当具备高超的专业素养和强烈的社会责任感，以积极正面的心理状态和良好饱满的精神状态做好电视新闻现场报道这一综合性的新闻传播工作。

(3)选题准确、角度新颖

电视新闻现场报道的选题，应当根据具体新闻栏目的要求以及重要性、关注度、价值性、特殊性、迫切性等原则来综合确定。而对于同一个新闻事件可能会有不同的报道角度，这就需要报道者反复斟酌、仔细推敲，能够找到新颖的视角进行报道，避免落入窠臼，引起受众审美疲劳。这一点应当说除了和整体栏目的要求相关，更重要的在于报道者的"广义备稿"是否深广以及经验的积累、用心的程度等方面。电视新闻现场报道者一定要有意识地丰富自己、不断学习，从而更好地胜任这一工作。

2.表达技巧

(1)报道清晰、描述全面

现场报道时的语言应当做到让受众听得清楚、听得明白、听得舒服，注意谈话式、交流感的运用和表现。对于新闻事实的描述要注意概括性，切不可洋洋洒洒、拖沓冗长；而对于一些重要的细节则可以详细描述。同时要注意对于时间、地点、人物、物体等画面中不能表现或不能直接表现的内容进行补充、说明。采访时则要注意语气恰当、表达清晰、状态从容、注意力集中以及体态语配合。要注意避免重复啰嗦没有重点、一气儿到底没有停连、镜前兴奋过分夸张、表达苍白平淡无味、机械背稿缺乏交流等问题的出现。

(2)评论到位、短小精悍

由于很多时候演播室有新闻主播、评论嘉宾，还有连线特约评论员，再加之报道时长的限制，出镜记者的评论基本以短评为主，而且是非常简短的评论，一般就几十个字、几句话，就一点评论、篇幅短小、定点落脚、深化主题，可以为受众提示重点、倡导方向、引发受众共鸣。在评论包括描述的时候，新闻文稿为辅，而即兴口语表达为主，因此要注意语言表达的逻辑感、时间感，适时以身姿、眼神、手势等非语言要素加强表达效果。要注意避免"为评而评"，避免空话套话。

3. 采访技巧

（1）熟悉对象、准备话题

采访是为了了解现场情况、调查事件真相、挖掘事件内核，是电视新闻现场报道的重要手段。采访之前首先要选择采访对象，这其中一般会有新闻当事人、事件关联人、现场旁观者等，他们会从不同角度给受众展示新闻事件。选定了有代表性的对象之后，要熟悉他们，正式采访之前作简单的沟通，针对不同的人作不同的采访方案；但如果是突发紧急事件这一环节可能便会省略，那么报道者就应当调动自己全部的储备选择采访对象，争取"一击即中"。采访时话题的准备要充分、到位，这就需要报道者尽可能在有限的时间内占有大量的背景资料和相关信息，明确话题的推进层次。

（2）提问简练、把握时机

报道者在提问时要有自信、仪态自然，注意开始时问候受访者，提问要简单明了、开门见山，语言要自然、质朴、口语化，态度要真诚、"走心"。如遇到采访对象听不明白、无话可说、拒绝回答、答非所问或是对报道者产生抵触、反感等情绪时，要及时调整自己的采访过程和对话语言，切不可继续下去，否则很容易造成有效信息的流失和采访的失败。在应对相对复杂的谈话时，要注意思维积极运转、精神高度集中，能够根据对方的谈话内容把握追问的时机。开放式的问题和闭合式的问题应当有机结合，前者可以挖掘细节、完善事实，后者则能迅速引出观点、厘清事件，二者组合提问，能够提高采访效率、获得有效信息。另外要注意提问的层次，形成逻辑严密的"问题组"或"问题链"，问题层次清晰有利于真相的探究和调查的深入。

（3）善于倾听、恰当质疑

一般总是说"会听才会问"，正是表明了在对话交流中善于倾听的重要性。在现场报道采访的过程中，倾听采访对象讲述是一个重要环节，是报道者了解新闻事实、了解采访对象的必要途径。倾听时要集中注意力，分辨并记住受访者所说的内容和观点，提炼有用信息；要边听边观察对方的情绪、表情、语气等，以免发生误读；在倾听时思维还要积极运转，对回答的内容进行甄别，看是否达到预期；保持即兴反应的积极状态，一有合适的时机就要及时补充问题、追问问题、恰当质疑，不要固守采访提纲或报道预案。值得注意的是一定要区别观点与事实，千万不可将二者混为一谈，否则这样的现场报道便是失真、失实的。

4. 操作技巧

（1）引导受众、配合主播

电视新闻现场报道的重要任务就是引导受众关注重要信息。如果报道者的报道毫无逻辑、毫无重点、毫无目的，那么便很难引起受众的关注，传播的目的就无法实现了。报道者应当在现场报道时以自己的思维角度、报道方式等向受众传达有价值、有新意的重要信息,引领他们一步一步探究新闻事实、获取有用信息,引导他们的关注方向、关注内容。同时,在现场报道的时候,报道者还应当注意和演播室主播的配合,一方面语言要简洁、质朴,给出时间、地点、人物、事件、进展等基本情况;另一方面要了解连线时的"延时"特点,和演播室主播达成默契,报道时既不要抢话,也不要冷场。

(2)细致观察、准确判断

观察、判断是到达新闻现场之后、开始报道之前的重要环节,没有快速、细致、敏锐的观察力和明晰、高超、果决的判断力,很难进行准确、高效、出色的现场报道。观察和判断几乎是同时进行的思维活动,一般来说新闻现场都是比较混乱的,信息庞杂、人员众多,乍看无从下手,这时就需要先冷静观察、判断,能够迅速地发现重点、亮点、新鲜点,并开始构思报道。第一,要抓住典型新闻现场,把握现场采访时机。选择最为典型的环境作为自己的出镜背景,通过背景画面传递更多的事实和细节;也要通过观察及时把握可能的采访时机,学会见缝插针、抓住机会。第二,可以选择多样的出镜形式。比如静态和动态结合,将所需要的报道点和细节点通过自己的运动或是指引摄像机运动,在报道中串联起来,丰富形式、突出主题。第三,要注意细节的抓取。在现场报道中,细节不一定决定成败,但却会让一个报道增辉添彩、深入人心。因此,除了运用有声语言传达信息之外,报道者还应当调动视觉、听觉、触觉、嗅觉、运动感觉、方位感觉等感官机能,以各种细节弥补和丰富信息的传达,展示事实、深化主题。

(3)预案充分、灵活应变

电视新闻现场报道,尤其是直播报道,不可预测、不可控的因素很多,这就要求报道者在事先就做好较为充分的应对预案,以防意外状况的出现。但是如果是突发事件的现场报道,可能时间紧迫来不及做应急预案,那么如果出现问题就要以自身的专业素养来解决了。灵活应变看似简单,好像是"抖个机灵"、换个方式就行了,实则不然,其更多的是专业能力和敬业精神的显现,只有这样才能激发出灵感、想出办法。在整个现场报道过程中,思维应当积极运动、精神应当高度集中,既要完成既定的复杂的报道任务,还要绷紧一根弦随时准备应对突发状况。因此,如果没有过硬的专业技能和高度的职业精神,是很难将突发状况处理得很好的;而一旦应变得当、处理得宜,就有可能产生更有价值的报道内容、实现更高水准的现场报道。

三、分类创作

1.按播出方式分类

按电视新闻现场报道的方式分类,可以分为录播现场报道与直播现场报道两种形式。

（1）录播现场报道

录播现场报道分为前期拍摄和后期编辑两个环节,可以进行反复试录以及后期制作,相对而言难度较小;其选题也比较灵活,覆盖面比较宽,时效性不太强的报道均可使用这一方式。录播现场报道是现在使用频率较高的报道形式。

录播现场报道可以有效地避免声音和画面"两张皮"的现象,精心编辑、主旨明确、重点突出、现场感强;新闻选题多样、报道内容丰富。但是其最大的不足就是新闻时效性较弱,相对于直播现场报道紧张度、吸引力等方面都略欠一筹。

例:

记者:那么(零下)45(摄氏)度的极寒天气啊到底冷成什么样呢? 下面呢我们做一个实验看一看。我手上呢是一瓶普通的矿泉水,那么为了让它清楚一点,我又拿了一瓶蓝黑的墨水,现在把墨水弄一点放到这个水里。我们可以看一下现在这个无色的矿泉水已经变蓝了。我现在(身边)这个是一块铁、(就)是栏杆的一个角,我们看一下它倒上去以后是什么样的。(慢慢向栏杆顶部倒水)我们可以看啊,两秒钟不到现在已经是(结冰了)。顺着柱子淌下来的一条(水)线已经是冰了,可以说这就是"滴水成冰"。

（2013-01-09《朝闻天下》）

分析:这条新闻说的是内蒙古根河持续超低温天气,最低温度达到了零下45.6摄氏度,导致空气中的水汽凝华形成了较大的冰雾,使得当地能见度不到20米。为了更加形象直观地向大家展示零下45摄氏度的天气到底有多冷,记者在室外进行了一个小小的实验。实验非常简单,但是记者很有心地在无色的矿泉水中加入了蓝黑墨水,为的是在白茫茫的冰天雪地中呈现更清晰的视觉效果,可以说细节把握很到位。水流下来的瞬间即凝结成冰,很好地、形象地向观众展示了什么叫"滴水成冰",既体现了极寒天气的严重程度,但同时又带有一定的新鲜感和小小的趣味性,是一次有心的、较为成功的现场报道,当然如果记者的语言能够再精练一些、规整一些就更好了。由于极寒天气持续了几天,时效性并不是最主要的,最主要的是如何直观呈现极寒的程度,因此直播报道就没有太大的必要性了;只要身处室外就是身处现场,加以录播简短的实验,现场报道即可完成。

（2）直播现场报道

随着电视新闻直播"常态化"发展,直播现场报道已不仅仅只在大型直播活动或新闻事件中使用,而是日渐在日常新闻直播报道中频频出现。直播现场报道大致有与新闻事件同步发生的直播型报道、新近发生事件的最新报道等具体形式。

时效性和现场感是直播现场报道的最引人注目之处。直播的"一次性"特征考验着报道者的素养和能力,而现场画面、同期声等又会给受众带来新闻现场的视听冲击,因此日益获得媒体和受众的青睐。

例:

主播:继续关注昨天晚上发生在湖北监利长江航道的"东方之星"客船沉没搜救的最新进展。我们来连线正在现场的本台记者,你好。

记者:你好。

主播:现在关于搜救有哪些最新的消息可以提供给我们?

记者:好的。因为现场救援正在进行,为了不打扰救援,(这种)情况之下呢,我们给大家简短地带来三个信息点。我身旁其实离核心的救援现场有3公里,这其实是最近的一个救援码头,我身后(是救援通道),我首先给大家梳理一下这个救援通道,所有救援设备和物资要通过这条通道。我背后是一个(艘)航道施工船,这个搭起来的架子看上去很宏(庞)大,是一直停留在这航道施工船(上),今天呢它也是停止了施工,而(救援)是要通过这个类似于趸船性质的航道施工船呢,在往后(先)到后面的海事船上,然后再去这个核心的救援现场。那我们刚才呢就顺着这个路径呢到达了核心救援现场,我们也请导播插(播)一下画面。第二个信息点就是我们要告诉大家在救援现场有一个稍微让人欣慰的消息,就是我们发现这个救援人员呢在整个船体底部浮出水面(后)进行敲击(船底)这个过程当中,船底里头呢有人进行了回应,所以呢现在至少能证实船体底部这个区域有人是生还着的。那其实整个现在救援人员呢是靠这个敲击的方式来确认生还的(人员),(确认)在这个裸露出来的船体底部有多大,如果没有回应(的)这个部分呢会小心地进行一个切割处理,来进行一个进一步的施救。同时呢潜水员也已经到达水下,他们的工作主要是有两个,第一个是潜到水下15米的深处进行一个进一步的救援——人,另一个呢是他们要在水下呢勘测一下这个船有没有可能找到一个角度来重新回正,如果回正的话呢我们至少困在船体(里)的生还者是有望获救的。这是第二个信息点。第三个我要给大家交代的就是,其实昨天晚上在这个船倾覆之后呢,它是顺江漂流,一直是漂流了3公里远,那么就是到达了我现在所在的码头的同侧的3公里外的位置。那现在呢这个漂流应急停止下来了,它已经没有堵塞航道了,而是停靠(止)在了北岸,所以这个航道是不受影响的。但是为了救援的方便,救人是第一要务,所以暂时对航道进行了一个交通管制。那么停靠下来之后呢,就能有一个充足的时间和空间对里头的人进行一个勘测(查)、寻找和施救。那么目前呢各种救援设备也是用上了,我们在岸边其实能看到很多施救的人,包括在天空中时不时有直升机(等)救援设备飞过。全方面(部署),现在的目的呢就是来搜救里头的400多人。

主播:那么现在已经搜救到的人员的数字有没有变化,是否还是11人?

记者:是的,这个数字依然是没有变化的。那么这11人当中呢10人是生还的,另外1名已经去世了。那么据救援人员告诉我们说呢,这个去世的人是一名导游。

主播:好的,谢谢记者来自搜救现场的报道,有最新消息我们随时联络,谢谢。

(2015-06-02《新闻直播间》)

分析:这是"东方之星"号客轮沉船事故第二天早上的现场直播报道,是对新近发生新闻事件的最新报道。记者的现场报道可以说优点和不足都是比较明显的。从优点来说,第一,整体逻辑比较清晰,开门见山地指出带来三个简短的信息,下面的报道也是按照这三点走的,应当说整体框架是清楚的、明确的。第二,记者在现场充分发挥了现场的把控能力,无论是指出方向的肢体动作、还是引导摄像机镜头的移动、或是请导播插播先前拍摄的救援画面,都能够让现场报道显得更加充实、丰富,有时效性和现场感。从不足来说,主要是记者的语言不仅速度快,而且略显杂乱,而语言的问题又和情绪有着密切的关系。有可能是突发事件、事关400多个鲜活的生命,记者的情绪显得有些激动,而这种激动就带来了状态的不稳,这又直接体现在语言上。这次连线现场报道的时间仅有3分多钟,但是记者的语言量很大,那么自然能感觉到语速很快。而细究起来,语言冗余较多,略显啰嗦;"其实"、"一个"等带有个人语言色彩的口语词过多,稀释了内容;有些地方由于语速快却将一些关键词省略了,导致观众理解起来可能会出现困难,这就影响了有效信息的传达。

需要指出的是,对于电视新闻现场报道者来说,并不是态度冷漠、事不关己就能显示中立、公正。根据不同的报道内容具体分析,只要观点正确、立场正确,适当表情达意是可以的,因为适度带着正确倾向情感态度的报道是能够引起共鸣的。但是要注意,也不能过于沉浸在或狂喜或悲痛等过于强烈和紧张的情绪中,尤其是体育赛事的现场报道,过分煽情会导致新闻工作者主体性的丧失、主体情绪的失控、新闻严肃性的丢失,令传播效果大打折扣。

2.按出镜方式分类

电视新闻现场报道者按出镜报道的方式分类,可以分为出镜现场报道与出声现场报道两种形式。

(1)出镜现场报道

一般来说,电视新闻现场报道者在报道时是要出镜的,也称出镜记者现场报道。出镜记者即在新闻现场面对镜头从事信息传达、人物采访、事件评论等工作的电视记者(或播音员主持人)。出镜现场报道相对于出声现场报道更为常见和普遍。

例：

主播：有关灾情的详细情况，马上再来联系本台记者，她现在已经在震中芦山县的龙门乡。你好。

记者：主持人好。

主播：恩。刚才在这之前我们曾经连线了雅安台的记者，他也是在龙门乡这一带。你现在能不能告诉我们你所见到的情形是什么样的？

记者：我们现在所在的是此次地震的震中、芦山县的龙门乡，那今天早晨呢我们是从成都出发，一路往龙门乡赶，而龙门乡呢距离这个芦山县城大概是10公里。那进入这个县城之后越往震中走呢就发现这个房屋受损的情况就越严重，那有的房屋是全部地倒塌，而有的房屋呢出现了比较严重的裂缝，最宽的裂缝可以伸进去三根手指。（转身指向身后，摄像机镜头慢摇）那这条街呢就是龙门乡其中的一条街道，我们可以看到这条街道这个路面上现在全部都是一些碎的砖块、玻璃以及窗框，还有各种各样的建筑材料，而这些东西呢全部都是地震的时候从这个房屋上震裂（落）下来的。当地的百姓告诉我们呢，这条街道还是当地比较繁华的一条街道了，因为这个街道两旁呢全都是一些商铺，但是地震发生之后商铺全部都关闭了，所有的群众也都撤离了。而今天我们一路从成都往这个龙门乡赶的时候呢，就发现路上有很多的武警、消防以及救护车呢就在往灾区赶，有一部分伤员已经被救护车送往医院救治。今天中午1点钟的时候呢我们抵达了芦山县，还经过了芦山县第二幼儿园，在幼儿园我们作了短暂的停留，庆幸的是呢虽然这个幼儿园的房屋受损很严重，形象地说呢可能这个幼儿园的房屋已经被震成了蜘蛛网状……哦现在、现在、又、又是一次地震！现在又是一次余震，我们明显感觉这个地在晃动，而且旁边的这个卷帘门也已经被震得哐啷啷地响。继续。刚才我们说到这个幼儿园，所幸的是呢今天是星期六，幼儿园的孩子们都没有上学，幼儿园的孩子们都没有受伤，只是有两位老师受了轻伤。那除了这个龙门乡呢，此次地震最严重的还有芦山县的其他两（三）个乡镇，分别是太平乡（镇）、大川乡和宝盛乡。刚才我们从一个当地人那了解到，他说他在宝盛乡的一个亲戚失去了联系，从这个信息可以判断，宝盛乡可能处于一个短暂的失去联系的那么一个方向（情况）。按现在呢这档连线完了之后呢将赶往最严重的这几个乡继续进行前线采访。主持人。

主播：好的，谢谢记者从龙门乡给我们发回的报道。

（2013-04-20《新闻直播间》）

分析：这是2013年4月20日上午8点芦山地震后当天较早的现场报道。记者可以说是第一时间就赶往了震区，并在震中发回了报道。记者的报道除了语速稍快之外总体非常不错，该给的信息点都给到了。首先，语流顺畅、清晰，条理比较清楚。其次，由于刚刚发生地震，记者刚到现场，所了解的情况不是很多,但该给的信息点基本都给到了,比如地震的严重程度(三指宽的裂缝、建筑材料震落满地、商业区人员撤离、震成蛛网状的房屋)、人员伤亡情况(两人轻伤、有人送医)、救援情况(武警、消防、医疗等均在现场)、重灾地区(龙门乡、宝盛乡、大川乡、太平镇)等等,是比较详尽的。再次,观察细致,细节抓取比较到位,能够通过细致的描述展示震区的状况。第四,记者能够根据当地老乡提供的联系不上其亲戚的情况,结合其所在的宝盛乡也是重灾区的事实,综合作出判断,就是宝盛乡出现了通信暂时中断的现象。这样的判断应当说是合理的、睿智的,是记者素养的体现,同时也能给相关部门和受众提供一定的信息和导向。还有,就是在现场报道的过程当中发生了余震,记者可以说略有惊慌之后瞬间就沉着冷静下来,用语言补充了镜头不能展示的余震的情况:一是地在晃动,二是卷帘门发出的声响,非常简洁、到位地向观众描述了地震发生时瞬间的情形,给人以强烈的真实感、现场感和冲击力。余震过去之后,说了"继续"两个字就接着未完的话继续报道,非常沉稳、毫不慌乱,切实展现了一名记者应有的高素质和高水准。

(2)出声现场报道

出声现场报道严格来说是出镜记者现场报道的一种特殊情况,是具体现场报道过程中的灵活变通。即虽然记者也在现场,但不需要出镜报道,只需要记者的语言配合画面介绍即可,重点在于让观众直观、全面地感受到现场发生的情况,主要通过视觉、配合着听觉来接收现场信息,记者出镜反而可能会影响画面信息的传达。虽然不如出镜现场报道常见,但也是现场报道的重要方式,且其使用有越来越广泛的趋势。

例:

记者:我们看到潜水员已经露出头来了。潜水员已经浮出水面了。看着不太清楚,好像是……现在岸上的一名救援人员呢也在参与帮忙,是在帮忙救援。因为(我)在这个地方大概离得有一两百米远,看得不太清楚,但是紧张有序。是发现一个人,我们好像还是听到了掌声,这就说明这位人员还是万幸被(救援),就目前来看生命迹象还是比较正常的,因为刚才我们听到了在救援船上还是比较嘈杂的。我不知道我们的摄影师你(镜头)推上去能看得清么?现在能看得清是男性还是女性的乘客?(摄影师:一名老人)一名老人是吧。我通过这个摄像机呢好像是看到了三名潜水员呢已经抬出一名女性,头发有点花白,大概有60岁左右。由于传输的问题,我们的画面待会儿很快就会传回来,好像这名老人的生命体征还不错,一直还在张望。潜水员正在和她进行对话,生命体征还比较正常。这个老人腰里也系着一根缆绳,看样子到这儿之后因为之前一直在水下把她搀扶上来有一个适应过程,马上就要到达这个船体,马上就要上去了。好,现在这名老人通过缆绳上面在拉、下面潜水员在往上扶,好的,这名老人已经成功地获救了,成功地获救了。这位老人的鞋子已经看不到了,打着赤脚。但是呢现在坐下来,好像能对话。

(2015-06-02《新闻直播间》)

分析:这是"东方之星"号客轮沉没事故发生第二天记者第一次目睹人员被救出水时的现场直播报道。由于记者所在的位置并不在倾覆的船上,而是在相距一两百米远的岸边,因此并不能十分清晰地看到具体的情况。这个时候记者的语言多用"好像""比较"等词语,语气带有推断色彩。为了获得更明确的信息,记者还向摄影师询问通过摄像机镜头能否看清被救人员,充分利用能够利用的设备和手段完善报道;同时还通过掌声欢呼声判断人员是成功获救的,通过出水后一段时间的相对静态判断是水到到水面有一个适应过程的,应当说都还是比较准确的。这些都反映了在信息缺失、事实模糊的情况下,一名现场报道者该如何尽最大可能进行报道,也考验着现场报道者的经验和素养。

3. 按出镜体态分类

电视新闻现场报道者按出镜报道传达信息时的体态语来分类,可以分为静态现场报道与动态现场报道两种形式。

(1)静态现场报道

静态现场报道是指报道者以固定姿态面对摄像机镜头、以有声语言为重点进行现场报道。有时可适当引领摄像机运动或播放事先采集的视频资料。

静态现场报道者身姿相对固定,给人以真实可信的稳重感;出镜时背景选择可以多元,一般来说动态背景可以提供更多的细节和信息,具有一定的优势;同时静态身姿在报道时更具可操作性和便利性,是最为常用的现场报道方式。

例:

主播:是的,我们知道今天晚上能进行切割一个重要的前提就是船体的固定。那在今天下午的时候本台记者在长江北岸记录了船头固定的情况,我们一起来看看。

记者:实际上我现在所在的这个长江北岸呢距离失事的船舶呢直线距离大概是150米,就在今天下午的时候呢,这里多了一组钢缆。(向侧方前行几步,指出钢缆和滑轮的位置)那么我们看到呢这个钢缆的前面呢会有一个滑轮,滑轮的前面会有一个非常粗的连接键,连在大概直径将近4厘米的很粗的钢缆上,而这个钢缆是越过了我们看到的这个土堆,直接用楔子楔在了我们现在所看到这个长江北岸的大坝上。大家再来关注一个细节,此时此刻这个钢缆在不断地发生抖动,钢缆并不是直接牵引在船舶上,实际上这是由我们的工作人员在今天下午非常艰苦地已经把它系在了现在倾覆的这艘客轮的船头的位置上,而它当中有将近100米是从水中穿过的,所以现在这个巨大的晃动就是来自于江水对它的一个流速(冲击)的影响。再往远处看啊,在我们现在画面的正前方,在失事倒扣的船舶的画面(旁边),我们可以看到有一个大的趸船前面是有一个吊钩,它现在正在拖引着一根钢缆,仍然是在进行着穿钢缆(作业)和(起到)对倾覆船只进行固定的作用。像这样的工作今天下午一直都在持续进行。我结合我手中这样一个小的矿泉水瓶,再给大家去做一个比喻。(拿着矿泉水瓶作演示)如果我手中的这个矿泉水瓶我们把它比喻成一个正常行驶的长江上的客轮的话,那么这个地方是它原来的底部,这个地方是它的顶部,在发生事故之后这艘船现在是处在这样(翻转过来)的一种姿态当中,而且它并不是完全垂直的,而是朝下游的方向有一个小的仰角。所以今天下午潜水员包括工作人员所作的一个很重要的工作就是给它的前端、就是现在船头对着江岸的这个位置上拴上钢缆,把它牢牢地固定在这个江岸上。那么在接下来所有的这个处置,无论是扶正还是有可能去切割进行吊装,都能保证船体不会被江水完全推走。

(2015-06-03《24 小时》)

分析:在之前录播现场报道、直播现场报道、出镜现场报道中所举实例其实也都是静态的现场报道,是最为常用的。这条报道其实介于静态和动态之间,前半部分有简单的位移和镜头的推拉,后半部分是面对镜头相对静态地演示、报道;但由于其与边走边采边说的动态报道仍有差异、且位移较小、位置在一个小范围中相对固定,因此仍将其纳入静态报道的范畴。这次报道的重点是钢缆固定船头、为下一步救援做好准备。记者的语言比较清晰,通过实物的展示和道具的演示,向观众直观呈现穿拉钢缆的位置、方式等内容,便于大家理解现在沉船的情况和救援的进展情况。应当说报道有内容、有细节、有设计,简洁明了,效果较好。

(2)动态现场报道

动态现场报道是指报道者以动态身姿出现、在传递新闻信息的同时带领受众进行体验的报道。

动态现场报道需要报道者边走边说,十分考验注意力的分配以及语言的表达;报道场景是纷杂的、不固定的、甚至是未知的,也考验报道者能否有专业素养和应变能力展示新闻事实、挖掘新闻空间。动态现场报道一般要根据新闻的具体情况来选择使用,特别报道中使用较多。

例:

主播:那么震中龙头山镇老街是大量房屋倒塌,人员的伤亡非常严重,本台记者也是第一时间挺进了震区。

记者:3 号晚上 10 点左右,记者由鲁甸县沙坝村试图进入震中龙头山镇老街。在这条长约 5 公里、连接两地的唯一公路上,记者看到有多处塌方体将道路阻断。由于道路不畅,救援人员只好将龙头山镇老街的伤者用人力抬出。在行进途中,记者也遇到了一些从龙头山镇老街转移出来的村民。为了打通救援通道,由当地公安、交通、消防等部门组成的抢险队正在对道路上的塌方体进行清理。

主播：那么除了被困人员救援的一个情况，我们现在也非常关心的是通往震中龙头山镇的道路如何、震中受损的情况又是怎么样的。那我们的记者呢在今天凌晨徒步进入到了震中，我们来看看最新的情况。

记者：我们现在从沙坝村搭载一辆正在往灾区挺进的装载车，希望尽快地能够挺进灾区。那么路上我们看到有一些步行的救灾人员正在往里面进，我们刚才打听了一下，他们是来自大关县就是鲁甸附近一个县的民兵部队，他们带着一些前方急需的一些物资正在往里面徒步地行进。那么这个路边上我们可以看到山上的塌方情况还是比较严重的，山上山体的一些泥土包括一些树木都已经塌了下来。

我们现在搭载装载车走了这么一段路，可以看到路已经被前方的车辆堵住了。可以看到这边落石、塌方的情况还比较严重，我们在这个地方也能听见啊山上一直有碎石滚落的声音，我们会继续往前走，看看前面的情况怎么样。

那么我们在继续徒步往前走，可以看到山边的这个巨大的落石已经滚下来，随时有可能（滚落）下来几块石头，那么现在整个（所有）人员都是在有人观察的情况下快速地通过。

（采访）

记者：挖进工作已经进行了多长时间了？

道路抢修人员：已经三四个小时了。

记者：大概推进了多远？

道路抢修人员：大概 1 公里吧。

记者：沿途都是像这样的泥土和石块么？

道路抢修人员：还有大石头。

记者：我们一边往前走一边看啊，越往震中走受到地震影响越明显，我（走的）这条路的路基左边已经出现了一条非常大的裂缝，那么这边的山体随时有可能垮塌下去；那么我的另一侧也就是靠山的这一侧，可以看，这一侧沿途基本上全都是这样的石头、石块加上泥土混合的塌方体。那么现在我们和救援部队一起，正在继续地徒步往里走。

我们现在行走了大概有 1 公里左右，来到了一处塌方很严重的地方，可以看，两边都是巨石，只能容一路人徒步往里走。那么上面就是由泥土混合着石块的塌方体，现在跟着救援部队一起往里行进。

现在的时间是 8 月 4 号凌晨的 3 点，那么今天凌晨的 12 点 30 分我们开始徒步往震中走，那么现在我们已经到了震中龙头山镇最中心的一个位置。那么可以看啊这是镇子中心的一个广场，这里为数不多的一些救灾帐篷已经搭起来了，那么可以看到一个帐篷里甚至进了二三十人。因为这里刚刚下过一场雨，可以看到地上都是非常稀的泥,现在人们都在帐篷里面躲雨,但是很明显这个帐篷是不够的。那么另外一边呢我们可以看顺着这边过来呢就是镇子上几栋已经破损的房屋,那一栋老旧的房屋现在整个结构都已经歪斜了,后面的这一栋是当地的一个学校,可以看到墙体已经开裂了,已经成为了危房。这个是镇子上的情况,那么我们了解到啊周边乡村的房屋倒塌等等情况更加严重,我们稍后再到那些地方去看一看。

我们顺着刚才那个广场往上走啊,这边整个损毁的情况更严重。可以看到我后面这一栋房屋整个墙体都已经是扭曲变形了,这个(有)钢筋的窗户也已经掉了出来。这里本来是镇子上一条主要的路,可以看到路边呢一些石头全部已经掉落、垮塌下来,整个路面上都是泥土覆盖,那么整个我们所在的这一片区域损毁是非常严重。

(2014-08-04《朝闻天下》)

分析:这是鲁甸地震后由于道路损毁,记者徒步进入震中的现场报道。可以看到,在凌晨连续几个小时的艰难步行,记者截取了几个比较重要的点分别作了简要的报道,随着记者越往震中走,地震所造成的破坏就越严重,通过记者的描述和昏暗光线下所展示的山体塌方、道路损毁,比较直观地展示了地震所造成的严重灾害,带给观众体验感、真实感、震撼力。中间对道路抢修人员的采访虽然简单,但是也从一个侧面反映了地震的严重、救援的艰难。对震中受损情况的描述中也给出了救援物资不足的信息,可以为后续的救援提供参考。这样的报道也许镜头不够稳定、画面不够清晰、显得不那么流畅,但是能够发回这样的报道已经展示了记者的专业素养和职业精神,这样的报道本身已经足够震撼人心。

4. 按新闻事件分类

电视新闻现场报道按新闻事件的不同类型可以分为预测事件现场报道、突发事件现场报道以及日常事件现场报道三种形式。

(1)预测事件现场报道

对可预知的事件的全程进行报道,比如奥运会开幕式、青奥会闭幕式、香港回归、钱塘江大潮等等。预测事件现场报道又具体可分为结果既知型(如澳门回归)和结果未知型(如神舟飞天),过程一般都有大致框架,但有些事件结果的走向是未知的。这类现场报道使用得比较多,因为有充裕的前期准备时间,报道者可以充分准备、占有大量的资料,使得报道充实、丰富。

预测事件现场报道通常是社会生活中各个方面重大的实践,因此常以特别节目的形式出现,并根据不同的内容进行整体节目包装,包括宣传片、片头、演播室访谈、板块环节设计、出镜记者现场多点报道等方面。预测性事件的涵盖面比较宽泛,有时政类(如两会特别报道)、科技类(如"嫦娥"登月)、政法类(如大案庭审)、活动类(如上海世博会开幕式)等类型。

例:

主播:我们转过来关注的是每年农历的八月十五到八月十八都是观赏钱塘江潮的最佳的时机,浙江海宁的盐官也是最负盛名的观潮地,在这里呢是有壮观笔直的一线潮的。今天潮水正在通过盐官,我们一起让前方记者带我们去现场看一下。

记者:各位观众朋友,你现在是通过我们中央电视台的现场直播来到钱塘江的盐官段,和我们共同去见证今天——八月十七农历的钱塘潮。现在潮水呢刚刚是过了新建水文塔的栈桥,潮头略微有些破碎,很快合拢,现在很快可以清晰地看到白色的浪花在向前卷着前行。在我们的画面当中更高点的机位啊实际上在 5 分钟之前就已经看到了江面上逐渐推进的潮线,而到我们现在脚下这个位置上呢,我们觉得首先是一种听觉的效果,潮声变得更加的猛烈。而现在潮水即将抵达的是老的水文塔,过了水文塔之后也就标志着钱塘潮正式进入到了盐官景区最为核心的区域。今天在江两岸有将近 2 万名的游客,当然也有很多当地的朋友驻足在这里,去等待着每年和钱塘潮之间的这次约会。(画面,无解说,重点突出潮声)刚才潮头撞击老的水文塔的时候,我们明显感觉到它所拍起的浪花更大了,而现在这个视角我们已经可以感觉到潮头的一个高度,和八月十五(两天之前)我们做直播比较起来,今天的潮头变得更高,估计呢可能会在 80 厘米左右,这也接近于历史的一个高点。这个画面是从占鳌塔俯视钱塘潮,传说当中可能之前在形态上还比较破损的钱塘潮到了这个地方便会连成一条直线,用百米冲刺的状态越过我们面前的这片视角(区域)。(画面,无解说,重点突出潮声)其实刚才这样一个迎着潮水前进、转而目送它远去的画面我觉得更加让大家感受到惊艳的可能是潮水的声音。潮头每经过任何一个地点,丝毫不会停留,向前奔涌、一往无前。(画面,无解说,重点突出潮声)根据钱塘江观潮的一个历史惯例,每年八月十八的时候会达到钱塘潮的一个最高峰,而今天是农历的八月十七,也是接近于最高潮位,所以此时此刻的潮水更加具有观赏性。(画面,无解说,重点突出潮声)从这个角度上我们可以看到潮头啊其实并不是一股水墙,其实这是几米宽的一股水瀑,在潮水的身后呢还有很多白色的浪花,我们说了这些浪花也在追逐前行,或许在下一个一百米,它就会是最领先的那一股潮水。从清代开始,盐官段就是观赏钱塘潮最绝佳的地点,我们现在看到的这个画面呢是在占鳌塔上目送着潮水远去的一个画面。实际上虽然已经过了占鳌塔,但是在视线当中潮水仍然是排成一条直线,因为这一段的钱塘江的江道呢是很直的,我们在(屏幕)远端看到的那条黑线呢是对面萧山的坝体。而今天早上因为当地下了一场小雨,所以空气的通透度变得更好,也能够让我们的视线看得更远,我们也可以目送潮水走得更远。(画面,无解说,重点突出潮声)现在我们耳畔所听到的这些声音呢是在潮头过去之后不断向上游涌进的潮水,它们的一个声音。而现在江流当中伴随着一股股侧向行进的浪花,我们可以看到,潮水仍然是以一种涨潮之势向前推进。(画面,无解说,重点突出潮声)从潮的身后看过去,似乎我们觉得潮头并不是很高,我们要告诉大家,在潮的身后以及它的面前会有一个巨大的落差,在潮水过了我们现在所在的这个位置的时候呢,潮水至少已经上涨了有 1.5 米,这,就是钱塘潮的威力。我们通过现场直播也把这样的壮观带到你的身旁。(画面,无解说,重点突出潮声)

(2014-09-10《中国新闻》)

分析:这是对钱塘江大潮的现场报道,记者并没有出现在电视画面中,而是以一个观赏者和报道者的双重身份出现,结合自己在现场以及不同机位中看到的钱塘潮,向观众作即时同步的解说和报道。作为现场报道的即兴表达来说,记者的语言比较干净,语流顺畅、表达清楚、不冗余、不拖沓。对钱塘潮的描述全面到位,细节抓取和描述都恰到好处,根据其由远及近再远去的过程,将每一个关键点都明确指出,同时将不同机位展示出的不同风貌也及时向观众作出提示。在描述的过程当中,张弛有度、主次分明,该展示钱塘大潮的壮观和声响时不作解说,让观众尽情欣赏、感受;解说过程中在不太重要的节点适当插入现场情况以及事先准备的相关背景等内容,补缺填空。开头和结尾简洁而不失亲和,充满了交流感、亲切感,拉近了和观众的距离,无形中优化了传播效果。整体来看,是一次成功的预测事件现场报道。

(2)突发事件现场报道

突发事件可分为社会突发事件和自然突发事件,从事件影响程度来说又有大型和小型之分。其具有不可预知性,考验媒体和报道者的专业水准。

突发事件现场报道即是对出乎意料、突如其来的事件进行报道。突发事件现场报道难度大、时间少,一般来说报道者会在准备中进入现场;而突发事件的现场往往会出现信息真空的状况,报道者要通过现场不断变化的动态信息捕捉报道重点、合理推断事件走向;随着突发事件报道的日益成熟,后方也会编辑资料传给前方报道者,形成比较完善的"突发事件紧急报道机制"。因此报道者的广义备稿、专业素养、行业经验以及媒体的专业程度、重视程度等都会起到重要的作用。

例:

主播:现在得到最新的消息,受到暴雨的影响,京沈高速公路天津段发生了多起交通事故,而且造成了部分路段拥堵。现在我们台记者就被堵在这条路上,我们马上来连线她。

记者:你好,主持人。

主播:嗯。介绍一下你现在遭遇到的情况。

记者:我现在行驶在京沈高速北戴河到北京方向(路段)上,目前我的车已经行驶到了香河收费站。那么今天晚上大概 7 点左右的时候行驶到距离香河还有

15公里的路段呢遭遇特大暴雨,当时呢我们看到的情况呢是这个路上大约有数十辆的车发生了追尾事故,不是十多辆一起撞在一块儿,是多起追尾事故。那么我们现在在现场呢碰到了河北高速交警总队香河大队的张队长,他在现场正在处理交通事故,他给我们介绍了一些情况。目前车辆(路面)清理的情况,交警部门出动了大概20多名交警,大概有7台车。还有2辆清障车。那么事故发生后他们也是迅速赶到现场。在香河的收费站我们还碰到了一位肇事司机,是一位女士,她姓金,是从唐山到北京这个方向。她介绍当时在暴雨中遇到追尾的情况,当时前面有一辆车突然急刹车,前面有三辆车相继发生追尾,她是第四辆车,但是她的后面没有再发生事故。她报了110之后呢交警15分钟后赶到了现场,当时有很多交警在冒雨处理这个事故。在处理完了之后他们被迅速清理(安排)到了香河服务区。在这个服务区呢,她介绍沿途又看到了六七起连续发生的追尾交通事故。

主播:好,谢谢。刚才看到的照片呢是我们的记者用手机拍摄然后传到台里面,看起来这两天因为天气的异常给大家交通出行带来的麻烦真是不少,大家更加要小心,注意安全。

(2009-08-09《东方时空》)

分析:这是关于突发交通事故的现场报道。交通、火灾等属于社会突发事件,之前例举的台风、地震等则属于自然突发事件。交通事故的现场报道一般来说要给出时间、地点、人物、车辆、事故原因、事件过程、事故责任、救助情况、道路情况、天气情况、预警提示等方面的内容。总体来说记者的报道比较全面,事实基本清楚。由于不是单一重大交通事故,只是雨天追尾,并未造成人员伤亡,因此应当有交通现状的报道和出行提示,由于直播时间所限,记者的报道被主播打断,这一部分没有在报道中涉及,由主播在最后给出了简短的提示。

如果是火灾事故的现场报道,同样也应当给出时间、地点、人物、事故原因、事件过程、事故责任、救助情况、道路情况、天气情况、救火情况、预警提示等内容,另外要注意有可能还要涉及房屋结构等内容。

对于自然灾害报道总体来说要注意三大块的内容:第一是灾害预警,要尽量迅速、准确,比如对可能到来的台风、泥石流等自然灾害的及时预报;第二是灾害发生的过程中要迅速赶到现场,侧重灾情的通报、各类信息的上传下达、相关各方的沟通,并提供力所能及的帮助;灾害发生之后的报道要注重分析情况、关注重建。在具体报道的过程中,应当注意事件、时间、地点、天气、受灾以及伤亡人数、各类相关数据、人员疏散情况、医疗救助情况、抢险救灾情况、相关人员采访、服务信息、避难场所、救灾物资、道路、背景等内容。这些不一定在一次报道中全部出现,要根据具体报道的时间点重点进行选择。

(3)日常事件现场报道

日常事件现场报道使用范围越来越宽,除了重大预测事件与突发事件,日常新闻事件都可以根据需要选择现场报道这一形式。一般来说,日常事件的现场报道记者起到的是串联报道的作用,报道者在报道的开头、中间、采访、结尾等时间段出现作简单述评,其余时间则是插播编辑好的新闻片,报道者的作用更在于"报道",而不在"现场"。因此,这样的现场报道更多地采用录播现场报道的形式,报道者的作用不是很大。

例:

记者:整个奥林匹克中心区广场,在一片的欢呼声中沸腾了,北京,随着今天的胜出,北京成为了第一个成功举办过一届夏季奥运会又同时获得了冬奥会主办权的城市。近万名的各界群众以庆祝中国传统节日的方式,表达着心中的喜悦和对祖国的祝福。我身旁的鸟巢、水立方,这些2008年的奥运场馆,又将再次见证来自世界各地的冰雪健儿们共创辉煌。2022,北京欢迎你!

(采访)

记者:我现在就在长城脚下的大境门申冬奥的活动现场。今天这个活动现场呢是来了1000多人,有400多名演员刚才举行(表演)了很多很多的节目,要让全世界的冰雪健儿到张家口来,感受这儿的大好河山。

(新闻片、采访)

(2015-07-31《新闻联播》)

分析:这是北京获得2022年冬奥会主办权之后记者在欢庆现场发回的报道。严格来说,对于主办城市揭晓的报道应当是预测事件报道,而对于事后庆祝的报道则应当纳入日常事件报道的范畴。这次报道中所出现的场景在中央电视台全天候多频道的特别节目中均有过出现,应当说时效性不是太强,记者的作用只是串联起两地的欢庆场面,报道这一事实,"现场报道"的作用相对于"传达事实"而言并不是很大,因此只是日常事件的简单串联报道。

5.按报道功能分类

电视新闻现场报道按报道功能划分大致可以分为目击式现场报道、回顾式现场报道、体验式现场报道和调查式现场报道等类型。

(1)目击式现场报道

严格来说,只要是"现场"报道,报道者就必然要"目击"现场。这里所说的目击式现场报道主要是指报道者在新闻现场通过观察、采访等将新闻事件同步向受众进行报道,即报道与事件同步发生。

目击式现场报道使用范围比较广,之前的实例基本都可以纳入目击式现场报道的范畴。但同时对报道者来说也具有一定的难度,因为新闻现场发展迅速,有可能瞬息万变,因此对报道者提出了较高的要求。

(2)回顾式现场报道

回顾式现场报道是指新闻事件发生之后迅速将事实信息传递给受众,这其中也是包含着报道者前期和新闻事件发生时的准备、观察、搜集、采访、记录等工作成果。

回顾式现场报道一般多用于突发事件、重要会议等发生、进行之后,如果是与之发展过程同步报道则可纳入目击式现场报道,否则还是应当属于回顾式现场报道。

例:

主播:再来看另外一路记者。在今天晚上9点啊,此次客船翻沉事故的前方救援指挥部召开了一个新闻发布会,我们马上来连线正在发布会现场采访的本台记者。请给大家介绍一下这次发布会都通报了哪些内容。

记者:嗯,你好。我现在的位置呢是在湖北监利电信局的会议中心,这是今天发布会的新闻现场。首先它的发布会的地点的选择是有一个变化,昨天呢我们是在国税局的新闻中心,今天呢来到了电信局的大楼,是因为这里架起了两条专门供给媒体记者用的速度非常快的WiFi专用通道,这也是希望保障我们的记者第一时间把从发布会上了解到的权威的信息向大家作一个及时的通报。第二呢是时间上有一个变化,昨天在下午的首场发布会结束以后呢,原定在今天召开第二场发布会,但是在昨天的发布会结束不到一个小时就通知我们,当晚就要开第二场发布会,今天又是两场发布会。那在刚刚结束的发布会之后呢,我又了解到,明天可能会是上午、下午、晚上会召开三场发布会,所以召开发布会的频次也是越来越高,搜救中心呢也是希望把更多的信息、更权威的信息尽快地告诉大家。那在今天这场刚刚结束的发布会呢共有三位发言人进行了发言,首先是交通运输部的新闻发言人,他是作了三方面的通报,第一呢是交通运输部现在还是在坚持救人第一,在加大搜救的力量,尽管困难很多,但是我们还是在期待奇迹的出现。第二呢是截至今天的17点,这是一个非常令人遗憾的消息,今天呢没有搜救出幸存者,找到了21具遇难者的遗体,所以截至今天下午的5点,是一共有26具遇难者的遗体被找到了。第三呢是强调我们的救援的力量是越来越专业了,我在这里盯了两天的新闻发布会,也是有这样的一个体会,在第一天的首场新闻发布会的时候呢,交通运输部的部长是介绍了武警解放军的人员到现场救援的情况,第二场呢就提到了有一艘500吨级的打捞船到了,那到今天下午的第三场呢就提到了有3艘大型打捞船还有6名的搜救专家到场,在第四场刚刚结束的发布会上,说到了又有两艘打捞船到了现场,所以整个救援的力量是越来越专业。其次呢,在发言人发言之后呢是海军工程大学潜水队的官兵介绍了我们大家通过这两天频道的播出已经非常熟悉的他的救人事迹的具体情况,其中呢他是提到了两个细节,他这次舍己救人的事迹当中啊第一他是在水下发现这个水的流速非常大、能见度非常低,第二呢他是在水下看到环境非常复杂,被子很多、杂物很多,会阻拦他的视线、会延阻他的行动,这是他提到的两个细节。那第三位发言人呢是海军某支援舰队的队长,他主要是从海军的角度介绍了今天初步制订的一个搜救方案。以上就是刚刚这场结束的新闻发布会的主要内容。

主播:好,谢谢。

(2015-06-04《晚间新闻》)

分析:这是"东方之星"号客船翻沉事故之后第四场新闻发布会后记者发回的回顾式现场报道。主播掌握的消息是上午9点召开了一次新闻发布会,但是事实上前方的变化非常快,因此报道者首先介绍了发布会地点和频次变化的情况,然后介绍了最新一次发布会三位发言人的发言要点。这次现场报道编排合理、逻辑鲜明、思维清晰、详略得当、重点突出、细节到位,同时由于报道者是新闻主播,因此不仅语流畅达,而且吐字清晰、语音标准、语法基本规范,总体来看是一次成功的现场报道。我们通过表2-1来更加直观地了解报道者报道的思路和内容。

表 2-1　报道沉船事故新闻发布会的思路及内容

变化	变化1	新闻现场	昨天	国税局会议中心	
			今天	电信局会议中心	原因　专设 WiFi 方便记者及时通报信息
	变化2	发布会频次	昨天	2次	
			今天	2次	
			明天	3次	原因　更多更权威的信息发布
最新会议内容通报	发言人1	交通运输部新闻发言人	通报1	救人第一、加大搜救	
			通报2	没有找到幸存者、找到21具遇难者遗体	背景　共找到26具遇难者遗体
			通报3	救援力量越来越专业	背景　第一场:武警解放军到场
					第二场:500吨级打捞船到场
					第三场:又3艘大型打捞船、6名搜救专家到场
					第四场:又2艘打捞船到场

最新会议内容通报	发言人2	潜水队员	细节1	水下水的流速大、能见度低	
			细节2	水下环境复杂、阻碍视线、延阻行动	
	发言人3	支援舰队队长	介绍	初步搜救方案	

需要注意的是,由于现场报道的特殊性、现场情况的复杂性、报道时间的紧迫性,报道者经常会将一些重要的信息点、数据等记录下来,在直播报道时参考,以防出现口误或是遗漏,这是对新闻事实负责、对职业负责、对受众负责,是一丝不苟的工作态度、高度的职业精神的体现,符合现场报道的特殊要求,并非不专业的表现。

(3)体验式现场报道

严格来说,所有的电视新闻现场报道也都具有体验性。但这里的体验式现场报道主要指的是报道者身处新闻现场,亲自参与其中,使得报道更加直观、更有说服力。

因体验式现场报道形式灵活、传播效果好,一改不少新闻报道呆板、生硬的风格,在现场报道中的使用越来越普遍。但值得注意的是,报道者在积极体验的同时也不能忘记自身职责和要求,要客观说明、公平报道,不能因为自己参与其中甚至乐在其中便带有主观感情色彩。

例:

主播:墨西哥大毒枭古斯曼近日从该国戒备最森严的监狱越狱,墨西哥警方正抓紧搜捕。本台记者探访了古斯曼越狱的地道。

记者画外音:"高原"联邦监狱位于墨西哥州郊区,这里关押着墨西哥最危险的罪犯,大多数人都背有有组织犯罪的罪名。

记者同期声:从监狱的大门口到现在我所在的这个重囚关押区,我们一共经过了17道门卡才到达了这里。这里呢这个20号牢房就是关押古斯曼将近一年半时间的牢房。这个牢房和其他牢房没有什么太大的差别,唯一的区别就是在这个墙的最上方(安)放了一个24小时的监控录像(探头)。

记者画外音:根据监视录像画面的显示,绰号"矮子"的古斯曼在牢房里来回踱步,最后在淋浴区的分隔矮墙后方蹲下,消失在画面里。

记者同期声:这个淋浴区呢上面很简陋,但是下面呢已经挖出了一个40公分(厘米)乘以40公分(厘米)的一个洞,古斯曼就是从这个洞里逃跑的。

记者画外音:这个洞口便是古斯曼地下逃亡旅程的起点。而地道的终点位于离监狱 1.5 公里处的一座未完工的房屋里。

记者同期声:我现在所在这个房屋里就藏有当时古斯曼从监狱中逃出的地道的出口。在这个小推车旁边有一个 40 公分(厘米)乘以 70 公分(厘米)的开口,这里就是当时古斯曼逃出地道的出口。我们大概往下爬了 3 米左右,来到了这里的一个地下室。而在这里呢,我们看到了还有一段通向更深处的地道。

记者画外音:顺着木制梯子垂直 90 度往下爬,记者终于到达了位于地下 19 米左右的地道最深处。

记者同期声:我们可以看到这旁边这个 PVC 管道是通风管道,旁边上面的这个是照明管道。这一段路啊一直到最深处,都铺设了轨道,然后在轨道上架设了一辆很小的一个摩托车,这个摩托车呢载着两个小推车,可以想象这个小推车是用来运送当时挖出来的这些泥土的。

记者画外音:据专家介绍,这样一个浩大的挖掘工程至少会挖出 3200 吨的泥土。但是恰逢去年 9 月份开始,墨西哥国家水资源委员会开始扩建了该州的送水工程,监狱周围方圆几公里随处可见挖掘出的泥土和巨大的管道,道路泥泞。这也为古斯曼运输泥土提供了极好的掩护。古斯曼的越狱方式表明,其越狱行动蓄谋已久,且有资金的支持。

(2015-07-17《新闻联播》)

分析:这是一则比较典型的体验式的现场报道。由于新闻事件"毒枭古斯曼越狱"已经在第一时间报道,对其越狱路线的探访时效性显得就不那么强,是一种体验式、回顾式的报道;又因路线有一段距离,且地点需要转场,因此使用了录播的方式,将画外音、同期声进行了后期的编辑和剪辑,显得更加集中、紧凑。这样的体验式报道有新鲜点、有吸引力,让人发出"原来如此"的感叹的同时也引发各方对此次事件的思考,实现了较好的传播效果。

(4)调查式现场报道

调查式现场报道主要针对热点事件、焦点新闻、重要现象、重大问题等方面展开采访、调查、报道,探求事件真相、搜集各方意见、给出舆论导向。调查式现场报道一般不适用于突发事件,因其需要一定的准备、采访、编辑时间,相对来说构架较为完整、甚至可以自成节目。

一般来说,调查式现场报道可以分为两大类。一类是浅层调查采访报道,比如 CCTV"走基层"系列报道"你幸福吗""爱国是什么"等等;一类是深层调查采访报道,比如《焦点访谈》《新闻调查》等固定栏目,调查式现场报道是节目其中的一个重要部分。

调查式现场报道一般还会出现报道者的评论。评论其实是现场报道者一个重要的技能,尤其是短小精悍、三言两语的点评。在报道中出现的评论,应当避免套话空话,争取一语中的,实现揭示主旨、深化意义、升华主题的作用。

例：

主播：这两天我们也是一直在关注着我国第七大淡水湖、也是湖北省面积最大的洪湖的旱情。最新统计数据显示，洪湖的水域面积只剩下原来的12%左右，旱情无疑对洪湖的生态造成了极大的破坏。而据我们了解，洪湖湿地管理局早在2003年就在洪湖的南段围起了一个水域，也正是保护生态的示范区，号称洪湖物种的基因库。那经过湿地管理局的同意，我台记者是独家探访了这个生态保护的核心区。

记者：现在我们进入湖区已经有2公里了，往常呢，像我旁边这个湖区的水离这个子堤只有半米多深，现在可以看到，湖区已经干涸见底了。平常工作人员要进去的时候啊都是靠乘船，10分钟就能到基地，而现在我们走了已经有半个多小时了。刚才（工作人员）大哥向我介绍呢，可能还要走20来分钟才能到达基地。

画外音：由于湖水干涸，很多地方已经变成沼泽地，要进入这片水域非常困难。

记者：原来有一人多高的湖水是吗？

工作人员：去年啊，有一米五。

记者：哦，原来有一米五深。

工作人员：现在变成沼泽了，只能这么走了。

画外音：上了示范区的堤坝，我们可以清楚地看到这片水域，堤坝两边的对比也变得非常明显。

工作人员：这边就是我们保护区的缓冲区，往年这个水位一般都是离堤面60公分（厘米），但是今年的旱情，看过去就好像是草原一样。

记者：现在我们站的这个堤坝上面，这边就是咱们现在的示范区，也就是说你坚守的最后一个阵地。

工作人员：对。

记者：这周围都是堤坝是吗？把这个水给圈起来，别让它流走。

工作人员：这个堤就是为了保证示范区里面的水位要保持一定高度，以便它里面的水生动物和水生植物、再就是候鸟和留鸟的栖息繁衍。

记者：那现在这个水域的面积有多少呢？

工作人员：这个水域面积是5000亩。

画外音：乘船进入这片水域，记者在湖面几乎很难发现水生植物，而且湖水由于持续干旱，水质也变得十分浑浊。

记者：这个就是去年我们这个时候拍的照片？

工作人员：对，你像这个菱角、艾实、在这边的荷叶，都是在这个水面上拍的，去年这个时候。

记者:当时就在这儿拍的,是吗?

工作人员:对,就是在这个点拍的。

记者:结果现在这个水面上什么都没有。

工作人员:这个现在经过去年的水灾和今年的旱灾之后,这个水面的沉水植物和挺水植物都没有了,包括那边的蒿草、监测船两边的蒿草全部都没有。

记者:水生植物破坏也挺严重的。

工作人员:对。

画外音:据工作人员介绍,这里经过几年投入,人工栽植野莲、野菱、芡实等共计3000多亩,使水草覆盖率达90%以上。而这里的鸟类种类达42种,数量最多时达40000多只,一般年景也在10000多只,多年不见的国家重点保护动物来这里筑巢安家,而现在这些景象也只有在照片上才能找到。

巡湖员:当你进入这个繁殖区以后,开始只有20来只鸟左右,它会召来大批大批的鸟,不断地俯冲下来攻击你的头。你慢慢地离开它的繁殖区,它就声音也不叫了也不攻击你了。

记者:也就是这块区域。

巡湖员:对对对。

画外音:工作人员告诉记者,往年这个季节是他们最忙的时候,因为夏候鸟要在这里繁衍生息,他们每天都要巡湖进行数量登记。而今年,5000亩的水面已经很难找到鸟窝。

记者:那我们现在坚守的最后这个阵地,目前的现状怎么样呢?

工作人员:目前水生动物都还保持得比较好,就是水生植物影响比较大,水生植物大概只能保持到以往的20%了。要等大湖的水面涨起来之后我们再打开我们北边的涵闸,让鱼类游到大湖里面去。

画外音:据了解,目前这片区域的水位是洪湖最高的一处,但最深处也只有不到80厘米,如果水深低于50厘米,就得紧急找水进行补给。不过目前一些珍贵鱼苗保存还比较完整,等洪湖水涨之后,鱼类种群的修复应该不成问题。但整个洪湖生态的修复,最少得需要5年。

记者:那就你现在来看的话,如果还旱下去或者说水位不涨的话,危险吗?就是你最后的阵地?

工作人员:如果水位不涨的话,我想这个最后的阵地也不好说。水位如果再降的话,鱼类肯定是不能生存的。

(2011-06-03《新闻直播间》)

分析:这是洪湖湿地遭遇70年一遇的大旱之后,记者深入湖区、探访核心保护区进行的采访报道。如果只是说大旱,可能显得太抽象,到底旱灾有多严重,就必须通过实地的采访报道才能体现。在这次报道中,记者主要采用了"对比"的方式进行事实的说明,可以通过列表来看。见表2-2。

表2-2　报道洪湖大旱的对比式内容

对比项	往年	今年
洪湖水域面积	100%	12%
子堤边水深	0.5米	干涸见底
通往基地方式	乘船	步行
通往基地时间	10分钟	1小时
湖水深度	1.5米	沼泽
缓冲区水位	0.6米	草原
示范区水质	清	浊
示范区水生植物	菱角、芡实、荷、蒿草……	几无
示范区水生植物面积	3000多亩	20%
示范区鸟类	42种,多有40000多只,少有10000多只	极少
水生动物	珍贵鱼苗保存较完整,水位若再降便不能生存	
结论	整个洪湖生态修复最少需要5年	

通过对比,十分清晰地展示了洪湖大旱所造成的生态灾难,自然生态的脆弱、修复的困难都给人以冲击,结论虽然只有一句话,但是却留给大家对于生态、对于环境无尽的思考。记者的采访平实、真切,没有过多的渲染和评说,但是只是报道的过程、现场画面的呈现和对工作人员的采访就足以说明问题。

【实例参考】

1. 直播、出镜、静态、目击

主播:我们看到呢救援工作可以说在一刻不停地向前推进着,同样呢我们的报道也在随时关注前方的最新的进展。我们在这个整个沉船水域的现场一共设置有两个报道点,一路记者呢是位于长江北岸,另外一路记者呢是在核心现场的搜救平台上。现在呢我们就来连线一下位于长江北岸的本台记者,看一看在刚刚过去的这些时间,前方的救援有没有什么相关的最新的消息。你好,来给我们介绍一下现场的情况。

记者:好的。我现在所在的位置呢就是在长江北岸,那么在我们这段直播的最开始先来跟大家说一下我们最新了解到的信息。其实从昨天呢,这个长江三峡的总公司就开始调整三峡水库的下泄流量,用这样的方式让三峡工程下游的这个江段水位是呈现一个缓慢下降的趋势,那么这个也是给现在整个的沉船的打捞,包括未来的扶正以及水下的这种探摸工作提供一个更缓慢的这样一个水位上涨或者说控制水情的这样一个保证。因为在整个现在湖北省境内呢都是在持续的降雨,虽然一直在降暴雨,但是通过三峡工程的这样一个下泄流量的调蓄使得江面的水位不但没有上涨,反而是在小幅地下降。我们请大家来看一个小的细节,那么就在我的脚边是有被江水,其实就是这种小的涌浪推到江岸上的,我们看到这个是竹子,还有一些芦苇杆,这个地方其实就是昨天最高水位的时候被推到这个地方的,现在我们看到的江水距离我已经在这个缓坡上后退了有将近一米远,从它的这个直线落差上目测大概水位、现在的这个长江的水位降低了有 50 公分(厘米),那么这 50 厘米其实也是在给我们身后的整个这个抢险工作去提供一个水量缓慢调节的保证作用。另外我们也要告诉大家就是现在,在今天稍早之前,又有一台 500 吨的起吊机已经到达了现场,正在下游 800 米的江面上等待,之前我们已经说到了,我们结合我们身旁的这样一个先期抵达的固定在水中的起吊装置给它去看一下.其实它也通过姿态的调整为下一步有可能去实施船体的起吊做出了一些准备。我们在大的画面当中可以看到在这艘船更靠近船舶的这个地方有几个大的吊钩,有一个非常大的龙门架,如果我们把这边称之为船尾的话,大家先来关注一下船尾和长江江面相衔接的这个地方,整个的船尾其实是有点翘起,在长江江面上的,那么整个现在我们看到的这个起吊平台是呈现出了一个将近 5 度的这样一个斜角,我们慢慢地把镜头往后摇,摇到我们现在所说的这个船头,也就是机舱的所在的位置上,我们可以看到其实在这一边,它的吃水会更深一些,所以说,它现在呢是通过一个钢缆的固定使得整个我们这个起吊平台倾向于现在倾覆在水中的这样的一艘客轮是处在一个 5 度上扬的角度当中,那么这也就是未来当我们这几个吊钩同时下降,提起水中的这样的一个庞然大物去进行后续的这种抢险作业的时候,能够保证我们现在的这个起吊平台能够更加的平稳。通过我们现在已经先期抵达的起吊平台姿态的这样一个调整,包括钢缆的固定,我们也要告诉大家,其实现在的这一项的起吊平台已经做好了实施下一步救援的准备工作,而在我们身后今天早上 8 点多钟抵达的另外一个 500 吨级的这样一个起吊的驳船正在下游的江面做准备,为什么它还没有抵达,我们刚才也说到了就是因为现在我们的重点仍然是通过海军所派来的蛙人下水进行探摸,来进行人员的一个搜集(救)以及人员的搜寻和生命的探测,所以现在船的另外一侧的这个空间被三艘并排的这个水上操作平台占据,要等到这一步的工作结束之后,我们现在看到身后的这样一个起吊平台才会缓缓移动,然后固定在这个地方实施下一步的作业。那么大概就是直播前的半个小时,我还关注到了一个细节,就是从水中又有一个批次的蛙人已经出水了,那么他们在出水之后还会不会带来一些信息,包括在稍早之前,我们看到这个水面平台上有一艘船舶已经离开过又靠岸,它会不会从指挥部也带回来一些新的处置的情况，那么在船上还有我们的另一位同事。我在岸上现在所了解的情况就是水位在缓慢地下降，虽然有降雨，但是呢我们也希望这样的天气对于下一步的抢救工作不要有太大的影响。

主播：嗯，介绍得非常详细啊，这个水位下降也能让船体更多地露出水面，包括保持江面的水面平稳，对于下一步的打捞也好还是整个的切割也好都是很有利的一个状况。我也想了解一下目前在整个沿江的一个搜寻方面在过去的一段时间有没有一些进展？

记者：我们现在所了解到的情况，大家可以看到围着我们现在的这样一个核心区域，就在我们的身后会有不断的这样的小艇，我们看到的海巡的各种船只，包括江面的巡逻船只是一直在工作，但是因为我们现在靠近的长江北岸这个地方是不通公路的，我们现在还没有看到有关于他们的最新情况，而且现在整个沿江是220公里持续的地毯式的水面搜寻，我们也希望能够通过多点的、我们其他点位上的同事能够搜集到更多的情况。

主播：好的，感谢本台记者在长江北岸给我们发回来目前有关救援工作的最新进展的情况，我们也看到呢现在起吊机呢已经做好了准备，随时能够准备下一步的救援。

（2015-06-03《特别节目》）

2.录播、出声、目击

男主播：昨天傍晚的18点多呢，经过近10个小时的作业，被扶正的东方之星终于是露出了主甲板以上的四层舱室。

女主播：接下来我们就回顾一下起扶的整个过程。

记者："东方之星"已经扶正，但是现在它仍然是没在这个江水当中，现在需要把新的缆绳穿过它的底部，扶正之后要进行新一轮的牵缆。船首部分的起伏的钢缆已经是安装到位了。每一条钢缆现在都已经绷直，现在"东方之星"尾部最顶上的一层已经是完全出水了，它每分每秒都在向上升，船尾的第四层已经出水了，处在待命状态的起吊的救助船有一艘正在向救助平台缓慢的位移，通过它的加力，来保证我们接下来的这个起吊的工作能够顺利进行。三艘水面救助船组成一个更大的救助平台，现在是整个抬升过程当中可以说最吃力的一个阶段。目前整个的船体是基本的出水，甲板以下呢还有积水，需要完成用水泵陆续抽水的这么一个过程。

（2015-06-06《朝闻天下》）

3.直播、出声、目击

主播：现在"东方之星"船体正在缓慢起扶，新的情况我们连线正在前方的本台记者，请你现在给我们介绍一下你所了解的最新情况。

记者：好的，接下来我们继续通过现场直播的画面来关注一下。"东方之星"客船在今天早上实现了整体的扶正之后,今天下午正式开始的一个船体出水的这样一个作业。那么就在我们上一段的直播当中介绍了这样一个细节,在整个船体现在接近三分之一已经出水之后呢,现在处在一种悬停的状态当中。从我的目测的角度上过去的半个多小时仍然是这样的悬停,那么我们现在现场的主要的工作就是把稍早之前就已经到达事故抢险水域、停泊在我们抢修的水面平台上方500米处的另外一台大型的水面吊装设备,现在使用一种并联的方式并排在了此前就已经吊住东方之星这两台大型设备的旁边。它们现在呢实际上是三艘水面救助船组成了一个更大的救助平台,为什么要这样做,我们在稍早前也是问了船上的专家,在现在船体三分之一出水之后,其实船体丧失了一部分水面给它的浮力,现在是整个抬升过程当中可以说最吃力的一个阶段。所以现在在我们画面当中大家可以关注到一个细节,就是最新并联也就是加入到这样一个吊装平台的这个大型的设备是排在最靠江心的位置上,现在它的这个吊钩也已经垂下,那么目前它吊钩下方的钢缆并不是拉直的,和我们看到前面已经吃上劲儿的这几根钢缆比较起来,它现在还处在一个系缆绳的过程当中,而这根缆绳就将系在我们所看到的"东方之星"最尾部的这个位置。那么现在的"东方之星"呢,根据它之前在江底的一个坐底的情况,其实它的船头是高于船尾的,那么现在船头出水已经将近两层半的位置,而船尾只出水了一层,现在船底部我们看到的更靠近江心的尾部,兜住的江水的重量也会更大。那么接下来我们新加入的这样一台工程机械,就会通过它新增的吊臂,给我们的船尾施加一个向上的牵引力,让船体能保持一个相对水平的状态,继续向上去进行一个上浮的工作。那么我们再说到变成了三台吊装船组成的工作平台,接下来的工作难度其实就是三台工作平台必须要用统一的号令和统一的上浮的速度来完成,来保证船体作业的过程当中船体是稳定的、结构是稳定的。那么我们也希望现在加入的起吊机尽早地开始工作,利用现在的天气情况晴好而且能见度较好的情况,及时地、更多地把船体进行上浮,我们也会在现场有最新的情况随时发回直播的报道。

主播:好的,非常感谢记者发回的报道,我们也通过画面清晰地看到三艘打捞船已经就位,打捞也进入了最吃力的阶段,相关的情况我们也会持续地关注。

(2015-06-06《新闻直播间》)

4.录播、出镜、动态、日常、体验

主播:受到冷空气的影响,内蒙古的大部分地区这两天再次出现了大幅降温天气。其中呼伦贝尔北部的根河市在11月就出现了接近零下40摄氏度的极寒天气,昨天本台记者通过直播报道演示了滴水成冰、热水固化成冰雾的现象,让我们也直观地感受到了根河天气之寒冷。那么今天根河地区天气情况又怎么样呢,生活在那里的人们又是怎样来防寒的呢?我们继续跟随本台记者来体验一把。

记者:现场的温度是在零下34摄氏度左右,在今天凌晨是零下36.4摄氏度,那这个温度相对于昨天来说已经有了小幅的回升。因为在这里待了一段时间,也有了一点小的经验,那么像我这样的外地人尤其像南方人来到根河的时候,我给大家做一些提示,那么除了防冻防滑之外,还有一些小的注意点要提醒大家了,比如说我们在外出的时候在室外一定要戴手套,不要用手啊皮肤啊直接去摸冰啊、还有摸铁,因为很容易被黏在一起,尤其是提醒一些孩子们,不要用舌头啊舔这个冰。我们可以通过一个小实验给大家看一下到底会是一个怎么情况,那么我们看下这家的老陈大哥,(演示)这是暖水泡的一块肉皮,在这里有一块冰,我们把肉皮放在冰块上,我们看在冰块上这个肉皮,看,短短的几秒钟已经黏在上面了,撕都撕不掉。哎,撕掉了,但是我们可以看到有一个很清晰的印记,就是这个肉皮啊被黏掉了一小部分。我们试验了一个肉皮黏附的实验,那么我们再给做另外的小实验。看这里有两个螺栓,旁边有一盆水,我们把螺栓在水里边浸泡一下,水有些冻冰了。好,我们看,拿出来之后把两个放在一起,这个实验呢有可能需要一定时间,我们先把它放在这里,哎呀,我的手套被冻住了。好吧,看,虽然两个螺栓没有黏在一起,但是我的手套和这块冰已经黏到一起了,好,我们把它拿下来。再给大家展示一个小实验说(展示)这边的寒冷。看这里啊我在水里边放上了一个(根)绳子,我们给它甩一下,这也可能需要十几秒到三十秒的时间。我们看,这根绳子这样就竖起来了,可以说这非常的冷啊,冻得非常结实,看,绳子上还有这个冰块。

(2012-12-07《东方时空》)

5.录播、出镜、动态、日常、调查

主播:船头咀村呢是洪湖中的一个水上的渔村,那里的300多户人家都是住在船上,以养殖、捕鱼为生。20天前,记者乘船进入,探访了这个大旱中的水上渔村。20天来,洪湖旱情仍在加剧,水面不断地缩小,那里的情况又有了怎样的变化呢?

记者:第二次前往船头咀村,一路上呢看起来这片湖面和我们之前上一次来的时候似乎没有什么太大的差别,仍然是非常的辽阔。但是实际上呢这个湖面上却少了很多来往的船只,整个湖区都是变得特别的安静。而看起来还非常辽阔的水面,实际上只要我们这样子轻轻地伸手一捞,就可以捞到湖底的淤泥和水草。

画外音:少了往来船只的马达声,整个湖区变得特别安静。沿着河道缓慢前行,小船忽然改变了方向,驶入另一条河道。

记者:我记得上回好像走的不是这条路啊。

船夫:上回走的是上面那条路。

记者：那现在为什么要改走这边呢？

船夫：那边开不过去了，浅了。

画外音：绕道进入船头咀村，通往村埠的河道和20天前相比，又窄了许多。我们换了一只小木船，抱着试试看的心态继续前行。没想到越走湖水越浅，很快就见了底儿。帮我们掌船的老吴只能一竿子一竿子地使劲儿往里撑。

记者：还能撑得动么？

村民：这沟里还有点水，没有水就撑不动了。

画外音：在船头咀村，300多户人家人人以船为家、以渔为业，湖水干了，生活在船坞上的人们就断了生计。对于生活困难的湖区渔民，当地政府在岸上设立了安置点，鼓励渔民暂时上岸生活。李金山一家人也打算暂时收拾行李，上岸过几天。不过，在离开船坞之前，李金山给自家的船安装上了一套自己设计的特殊装备。

李金山：它不往下塌。

记者：你怎么不让它往下塌呢？

李金山：这三条篙，一二三条篙，把它们并起来，用绳子锁着，用一个我们这儿叫咕噜（的装置）把它倒起来，拽紧，看到没有，动都不动，就起到这么个作用。

记者：等于是拿三根竿子把这个船给撑起来了。

李金山：等于说把船艄吊着，吊起来了，起到吊的作用。

记者：就把它吊起来了，不会往下坠。这样子主要是为了防止什么呢？

李金山：（防止）断，船断，干的时间太长了。

画外音：如今，船头咀村的600多人中，已经有近400人暂时上岸生活。尽管只是暂时离开，但李金山还是念念不忘这片从小生活的湖区。

记者：这次要走的话下次还打算要回来，跟以前一样么？

李金山：说句内心话，像我们确确实实不愿意离开湖里，就是看看老天能不能下几天的雨，涨点水起来，我们再想点什么办法搞点生产自救。

画外音：大旱时节，有人选择暂时离开，也有人选择留下。经历了一个多月的干旱，老吴家40亩鱼塘都见了底儿，投入的鱼苗损失殆尽。但一家人还是把亲戚们的船都连在一起，守在船坞上。

村民：什么菜也没有，我说老奶奶你把我这个干鱼给剁了，没鲜鱼吃了，只能吃干鱼了。

记者：还没吃呢？煮什么呀？

村民：土豆、鸭蛋，上次政府发的鸭蛋、发的土豆。

记者：这是发的咸鸭蛋。

村民：嗯。

画外音：考虑到渔村交通不便，当地政府每周都会给留守的村民送去一些蔬菜和饮用水,并以每人每天 10 元的标准发放旱情补贴。因此,老吴家的日常生活有了一定保障。之所以一直留守不愿意走,为的就是能等到一场大雨。

记者:怎么没到岸上去住呢? 不是有安置点么?

吴绍保:有安置,但天上万一有雨点呢? 我说再等两天,等两天看看什么情况再上去。

记者:等着这两天希望能下雨?

吴绍保:是的。

记者:还是抱着希望。

吴绍保:还得抱着希望。

画外音:在老吴家的船头,几盆鲜花正在开放。即便是大旱时节,他们还是每天都会挤出一口水来,留给这些娇嫩的花儿喝。

村民:你看这土片,看到这么多个土片,心里不是太难过了嘛,难受啊,每天早上都要浇浇它看看。

记者:心里面有个盼头。

村民:对,(心里想)我能不能像花一样啊,只是这么活着吧,我心里头这样想。

(2011-06-03《新闻直播间》)

6.直播、出镜、动态、突发、目击

记者:好的,我现在所在的位置是从芦山县县城到现在据说是最为严重的这个龙门乡的道路上。我们现在来看一下现场的一个情况,会有很多军方的救援车辆呢现在在这个道路上穿行,目前我身后的这条路实施了临时的交通管制,那么除了这个救灾车辆,而且是必须要有现在的抢险指挥部核准的,民间松散的这种救灾车辆现在是被挡在了这个地方的外面。从我现在身后的车辆呢继续往里面走呢,15 公里以后就是我们今天所说到的受灾非常严重的龙门乡,据说现在道路呢也出现了部分地区山石垮塌、道路受损的情况。我们原本也是打算赶到前方去做一个可能更接近震中受灾最严重区域的现场直播,但是现在呢我们也必须听候交通管制的这样一个要求。那么现在您将会看到的是我们在赶路的过程当中整个国道 318 线包括路途当中的一些情况,其实现在道路也有不少的地方出现了险情。

现在是上午的 10 点 53 分,那我们是在国道 318 线上,正在往这个芦山县去赶。但是我们在路途当中呢已经看到了严重受损的房屋,所以我们稍停一两分钟大家来看一下,这个地方叫大深溪,是紧邻这个国道 318 线的,如果很多平时走这条路的朋友会知道在沿途呢会有每年这个一定时节卖红心猕猴桃,我们看一下,在这个房间里还摆放着这样的一个牌子,可能经常走这条路的朋友会深有体会。现在我们看到的这栋建筑整个都会有这个强震之后房屋拉扯之后这种 X 形的裂口,然后整个房屋已经垮塌,这个部分的垮塌的这个砖石呢现在已经是掉到了国道 318 线上。而我现在所在的这条路呢,其实车辆并不是特别多,一个很重要的原因是,就在我们刚刚路过的地方会有山体塌方,所以当地的交管部门做了一个临时性的交通管制,从芦山县现在出来的车可以正常地通行,但是现在如果从雅安城区往里面走,就需要提交一定的这样的证明,比如说你是赶到哪个位置,或者是应急抢险的车辆是优先通行,我们现在继续往前赶。

我们现在看到这个路面上有两辆受损严重的车辆。我们现在看到的这个车呢是横亘在国道 318 线上,几乎已经到了对面的车道,整个车受损非常的严重,这应该是雪铁龙的 C5 轿车,现在整个车厢全部被砸烂。我们看到在它的旁边还有倒塌下来的电线桩,我们不知道这辆车当时发生地震的时候是一个什么样的状态。我们来关注一下这辆车的车牌川 A762YJ,这是一辆成都牌照的轿车,现在受损非常的严重,我们看到它的这个现在车辆里面的汽油全部流了出来,安全气囊也已经爆开,在它的这个车厢当中,我们还可以看到明显的血迹,来,摄像师给一个特写,车的顶棚似乎是被外力已经严重地砸毁了。

我们现在已经到达了国道 318 线上,刚才我们看到的有损失房屋的附近,但是现在这个地方线路已经是完全中断了,只剩下非常窄的一个线路,必须在交警的疏通之下通过。我们现在可以看到的现状是我面前横亘的这块石头几乎就相当于一个巨大的油罐车或者是一个集装箱的体量,山顶上直接一路坠下,把山上的这个山石全部地砸毁,然后掉落在这个路面上,现在呢整个现场的通行能力也变得非常狭窄。

好,现在我们看到通过非常狭窄的位置从这个坠石的断落点,有一个雅安方向从天泉驶回的救护车现在要通过这个路段,而所有之前的应急车辆都在为它让道。我们现在看到这个车上是有伤员、护士,还有吊的输液瓶,应该这就是救治伤员的车辆正在朝雅安的方向行驶。我们现在看到是第二辆的救护车,因为这辆车的体积比较大,所以它的整个车身几乎已经擦到了旁边的这样一个水泥的围挡,在艰难地向前进。师傅,你们车上有伤员么?我们看到这辆车有更多的伤员,现在通过这辆救护车正在朝雅安的方向行驶。这个上百吨的山石砸到路面上的时候,我们看到对路基的受损(损坏)也是非常严重。

(2013-04-20 成都台《特别直播》)

7.直播、出镜、静态、预测、回顾

主播:博鳌亚洲论坛呢 2015 年的年会将从今天开始到 29 号,在中国海南博鳌举行。本届年会的主题是"亚洲新未来、迈向命运共同体",为展示亚洲国家合作发展的新亮点,2000 多位参会代表将会在论坛期间展开思想交锋和观点碰撞。今年年会将会有哪些看点呢?马上来连线正在现场的本台记者,上午好。

记者：你好。

主播：来给我们介绍一下你在现场的观察。

记者：好的。我现在站的地方啊身后就是博鳌亚洲论坛年会的主会场了，现在从镜头里看啊，好像还比较清静。为什么呢，刚才主播说了，有2000多位代表参加今年博鳌论坛的年会，代表们都去哪儿了呢，好像从镜头里没有看到。的确啊年会开了，今天呢开始的主要是分论坛，那么正式的开幕式呢要28号的上午才开始。所以今天一天呢，很多代表还在报到当中，因为根据会议的安排呢，到今天晚上10点以前，都是可以进行注册的。说到注册呢，我们昨天从注册中心拿到了这样一本会议代表的名册，给大家看一下。应该说呢这本名册是我们在报道博鳌论坛的时候拿到的最厚的也是分量最重的一本名册了，当然啊不止是它的自重啊，而是说的是里面这些代表的分量。当然呢最重量级的代表是谁呢？是国家主席习近平。他要在28号上午出席博鳌论坛的开幕式并发表主旨演讲。我们算了一下啊，这应该是习近平第三次到海南博鳌了，足见中国对博鳌论坛的重视和对双边关系的重视。当然包括习近平在内，这次呢会有16位国家级的领导人参加博鳌论坛的年会，应该说是创出了历届之最，而且还有80位部长级以上的官员，这是政界；商界呢，会有全球财富500强的60多位董事长和CEO到会，还有130多位驻亚太地区和驻华机构的代表。当然了这里面还有一个熟脸儿就是大家非常熟悉的比尔·盖茨，他也会来。当然这么大的、这么高规格的一个论坛不能只是看熟脸儿，更重要的是听话题。最有分量的话题是什么呢？这两天媒体也有一个预测，就是"亚投行"和"一带一路"。关于"亚投行"的话题啊进入3月份以后就一直是非常的热，一直是不断地升温。在我们博鳌论坛开幕之前呢我们在采访财政部的时候，说现在意向创始成员国已经有27个了，那么加上现在表达意愿的已经有30多个，在31号论坛结束以后、意向创始成员国名单确定之前到底会有多少人（国家），昨天财政部副部长在接受采访的时候没有给出一个准确的数字。总之啊，"亚投行"的朋友圈在不断地扩大。我们在采访当中呢，也有代表表示说呢，实际上加入"亚投行"不是选择和中国站在一起，而是选择和未来的发展趋势站在一起。这是什么？这就是共识。当然这也是做实"一带一路"的基础。我们说"一带一路"基础设施建设对亚洲来讲缺的就是资金，现在有了"亚投行"这样一个平台，有了钱，钱往哪儿投？昨天财政部部长楼继伟在我们的节目当中也表示说，实际上"亚投行"的钱不光是投给亚洲的基础设施建设，也包括"一带一路"。也有权威的分析说呢，在本届论坛期间呢有可能中国会出台"一带一路"的规划，当然现在又是一个问号。不过关于"一带一路"的声音不断地传来，像今天参加采访博鳌论坛的亚洲媒体团就要成立一个"一带一路"的媒体联盟。另外呢，国务委员杨洁篪会在28号下午就"21世纪海上丝绸之路"发表主题演讲；香港特首梁振英呢也会在论坛期间发表主题演讲,题目是《香港在"一带一路"中的位置》。所有的这些呢都是关于做实"一带一路"的好声音。当然整个论坛不止是"一带一路"和"亚投行"了,77场主题讨论,包括开幕式、分论坛、圆桌会议、闭门会议、CEO对话等,可以说是精彩纷呈。像今天下午啊就有一个关于"政商关系新生态"的论坛会在我身后的这个会场举行,那么把反腐列入博鳌论坛的话题这应该是第一次。那么还有呢,工信部部长苗圩会在论坛期间再发表主题演讲,介绍"互联网+"、"3D打印"、"数字制造"等等技术;比尔·盖茨也会和中国的企业家来沟通关于技术创新、人才培养等可持续发展的话题。可以说从今天开始,我身后的主会场包括进入会场的这条通道就会越来越热闹,当然我们在这里不是要看热闹,而是要看门道。门道是什么? 那就是亚洲如何迈向命运共同体、如何迎接新未来。

主播:好的,谢谢我的同事在博鳌主会场外给我们进行的分享。

(2015-05-26《新闻直播间》)

8.完整节目

片头

画外音:1996年,呼格吉勒图被以故意杀人罪、流氓罪判处死刑,而18年之后一封再审判决书宣告呼格吉勒图无罪。

呼母:从我儿这个案子截止,再不要有这样的悲剧,这是你们公检法的一个教训吧。

画外音:再审是依据什么推翻了当年的判决,当年的判决错在哪里?

审判长:证据就不是一个很扎实的东西,口供又不是一个很确定的东西,两个不确定的因素放在一起,却要得出一个确定的结论,这是不严谨的。

画外音:为什么一起事实不清、证据不足的案件,当年却一路绿灯通过了公检法三个部门,最终导致一个本不应该的判决呢?

同期声:"错案始于侦查,一开始他就犯了先入为主的错误了。""我们检查机关是有过错的,有责任的。""我们是法院工作人员,我们是办案子的,我们把案子办到这个程度,我们应该感到内心有愧。"

画外音:《新闻调查》本期关注《十八年后的无罪判决》。

同期声:(副院长)本院审理认为,原一二审判决认定呼格吉勒图犯故意杀人罪、流氓罪的事实不清,证据不足,宣告呼格吉勒图无罪。

画外音:2014年12月15日上午8点30分,一份再审判决书,送到了呼格吉勒图父母的手中,宣告他们的儿子无罪。为了等这一刻,他们已经等了18年。一切要从1996年的4月9日说起,那一天,呼和浩特第一毛纺厂家属区的公共厕所内,一名女子被杀害。当时,18岁的卷烟厂工人呼格吉勒图和工友到治安岗亭报了案,而公安机关经过一番调查认为,报案的呼格吉勒图就是4·09

案件的凶手。经法院审理,呼格吉勒图被判处故意杀人罪和流氓罪,并执行了死刑。随后 9 年里,呼格吉勒图的家人一直在"杀人犯家属"的阴影下生活,直到 2005 年,事情发生了意外的转折。那一年,内蒙古系列强奸杀人案凶手赵志红落网,他向警方供述,从 1996 年到 2005 年,自己先后作下多起强奸杀人案,其中就包括 1996 年 4 月 9 号晚上,呼和浩特第一毛纺厂的公厕女尸案。赵志红的出现,让呼格吉勒图的父母坚信,儿子是被冤枉的,并开始了长达 9 年的申诉上访之路,要求重审 4·09 案件。这期间媒体也逐渐开始关注,呼格吉勒图案的种种细节开始被公众瞩目。到 2014 年 11 月 20 日,内蒙古自治区高级人民法院对外宣布,对呼格吉勒图案启动再审程序,经过 20 多天的审理,12 月 15 日法院公布再审结果,改判呼格吉勒图无罪。

同期声:(呼母)我理解你们,再等一会啊。

画外音:在媒体的包围和询问中,拿到再审判决书的呼格吉勒图父母,并没有想象中的激动,而是仔细地阅读了判决书上的一字一句,才慎重地签下了自己的名字。

呼母:必须得看清,我主要是看后面这两个字——无罪。

记者:原审被告人呼格吉勒图无罪,这句话对于你们俩意味着什么?

呼母:意味着几代人的名誉我讨回一个清白来,叫全天下的人知道我教育的这个孩子不是一个杀人犯。

副院长:代表自治区高级人民法院,向你们表示真诚的道歉,对不起,对于呼格吉勒图的错判,对于我们来说也是一件非常痛苦的事情,我们从今以后一定会吸取这个教训,从这个深刻的反思,决不能让呼格吉勒图这种悲剧再重演。

记者:1996 年的 4·09 案件就是发生在这个小区,当时这一带还都是平房,现在 18 年过去了,这里已经完全变样了,而对当年案件的判决,也发生了颠覆性的改变。当年,呼格吉勒图被认为是作案人以故意杀人罪、流氓罪判处并执行死刑;而 18 年之后,再审判决书的最后一句,明确宣告呼格吉勒图无罪。再审到底是依据什么推翻了当年的判决,当年的判决错在哪里,又为什么会犯那样的错误呢?

画外音:在再审判决书中,法院认为 1996 年的原审,认定呼格吉勒图犯故意杀人罪、流氓罪的事实不清、证据不足,我们采访了再审合议庭审判长,他向我们一一列举了他认为哪些事实不清、哪些证据不足。

审判长:它证据工作没有尽到职责,它列举的证据有现场勘查笔录、尸体检验鉴定、刑事科学技术鉴定、物证检验报告、证人证言和被告人的供述,现场勘查只描述了一个作案地点的情况,厕所的方位是怎么样的,立面的建筑结构是怎么样的,没有任何与呼格吉勒图有关联的内容,尸检鉴定也是被害人的被害情况,身体损伤的情况,死亡原因的情况,这些都说明不了与呼格吉勒图有什么关联,这些证据里具有指向作用的,只有被告人口供和血型鉴定。

画外音:审判长说,虽然当年的案卷里列举了不少证据,但真正有一定实际意义的证据,就是物证鉴定,当时,公安在呼格吉勒图左手拇指指甲附着物中检出 O 型人血,这与被害人的血型相同,而呼格吉勒图本人的血型是 A 型,这被当作定案的主要证据之一,但一个浅显的道理是,O 型血的人很多,显然不能据此就认定,呼格吉勒图指甲附着物一定就是被害人的。

审判长:O 型血是最广泛的一个血型,这个鉴定是太宽泛了,不具有唯一性、排他性,不能得出唯一结论,就不能作为定案的依据。

画外音:除了这唯一的物证,当年原审主要的定罪依据,还有呼格吉勒图的有罪供述,也就是我们平常说的口供。

审判长:口供虽然也作为证据形式之一,但它是最不稳定的证据。早在 1979 年《刑诉法》里,就确定了一个基本原则,任何案件都要重证据、重调查研究,不轻信口供,只有被告人供述的,没有其他证据证实,不能做出定案结论,1997《刑诉法》到 2013《刑诉法》都沿用了这样一条规定。

画外音:审判长告诉我们,即使是口供本身也存在很多问题。1996 年的原审判决书中说,呼格吉勒图对罪行"供认不讳",但再审却发现事实并非如此。在 4 月 9 日事发当晚报案时,呼格吉勒图没有说自己作案,他说自己是上厕所时听到有人喊叫,于是进女厕所看了一下,看见一个人躺在便池的水泥台上,随后跑回车间拉上闫峰,去治安岗亭报案,然而仅仅时隔一天,在 4 月 10 号的询问笔录中,他却变成了有罪供述,称自己进入女厕所,将被害人拖到矮墙处进行了猥亵。此后他又不止一次地翻供,审判长认为,口供状况如此反复不定,根本无法作为定罪依据。

审判长:口供是不稳定的,时供时翻的,它并不是像一审判决书那样说的,被告人供认不讳,他的口供还是不断变化的,即使是有罪供述,他也有各种不断的变化过程,比如说他自己手的动作是怎样的,腿的动作是怎么样的,怎么对被害人实行暴力这个行为过程,都是不断变化的,前后不一致的,前后矛盾的,此外他的口供还有与其他证据不相互印证的部分。

画外音:审判长进一步指出,即便单看有罪供述的口供,不仅前后有不一致之处,呼格吉勒图供述的作案手段和尸体检验报告也不相符。按照尸体检验报告,被害人的死亡原因是被扼颈致窒息死亡,而呼格吉勒图供述的作案动作,根本无法导致这一结果。此外,呼格吉勒图说,他用右手绕过被害人的脖子捂住她的嘴,左手掐住其脖子,同时往里拖动被害人至隔墙处,这与尸检报告发现死者后纵隔大面积出血的伤情也不相符。除了与尸检检验报告不符,呼格吉勒图的供述和其他一些证据也存在诸多不吻合之处。

审判长:被害人的身高,他说是 1.60 米和 1.65 米两种,这与被害人尸检鉴定证实的被害人身高不一致;他还说被害人是长发、直发,这与尸检鉴定证实的被害人是短发、卷发不一致;他还说被害人说普通话,但是通过被害人周边的证人证言了解到,被害人从不说普通话,讲的是方言;被害人穿的是外套,他说被害人只穿毛衣,没穿外套。

画外音:这种种的矛盾和问题,都是在当年的卷宗里发现的,由于案件年代久远,当事人也已经死亡,因此这次再审,并没有什么新的事实和证据。

记者:为什么对于同样的事实和证据,在您看来,在再审看来,是事实不清、证据不足,但是我看到当年原审判决书上写的是事实清楚、证据确实充分。为什么两个判断会有这么大的差异?

审判长:只要认真审查的话,不应该这样,至少要对这些问题进行分析吧,不能拿来就说供认不讳,没有把被告人口供认真地进行分析研判,直接简单采信有罪供述,血型鉴定也是没有再进一步地探讨,还那么轻信地采用,是不严谨的、不慎重的。证据就不是一个很扎实的东西,口供又不是一个很确定的东西,两个不确定的因素放在一起,却要得出一个确定的结论,这是不严谨的。

画外音:现在回头来看,当年对呼格吉勒图的判决,所依据的唯一物证血型鉴定,根本不具有唯一性和排他性,案件缺乏直接、客观性证据,片面地依据口供来判定,而口供本身又存在诸多问题,首先是时供时翻,有罪供述和无罪供述同时存在,即便是有罪供述本身也前后不一致,并且与尸体检验报告和其他证据存在诸多不符之处。既然如此,为什么这样一起明显事实不清、证据不足的案件,当年却一路绿灯,通过了公检法三个部门,最终导致一个本不应该的死刑判决呢?

呼母:我的要求就是,以后每一个公检法在办案细节上,要认认真真地去对待每一个案件,从我儿子这个案子截止,再不要有这样的悲剧,这是你们公检法的一个教训。

画外音:这是呼格吉勒图的母亲在收到再审判决书时所说的话,这样的悲剧给亲人、给家庭带来的痛苦,只有亲身经历过的人才能够体会。

记者:您跟他说了一句话,说希望不要再发生这样的事情,就是,这是早想好的吗?

呼母:早想好的,这个事情出现在我这个家庭,我能真正地体会到,这个事情太痛苦、太艰难了,从我儿子当年那件事情出现,真的,这个家只有每天的沉重烦恼,没有一天真正有乐趣的。在外面走的时候,这么多的人,世界这么大,人这么多,这个里头为啥没有我的儿子,每一次一出去我看到的,我走着坐着,就想着这个事情。

画外音:虽然当年的错判今天得到了纠正,但是,呼格吉勒图年轻的生命却永远停留在了 18 岁,再也无法挽回。面对已经铸成的错误,唯一能做的就是追问原因,避免类似错误的再次发生。

记者:他的母亲拿到再审判决书的时候,当时说了一句话,说我希望将来不要再发生这样的事,我不知道当时您听到这个话的时候,您会是一个什么样的感受?

副院长:这句话对我的内心确实有很大的触动,我们是干什么的,我们是法院工作人员,我们是办案子的,我们把案子办到这种程度,我们应该感到内心有愧。

记者:您怎么看这件事情,觉得当年这样一个错案,为什么会形成?

副院长:整个案件的办案流程有一个完整的流程,从侦查、从批捕、从起诉,从审判到执行,如果说当时这几个环节,有一个环节把这个关口把好了,这样的错案是完全可以避免的,可遗憾的是,这些关口一路都放过来了。

画外音:呼格吉勒图案发生在 1996 年,当时我国适用的是 1979 年《中华人民共和国刑事诉讼法》。其中规定,刑事案件在公检法的完整办案流程是:公安机关负责对刑事案件的侦查,侦查完毕后将案件移送人民检察院,检察院需要对案件的事实和证据进行审查,审查符合条件才能提起公诉,最后由人民法院负责审判。呼格吉勒图案中,为什么公检法三方,都没能在自己的环节上把好关呢?我们分别采访了三个部门,由于当年直接办案的当事人正在接受调查,我们无法采访到他们,公安机关呼格吉勒图案复查组负责人接受了我们的采访。他认为,当年公安机关在侦查环节,对于证据的收集和提取存在明显的缺陷。

负责人:错案始于侦查,因为它是整个案件的初始,我们在复查这个案件回头看的时候,就发现依法进行侦查、调查和取证,那么就应该有很多的痕迹、物证,可以发现、可以提取、可以鉴定,但是这些都没有做到位。我个人认为,既有客观的因素,也有主观的因素,但是更重要的是主观的因素所致。

记者:主观的因素指的是什么?

负责人:一开始他就犯了先入为主的错误,就是片面地、简单地认为,作为报案人呼格吉勒图,深更半夜在第一时间,他怎么能知道女厕所里边有女尸呢?所以就产生了高度的怀疑,进而从怀疑入手,去收集他的有罪证据。

画外音:当年,《呼和浩特晚报》曾经刊登过一篇《"四·九"女尸案侦破记》,里面写道,冯志明副局长和报案人简单地交谈了几句之后,他的心扉像打开了一扇窗户,心情豁然开朗了。眼前这两个男的,怎么会知道女厕内有女尸?冯副局长、刘旭队长等分局领导,会意地将目光一起扫向还在自鸣得意的两个男报案人,心里说,你们俩演的戏该收场了。

负责人:从他侦查的整个思路里边来看,他认为报案人就是高度可疑,所以他就从他这个调查取证的角度来讲,就顺着这样一个思路往前走。因此这个案件从一开始，在我们侦查环节上，就打上了错的烙印。

画外音：当年刊登在报纸上的表扬稿，如今看来恰恰说明了办案中存在的问题。例如其中提到的"熬了48小时"就让公众产生质疑，当年对呼格吉勒图的审讯，是否存在刑讯逼供或变相逼供，当年和呼格吉勒图一起报案、一同被带到公安局审讯的工友，也曾经告诉媒体，他在当晚听到和看到的一些情况，让他怀疑呼格吉勒图遭受了暴力。

工友：问到晚上12点多的时候，我就听见呼格吉勒图那屋发出桌椅剧烈挪动的声音跟呼格吉勒图痛哭喊叫的声音，然后大概早晨八九点的时候，有个警察就带着我去找他们的领导去了，然后警察开门的一瞬间，我就看见呼格吉勒图被铐在暖气管子上，头上戴着个摩托车头盔。

记者：你自己的判断是什么？

工友：呼格吉勒图让打了。

画外音：对于当年公安机关是否存在刑讯逼供的行为，内蒙古自治区公安厅表示，目前已经对此成立了专门的调查组，会尽快向社会公布调查结果。

负责人：我们正在组织错案责任追究的调查，对整个的过程进行认真地复核和取证，就是有变相的刑讯逼供或者逼供诱供，这也是法律不允许的。一旦查明了我们原办案人员有过这种违法违纪的行为，绝不会姑息迁就，会依据有关法规和纪律进行处理的。

画外音：公安机关的侦查是第一步，下一步是检察机关的审查把关，按照当时实行的1979年《刑诉法》的规定，检察机关的职责是，讯问被告人查明犯罪事实、情节是否清楚，证据是否确实、充分，犯罪性质和罪名的认定是否正确，同时查明公安机关的侦查活动是否合法，如果发现问题，应当不予逮捕、起诉，交回公安机关重新侦查，但当时呼格吉勒图案也顺利通过了检查机关这一环节。在再审前的复查中，发现了一份检查机关当年的讯问笔录。1996年的5月7日，呼和浩特市检察院按照《刑诉法》规定的程序，在批捕前对呼格吉勒图进行了讯问。从这份笔录看，面对检察机关人员，呼格吉勒图明确地说，我今天说的是真的，以前讲的是假的，当时公安局他们讲，我交代了就让我回家，而且当时我尿紧了，想讲完就可以尿去了，以前讲的不是真的。而对于他的翻供，检察机关工作人员不仅没有重视，笔录里还能看到，讯问的工作人员斥责呼格吉勒图"你胡说"，随后也没有把这份材料移交给法院。内蒙古自治区人民检察院表示，目前追责调查仍在进行中，当年确实存在审查把关不严和诉讼监督不到位的问题。

检察院工作人员：我们检察机关存在审查不严不细这样的问题，就对证据中存在这样的疑点和矛盾，没有认真地去核实把关，也存在重视供述、忽视辩解这样的倾向，导致这么一起本来属于事实不清、证据不足的案件，通过了我们检查机关的批捕和起诉程序，进入到了审判程序，我们检察机关是有过错的、有责任的。

画外音:按照《刑诉法》的规定,案件最终由人民法院负责审判,法院如果在审查过程中,发现有事实不清、证据不足的情况,可以退回人民检察院补充侦查。然而,在1996年5月23日呼和浩特市中级人民法院一审判决称,被告人呼格吉勒图供认不讳,案件事实清楚、证据确实充分,以故意杀人罪、流氓罪,判处呼格吉勒图死刑,呼格吉勒图随即提起上诉,他在上诉状中写道,我不想死,但也不怕死,但总是要死得明白,因此请你们对此案给予认真查证。但是,内蒙古自治区高级人民法院在6月5日二审驳回上诉,维持原判。6月10日,呼格吉勒图被执行死刑。

副院长:在公安、检察、法院这三个阶段,其实呼格吉勒图这个辩解是存在的,所以对他的无罪辩解,都没有引起高度重视,办案人员还认为他是在狡辩,对他为什么翻供这个理由和原因,都没有去作进一步的复查。

记者:这听起来会给人一种感觉,让人感到似乎各个部门的工作人员都是就认为他有罪,就想定他的罪。

副院长:过去的理念,有时候就是实行一种有罪推定,疑罪从无的理念,这在当时是没有的。

画外音:当年呼格吉勒图案从4月9日案发到6月10日执行死刑,仅仅62天,当时正值"严打"期间,公检法办案要求要从重从快、快审快结,严厉打击刑事犯罪分子活动。在这种背景下,公检法三家强调形成合力打击犯罪,更重配合而轻制约。

检察院工作人员:严打对公检法的要求就是命案必破,从重从快地打击,在这样的态势和压力之下有的案子的证据收集就达不到法律要求的确实充分的标准和这个程度,那么遇到这种问题怎么办? 当年可能就不会做到真正的疑罪从无,可能就会疑罪从轻,甚至个别案子就会疑罪从有,这样的一种执法理念,就有可能会造成冤假错案。《刑诉法》规定,公检法三机关是分工负责、相互配合、相互制约,但是在这样的大形势之下,配合是主要的,制约变得就不那么重要了。

副院长:需要吸取的一个教训就是,公检法不能只强调配合,不强调监督和制约,你说有罪,我也跟着你说有罪,公安说有罪,检察院说有罪,法院认为有罪就判了,这个肯定是不行的,各自必须发挥自己的作用。

记者:就是公检法在观念意识上,它不是一家,应该是各司其职的三家。

副院长:如果认识都一样,都统一到一块去,统一认识,就不需要设三个机关,就不需要设定监督制约这样一个机制。

画外音:何教授是中国人民大学法学教授,2005年起开始进行刑事错案的专门课题研究,通过分析近年来发生的多起冤错案件,他认为这些案件有很多的相似之处,必须引起警醒和反思。

何教授：比如说2008年发现云南杜培武冤案，然后2005年的湖北佘祥林的冤案，到2010年河南赵作海冤案，去年（2013年）的浙江的二张冤案，萧山5人案以及今年最近被披露的纠正的内蒙古的呼格吉勒图冤案，那么这些冤案发生之后，我们可能的第一直觉就是刑讯逼供，但是经过我们实证研究，其实刑讯逼供只是表象，特别值得我们关注的，就是这些冤错案件，为什么能够一次一次地被复制，真正制造冤案的警察、检察官、法官，可能也不是简单的就归结为是坏蛋，一群坏蛋一块做冤错案，其实不是那么简单。

记者：您刚才说到一个词我印象特别深刻，就是复制，那是说您觉得这些年来发生的冤错案，其实都是有非常相似的地方。

何教授：其实它里边有很多是我们制度上的问题，所以通过研究我总结了，在我们国家刑事司法制度中，可能导致冤错案发生的十大误区。

画外音：何教授认为，导致冤假错案的主要有十大刑事司法误区，例如，违背规律的限期破案、先入为主的片面取证、屡禁不止的刑讯逼供、徒有虚名的相互制约、形同虚设的法庭审判等，就呼格吉勒图案来看，其中有两项问题尤其值得反思。

何教授：第一就是，徒有虚名的相互制约，公检法之间的关系应该是分工负责，既要互相配合又要互相制约，但是特别是在强调打击犯罪，要协调作战的时候，往往结果就是检法两家配合公安，这也就反映出我们另外一个问题，形同虚设的法庭审判，我们把它称为是以侦查为中心的流水线模式，法庭审判被虚化了，变成了走过场，所以司法的最后一道关口没能够把好，这是一个很大的问题。那么这次十八届四中全会，在决定里面明确提出，我们要构建以审判为中心的诉讼制度。

记者：从以侦查为中心到以审判为中心，它的差距核心是什么？

何教授：就是究竟哪一个环节是最重要的，以侦查为中心，那么自然审判就是一个辅助，证人也不出庭，公诉人、检察官摘要地宣读，这个案件里边的一些询问笔录，公安定了的，你就跟着定，一些冤错案，本来应该能够发现的，就无法被发现。所以一个公正的司法制度，一定是以审判为中心的，这人有没有罪一定得法院依照法律程序作出判决。

记者：就是让庭审变得真实有意义。

何教授：以审判为中心，就是使审判实质化，比如说一个很现实的问题，证人要出庭，另外还有辩护方，无罪证据能够提出来往往都要通过辩护律师。法庭审判应该是有一种透明公正的这样的一个过程，是让大家看得到的就是我们讲正义要实现，而且正义要以人们看得见的方式来实现。

画外音：除了在制度上加以改进，何教授还指出，要从根本上减少冤假错案的发生，公检法各方在司法理念上，必须坚持疑罪从无的原则。

何教授：这些冤错案件，我们这些年回过头来看也有一个规律，就它基本上都属于疑案，证据都是短缺的，事实就具有模糊性，你把他给放了，那有可能就是放纵罪犯，但是你把他判了，那也可能是冤枉的。

记者：是否在法律标准的证据之下，如果说证据不足，就必然会陷入错放和错判之间必须选择一个的局面？

何教授：这是两个没有办法回避的错误，就是错放和错判，疑案的情况下没有绝对安全的道路，让它错在那，这是一个很重要的价值选择，我们过去片面强调打击犯罪，自然觉得不能错放，但是现在，特别是这些年，通过这些冤错案件的发生，让我们看到了错判的危害非常严重。

记者：您觉得错判比错放危害更大吗？

何教授：更大，错放就是一个错误，而错判往往是两个错误，你把一个无辜的人错判有罪的时候，还把那个真正的罪犯放纵在社会上逍遥法外。其实还有一个更重要的恶劣的后果，那就是这些冤错案件的发生，会让社会公众丧失对司法的信任，所以面对疑案的时候，我们的回答是宁可错放，不要错判。证据不足，没有达到法定标准的，按照无罪推定原则就应该疑罪从无。

画外音：从佘祥林到赵作海，从浙江叔侄案到呼格吉勒图案，近年来一系列冤错案件的纠错，除了提醒着人们，必须深入审视冤错案件产生背后的原因，也提醒着另一个问题，那就是一旦发生错误，能否有畅通的渠道去纠错呢？在呼格吉勒图案中，从他的父母提出申诉到再审，为什么等待了漫长的9年时间呢？

画外音：按照《刑事诉讼法》规定的程序，有四种途径，可以对已经判决的案件引起再审：第一是人民检察院提起抗诉；第二是各级人民法院院长，发现本院判决确有错误；第三是上级人民法院对下级人民法院发现确有错误，有权指令再审；第四是当事人及其法定代理人、近亲属可以向人民法院或人民检察院提出申诉。本案提起再审属于第四种情况，2005年赵志红出现后，呼格吉勒图的父母就开始到各部门开始反映诉求，公安和检察机关给老两口的答复是，他们已经把情况反映到法院了。于是，从2011年开始，老两口每周都去内蒙高院询问情况，法院一直派专人接待老两口，但是不是能启动再审却一直没有进展。

记者：每个星期你们见一次，都说些什么呢？

呼母：说些什么，就是原地踏步，就是你等着吧，我们这个事情会经过调查、复核，按照这些程序走，没有期限，等到哪年哪月，我都不知道。

画外音：苗律师是呼格吉勒图父母聘请的律师，赵志红出现之后，2006年，她帮助老两口向内蒙高院和检察院正式提起了申诉，看到老两口每周都会去各部门信访窗口反映诉求，作为律师，她的感受很复杂。

律师：从我专业的角度来说，我不认同这样的途径来解决法律问题，我总觉得法律问题就要通过法律的程序来解决，如果一个法律的问题通过信访的途径来解决,人力、物力、财力,甚至于国家财力的支出,都是不可想象的。

画外音:除了信访,呼格吉勒图的父母也开始向一些媒体记者求助,呼格吉勒图案被媒体广泛报道后,也引发了公众的猜测和质疑。当年的不少办案人员目前仍然在职,例如当时主办此案的专案组长冯志明,后来担任了呼和浩特市公安局副局长,这是否会给案件的复查和再审带来阻力。对此,我们采访的相关部门都予以否认。

复查负责人:从2005年的10月份到2014年的11月份,仅我们公安机关组织的这种复查工作不下6次,全部都是和当年侦办4·09案件无关的一些指挥人员和侦查人员,就是为了回避。

副院长:1996年到2006年底申诉的时候已经11年过去了,再提取一些新的证据非常难,那么在这种情况下,就要对原来的证据进行逐个地审查,这个工作我可以负责任地说,我知道的最少是3次,有3个复查组组织对这个案件进行复查。

画外音:虽然各部门都表示不存在阻力,但公众难免会有疑问,复查工作再复杂,是否需要9年?在法学学者何教授看来,要避免这种无限期的等待,有必要从制度上设立一个期限,而这也是目前法律制度上的一个空白。

何教授:申诉之后,有关部门应该在多长时间内作出一个答复,这个我们法律没有明确的规定,所以实践中就更容易被人当作一个借口。

记者:我不启动也没事。

何教授:就是尽量不去触碰这样一个烫手的山芋,所以能拖就拖,能推就推,冤错案件的纠错过程往往阻力是无形的,我觉得其实这个也好理解,你说我们希望所有的司法者都变得是勇于承认自己错误的人,这可能不是一个很现实的。

记者:你不能指望靠人都是道德上的圣人来解决这个问题。

何教授:对,但是我们可以完善我们的制度,就是用一种透明公开的这种制度,来对这些可能的冤错案件、申诉案件进行复查,而且可以规定一个明确的期限。就是受理之后,比如说两个月、三个月之内,要作出一个明确的答复,是否启动再审。呼格的案子也是让人们一直在拷问我们这个制度,9年的时间太长了,我们喊了很多年,既不冤枉一个好人、也不放过一个坏人,我说这只是一个美丽的传说。但是我们所能做的,是应该完善我们的制度,使这种错误的发生率降到最低,而且我们应该有一个有效的机制,就是在这些错误发生之后,能够尽快地、有效地发现它、纠正它,弥补这样的错误,人类没有那么伟大,这是人类能做的最好的事情了。

画外音:再审结果宣布一周之后,呼格吉勒图父母家中,逐渐恢复了往日的平静,平时被收纳在盒子里的呼格吉勒图的照片,老两口这几天会时常翻出来看看。

呼母：在我这个身上发生这个事情，不要叫别人家再发生这件事情，真的，太痛苦太痛苦了。

记者：您觉得怎么才能不再发生这样的事情？

呼母：那只有法律公公正正地、公平合理地去认真对待这个事情，每一个案子你们去认认真真对待，我相信法律真的能避免这些事情。

记者：我觉得您是一个讲道理的人，您看当年法律作了一个错误的判决，也伤到了你们家，但你回过头来，你觉得将来还是要靠法律，靠大家认真去执行。

呼母：就是，老百姓没有那个权力，只有公检法有这个权力，警察是啥，人民有难找你，法院是啥，公平公正的，那杆秤永远是公正的，国家给你们这么大的权力，人民最信任的，去认认真真对待这样的事情。

呼父：公检法是执法的，执法就得依法办事，以你想象去办，肯定就制造冤假错案。

记者：您觉着是依法办事？

呼父：就是。

画外音：依法办事，这四个字简单又不简单。能否真正做到这四个字，关系到每一个家庭、每一个人。

（2015-01-10《新闻调查》）

第三章　新闻评论创作艺术

第一节　概念阐释

一、含义

评论即是对有价值的新闻进行评述、议论。一般来说,评论需要具备论点、论据、论证这三要素。论点是评论的观点和主张,以中心论点为纲、以分论点为目,分论点是围绕中心论点的不同具体方面,纲举目张。论点需要论据来证明,论据一般有理论论据和事实论据两大类。如何通过论据来证明论点,就需要论证方法了,阐述正面论点的是立论式,驳斥错误论点的是驳论式,二者目的都是为了树立正确的观点。

传统的新闻评论主要指的是评论播音,一般来说有社论、评论、短评、编后话等形态,多为记者、编辑所写,播音员据此进行有稿播音。而当下的新闻评论,更多的形态可以称其为观点言说,即主持人在坚持正确创作道路的前提下对新闻事实、社会热点、舆论焦点、政策法规等作出个性化的议论,以此引导受众、引领舆论。

新闻评论不同于文学评论、艺术评论、哲学评论、经济评论等专业评论,其可以涉及全社会的新闻现象、新闻事件、新闻人物等,覆盖面更广、接收者更多,因此也就具有了专业评论所不具备的社会影响力和舆论引导力。如果说新闻播音主持更多的是信息的传达,那么新闻评论更多的是观点的表达。

二、特点

时效性:新闻评论和其他新闻传播形态一样,具有时效性的特征,对于已不是新闻的内容则没有评论的必要了。

实效性:新闻评论具有一定的现实针对性,评论目标的选择应与国家、社会、人民密切联系,应有提示、引领、匡正等现实作用。

政论性:新闻评论一般要求论证科学、逻辑严密、说理到位、倾向鲜明,具有一定的政治色彩,但实操中可以根据具体要求偏向评论语体或杂文语体。

第二节　评论播音

一、心态自信、状态积极

评论播音应当有自信的心态,树立"我的评论有理有力"的意识。在播音时不能被文字束缚,而是要通过自己准备之后对内容的熟悉、对观点的认可自信地进行表达,要有对稿件的驾驭感。

播音状态要积极,要有"你不知道我告诉你"的播讲欲望。在播音时要有创作的热情,并将这种热情化为对受众的吸引力、感召力,最终引导他们进行思考、实现传播目的。

例:

明天出版的《人民日报》将刊发社论,题目是《干在实处　走在前列——热烈庆祝中国共产党成立 94 周年》。社论指出,中国共产党与中华民族的前途命运紧紧联系在一起,构成当代中国最为关键的"命运共同体"。实现现代化进程中的"惊世一跃",关键在党总揽全局、协调各方,关键在 8700 多万党员干在实处、走在前列。

社论强调,干在实处、走在前列,就要有"落到实处"的紧迫感,拿出只争朝夕的不懈干劲、马上就办的雷厉风行,将每一项工作落细、落小、落实;就要保持"从严从实"的过硬作风,以"严"的精神去推进,以"实"的作风去落实;就要锤炼敢于担当、勇于任事的品格,焕发在岗勤勉、敬业奉献的状态。在不忘初心中行稳致远,在不忘本来中开辟未来,我们定能交出无愧于时代、无愧于历史、无愧于人民的崭新答卷。

(2015-06-30《新闻联播》)

分析:这条新闻是对即将刊发的社论的预告和主要内容的播报。看似是一条普通的新闻,但是从本质上来看,这是对社论精华的概括,同样是理论的阐释,同样是评论的语体,只不过是精简了的评论而已。因此,在播报这样的内容的时候,同样需要注意是评论播音而不是消息播报。值得注意的是,当下的新闻节目除了少数特别重大的事件需要播发全文社论之外,不管是社论还是评论员文章,基本都是采用"预告＋要点"式(次日即将刊发)或"报道＋要点"式(当日已经刊发)进行评论。因此,要注意对这类常态的评论简稿的把握。

这篇稿件是庆祝中国共产党成立 94 周年所作的特别社论,因此除了状态积极之外，还应当有着自豪的心理状态和对观点的坚定认可。评论重点论证党员该如何"干在实处、走在前列"，三点内容要清晰、逻辑要清楚，以三个"就要"形成前后的勾连、内在的呼应。播音时要有信念、有热情，以饱满的情绪、坚定的语气吸引观众并得到他们的认可。

二、熟悉政策、理解稿件

一般来说，评论播音的稿件政策性较强。因此，播音员要有意识地随时进行"广义备稿"，加强对党和国家路线、方针、政策等的学习。如果对这些一无所知、毫不在意，必然无法站在一个正确的立场上理解稿件，自然会导致播音时的支离破碎、茫然无措。同时，播音员还要了解社会实际和人民心声，同政策理论相结合，加强播音的宣传针对性。

新闻评论稿件一般说理性较强，播音员除了广义备稿之外，也不能忽视狭义备稿的具体指向性作用。播音员要深入理解稿件内容、抓住评论主题，将论点、论据、论证等细致分析、了然于胸。这样在播音时方能游刃有余、观点突出。

例：

今天是党的94岁生日。仰望党旗，每一名中国共产党党员更加深切感受到自己肩上沉甸甸的责任。从上海石库门寻找光明的探路人，到驾驭世界第二大经济体的领航者，肩负执政兴国的神圣使命，我们有一往无前的豪情，更有时不我待的警醒。

中国共产党与中华民族的前途命运紧紧联系在一起，构成当代中国最为关键的"命运共同体"。近百年来，这个共同体合力将一个曾经饱受屈辱的国家重新带上康庄大道，我们离民族复兴的梦想从未如此之近。抓住时代赋予我们的战略机遇期，深化改革、厉行法治、从严治党、共建小康，"四个全面"战略布局清晰勾画出我们走向复兴的方略和路径，接下来的，就是以攻城拔寨的昂扬斗志，一步一个脚印将蓝图铺展在神州大地。

经济换挡升级肯定要经历化蛹为蝶的阵痛，全面深化改革必然会动很多人的奶酪，国家治理现代化没有任何捷径可走，一个十几亿人的国家要穿越历史的三峡，走向复兴的彼岸，跨越之难、阻力之大，很多方面会超出人们的想象。面对地区城乡间发展的不平衡，如何实现惠及全体人民的全面小康？面对旧有发展方式难以为继的倒逼压力，如何主动适应和引领经济新常态，进一步释放发展潜力？面对人民的梦想期待，如何让最广大的民众有更多获得感？克服前进路上的困难挑战，经受住转型期各种风险考验，实现现代化进程中的"惊世一跃"，关键在党总揽全局、协调各方，关键在8700多万党员抖擞精神、奋发有为，干在实处、走在前列。

干在实处、走在前列，首先要有"落到实处"的紧迫感。今天，我们距离实现全面建成小康社会目标只有不到 6 年时间，时间不等人，形势不等人。无为懈怠，丧失的是宝贵的发展机遇；轻飘虚浮，到头来必将大业难成。放眼全局，每一项出台的改革措施都得铆足了劲往前推，才不至于成为拖后腿的环节；每一个地区、行业和部门都要积极作为，事事有着落，招招见实效，才能为未来赢得主动。拿出只争朝夕的不懈干劲、马上就办的雷厉风行，将每一项工作落细落小落实，人民在看着我们，历史在看着我们。

干在实处、走在前列，必须保持"从严从实"的过硬作风。凡事严中求、实中取。既定的发展蓝图、改革任务、法治目标，莫不需要全党同志以"严"的精神去推进，以"实"的作风去落实。以"三严三实"为修身之本、为政之道、成事之要，校准"心中有党、心中有民、心中有责、心中有戒"的政治坐标，就不怕自身不强、不愁民心不聚。补足精神钙质，上紧作风发条，织牢制度笼子，紧握法纪戒尺，做事不应付、做人不对付，我们才能挺得起脊梁、经得起考验，对得起共产党人这个庄严称号。

干在实处、走在前列，务必锤炼敢于担当、勇于任事的品格。"其作始也简，其将毕也必巨"，改革如何啃下硬骨头，经济新常态下如何实现动力转换，发展面临的新问题新课题如何破解，作风建设如何治顽疾除病根，都需要广大党员干部身先士卒、冲锋陷阵。"既然党和国家前途命运交给了我们，就要担当起这个责任。"担当起这个责任，就得有忧国忧民、夙夜在公的忧患，就得有为官一任、造福一方的肝胆，就得有在岗勤勉、敬业奉献的状态。我们的事业不追求显赫一时，一代又一代人不避艰险的接力奋斗，这就是我们这个党、这个民族、这个国家薪火相传、蓬勃发展的活力之源。

"要给大家好好讲，告诉大家我们党是怎么走过来的"，在贵州考察时参观遵义会议陈列馆，习近平总书记有此嘱咐，其实也是感慨。回望 94 载风雨历程，牢记我们肩负的历史使命，在不忘初心中行稳致远，在不忘本来中开辟未来，我们定能交出无愧于时代、无愧于历史、无愧于人民的崭新答卷。

（2015-07-01《人民日报》）

分析：这是上文社论的全文。在建党 94 周年之际，这篇社论针对中国共产党和中国社会的发展现状，探讨如何走向复兴、如何解决现实的问题，提出了中心论点：8700 万党员必须干在实处、走在前列。围绕这个中心论点，社论提出了三个具体的分论点：一是"落到实处"的紧迫感，二是保持"从严从实"的过硬作风，三是锤炼敢于担当、勇于任事的品格。第一点从正反两方面进行论证，第二点重在铺排论证，第三点重在引用论证。最后一段是总结，是展望，也是承诺。整篇社论应当说没有什么太难理解的内容和词句，但是要注意对中国共产党历史的认知和对中国发展改革现状的了解；结构是比较标准的"三段式"，主要应当将文章的中心论点和分论点以及整个框架在心中有一个串联和了解，在播音的时候能够观点鲜明、有理有据、娓娓道来、游刃有余。

三、态度鲜明、立场坚定

新闻评论稿件是有着较为明确的态度和倾向的,播音员在创作时要把握好这种态度并通过有声语言鲜明地向受众进行传达。在表达时要注意以理服人、语气恰当,切不可虚张声势、强词夺理。

立场坚定和态度鲜明是紧密联系的,只有立场坚定了才能表达出鲜明的态度。立场和播音员的政治素养、道德素养、媒介素养、专业素养等密切相关,播音员应当不断完善自己,以便更好地胜任工作。

例:

今天出版的《人民日报》刊发评论员文章,题目是《抗震救灾见证国家价值》。文章说,尼泊尔相继发生8.1级地震和7.5级地震,给西藏日喀则、阿里等地区带来了严重人员伤亡及财产损失。地震发生后,习近平总书记多次作出重要指示,要求全力开展抗震救灾,做好灾后恢复重建。从对地震波及的受灾地区全力以赴抗震抢险,到积极调配运力前往尼泊尔接回滞留游客,人们从"第一时间"这四个字中,感受着日益强大的国家力量,体认着生命至上的国家价值。

(2015-05-13《新闻联播》)

分析:这是对当天的《人民日报》评论员文章的报道和要点提示。播音时应当站在党和国家的高度、站在人民大众的角度,向观众传达领导人的严重关切、全国上下的紧密配合、国家力量的强大。语气坚定、明朗,态度明确、昂扬;"多次""重要""全力""全力以赴""积极""第一时间""生命至上"等词需要强调;"从……到……""从……感受着……体认着……",要分析语句的"分总分"结构,播出逻辑感;语势应当稳中有升,虽然灾害无情,但是人有情、国家有情,表达时应有内在昂扬的张力。

四、逻辑严密、重点突出

新闻评论稿件类似于议论文,往往步步为营、环环紧扣、层层推进,条理清晰、层次清楚、论证有序。播音员在创作的时候要将这些逻辑变化用有声语言的技巧加以实现,力求将稿件完整、完美地表达。

这里的重点有几方面的含义。一是稿件重点内容,要着力去处理和表达;二是中心论点,和分论点相比中心论点具有提纲挈领的重要作用,一定要重点表现;三是重音的选择,重音在论证过程中对于逻辑的表达和展开具有关键性的作用,处理得当会使得表达指向明确、令人信服。

例：

时隔仅仅半个多月，5月12日下午，尼泊尔再次发生7.5级地震，我边境受灾地区震感强烈，西藏多地有明显震感。接踵而来的震情，又一次牵动神州大地每个人的心。

上个月发生的尼泊尔8.1级地震和后续余震，给西藏日喀则、阿里等边境地区带来了严重人员伤亡及财产损失。地震发生后，习近平总书记多次作出重要指示，要求全力开展抗震救灾，做好灾后恢复重建。从对地震波及的受灾地区全力以赴抗震抢险，到积极调配运力前往尼泊尔接回滞留游客，人们从"第一时间"这四个字中，感受着日益强大的国家力量，体认着生命至上的国家价值。

面对自然灾害，最大的温暖，莫过于休戚与共；最强的救援，莫过于携手互助。时间就是生命，灾情就是命令，地震发生后，在党中央、国务院的关怀部署下，西藏的抗震救灾工作迅速高效、有条不紊，抚慰着受灾群众的不安与伤痛；一方有难、八方驰援，在气候高寒的雪域高原，涌动着来自祖国各地的滚滚暖流。"灾难无情人有情"，连绵的雪山、澄澈的湖水，又一次见证了社会主义制度的巨大优越性。

"我们有决心和信心用自己的双手重建美好家园。"面对突如其来的地震灾难，西藏各族同胞众志成城，党政军警民协调联动，确保受灾群众吃住不愁、有伤能医，竭力恢复电力、供水、通信，凝聚起坚强不屈的集体意志，展现了自强不息的精神品质。新的灾情，肯定会带来新的考验，但有党中央坚强领导和全国人民的大力驰援，有西藏地震灾区群众的勇敢自救，我们必定能以顽强共克时艰、用行动完成重建，为明天的生活铺就希望之路。

"5·12"，每一个中国人都难以忘却的特殊日子。七年来，从汶川到玉树，从芦山到鲁甸，再到今天的西藏边境，每一次灾难都是新的动员，更意味着新的出发。一次又一次突然的不幸，只会让我们唤起心的联结，超越空间阻隔紧紧站在一起，不断铸就生命的坚强、不断汇聚民族的力量。

（2015-05-13《人民日报》）

分析：这是上文评论员文章的全文。文章也是比较典型的"总分总"的结构。第一、二自然段为第一部分，总说事实和背景，尼泊尔地震和余震给西藏多地带来人员伤亡和财产损失，而生命至上的国家价值得以展现，提出论点。第三、四自然段为文章的主体，也是重点，以"灾难无情人有情"和"勇敢自救"两个分论点分别阐释了主题。最后一个自然段为结尾。在每一部分中又有主次之分，如第一部分中"多次作出重要指示""第一时间""生命至上的国家价值"等就是毫无疑义的重点，第二部分中"社会主义制度的巨大优越性"，结尾部分的"铸就生命的坚强""汇聚民族的力量"等都是从不同角度对主旨的阐释，应当加以强调。整篇文章结构清晰、逻辑分明、说理平实、寓情于理，应当认真研读、仔细体味、播出逻辑、播出重点。

五、节奏适宜、语速合理

新闻评论稿件需要说观点、讲道理,要根据不同类型的稿件、不同风格的评论等具体实施播音的节奏和语速。整体节奏和语速不能过快,应当张弛有度、平稳推进,该快的时候快速带过,该慢的时候要慢下来留出思考和回味的空间。

一般来说,社论或者"大稿"的主题较为宏大,一些播音员对重大选题和事件或者思想上不够重视、或者理解得不够深刻,会导致心理难以产生共鸣、思想上缺少共振,在播音时自然就会见字出声、语速放慢、拖沓断裂。而遇到一些自己特别有感触、有共鸣的稿件时,一些播音员又容易走向另一个极端,就是语速过快、情绪亢奋,要一吐为快、直抒胸臆。不管是哪一种情况,都需要播音员提醒自己冷静处理、稳定情绪,尽自己所能准备好、播好稿件,不能因为自己的个人原因导致传播的偏差和失误。

例:

口播:河北省灵寿县委大院是上世纪50年代修建的办公场所,灵寿历届县委各部门60多年来一直坚持在这里办公没有搬迁,被誉为"最美县委大院"。

画外音:走进灵寿县委大院,一排排平房,整齐干净。当地干部告诉我们,60多年来,县委的9个部门都在这里办公。大院经历过多次维修,但每次都是因陋就简,修修补补。1982年,县里拿出37万建设新办公楼,结果建设资金被优先拨付给县里的教师宿舍建设。1985年,县里再次筹集了60万资金建设新办公楼,眼看就要开工了,却突然又搁浅了。1993年,上级政府给县里拨了150万资金用于建设新办公楼,和前几次一样,讨论来讨论去,县委最后决定用这笔资金建一个农业技术培训中心,用来培训全县农业技术人员。随着经济的发展,灵寿县财政收入已经由2003年的9000多万增加到了2013年的4亿多元,但是县委大院却一直没什么大变化。2013年,灵寿县财政支出的八成用于民生建设。投资近30亿建设的9条交通干线和30条村级公路,为百姓打开了一条条致富路,从去年开始,县财政每年又投入5000万元,为丘陵地区的农民免费发放核桃树苗,并配套打井和修路资金,预计用三年时间,打造一条200平方公里的核桃产业带。

短评:"最美县委大院"美在何处?美在坚持艰苦奋斗的传统,美在"民生高于一切"的为民理念:对自己抠门,对群众大方,灵寿县去年财政总支出的八成多,投向了民生类工程。"最美县委大院"是焦裕禄精神的生动体现,它是一面镜子,照出了基层干部执政为民的权力观和政绩观;它也是一把尺子,量出了基层干部在群众心中的高度,也让其他地方看到了一个标杆。

(2014-05-13《新闻联播》)

分析:这是一篇本台短评。是针对"最美县委大院"所进行的简短评论,虽然只有三句话(语意上来说两句话),但却构思精巧、表达生动、说理到位。第一句话设问,一呼多应,要处理好呼应语句之间的关系;第二个"应"之后还要引导后文、解释说明,因此对整个复句的结构把握要细致。"艰苦奋斗""民生高于一切"要形成例举强调,"抠门"和"大方"形成对比重音。第一部分表达观点。第二部分也就是最后一句话,是结论,也是意义,通过"镜子"和"尺子"来比喻、类比,生动且有说服力。整体来看,短评语句凝炼、结构灵动、逻辑清晰、说理充分;处理时该强调的地方适当放慢、其他部分适当加快,让语流疏密有致、节奏快慢得宜;语气坚定、赞扬中包含对现实不良现象的批评,注意态度、倾向分寸的拿捏,切不可过于夸张渲染,最后一小句也不可过于突显负面情绪。

六、有理有力、情理交融

无论是在表达观点的时候,还是在论证的时候,都要做到有理、有力、有节,这些内容都要通过播音员有声语言的重音、停连、语气、节奏等具体表现。

新闻评论要以理服人、要追求客观,但是也不能缺少了情感、态度,否则播音就是苍白的、干瘪的。但是值得注意的是,评论的感情和态度是融于说理之中的,可以让评论有温度、有色彩,但是也不能过于夸张、直白,要晓之以理、动之以情、情理交融、优化传播。

例:

口播:针对当前老百姓反映强烈的办户口难、办证难等问题,公安部要求全国公安机关进一步简化办事程序,方便群众。同时严肃查处民警在办事过程中的违规违纪问题。

画外音:公安部要求,对群众户籍信息明显存在逻辑错误的,要按照实情马上改;对属于过去登记错误的,要主动检查主动改;对群众申请办理户口等符合政策规定、但手续材料不齐的,要提供书面清单、一次性告知群众补充事项,可以一趟解决问题的不要让群众跑两趟,可以不回原籍办理手续的不要让群众来回往返;对确有困难、行动不便的群众,要尽可能地提供预约上门办事办证服务。与此同时,治安管理部门要建立相应的审查审核小组,加强流程监管,严格审核把关,严防发生违规违纪办理户口、证件问题。坚决杜绝"一人多户"、"一人多证"、随意更改信息等问题。并建立网上服务平台,开通网上监督窗口,畅通群众的举报投诉渠道,全面公开办理户口登记和居民身份证相关政策、审批程序、时限和收费项目、标准,公开接受监督。民警凡是被举报在办理户口业务过程中刁难群众、经调查属实的,一律停止执行职务、追究责任;凡是发现利用职务之便办理虚假户口的,一律予以开除;涉嫌犯罪的,一律追究刑事责任。

编后话:这些简化办事程序的措施,都很具体,为的就是让群众少跑腿、少费神,这就从根上解决了谁看谁脸色的问题。措施要执行到位也不简单,纸上画画、墙上挂挂,不按要求为老百姓办事,就得被问责,甚至得脱掉警服。只有心里装着群众,看着群众的脸色办事,我们的措施才能得到不折不扣的落实。

(2013-11-05《新闻联播》)

分析:这是一篇编后话。一般在新闻消息播完之后,播音员对其进行简要的评论,可以说是对一条新闻片采编完成之后的一种思考。针对老百姓反映的办户口难、办证难等问题,公安部要求全国公安机关简化办事程序、方便老百姓,并严肃查处违纪违规现象。事实很清楚,态度很明确,为老百姓办事必须心里装着群众、看群众脸色办事,那么具体在播音过程中,在语气中就要肯定措施的"具体"和"落实",反对"纸上画画、墙上挂挂,不按要求"的行为;在语流中饱含对百姓民生的关切,对甩脸色、不作为、乱作为等行为的批判。但同样要注意不能过于夸张渲染、过于感情用事,否则传播的公信力也就失去了,还是要在合情合理的范围内做到有理有情、情理交融。

【实例参考】

1.短评

口播:当地时间4月30号,美国巴尔的摩警方向检方提交了非洲裔男子格雷"非正常"死亡事件的内部调查报告。当天,全美多地继续举行抗议示威活动。

画外音:据巴尔的摩警方透露,调查报告显示,事发当天,涉事警察将格雷关进警车押往警局的途中曾四次停车,而不是此前说的三次。新发现的这次停车是被一家杂货店的监控摄像头记录下来的。警方并没有透露这次停车期间发生了什么,也没有说明格雷当时的身体状况。目前格雷到底如何受伤致死仍然疑点重重。有美国媒体报道称,在内部调查报告中,警方称没有证据显示,格雷被捕时受的伤是导致他死亡的直接原因。格雷在进入警车后,颈部、头部受伤,而这才是他的致命伤。究竟在警车上的40分钟里发生了什么,警方并没有公布。4月30号晚,巴尔的摩民众继续上街抗议,不少人声讨贫富差距和社会等级问题,呼吁黑人享有应有的平等人权。在美国《独立宣言》和《联邦宪法》的诞生地——费城,上千名示威者几乎挤满了市政厅前的空地。示威者和警方还发生了冲突。据人权组织称,从2013年5月起,美国共发生了1450起因警方导致的"意外死亡"事件。在这些"意外死亡"事件中,多数受害者是手无寸铁的黑人。

短评:巴尔的摩骚乱应该说只是一个出血点,它暴露出的是美国社会存在的内伤。就连奥巴马总统都承认,格雷的蹊跷死亡不是孤立的事件。虽然在美国的上层精英当中也有一些黑人,但更多的普通黑人,尤其是南部的黑人,至今依然不能充分享受平等的公民权。这个顽疾多年不能根治,也显示出了美国制度本身的脆弱性。美国在国际上一贯是以人权卫士自居的,把人权作为指责他人、甚至干涉别国内政的工具,可是它的人权探照灯,消除不了自己的灯下黑,这充分显示出美国在这个问题上的双重性、虚伪性和功利性。美国经常把民主作为普世价值对外输出,甚至以此来颠覆它不喜欢的国家政权,但是在这一次的格雷事件当中,连美国民众自己都在质问美式民主的价值究竟何在呢,都在质疑民主是否为民众所有呢,这恐怕是对美国制度的最大的反讽吧。

（2015-05-01《新闻联播》）

2.短评

口播:在深圳有一家企业,成立不到 9 年,员工平均年龄不到 26 岁,却凭借领先技术,成了全球增长最快的科技企业,从"创客"到全球无人机领跑者,大疆创新正在定义中国制造的新内涵。

画外音:这个五一假期,在深圳市人流密集的世界之窗广场上空,一个"小精灵"正在守望着人们的安全。

同期声:节假日到底有多少人来,是否需要交通和治安管控,以前我们是没有这个条件的,那么现在有了空中无人机以后,我们可以对现场进行一个非常直观的实时的了解,以便于我们下一步采取一些措施。

画外音:这是美国的一个火灾现场,忙碌的"小精灵",让消防员精确地锁定了火药库的位置。

同期声:无人机可以让我们看清着火点和炸药库的具体位置和距离,这样我们知道该做什么、怎么做。

画外音:这些活跃在救援场地、比赛现场、航拍爱好者眼中的小精灵来自深圳一家名叫"大疆创新"的公司。这个 9 年前才只有几个合伙人的"创客"团队如今已经发展成在北京、美国、德国、荷兰、日本等地设立分公司、全球员工超过 3000 人的全球无人机的领航者。

同期声:《时代周刊》把我们的精灵二代评为了 2014 年十大创新科技产品。

画外音:9 年推出 11 款机型,销售收入增长 100 多倍,大疆的制胜法宝就是创新。公司拥有一支近 1000 人的研发团队,这一数量占公司员工总人数的近三分之一;对研发投入企业不设预算限制;同时,还鼓励员工内部创业,实践自己的创意。能不能在空中悬停? 能不能飞机抖而拍摄的画面不抖? 能不能 360 度拍摄?"小精灵"一代一代诞生,这一切也都变成了可能。

同期声:这个脚架总是不可避免地会出现到它的镜头里面去。

画外音:当时大学还没毕业的实习生陈逸奇大胆地提出了自己的解决方案,没想到得到了大疆决策者非同寻常的关注。

同期声:什么都不要想,赶紧去做,失败了公司来承担,成功了,个人、个体或者团队能够从中获得很大的收益。

画外音：因为这个创意，小陈获得了一个 100 人的技术团队和 5000 万元研发资金，两年之后，第一架具有 360 度全视角高清摄像功能的变形无人机问世。

同期声：我们是学生，可能没有什么经验，但是依旧能够听取我们的一些建议，所以说在创新上面没有门槛。

画外音：大疆给了年轻人创新的机会，深圳给了大疆创新的土壤，去年，大疆就获得了深圳市 1400 多万元的创新资金。现在的大疆无人机，已经占领了全球民用消费级无人机 70％的市场份额。

短评：一群小青年儿，一个小公司，凭着新锐技术和创新意识，短短 9 年，就实现弯道超车，让中国无人机飞进了民用无人机的世界顶级俱乐部，充分显示出创新驱动这一国家战略激发的巨大创造力，也显示出新时代中国青年创新、创业的深厚潜力。创新放飞无人机，值得点赞！新青年创业之路契合国家战略，更值得点赞！

（2015-05-02《新闻联播》）

3.编后话

口播：造成这两天我国中东部地区出现大范围雾霾天气的原因是什么，我们来听听专家的分析。

画外音：中央气象台专家介绍，雾天是我国每年秋末到初春这段时间极易出现的天气现象，由于这两天影响我国的冷空气势力较弱，中东部大部分地区气温有所回升，这为大雾天气的形成创造了有利条件。

同期声 1：近地面相对湿度比较大，风力比较小；另外呢夜间天空晴朗少云，夜间的辐射降温幅度也是比较大，容易使得空气达到饱和凝结，形成一些雾。

画外音：雾的出现使空气中的污染物很难扩散，加重了空气污染。在中科院大气物理研究所的这张图上，记者清楚地看到了北京这两天增加的主要污染物的变化情况，由汽车尾气和燃煤排放等转化而来的硝酸盐和硫酸盐等污染物质，这两天已增加了 10 倍甚至 20 倍。专家建议，要减轻污染，主要从减少污染源入手。

同期声 2：控制二氧化硫，燃煤还得燃，要脱硫，但是要一脱到底，脱得干净。不但要治理汽车、油品的质量，然后三元催化剂，还有路况，如果天天拥堵，也没有用。

同期声 1：未来三天，我国没有明显的冷空气活动，所以对于华北的平原地区，黄淮、江淮，包括长江中下游地区的部分地区，以及四川盆地，这些地方的雾仍然会持续。

编后话：雾霾天气，人人都是受害者。那反过来说，减少雾霾发生，大家都可以出一把力。比如政府的环保政策要真正硬起来，落后产能必须淘汰出局。

比如城市建设要换换思维,可不可以多些绿地,少来些钢筋水泥。再比如党政机关作出表率,少开公车,有车族都来响应,大家一起减少尾气排放。雾霾笼罩之下,没有人可以独善其身。既然是同呼吸,那就共责任。喜欢蔚蓝天空和新鲜空气吗?那就让我们从自身做起吧。

(2013-01-12《新闻联播》)

4.编后话

口播:近日,网络上的一篇报道引发广泛关注:在长春市一家菜市场,一位老人突发脑梗倒地不起,有178个人从老人身上跨过。报道一出,再次引发人们对于道德良知的大讨论,而事实真的如此吗?

画外音:这篇新闻报道的标题是:《长春老人突发脑梗塞摔倒 178人跨过仅1人守护》,视频上还配有这样的文字:"老人摔倒后,陆续有人从老人身上迈过,1个、2个、n个。"5分钟后,一位白衣女子停下脚步上前询问,为老人垫起头部,指挥行人让出空间。这篇报道在微博大量转载,大多数网友感慨社会冷漠、麻木不仁。那么这些路人真的如此冷漠吗?记者找到了当天的几位目击者。

同期声1:当时给老爷子称完葱吧,我找完钱之后,我上这边称蒜薹去了,然后就听咣一声倒那儿了。当时大伙就说打120,我的电话开锁不好开,正好那卖蘑菇的老杨过来了。

同期声2:他那手机不好使,我说我打吧,完了我就打了(120)。

画外音:老人摔倒的地方是一条重要通道,不足两米宽,过往的人不少,为了不让路人碰到老人,老杨一直在旁边守着,老杨说,老人摔倒时头部碰到了后面的柜台,嘴里还吐着白沫,大家都不知道该怎么处理。从监控视频中可以看到,老人倒地时是上午9点31分,记者从长春市120急救中心了解到,从9点32分到37分,他们共接到3名群众针对此事打来的求助电话。在等待医护人员到来的时候,一位身穿白色外套的女子一直在护理老人。

同期声2:她不嫌他脏,给他擦吐的东西。而且摸(老人身上)有没有手机,(找家人的)联系方式,没有。还怕凉给他垫上纸壳。

画外音:随后,记者找到了这位白衣女子,她叫王玉玲,她告诉记者,自己懂一些医学常识,所以没有走开。

同期声3:后期感觉他有点清醒,我说大爷你能不能稍微动一下脑袋,我给你垫个纸壳呗,因为地下太潮了,而且还挺凉的。

画外音:王玉玲说,当时的情况与网上报道并不相符,现场帮忙的不止她一个。

同期声3:好多人都是在那儿问一问啊,咋了,有没有人打电话呀,也有好多人去问。就是说咱们都有老人,而且咱们也有老的时候,这个事吧感觉应该做。

画外音:在长春市人民医院,记者找到了救治老人的医生。医生告诉记者,老人是突发脑梗塞才摔倒的,由于救治及时,当天就出院回家了,而当时大家对老人的处理方式也是正确的。今晚的《焦点访谈》将播出《老人摔倒之后》。

编后话:网民们喜欢说"有图有真相"。而从这件事来看,有图未必就有真相。网上信息鱼龙混杂,不乏有人造谣起哄。如果不加甄别,甚至带着定势思维和有色眼镜,那就容易偏听偏信,觉得社会一团糟,洪洞县里无好人。没有事实撑腰,结论可能是谬论,判断说不定就是误判。误判往往带来误伤,包括不实信息的传播者在内,人人可能都是受害者。

(2013-04-09《新闻联播》)

5.编后话

口播:近日在河南洛阳,一个小伙子好心扶起摔倒的老人却被老人冤枉,监控录像真实地记录了当时的现场。媒体报道之后,人们纷纷为小伙子点赞。

画外音:2月10日下午,在河南洛阳,一位老人在商店门口买菜,离开时却意外地摔倒了。正在整理菜的店员刘永银,立刻跑上前把老人扶起。但老人竟一口咬定是小刘把自己推倒的。

同期声1:她坐上地面的第一句话就是"你害我干什么",我无语死了。她说"你带我去看病吧我身体疼",我说我为啥带你看病啊,她说"你推的我"。

画外音:无奈之下,小刘只能打电话报警。警方发现超市门口的监控摄像头正对着事发现场。从监控录像上看,老人摔倒的过程中小刘并没有出现。而就在倒地的一瞬间,小刘和一位好心人冲了过来,将老人扶起。

同期声2:这我在跟前看着呢,我说你是自己摔倒的,人家是好心扶你的。

画外音:媒体报道后,老人的女儿称由于年龄大了老人摔倒后神志不清。

电话采访:那小伙子没推她,她年纪大了,脑子糊涂了。(你觉得你有没有必要向这个小伙子说声谢谢,再道个歉?)我当时没说他什么呀,我没有说人家什么呀。

画外音:女儿做出回应的第二天,老人的儿子来到超市感谢小刘。

同期声3:就我妈这种不管糊涂也好、不糊涂也罢,让小伙子受到了伤害,我说声对不起。

画外音:这两天,网络上,大家纷纷为小刘点"赞",当地不少人还专门跑到小刘所在的商店,当面竖起大拇指。

同期声4:像她这样的很少,大部分我们老人都是好人,那是个别的,以后好好干好事,不要一个事对你有打击。

同期声5:小伙子这事儿啊提倡,大家应该力挺他。

同期声1:以后要是碰到这种情况,当时是能帮把手就帮把手了。毕竟我不相信每个人都会赖我吧。

同期声 2:人倒了,不扶,那就说明人心倒了、良心倒了;你良心倒了,再去扶,就扶不起来了。

画外音:一边是好心相救反被讹,一边是千呼万唤寻好心人。在陕西铜川的街上,一位老人摔倒,当很多人在犹豫时,一个刚好路过的女子果断将老人扶起,并搀扶到附近的宾馆,一直看护到民警赶来。

同期声 6:我们让她留个电话,她说不用留,扶人是应该的。

画外音:家人介绍说,老人常年有高血压,还有中风史,最怕摔倒后不省人事,扶起他等于救了他一命。随后,"陕西公安"微博和铜川市政府网相继发帖,寻找好心人。8 天之后,大家终于找到了好心人郭晓燕。

同期声 7:说不出来感谢你的话,但是总之一句话,要不是你,可能我父亲真的没命了。

同期声 8:我觉得这是应该的,大家都应该这样。要不扶我这辈子良心受到谴责,我自己的良知放不过我。

编后话:河南小伙儿刘永银扶老人反被讹,幸亏录像还了他的清白。这样的老人没有起码的是非观,她的行为给其他可能摔倒的老人、给整个社会的诚信带来了伤害,应该受到社会的谴责。在采访中,刘永银说再遇到摔倒的老人,肯定还会扶一把、帮一下。现场的一名目击者说得好,"人倒了,不扶,说明人心倒了,良心倒了。你良心倒了,再去扶,就扶不起来了"。可喜的是,看到摔倒的老人,陕西铜川的郭晓燕毫不犹豫地向前搀扶;这些天,无数人到小伙子刘永银所在的菜店鼓励和支持他。让我们都向刘永银、郭晓燕学习,见到摔倒的老人,毫不犹豫,扶起来!

(2014-02-24《新闻联播》)

6.评论

现在播送本台评论:《人民的梦想是最宝贵的发展动力》。

中国梦归根到底是人民的梦。在今天的中国,人民的梦想已经超越温饱,追求更高品质的物质和精神生活,期待实现更高的人生价值。这种梦想的升级,是由发展带来的,也会带来新的发展。

要有更高的收入,要有更公平的机会,要有更优质的环境,把人民的梦想归拢起来看,当代中国最紧迫、最优先的任务也就摆在了面前。这些任务完成得越好,中国梦变成现实就离我们越近。一句话:人民的梦想是我们的努力方向,也是我们最宝贵的发展动力。

(2013-03-19《新闻联播》)

7.评论员文章

口播:本台消息。明天出版的《人民日报》将刊发评论员文章,题目是《以法治守护公平正义的核心价值——五论深入学习贯彻十八届四中全会精神》。文章说,公正是法治的生命线,促进社会公平正义,离不开法治的有力保障。党的十八届四中全会着眼于依法治国与公平正义的有机统一,从立法、执法、司法、守法等各个方面,对以法治促进社会公平正义作出了全方位部署。文章强调,以法治维护公平正义,科学立法是引领,严格执法是关键,公正司法是保障,全民守法是基础。"法令既行,纪律自正,则无不治之国,无不化之民",各级领导干部带头依法办事、带头遵守法律,全民积极投身全面推进依法治国伟大实践,国家长治久安、人民幸福安康就有了最可靠的保证。

(2014-10-28《新闻联播》)

公正是法治的生命线。公平正义是我们党治国理政的一贯主张,也是社会主义社会的核心价值。"法者,天下之公器",促进社会公平正义,离不开法治的有力保障。

党的十八届四中全会着眼于依法治国与公平正义的有机统一,从立法、执法、司法、守法等各个方面,对以法治促进社会公平正义作出了全方位部署。学习贯彻全会精神,一个重要方面,就是要在社会主义法治建设实践中,实现科学立法、严格执法、公正司法、全民守法,以法治守护公平正义的核心价值。

法律是治国之重器,良法是善治之前提。以法治维护公平正义,科学立法是引领。把公正、公平、公开原则贯穿立法全过程,加快完善体现权利公平、机会公平、规则公平的法律制度,保障公民人身权、财产权、基本政治权利等各项权利不受侵犯,保障公民经济、文化、社会等各方面权利得到落实,才能筑牢人们共享人生出彩机会的坚实平台。

法律的生命力在于实施,法律的权威也在于实施。以法治维护公平正义,严格执法是关键。法律面前人人平等,任何组织和个人都必须尊重宪法法律权威,都必须在宪法法律范围内活动,都不得有超越宪法法律的特权。"法立,有犯而必施;令出,唯行而不返",解决好执法不规范、不严格、不透明、不文明等问题,惩治执法腐败现象,才能确保法律公正、有效实施,牢牢树立起法治权威。

司法公正对社会公正具有重要引领作用,司法不公对社会公正具有致命破坏作用。以法治维护公平正义,公正司法是保障。"凡法事者,操持不可以不正",无论是确保依法独立公正行使审判权和检察权,还是优化司法职权配置更好服务于民,或是完善人民陪审员制度、保障人民群众参与司法,都是为了完善司法管理体制和司法权力运行机制,规范司法行为,加强对司法活动的监督,让人民群众在每一个司法案件中感受到公平正义。

人民权益要靠法律保障,法律权威要靠人民维护。以法治维护公平正义,全民守法是基础。"法令既行,纪律自正,则无不治之国,无不化之民。"依法治国是一个系统工程。各级领导干部首先要对法律怀有敬畏之心,不能以言代法、以权压法、徇私枉法,而应带头依法办事、带头遵守法律,担当起法治建设的责任。同时,也要弘扬社会主义法治精神,建设社会主义法治文化,增强全社会厉行法治的积极性和主动性,形成守法光荣、违法可耻的社会氛围,使全体人民都成为社会主义法治的忠实崇尚者、自觉遵守者、坚定捍卫者。全民积极投身全面推进依法治国伟大实践,国家长治久安、人民幸福安康就有了最可靠的保证。

（2014-10-29《人民日报》）

8.评论员文章

口播:本台消息。今天出版的《人民日报》刊发评论员文章,题目是《从严治军锻造钢铁长城》。文章说,党内不能有腐败分子的藏身之地,军队是拿枪杆子的,更不能有腐败分子的藏身之地。"八一"前夕,党中央严肃查处郭伯雄严重违纪、涉嫌违法犯罪问题,充分体现了我们党依法治军从严治军的坚定决心和坚强意志,对于纯正部队风气、凝聚强军力量、锻造钢铁长城有着重要意义。文章指出,严才能正纲纪,严才能肃军威,严才能出战斗力。厉行法治、严肃军纪是治军带兵的铁律。查处徐才厚、郭伯雄等军中腐败分子,再次表明,依法治军没有禁区,从严治军没有例外。文章最后强调,人民军队始终是党和人民信赖的队伍。腐败分子根本代表不了忠诚勇敢、无私奉献的广大官兵,清除他们只会让人民军队建设发展的步伐更加铿锵有力。

（2015-08-01《新闻联播》）

党内不能有腐败分子的藏身之地,军队是拿枪杆子的,更不能有腐败分子的藏身之地。"八一"前夕,党中央严肃查处郭伯雄严重违纪涉嫌违法犯罪问题,充分体现了我们党依法治军从严治军的坚定决心和坚强意志,对于纯正部队风气、凝聚强军力量、锻造钢铁长城有着重要意义。

治军之道,得之于严,失之于松。严则所向披靡,松则溃不成军。建军88年来,人民军队以严密的组织、严肃的纪律、严明的作风著称于世。革命战争年代,"三大纪律、八项注意"锻造了守纪如铁、坚强如钢的人民军队;和平建设时期,"五统四性""三大条令"有力推动了部队正规化建设。无论时代怎么发展、环境怎么变化、军队的使命任务怎样拓展,依法治军、从严治军的基本准则决不能变,这是人民军队始终保持高度稳定和集中统一、形成强大凝聚力战斗力的重要法宝。

党的十八大以来,习近平同志为总书记的党中央将依法治军从严治军作为建军治军的基本方略,十八届四中全会将依法治军从严治军纳入依法治国总体布局。全军上下密织监督之网,不给出轨越界留"暗门"、开"天窗",决不允许站在制度"笼子"之外搞特殊,拒腐防变越抓越紧,执纪监督越来越严,依法治军从严治军剑之所指,钢铁长城的基石更加坚实,强军兴军的正能量不断汇聚。

厉行法治、严肃军纪是治军带兵的铁律,也是建设强大军队的基本遵循。查处徐才厚、郭伯雄等军中腐败分子,再次表明,依法治军没有禁区,从严治军没有例外。全军要以徐才厚、郭伯雄案件为反面教材开展警示教育,从思想、政治、组织、作风上彻底肃清其恶劣影响,使各级干部特别是高级干部受警醒、明底线、知敬畏,切实引以为戒。

人民军队始终是党和人民信赖的队伍。改革开放以来,在党中央坚强领导下,国防和军队建设取得了显著成就,人民军队为维护国家主权、安全、发展利益,保卫人民安定生活作出了重大贡献。徐才厚、郭伯雄等贪腐分子给军队抹了黑,但人民军队的本色不变,腐败分子根本代表不了忠诚勇敢、无私奉献的广大官兵,清除他们只会让人民军队建设发展的步伐更加铿锵有力。各地区各部门要一如既往关心和支持军队建设改革,维护和促进军政军民团结,为实现强军目标提供坚强保障。

建军节前夕,习近平主席在视察部队时强调:“要坚持严字当头,在从严管理、依法带兵上下功夫。严才能正纲纪,严才能肃军威,严才能出战斗力。”全军官兵要把思想和行动统一到党中央、中央军委和习主席的决策部署上来,坚持思想领先,坚持练兵备战,坚持严字当头,坚持以身作则,继承发扬党和军队的光荣传统和优良作风,永葆人民军队政治本色,在“四个全面”战略布局中强军兴军,为党和人民建立新功勋。

(2015-08-01《人民日报》)

9.评论员文章

口播:本台消息。明天出版的《人民日报》将发表评论员文章《保持定力,转型升级不动摇——一论做好当前经济工作》。文章说,既要保持战略定力,持之以恒推动经济结构战略性调整;又要树立危机应对和风险管控意识,及时发现和果断处理可能发生的各类矛盾和风险。这是我们主动适应当下经济发展新常态,科学把握定与变、稳与进的辩证关系,努力做好当前经济工作的重要原则,对于推动中国经济走出一条质量更高、效益更好、结构更优、优势充分释放的发展新路具有重要意义。

(2015-08-02《新闻联播》)

中国经济又到了盘点上半年、部署下半年的“中场时刻”。既要保持战略定力,持之以恒推动经济结构战略性调整;又要树立危机应对和风险管控意识,及时发现和果断处理可能发生的各类矛盾和风险。这是我们主动适应经济发展新常态,科学把握定与变、稳与进的辩证关系,努力做好当前经济工作的重要原则,对于推动中国经济走出一条质量更高、效益更好、结构更优、优势充分释放的发展新路具有重要意义。

上半年,我国经济增长符合预期,主要指标有所回升,结构调整稳步推进,农业形势持续向好,发展活力得到增强,经济运行总体是好的,但也面临一些突出矛盾和问题,经济下行压力依然较大。在这样的背景下,尤其需要我们保持战略定力。

保持战略定力,定在哪里? 定在稳中求进的工作总基调上。稳,就是宏观政策要"稳"字当头,不搞强刺激;发展局面要基本平稳,守住风险底线。进,不是追求高增长,而是追求提质增效,追求结构优化。

定力是一种洞察力,来自对形势的科学判断。经济增速回落,有外部需求收缩、内部"三期叠加"多种矛盾聚合的因素,也有经济发展进入新常态的因素。新常态下,经济增速换挡是经济规律使然,并且7%的速度在世界主要经济体中仍然名列前茅,创造的实际增量是前些年两位数增长也比不了的。更重要的是,单纯的经济增速不能反映经济全貌,难以从中看出效益是好是坏、环境是优是劣、物价是高是低、就业是多是少。当前,我国就业好于预期,经济金融风险总体可控,经济结构战略性调整逐步深化,新亮点破茧而出,新动能蓄积力量,经济形势总体向好。我们不必纠结于 GDP 数字的些许起落,而应坚定不移地推动经济提质增效升级。

定力是一种意志力,来自对发展的长远考虑。搞强刺激、踩大油门,只会让经济在短期内"兴奋",缺乏持久活力,还可能留下产能过剩、债务风险积聚等"后遗症",损害的是转方式、调结构等中长期发展战略。

定力也是一种自信力,来自对经济基本面的深刻认识。我国经济下行压力不小,但并未出现也不可能出现断崖式滑落。我国经济发展长期向好的基本面没有变,经济韧性好、潜力足、回旋空间大的基本特质没有变,经济持续增长的良好支撑基础和条件没有变,经济结构调整优化的前进态势没有变。我们有世界最高的居民储蓄率和最大的宏观经济政策空间,制度优势明显,只要把握好,出不了大问题。

保持定力就要排除干扰、攻坚克难,坚持转型升级不动摇。转方式、调结构是新常态更本质的特征。结构调整等不得、熬不起,必须有长远眼光,有久久为功的耐力,不为速度的一时波动而改变初衷、目标和方向,真正做到"千磨万击还坚劲,任尔东西南北风"。

当然,定力不等于固步自封。要因时而变,随事而制,及时预调微调,高度重视应对经济下行压力,高度重视防范和化解系统性风险,把困难和挑战估计得充分一些,把防范措施做得周密一些,促进稳增长、促改革、调结构、惠民生、防风险综合平衡。只要我们认真贯彻落实党中央决策部署,就一定能实现全年发展预期目标,为"十二五"圆满收官、"十三五"顺利开局奠定良好基础。

(2015-08-03《人民日报》)

10.社论

口播:本台消息。明天出版的《人民日报》将刊发社论《主动适应新常态奋力开创新局面》。社论说,今年以来,国际环境复杂多变,国内改革发展任务艰巨繁重。面对种种困难与挑战,以习近平同志为总书记的党中央统揽全局,沉着应对,牢牢把握发展大势,坚持稳中求进,全面深化改革,创新宏观调控思路和方式,实现经济社会持续稳步发展。社论指出,当前,我国已经进入经济发展新常态。新常态要有新认识。当前和今后一个时期,要把思想和行动统一到中央对新常态的认识和判断上来,增强加快转变发展方式的自觉性。新常态要有新思路。必须转变思路,勇于开拓,大刀阔斧改革创新,切实转换发展动力。新常态要有新作为。适应新常态,贵在主动。主动才能把握先机,主动才能大有作为。

(2014-12-11《新闻联播》)

刚刚闭幕的中央经济工作会议,是党的十八届四中全会之后中央召开的一次重要会议。会议深入分析国际国内经济形势,认真总结今年经济工作,全面部署明年经济工作,尤其是对经济发展新常态做出系统性阐述,提出要认识新常态,适应新常态,引领新常态。这对于坚定信心、凝聚共识,做好明年和今后一个时期的经济工作,具有重大而深远的意义。

今年以来,国际环境复杂多变,国内改革发展任务艰巨繁重。面对种种困难与挑战,以习近平同志为总书记的党中央统揽全局,沉着应对,牢牢把握发展大势,坚持稳中求进,全面深化改革,创新宏观调控思路和方式,实现经济社会持续稳步发展。全年经济运行处在合理区间,结构调整出现积极变化,深化改革开放取得重大进展,人民生活水平持续提高。

当前,我国已经进入经济发展新常态。面对新常态,既要深化理解,统一认识,又要坚持发展,主动作为。如此,才能顺应经济发展大势,与时俱进抓好经济工作。

新常态要有新认识。持续30多年高速增长后,需求、生产能力和产业组织方式、生产要素相对优势、市场竞争特点、资源环境约束、经济风险积累与化解、资源配置模式和宏观调控方式等已发生趋势性变化。随着发展进入新常态,增长速度正从高速转向中高速,发展方式正从规模速度型粗放增长转向质量效率型集约增长,结构调整正从增量扩能为主转向存量与增量并存的深度调整,发展动力正从传统增长点转向新增长点。当前和今后一个时期,要把思想和行动统一到中央对新常态的认识和判断上来,提高对新常态的认识,增强加快转变发展方式的自觉性。这是做好经济工作的前提。

新常态要有新思路。要充分认识到新常态下发展条件的变化,把转方式调结构放在更加重要的位置,以提高经济发展的质量和效益为中心,大力推进经济结构战略性调整。要更加重视满足人民需要,更加重视市场和消费心理分析,更加重视引导社会预期,更加重视加强产权和知识产权保护,更加重视发挥企业家才能,更加重视全面创新,更加重视提高人力资本素质,更加重视生态文明。能不能适应新常态，关键在于全面深化改革的实效，关键在于全面改革的力度、创新驱动的力度、破解难题的力度。因此，必须转变思路，勇于开拓，大刀阔斧改革创新，加快转变发展方式，切实转换发展动力。

新常态要有新作为。适应新常态，贵在主动。主动才能把握先机，主动才能大有作为。做好明年的经济工作，必须坚持稳中求进工作总基调，坚持以提高经济发展质量和效益为中心，狠抓改革攻坚，突出创新驱动。要努力实现经济稳定增长，保持宏观政策的连续性和稳定性，更有效率地发挥消费基础作用、投资关键作用和出口支撑作用，防范和化解风险。要积极发现培育新增长点，向结构调整要增长、要质量、要效益。要加快转变农业发展方式，大力调整优化农业结构。要优化经济发展空间格局，推进城镇化健康发展，推进节能减排和保护生态环境。要加强保障改善民生工作，做好就业和扶贫工作。

主动适应新常态，最重要的工作就是加快推进改革开放。今年是全面深化改革的第一年，各项改革积极有序推进，成为可圈可点的突出亮点。总体看，全面深化改革的态势已经形成，共识不断凝聚，效果正在显现。要坚定改革信心，加快推进经济体制改革，为经济社会发展提供好的制度安排。围绕发展中出现的问题推进改革，切实提高改革方案的质量，抓好改革措施落地。要完善扩大出口和增加进口政策，逐步实现国际收支基本平衡。

明年是全面推进依法治国的开局之年，是全面深化改革的关键之年，也是全面完成"十二五"规划的收官之年，做好经济工作意义重大。全党要适应经济发展新常态，统一思想，埋头苦干，奋发有为，认真贯彻会议各项部署，努力开创经济社会发展新局面。

（2014-12-12《人民日报》）

11. 社论《致敬，辛勤奉献的劳动者！——写在"五一"国际劳动节》

站上时代的峰峦俯瞰历史，是劳动创造了人类的文明进步；回望中华民族伟大复兴的征程，是劳动构筑起通向梦想的坚实阶梯。

今天，是全体劳动者的神圣节日。我们向全国工人阶级和广大劳动群众致以诚挚的节日祝贺！

"以劳动托起中国梦！""五一"前夕，习近平总书记发表激情洋溢的讲话，礼赞劳动创造，讴歌劳动精神，号召工人阶级和广大劳动群众承担庄严使命，投身伟大事业。质朴的话语，深刻揭示了实现梦想的历史逻辑，指明了共筑梦想的根本力量，鼓舞起亿万劳动者向着梦想坚毅前行的决心和信心。

劳动是人类的本质活动。南泥湾的开荒、黑土地的耕耘、超级稻的攻关，把浩瀚原野变成万顷良田，让十几亿中国人把饭碗牢牢端在自己手里。华为中兴的探索、南车北车的突破、北京中关村的创新创业，推动"中国制造"不断迈向"中国创造"。爱岗敬业、争创一流，艰苦奋斗、勇于创新，淡泊名利、甘于奉献，一代代劳动者胼手胝足、开拓进取,绽放了一个民族的创新精神。点点滴滴的奉献如涓涓细流汇成奔涌大河,缔造出一个充满活力的现代中国,铺展了我们这个伟大时代的精彩画卷。

今天的中国,瑰丽的事业正召唤我们去奋斗,梦想的力量正激励我们去创造。党的十八大以来,以习近平同志为总书记的党中央确立"四个全面"战略布局,全面建成小康社会振奋人心,全面深化改革攻坚克难,全面依法治国砥砺前行,全面从严治党深入开展。顺应各族人民过上更好生活的新期待,面对经济发展进入新常态的机遇与挑战,今天的劳动和创造需要继承和发扬前辈发愤图强的精神,又需要赋予我们这个时代开拓创新的品格。坚守职业道德、提高综合素质、发展职业技能,勤于学习、勇于创新、善于创造,努力做知识型、技术型、创新型的劳动者,我们才能奏响"劳动光荣、创造伟大"的时代强音,实现民族复兴的伟大梦想。

今天的中国,个人梦想与国家前途密不可分,国家富强和人民幸福紧紧相连。从户籍改革打破身份壁垒,到高考招生进一步向农村倾斜;从简政放权激发社会活力,到商事制度改革降低创业门槛,一系列重大改革举措扫除体制机制积弊,致力权利公平、机会公平、规则公平,为每位劳动者提供了梦想成真、人生出彩的机会。惟有争分夺秒去把握、朝乾夕惕去奋斗、埋头苦干去成就,才能不负时代的丰厚馈赠。全社会尊重劳动、尊重知识、尊重人才、尊重创造,每一位劳动者发扬识大体、顾大局的光荣传统,正确认识和对待改革发展过程中利益关系和利益格局的调整,心往一处想、劲往一处使,我们就没有迈不过的沟坎、抵达不了的彼岸。

"我们所处的时代是催人奋进的伟大时代,我们进行的事业是前无古人的伟大事业。"世界上没有平坦的路,也不会有一蹴而就的成功。中国特色社会主义事业大厦靠一砖一瓦砌成,人民的幸福靠一点一滴创造得来。当我们的汗水洒向大地,共同的梦想才会落地生根。

致敬,辛勤奉献的劳动者!加油,所有为梦想奋斗的人们!

（2015-05-01《人民日报》）

12.述评《纪念胜利日　昭示合作共赢》

口播:在世界反法西斯战争胜利70周年之际举行的胜利日大阅兵,不仅是重温历史,更是面向未来;不仅是纪念并肩战斗,更是召唤合作共赢;不仅捍卫胜利果实,更是播种命运共同体意识。

从1945年胜利日至今,虽然世界爆发了十多场局部战争,但在战后诞生的《联合国宪章》的深刻制约下,这些战火没有蔓延到全世界,没有引发又一次人类浩劫。这是二战胜利果实对人类命运最宝贵、最深远、最不可磨灭的贡献。

今天,当中国人民解放军三军仪仗队和俄罗斯军人一起走过红场,人们油然想起当年欧洲和亚洲主战场同仇敌忾,用一个个浴血奋战的瞬间,谱写成波澜壮阔的英雄史诗:这是中国军队在平型关伏击日军,这是苏联红军在保卫斯大林格勒,这是美英法盟军在诺曼底登陆。世界正义力量以大无畏的气概和巨大的牺牲,最终粉碎了德意日法西斯的野心,将世界文明从一场浩劫中拯救了出来。

今天我们汇聚在莫斯科红场这样一个历史地标,就是要展示共同维护反法西斯战争胜利成果和国际公平正义的决心,警示世界人民珍惜和维护来之不易的和平,防止战争悲剧重演。

这个胜利日,中国与五大洲渴望和平的人们,集结在合作共赢的理念之下,结成患难与共的命运共同体,清除一切冷战思维的绊脚石,让世界和谐发展,让文明包容共生!

(2015-05-09《新闻联播》)

第三节　观点言说

一、概念阐释

1.分类

如果说新闻评论更多的是代表党、政府和媒体的声音,那么观点言说相对而言则更多地带有主持人的个人色彩。也可以说,观点言说既有电视新闻评论的共性特征,也有自己的个性特征。

观点言说按其出现的情况和内容的长短大致可以分为两种,一种是在新闻播音主持时,以某个新闻事实为对象,发表即时的简评,可以称其为即时性片段简评;一种是在新闻评论、述评、访谈等节目中,发表长篇的比较完整的评论,可以称其为节目性完整长论。

值得注意的是,观点言说可以出现在几乎每一种节目类型中,常态可以,非常态也可以;新闻可以,综艺也可以;访谈可以,游戏也可以。但是这里所指观点言说取其狭义,即新闻节目中的评论,不涉及其他节目的评论。

2.特点

(1)选题小切口

所谓选题小切口其实就是指面对评论的新闻事实的时候,一方面要选择较小的角度、新颖的视点,不一定面面俱到,也不一定强求政策理论高度,关键在于能够用小角度、小切口来避免评论大而空或者偏而深;另一方面还要注意这样的小角度、小切口能够跟上社会现实的最新动态,精准抓住受众的关注点、符合受众的心理需求。

（2）评论个性化

随着社会的发展、传媒的发展，主持人在一线不仅仅只是"传达声音"，也开始"发出声音"，发出自己在政治、经济、社会、文化等各个领域的个人声音。而在现实中，这样的带有主持人个人色彩和个性特征的评论，越来越受到受众的关注和认可，让人更易于、乐于接受。一些有政策理论高度、思想内涵深度、专业知识广度的主持人的言论是受众愿意参考、愿意接受的，而他们也逐渐成为了意见领袖、言论明星。

这种个性化具体表现在以下两个方面：一是内容切近、平等交流，即主持人的评论观点、表达内容等既有个人特点又贴近受众，不是直接把东西丢给你，而是和你聊天、讨论，让受众感受到亦师亦友的亲切感；二是语言表达日常化、融合性，话语样式主要用谈话式，话语体式可以平实正规、通俗灵动、消闲自在等多种结合，夹叙夹议、亦庄亦谐。

但是值得注意的是，个性化不是个人化，更不是随意化。主持人依然是新闻工作者，依然肩负着神圣的职责。这种个性化细分有三种可能性：一是完全发自主持人个体的融合了感性与理性的特殊表达，但其必须适应大范围的要求、接受大框架的约束；二是结合了党、政府、媒体的意志和个人的言论，从中取得了一个恰切的平衡点；三是党、政府、媒体的意志通过主持人之口表达出来。不管是哪一种形式，都是普遍与特殊的结合与平衡、整体与个体的结合与平衡、大我与小我的结合与平衡，看似轻松随意，实则难乎其难、并非易事。

（3）手段多元化

由于电视传播手段的日益多元化、丰富化，观点的言说也不再只是主持人有声语言的单一传播，而是一种兼具视听、丰富多彩的综合传播。第一，主持人的语言夹叙夹议，述评的方式用得比较多。即针对新闻事件、新闻现象、新闻人物等，既有事实的表达，也有观点的言说，叙述和评论经常是穿插进行的，而很少是截然分开的两大块。第二，制作、传播的手段日益丰富，一般来说节目性完整长论基本都会使用新闻片、采访、背景资料、道具等手段，为评论服务、为节目服务，增强评论和节目的整体可看性、视听可感度、观点接受度以及传播的效果。第三，节目的形式灵活多变，既有主持人即时穿插的简评，也有主持人整档节目的"独角戏"，也有两人或多人访谈形式的完整评论，都是为了适应不同效用、不同针对性和侧重点的要求。

3.要素

（1）对象

要进行观点言说，首先需要评论的对象，通俗说也就是评论的"话头"。评论的对象可以是新闻事件、新闻现象、新闻人物等，其应当具有一定的价值点、新鲜点,或是受众所关注的热点、焦点。在具体评论的时候,"对象"有可能是评论所围绕的中心,也就是"就事论事";也有可能是从这个"话头"说开去,涉及更为广阔的领域、评论更加普遍的问题,也就是"举一反三"。一般来说,即时的简短评论由于时长等的限制,不会铺排过多,三言两语即可;节目性的完整议论一般则会由此及彼,升华到普遍意义的层面。

（2）观点

不管是简评还是长论,观点一定是必不可少的。观点是主持人对新闻事实的认知和判断,是带有个人色彩、主观因素的评论语言,表达个人的看法和主张。主持人的观点既有个人的理解,也有职业特殊性的要求,政策理论、思想道德、文化底蕴、专业素养等都对"观点言说"产生了制约和提升的双向重要作用。因此,主持人的自我培育和提高就显得十分重要。值得注意的是,观点和论点有异同。论点更多地使用在严格的议论文当中,评论播音中常见,要明确提出、文字缜密严格;而观点则带有个人色彩,可能在语流中不那么严密、不那么规整,但是也能够明确表达态度、看法。

（3）论据

论据在简评中可能不会出现,但是在长论中一定会出现。这是对观点的说明,应当具体、典型、新鲜、没有争议性、具有关联性。论据不仅可以证明自己的观点、反驳对方的观点,如若选择精当、使用得当,还能让评论出彩、给表达加分,使观点言说呈现有理有情、情理交融的感染力和鼓动性。论据在评论中是最鲜活的、最吸引人的,能够触动人心、引起共鸣;而优质的论据还能开阔受众眼界、增长受众知识、起到引领提升的作用。但是,论据的积累需要时间、精力和过程,不是一蹴而就的,这就需要主持人具有专业热情、职业激情,成为生活、学习中的有心人,注重平时的点滴积累。唯有如此,才能在评论的时候信手拈来、游刃有余。

（4）论证

论证就是运用论据对自己观点的证明过程。根据观点,选择论据,运用逻辑,分析说理,最终形成结论。论证既可以证明自己观点的正确,也可以证明错误观点的问题;既可以线性阐释论证,也可以螺旋上升论证。结论是评论的结果,和观点、论据、论证都密切相关,观点提出时有可能粗疏、偏颇,但经过论证的过程之后形成的结论,一般来说会更加严密、严谨,而有时结论就是观点本身。论证时除了逻辑性、条理性之外,还应当注意语言的通俗性、态度的平等性、内容的具体性等要求。

4. 素养

政策理论有高度。只有较高的政策水平、理论高度,才能把握评论的正确导向,是实现引领提升的重要前提条件。

思想道德有深度。只有具备了良好的思想深度和道德水平，才能保证评论不跑偏、有价值。

文化知识有广度。只有广博的知识文化水平才能更好驾驭评论，并为受众提供真知灼见。

专业素质多维度。只有拥有良好的媒介素养、新闻素养、思维能力、心理素质、新闻评论写作能力、有声语言表达能力以及播音主持基本功，才能更好地胜任电视新闻评论工作。

二、即时性片段简评

1. 时间短、内容少

一般来说简评会即时出现于一条消息的之前或之后，主持人或主播作简短的评论。由于直播的时限关系和节目要求等因素，这样的简评要注意少则十几个字一句话，多则不过几句话。

例：

面对困难不惧怕，更要迎难而上。

（2015-08-08《新闻直播间》）

分析：这是主播针对之前的新闻片所作的极为简洁的一句话点评。新闻片报道的是一个人从普通工人成长为大学教授、博士生导师、畅销书作家的精彩人生，他的座右铭就是"做难事"。主播的简评其实也是概括，同时起到了承上启下的串联作用，让新闻更显完整、不显突兀。

2. 精议论、重结论

由于时间短、内容少，因此简评不可能做到面面俱到、洋洋洒洒、完整论证，通常会亮明观点、精当议论，而很多时候就是一针见血、一语中的，直接给出结论。

例：

酒店有管理的责任，家长们呢也有家长的责任，孩子们玩得开心，家长们却不能掉以轻心。

（2015-08-08《共同关注》）

分析：这是针对一则11岁男孩在酒店泳池独自戏水被回水口吸住不幸溺亡的新闻所作的简评。面对这样的悲剧，家长认为酒店泳池的回水口没有遮挡，且池边没有工作人员，导致了孩子的溺亡；酒店暂未回应，警方介入调查；双方等待处理、判决结果。新闻事件的具体内容在新闻片中已经讲得比较清楚了，主播的一句话简评应当说还是比较恰当的，酒店确实有责任，但是家长的监护责任更是不可推卸的；虽然是受害者，应该值得同情，但也不能将责任完全推给酒店。虽然只有一句话，但是观点鲜明、一针见血，在平实、流畅的语言下表明了态度、倾向。值得注意的是,这样的事件刚刚发生,在法律尚未给出确定的结果前,主持人切不可充当审判员,应当在合情合理的范围内作出中正的评论。

3.快点拨、速深化

由于时间有限、评论精当,因此主持人的简评应当提示受众新闻消息中需要关注的点是什么,并且在尽可能的情况下进行针对性的解读,让新闻实质、隐性内容迅速出现,拓宽受众的视野,加深受众的理解。

例:

我们相信这些工作人员并不是存心地要去刁难谁,虽然的确是不近人情,但他们真的是在照章办事儿。而真正让大家感到别扭的是他们对客户态度的大拐弯儿,出事之前规矩像是铜墙铁壁,怎么都过不去;而出了事儿之后呢,规矩又像是推拉门,向左向右都可以。过去窗口行业手里攥着管理的利剑,而现在他们要捧起服务的饭碗,既然是服务,那么刚性的制度就必须要有合理的弹性空间,行业规则就必须要去适应社会环境的变迁,而不能总是靠"特事特办"。

(2013-10-19《晚间新闻》)

分析:这是针对一则两度替重病父亲去银行取款均遭拒的新闻所进行的简短评论。面对这样的新闻,可能很多人都会产生共鸣,因为或多或少会在不同的场合遇到过这种"门难进、脸难看、话难听、事难办"的情况。越是这样,主播越是不能沉陷其中、忘我表达。如果过于感情用事,面对这样具有一定语言表现力的稿件,很可能语速就会变快、语气就会变反、语调就会变高,仿佛吵架一般,会弱化说理的逻辑和内容,就难以完成传播任务、实现传播目标了。这则简评最大的特色就是比喻、对比等方式的使用,"铜墙铁壁""推拉门""利剑""饭碗"等,极为形象,十分到位,因此在表达的时候一定要注意色彩的浓淡和对比的把控,同时注意主次分明、逻辑清晰。"不够"就显示不出批评的力度,"过了"又会显得讽刺挖苦、缺乏新闻性。整体来看,前两句说的是现象,这些也是观众可能想到的内容,可以适当快一些;后一句是重点,是观点,也是提出的建议和路径,这些是很多观众未必能想得深入的,因此要慢一些、播出内容、播出逻辑、播出态度。这则简评仅用了三句话,就将新闻事件点评到位、快速深化,并带给观众以启发和思考。

三、节目性完整长论

1.固定节目、完整评论

一般来说,长论大多出现于新闻专题节目、述评节目、调查节目以及一些新闻访谈节目中;内容相对完整,少则几百字,多则上千字;观点、论据、论证包括结论等要素基本俱全。这样的长论出现在节目中,可能是针对一则新闻消息,也可能是针对几个对象;可能是主持人一个人的独立言论,也可能是和嘉宾、评论员等的共同评论。因此,主持人要注意评论的完整性,无论是个人完成还是合作完成,都要充分准备、力求透彻。要注意的是和嘉宾、评论员、观察员等合作,要提前适当沟通,防止节目进程中出现"真空"或是"答非所问"的情况;主持人还要注意控场,把握好说话时间、评论走向,适时打断或是追问;整体而言要根据评论内容和合作对象具体分析、处理节目进程。

例:

本周抢新闻头条能力最强的当然是中国股市了,连续多日的下跌态势居然使相关的消息牢牢占据很多媒体的头条位置,当然,这不是好消息。从今年年初到现在,如果用电影类型做形容的话,可以把股市的发展分为四个阶段,先是言情片,股民和股市在感情冰冻了很久之后呢又开始眉目传情谈起恋爱了;接下来是喜剧片,股市多日不断以红盘为主,大家都喜笑颜开;再然后是最近这段日子的恐怖片,因为股市以大家想不到的方式连续下跌近30%,心脏不好的人都受不了;而最近呢显然是动作片,为了股市健康稳定发展,相关呵护的动作一个接一个。股市非理性下跌当然要有动作,先治标,接下来的相关动作就该奔治本而去,以注册到作为标志尽早用改革让中国股市告别急涨急跌的坏印象,要让上市企业用业绩说话,而不是用搞不清真伪的故事说话,这是我们期待的未来;老方法会解决一些问题,但是它还会留下老问题,新改革才会带来新希望,中国经济的成功转型离不开一个用改革成功转型的更健康更稳定的中国股市,我们都该在现在相信未来。

(2015-07-04《新闻周刊》)

分析:这是主持人针对股市大起大伏的不良现状所作的相对完整的评论。从股市连续多日下跌且占据媒体头条引出话题并定性"不是好消息";接着以电影类型作比,生动地说明了股市半年来的发展过程;最后再次定性现有"动作"实为"治标",给出结论股市问题应当用"改革"来"治本"。观点明确、论证清晰、深入浅出,结构基本完整。

2.观点鲜明、逻辑清晰

观点是带有主持人个人色彩的主张和看法,观点的提出要直接、明确,并且有亮点、有新意,既不能东拉西扯、云里雾里,也不能似是而非、不知所云。由于是完整的长论,因此评论的逻辑是极其重要的,对于观点的提出、论据的使用、论证的过程、结论的得出等方面都要有明确、清晰的思路。避免论据不足、论证不够、逻辑混乱、语流不畅以及"一切问题归体制"等情况的出现。在评论的时候还要注意不能感情用事、有所偏向,这样虽然能够一时获取部分认同,但从总体、长期来看,破坏了主持人的形象和公信力,得不偿失。

例：

整整一周前，6月27号，也是周六，台湾新北市的八仙水上乐园，号称亚洲最大的彩色派对第三年如期举行。这原本是一个巨大的欢乐时刻，参加派对的人们被喷射出的彩色粉末把全身变成多彩的样子，增加欢乐的感觉，可谁想到，原本属于欢乐的时刻突然一瞬间就变成了悲情时刻，彩色粉尘发生爆炸，让参与其中的人们身陷火海，导致近500人不同程度受伤，至今仍有近200人病情危重，并有不幸离世的人。消息传来，粉尘爆炸让人们感到很惊讶，尤其是知道这粉尘居然是彩色的玉米粉，难道玉米粉也会爆炸？那么，我们身边近几年开始热起来的彩色跑又是否安全？台湾的这起悲剧又该为我们敲起怎样的警钟？《新闻周刊》本周视点关注"彩色的危情"。

（新闻片）

粉尘爆炸最初的一瞬间，人们会感到有些陌生，但由此回看新闻却发现，现实生活中不管国内国外，由各种粉尘引起的爆炸事件并不少，而且造成的危害一点都不小甚至更大。2014年8月2号，昆山一家金属制品企业的车间发生粉尘爆炸造成146人死亡，上百人受伤，凶手是铝粉；2010年2月24号，河北秦皇岛抚宁县骊骅淀粉股份有限公司淀粉四车间发生燃爆事件，造成19人死亡，49人受伤，凶手是淀粉粉尘；2008年2月8号，美国皇家制糖厂发生爆炸起火，造成14名工人死亡，30多人被严重烧伤，凶手据媒体报道说是糖的粉尘。说了这么多粉尘凶手，回到玉米粉，它怎么也可以伤人呢？

（新闻片）

台湾新北市的粉尘爆炸，立即让大陆产生了警觉，彩色二字被高度重视，在这起爆炸事件发生前七天，6月20号，北京刚举行一次彩色跑的活动，营造彩色效果的也是彩色的玉米淀粉，参加过这次彩色跑的一位跑友在台湾粉尘爆炸后说道："我们在跑的时候还聊呢，这个彩粉要是入口它安不安全啊？但是真没考虑到会爆炸的问题。"而至今他也对粉尘爆炸的原理以及彩色跑是否安全的问题仍然不是非常清楚，因为台湾的粉尘爆炸，原本7月4号，也就是今天，将在沈阳举行的彩色跑被临时取消了，上海等多个城市也宣布今年将不再举行彩色跑，但是接下来或许我们更该知道的是，彩色跑难道就真的是不安全的吗？

（新闻片）

新闻的确会让我们面对很多过去想都没想的问题，比如一个乐园的彩色派对一瞬间也会变成悲情时刻，玉米粉居然也会杀人，但是这也正是新闻的一种价值所在，记录悲剧不仅为了仅仅让我们都知道这件事，更重要的是，知道了就要开始去防范。想到悲剧刚刚发生，相关的活动被叫停，也是必要的；但是接下来重视这样的事，并让科学在未来的时间找出对策，驱害留利。人们依然需要欢乐，但是需要的是安全的欢乐，但愿悲剧会让我们今后类似的活动真的变得更安全,而不仅仅是一禁了之。

(2015-07-04《新闻周刊》)

分析:这是针对台湾彩色粉尘爆炸的新闻所作的完整述评。第一段阐述新闻、提出问题、引出主题;第二段由此及彼、罗列事实、充分论据;第三段说明频发事故引起重视、彩色跑多被取消,再次提出质疑彩色跑是否就是不安全的;第四段进行了集中评论和总结,并给出"科学的对策、安全的欢乐"的结论。观点虽在最后提出但论证充分、鲜明有力,逻辑清晰、条理分明,既说明了事实、也给出了路径,具有较强的说服力。

3. 判断准确、结论普适

评论,其实是一种判断。比如对不对、好不好、行不行、是真是假、是利是弊、是善是恶,等等。面对形形色色、五花八门的新闻,就需要主持人具备正确判断的能力。正确的判断是提出正确的观点的前提,也是得出正确的结论的前提,主持人应当有意识地训练自己判断的能力。具体来说,对于事实判断应当保持客观,对于具体判断应当就事论事,对于价值判断应当不断完善自我以期获得更为恰切的结论。评论所最终获得的结论应当是正确的、恰当的、普适的,既能表明观点,同时还能够起到以一观十、由此及彼、由个别到普遍的作用,具有整体指导性和普遍适用性。

例:

高校抢生源由来已久,但其中还是有区别的,普通院校是真的在抢生源,而名校是在抢尖子生,所谓"掐尖儿"。不过很长时间这种抢往往是暗战,可今年北大与清华在西南招生时为抢考分前十名的学生,双方在微博上对攻,虽然几个小时就删掉了,但是影响已经造成;而照片上我们看到的事发生在广东,也是北大、清华在抢理科考进前十名的一位女生,一个要拉她出去谈谈,另一个坚决给拦住。这样的事不知道在其他的地区是否也同样出现,不过经历了最初大家的吐槽之后更多的人开始反思。或许这不是北大、清华或哪个高校的事,在考分决定一切的前提下不抢也难,如果接下来不增加更多招生的自主权,将来也还会抢下去,只不过重新变成文明一些的暗战而已。显然,改革比吐槽更重要。

(2015-07-04《新闻周刊》)

分析:这是针对高考生源争夺大战所作的评论。开始先厘清现状,即"抢生源"和"掐尖儿"的区别、由往年的"暗斗"到今年的"明争",同时辅以具体例证;随后提出反思、也是观点,即这不是单纯北大、清华的事,考分决定一切,又没有招生自主权的时候这样的现象还会持续,最终还是要落实到教育体制改革的问题上来。应当说这样的评论是中肯的,没有随意指责、炮轰事件中的任何一方,无论是学校还是学生或是高考;教育改革是牵一发而动全身的国家大事,和每一个人都息息相关,但不是一蹴而就、一日功成的,主持人的话有分寸、有底线,较好地实现了评论和传播的结合。

4.突显个性、追求风格

主持人的评论体现了其个人政策思想水平、文化知识底蕴、道德水准、性格特点、思维方式、表达特色等方方面面,在评论的时候应当有意识地突显或是强化获得受众认可的个性特征,有助于个人风格的形成和传播效果的优化。主持人还应当在自我个性基础之上,能够根据不同的内容、不同的要求灵活处理评论的方式。"风格"是播音员主持人的创作个性和艺术特色,也是其价值的最高实现,不是每一个播音员主持人都能形成自己的风格,但每一位播音员主持人都应当将形成风格作为自己的追求。在突显个性、追求风格的过程中,主持人应当正确认识自我,不能因为一时的受欢迎、获肯定就感觉优越、目中无人,切不可盲目自信,也不可居高临下。

例:

县官对中国很重要,自古就有这种看法,《七品芝麻官》中就有一句名言:"当官不为民做主,不如回家卖红薯。"这七品芝麻官当时可指的就是县官啊。而现在,对好县委书记的要求只会是更高,你工作要是做不好,那可不是你简单回家卖红薯就行;而工作做好了,民安国安天下安。

(2015-07-04《新闻周刊》)

分析:这一期的《新闻周刊》大致说到了六个新闻事件,一个是重点关注、完整评论,两个是比较完整的评论,还有三条是简评。但是不管评论的篇幅长短,都能体现出主持人的语言风格和个性特点。在评论的时候先摆事实、再讲道理、最后得出结论,逻辑清晰且有个人色彩,能够让人听进去、有所思;而在论证过程中会以大量引用(名言俗语或典型言论)、对比铺排、比喻类比等方式说明观点,既华丽又不失深邃;语言严肃不刻板、活泼不媚俗、质朴、真诚。可以说形成了较为鲜明的个人风格。

【实例参考】

1.简评

(游客在店内被骗高额消费,其实这只是非法"一日游"团伙犯罪的最后一个环节了。警方介绍,犯罪嫌疑人的作案方式呢是由宣传揽客、攒人头、组团发车、商店购物四个环节组成。宣传揽客人员先将招揽来的游客"卖"给攒人头的人员,之后呢,这个攒人头的人员再将客源加价之后转手"卖"给发车的,发车的组团开始组织游客旅游,最后,带到已经协定好的"老乡店"内,"老乡店"雇佣讲师,利用哄骗、迷惑、欺诈等手段刺激游客以极高的价格购买低劣商品,从而赚取暴利)所以要提醒大家咯,小心防范、别贪便宜上当受骗。

(2015-08-08《共同关注》)

2.简评

北京今天又增添了三家"医药分开"的医院,加上之前已经开始的两家,北京突破医改核心难题的试点达到了 5 家。大国医改内容庞杂,但重点被人们概括成了 6 个字:看病难,看病贵。造成看病难的原因,简单地说是医疗资源分布不均衡。而看病贵的成因则很复杂,其中一部分是我国医院长期实施的"以药养医"制度。我们对北京医改充满期待。我们寄望于这种立足于服务患者、主动切割自身利益的努力,能够成为打破制度惯性,做好医改这篇大文章的醒目标题。

(2012-12-01《晚间新闻》)

3.简评

十八大以来,反腐是民众期待看到的诸多变化中被议论最多的。这是民心所向,也是全党共识。反腐应该怎么反、从哪里入手反,其实并不难。难的是,我们以什么样的姿态和立场反腐。习近平总书记数天前提到"空谈误国,实干兴邦"。这个"实"字太重要了,它是"实事求是"的实,是"理论联系实际"的实,是"实践是检验真理唯一标准"的实。反腐,不但方法和路径要实,我们更期待看到实实在在的实际成果。

(2012-12-04《晚间新闻》)

4.简评

这两天我们连续报道了国航飞机上餐食过期这样一件事。国航在本台报道之后呢向当天航班的大多数乘客致歉,说明情况,并就后续工作安排进行了沟通,应该说这是"亡羊补牢、为时未晚"。服务企业特别是"国"字头的服务企业,如何面对投诉,如何面对监督,说到底呢这不是一个策略问题,而是一个态度的问题,是一个对自身角色认定的问题。以怎样的姿态服务用户,不仅关乎效益,更关乎责任。真正优质的"危机公关"不是顾左右而言他,而是认真面对问题,真诚表达歉意,谦逊看待监督。

(2013-10-09《晚间新闻》)

5.简评

在经济发展进入新常态的今天,环保治理常常受到地方利益的掣肘。单靠环保部门一家是很难奏效的,很多地方存在着环保执法乏力的情况。约谈或者是综合督查虽然让地方官员面子上难看,但是也正因此推动了当地的环保治理的动力。一些地方环保部门积压多年的难题在经济转型的新情况之下,能否守住环境底线也是考验着各级环保部门的魄力和智慧。

(2015-08-08《新闻直播间》)

6.简评

儿童的好奇心强,对溺水的危险评估往往是盲目的,学校和家长的引导作用就显得无比重要。7月24号,教育部公布了专为中小学编写的预防溺水童谣:"游泳戏水夏日到,偷偷下水不得了。擅自结伴不能保,大人陪护不能少。没有救援不要去,陌生水域不可靠。水性差的别救人,安全六不别忘掉。"这"六不"简单明了,但关键是千万不要忘了。而且里面特别提到了大人陪护不能少,儿童在没有家人陪护的情况下独自玩耍,往往是导致悲剧发生的重要原因。下面这两起事故就是由于家长疏于看管孩子导致发生意外。

(2015-08-08《共同关注》)

7.完整节目

在本周最具娱乐色彩的严肃新闻发生在沈阳,是关于和我们每个人都有关系的住房,新闻标题是这样的——大妈剁饺子馅竟将阳台剁塌;天哪,这大妈是有多大劲儿,是剁的什么馅的饺子啊!一瞬间,剁饺子馅剁塌了楼这消息传遍大江南北。但事实是,沈阳这位大妈7月6号,也就是周一这天中午在家剁饺子馅不错,可不是在阳台上,而是在屋里剁,剁着剁着听见阳台有怪声,去看看再回来,嗬!这7楼的阳台一下子就不见了,导致6楼的阳台也不见了,5楼的阳台被砸成一半。这阳台塌了是真事,但与剁饺子馅有多大关系估计纯属巧合。但严肃的问题出现了,这栋居民楼竣工后使用了不到14年,这阳台咋就塌了呢?最近一段时间,这居民楼垮塌的消息咋就明显多了一些呢?《新闻周刊》本周视点关注有些楼是"豆腐渣馅"的吗?

(新闻片)

有人开玩笑地问,这沈阳大妈究竟是剁的啥饺子馅,动作这么大?有说酸菜馅的,也有说豆角馅的,但标准答案应当是"豆腐渣馅"的,当然是说的楼。记者在现场发现,塌下去的阳台与楼体接合处也有钢筋,但只有筷子粗,筷子粗的钢筋能扛多久?幸运的是,塌下来的时候楼下无人,否则后果不堪设想。还有人说幸运的不只是这一点,还有那天幸亏只有这一位大妈在剁饺子馅,如果楼里三四位大妈一块剁,这塌的会不会不是阳台而是楼啊?当然,再次强调,阳台塌了应当与屋里剁饺子馅无关,否则你连咳嗽都该小心了,那还是人住的楼吗?但吐槽归吐槽,这事可不仅发生在沈阳,前不久,贵州也有商住两用楼垮塌,这塌的楼和沈阳的这栋一样,都没列入到高危的名单当中。

(新闻片)

一栋住人的楼,该有多长的安全寿命呢?各国的确不太一样,英国建筑平均寿命132年,美国74年,经常遇地震的日本50年,咱们国家规定是50到100年。规定是如此,但现实中好多楼可是不按规定来啊,比如沈阳这栋居民楼2001年10月才竣工,到现在还不到14岁,按相关规定都不到该排查检测的年限。相当于很多人觉得,年轻人不用去体检,但问题是,现在不少年轻人生活方式不健康,隐患很多,可是不体检不报警,等发了病往往已经不轻了。很多人认

263

为十几二十年前我们大干快上建了不少建筑,但质量把关不严,如今到了我们还账的时候,可是别忘了,这一还账常常是塌楼,这代价谁付得起?

(新闻片)

我们各行各业有很多的规定,面上看这些规定也都有道理,但实际上,这道理往往遭遇我们生活中另外的问题,于是它就站不住脚了。比如14岁的楼不用强制体检,可当初有建筑施工方偷工减料,监理方又假装看不见,14岁的楼等于80岁的健康状况,您说这体检要求是按14岁的来呢还是按80岁的来呢?沈阳这栋楼的阳台垮塌之前,好多省正进行老旧危房的排查,但沈阳的阳台塌了又提出了新挑战,这14岁的楼该不该查?怎么查?或许,为了百姓的安全,我们该对居民楼进行扩大范围的体检,解决老问题;同时管理现在的楼质量不出新问题,这样,人在自己家里才住得放心安心才更敢多吃几顿饺子。

(新闻片)

生活中没人可以独自生存,突如其来的很多事常常让人需要帮助,但也往往有机会成为帮助别人的人。女儿重病,互联网上爱如潮水,600多万是这种帮助的体现,但是接下来这帮助也是压力,提供帮助的人和受助者都要思考该以怎样的心态和行动面对对方。而城市的医托才真正可气,表面上帮你,可实质上是害你,属于穿着帮助的外衣为自己谋利益,可在人们求救的时刻往往容易落入陷阱啊。好了,走进《新闻周刊》选出的本周人物,他用自己的专业帮助沉浸在自己世界里的人们,但我猜想,他也帮助了自己。

(新闻片)

过去人们常说一句话,活到老学到老;曹鹏先生的老有所为似乎改写着这句话——活到老爱到老。而在这样的过程中我说过,他也在帮助自己,比如,眼光中始终有别人,他会忘记岁月在自己身上的流淌,祝他长寿健康快乐。当然,虽然不太容易走进自闭症患者的世界,但也祝他们在音乐中体验到欢乐与幸福。

本周,在北京,一位快递员心跳骤停,倒在了安贞医院的大厅,但这家医院恰恰是中国治心脏最强的医院,主任护士长迅速赶到,经过紧急的救治,这位给医院来送快递的小伙子转危为安,由猝死的状态脱离了危险。想想看,真够幸运的,发病的地点这是能救命啊。可是这样的情况不能光靠幸运,目前天气是越来越热,快递工作中的这一个"快"字,让快递员疲劳加倍,但愿相关的公司不能一味用快来压员工,否则可是有生命危险啊!好,看看本周还有哪些其他特写。

(新闻片)

全国各地的孩子都进入了暑假了,虽然在前几期节目当中我曾经提醒过水火无情,留守儿童要注意安全,可还是有不幸的消息传来:7月6号,在河南省卫辉市东纸坊村,4 名儿童结伴去河里游泳,结果一名 13 岁的孩子和一名 10 岁的孩子溺水身亡;而前不久河南省一名 12 岁的女孩为救弟弟溺水失踪,虽然弟弟被岸边的人救起,但姐姐再也不见了。这样的新闻不断地传来,这是在敲警钟啊! 但愿家长、社会都能更加重视,让我们不再听到这样的新闻。好了,下周的事咱们下周再聊,《新闻周刊》祝您周末愉快。

(2015-07-11《新闻周刊》)

8.完整节目

主持人:晚上好,欢迎收看正在直播的《新闻1＋1》。2022 年冬季奥运会将会在哪个城市举行,是北京还是阿拉木图? 这个问题的答案,将在明天,在吉隆坡就会揭晓了。那么还有不到一天的时间,北京代表团到底准备得怎么样? 我们先去吉隆坡看一看。

这是国际奥委会第 128 次全会的开幕式。今天晚上 8 点,国际奥委会第 128 次会议就在这里开幕了,北京申冬奥代表团亮相会场。开幕仪式的开始,是首先奏响了国际奥委会的会歌,国际奥委会主席巴赫随后进行致辞,接下去我们就连线此刻正在吉隆坡现场进行报道的记者,你好。

记者:主持人,观众朋友大家好。

主持人:经过一天的采访之后,那么你感觉今天有什么值得跟我们介绍的地方?

记者:首先我觉得要介绍一下我所在的这个位置了,明天如果说北京申冬奥的代表团需要一个舞台的话,这个舞台是哪? 那我觉得就是背后的这个屋子,这个屋子是什么呢? 它是位于吉隆坡会展中心的"陈述与宣布"厅,好了,明天大家都在格外关注的是北京申冬奥代表团的陈述以及最后巴赫主席来宣布究竟花落谁家。那么这个屋子又将见证历史,所以今天看似非常宁静,但是明天可能就会留在我们的记忆当中,因此我觉得这首先是要告诉大家,明天对于很多的中国朋友来说,这儿是聚焦的焦点。

主持人:明天的一个地点是值得大家关注的,另外一个就是明天的日程,那么我们已经拿到了,你看明天的日程应该说是精细到 5 分 5 分这样的计时,10 点半到 11 点半的时候是阿拉木图进行陈述,接下来是 11 点 55 到 12 点 55 北京陈述一个小时,15 点到 15 点 40 国际奥委会评估作出报告,然后下午 4 点一刻到 4 点 35 投票选举主办城市,5 点半到 6 点这个时间就会宣布到底哪个城市是主办城市,6 点半到 6 点 50,主办城市签约,7 点国际奥委会及主办城市有一个新闻发布会。那么作为外行,我想我最关注的就是哪个城市选出来了,那么在这个环节,当我们看完了之后,你最感兴趣的是哪一块?

记者:我想几乎所有的人,尤其对于中国来关心申冬奥最后一个结果的朋友来说,明天当然是两块格外受关注了。一个是中午 12 点之前就会开始的北京申冬奥代表团这样一个陈述，它其实是四十五分钟陈述，再加上十多分钟这样的一个回答现场的提问，这是第一个一定会去关注的。接下来当然就是晚上五点半到六点之间，国际奥委会主席巴赫宣布究竟是哪个城市，当然我们所有人都期待在他嘴里出现的是北京，但是我特别提醒各位注意，这是传统关注的这种方式。从我的角度来说，对于这一次申办冬奥会来说，特别特别要关注的是下午三点到三点四十，国际奥委会评估委员会的一个评估报告，这是在过去几次申办奥运会没有过的环节，大家可以想象，最了解这两个城市的优点以及有一些不足的就是国际奥委会的评估委员会，他们对这两个城市非常非常地了解，而恰恰这个时间点是在委员们投票之前他们作几十分钟这样的一个评估报告。虽然他会强调得非常中性，但是在这种中性里头，恐怕哪个城市的优点或者不足都会呈现出来，从某种程度上来说是左右票了，所以这个环节也非常非常值得关注，甚至从我的角度来说，除了宣布之外，我更关注这个，而且我觉得它有可能影响宣布最后的结果。

主持人：好，经过你的介绍我们知道了，激动人心的一刻是明天，但是要知道，为了准备这个激动人心的一刻，北京，中国，这一段时间又做了哪些努力，我们不妨回顾一下。

画外音：2013年11月3号，河北张家口，中国奥委会向国际奥委会致函，以北京市名义提出申办冬奥会；明确北京承办冰上项目，张家口承办雪上项目比赛。北京申办2022年冬奥会正式启程。（新闻：国际奥委会14号在它的官方网站上宣布，中国北京、波兰克拉科夫、挪威奥斯陆、哈萨克斯坦阿拉木图和乌克兰利沃夫五个城市正式申办2022年冬奥会。国际奥委会主席巴赫：根据专家工作组的考察报告，国际奥委会执行委员会选择奥斯陆、阿拉木图和北京作为申办2022年冬奥会的候选城市。北京2022冬奥申委副主席张建东：这是一个非常重要的时刻，今天我们到国际奥委会总部所递交的申办报告，是我们向国际奥委会和国际社会的庄严的承诺。新闻：北京联合张家口申办2022年冬奥会，将迎来非常关键的一次面试。国际奥委会评估委员会主席亚历山大·茹科夫：2022年冬奥会的理念陈述是经过深思熟虑的，在此向你们出色的工作表示祝贺。冬奥会短道速滑冠军杨扬：我相信我们会为运动员们提供一个很好的体验。）一年多时间，原本五个候选城市中，由于种种原因，如今只剩下北京和阿拉木图两个城市进行角逐。（国际奥委会主席巴赫：我们有两个非常强劲的候选城市，这两个城市有着不同的申办方式，我们有阿拉木图，它是冬季运动的中心，现有设施丰富，有着良好的冬季运动传统和世界著名的体育设施；而北京申办冬奥则会带动北京及周边地区数以亿计的人们投入到冬季运动中去，这会是两个非常精彩的竞选方案，会是两个城市间非常精彩的比赛。）

主持人：国际奥委会主席巴赫在前不久曾经说过这么一句话，他说我们有两个杰出的候选者,选择并不容易。好了,接下去,按人们的理解,五个里面选出一个不好选,现在就是两个城市,北京和阿拉木图,为什么巴赫反而说这是个艰难的选择?

记者:我觉得我们很多人可能会理解巴赫这句话是个外交辞令,但是当你了解情况以后你会发现真的不是外交辞令。因为这两天我在看到的是前些天大约不到十天的时间,加拿大一个非常权威的网站,在公布了北京和阿拉木图所谓的赢的指数,那么北京是超过了57分,阿拉木图是多少分呢?是56.44。在这样的两个数字里头蕴藏了一个好消息,也蕴藏了一个让人担心的信息,好消息就是北京领先,哪怕只是微弱的优势,在这个网站所公布的相关指数当中,在过去三届,它在说领先的申奥城市当中领先的都获胜了,这次是北京领先,那么我们可以想,如果它继续应验那就是北京获胜了。但是如果有一个让人担心的信息的话,那就是这两者的分数的差距太小了,而且呢都没有超过60分,说明这两者之间的竞争是非常非常激烈的。我个人也觉得,两者选一个要比五个当中选一个可能难度更大。为什么?五个当中选一个我们经历过,因为在2008奥运会的时候,第一轮一个城市下去了,投给那个城市的票,有可能就大范围地向北京转移,而且很重要的一点是,五个城市每一个人去抢另外四个对手的时候,你不可能去非常清晰地攻击别人的缺点或者怎么怎么样,当就剩两个对手的时候,你的优点和缺点都非常明确,因此这是一个非常非常白热化的一个竞争。而且还有一点,对于投票的委员们来说,投给谁,也就是这种铁票会非常非常多,不像五个当中可能会有游移,可在两个当中,要么是A要么是B,中间摇摆的可能会很少,因此种种的因素都说巴赫的这句话不仅仅是一个外交辞令,因为我觉得明天我们可以去看待,好多人会有一个感觉,北京肯定赢定了,怎么可能?如果要从历史长河的角度来说,可能国家大一点,或者经济更强一点,可能获胜的机会会更多,在申办奥运会和世界杯的历程当中,可能具体到一次可就不一定了,否则,南非和卡塔尔怎么会获得世界杯的主办权?否则,雅典为什么会获得奥运会的主办权?所以明天是一个真像加拿大的数据一样,可能是57对56.44这样一个感觉,极其微弱。

主持人:好的,在明天将有一个小时给中国代表团进行陈述,将有12个人在这1个小时里面进行陈述,他们中间有两名运动明星,一个是姚明,另外一个就是杨扬,杨扬我们很熟悉,她是我们国家第一位在冬季奥运会上取得金牌的这样一个运动员,她怎么看这次申奥?

新闻片:2002年冬奥会杨扬夺冠现场画面。

画外音:2002年,27岁的杨扬为中国获得了冬奥会历史上的第一枚金牌。13年后,她以国际奥委会委员、北京申冬奥代表团陈述人的身份出现在了吉隆坡。为了能在最后关头拿出最佳表现,北京申冬奥代表团从到达的第二天就开始了陈述演练。

杨扬：在昨天现场的时候，第一遍忽然间就到后面的那个动情的地方，忽然间就来了感觉，然后开始哽咽，甚至讲不下去话。下来以后我还说，情绪放得太多了，因为你讲不下去话，虽然你会打动人，但是后面的话你说不完。第二遍会收一收（情绪）。

画外音：不仅仅担任着陈述的任务，作为国际奥委会委员，杨扬还有更多的工作要做。在目前的国际奥委会委员中，有三位来自中国。

杨扬：我们三个委员，其实在这次主要的申办工作当中，主要还是说去让更多的委员来了解我们申办的情况，所以我们有很多的机会来接触委员，对委员的态度也相对了解一些。

画外音：冬奥会金牌得主、国际奥委会委员的身份为杨扬引来了不少关注。而她的准妈妈的身份更是让她成为了一名与众不同的陈述人。

记者：他（孩子）支持你吗？

杨扬：挺支持的，因为首先身体状况都不错，有的时候会有点长，很无聊的时候，他在里面踢来踢去的，帮我度过了一些无聊的时间。

画外音：对于申办，所有的努力和辛苦在杨扬看来都是值得的，因为在申办的过程中，中国的冬季运动开始了更大范围内的普及，更多青少年从中受益。

杨扬：2001 年（北京奥运）申办成功，当时举国沸腾。还有一些人问我，这一次和那一次比可能不一样，你怎么看，其实我觉得现在的人更理性了。那个时候我们可能把申办作为一个向世界证明我们、世界接受我们这样的一个特别强烈的爱国主义情结在里头。到了 2008 年之后，社会对我们的要求可能更多了，不能仅仅在金牌上。

主持人：杨扬的角色在这些年发生了不少的变化，从国际的奥运会的冠军，然后到了国际奥委会的委员，到如今再代表这个国家去申办这样的一个奥委（运）会在自己国家举行，那么岩松在你跟她接触，在采访她的过程当中，她给你留下了什么印象？

记者：我觉得有两点非常非常的明确，一点是大家都知道，可能看到消息了，明天北京申冬奥的代表团陈述者一共是 12 位，但是我想说可能是 14 位，其中一位在杨扬的肚子里，已经 6 个多月了，她再隔几个月她就要当妈了，这也是一个支持者。另外有一个保密，可能会用另外的方式出现在现场的陈述当中。那我觉得说到杨扬的时候，她 2002 年的时候替中国拿到了第一枚冬奥会的金牌，如果 2022 年最后是北京张家口联办的话，也就是中间跨度了 20 年，中国就由拿到了冬奥会的第一块金牌，到举办冬奥会，这种速度不仅仅对中国来说非常非常重要，更反映着中国要推动整个冰雪运动在世界发展这样的一个巨大的热情，我觉得这也是北京张家口这次申办的一个巨大的动力。但是说到杨扬的时候,我还要给大家讲一个细节,因为大家格外的在关注明天究竟投票,这是一个紧张时刻,我们要计算一下国际奥委会委员这 100 张票。杨扬是国际奥委会委员,但是中国这三个于再清还有李玲蔚都没法投票,都不能投,另外一个是巴赫主席自己不能投,剩 96 票了,96 票由于各种原因没有到现场的委员大约有 9 个到 10 个,比如说布拉特还有韩国因病的李健熙等等,最后可能会有 86 个委员到现场,那意味着中国北京只要拿到 44 张票够了,但是我们可以做一个猜测,你猜测中可能有一个遗憾,如果没来到现场的这 10 个委员,如果其中大比例的原本是打算投给北京票的话,那你觉得是不是失去好多票,当然这只是一个猜测,但是这个技术因素也是非常重要的。

主持人:好的,除了杨扬之外,中国还有另外一位重要的运动员,姚明,他将在明天陈述中发言,他,是怎么看待这次申办的?

记者:一次又一次地要去演练非常熟悉的稿子,还能一次一次非常找到那种特好的那种感觉吗?

姚明:您是第一个问这个问题的人,而且我自己之前也想过这个问题。确实一遍一遍练这个稿子时间长了以后人会产生一种疲态,但是我想说体育就是一种深层次精神面的一种刺激,每次我感觉到音乐响起,画面在不停播放,然后那些词语,一个一个从我们的头脑中,通过语言表达出来以后,都感觉心里边有很强烈的热情,不仅是我,还包括其他的陈述人都有这种感受,我相信这是因为我们大家都非常用心地去做这件事,把这个东西作为自己非常宝贵的经历、宝贵的一个事业去对待它。

记者:你是作为这个冬季奥运会的形象大使,最初找你的时候会不会有点愣,我是夏季的运动员。

姚明:是,确实有一个不太适应,感觉有一点喧宾夺主的感觉,特别是在一开始的时候,我对角色把握得很小心,很注重就是"退居二线",或者说不要太抢特别是杨扬啊(李)妮娜啊他们的戏,这应该是他们的舞台,当然到最后,其实大家可以去说这是奥运会,这是奥运精神,我们应该摒弃那些季节的门槛、项目的不同,去看待一个更加广阔的含义。

记者:最后必然涉及任何一次申办,结果都是摆放在那里,那作为你参与到其中的时候,你在用什么样的一种心态去看待可能的结果?

姚明:我认为这个就有点像我们平时比赛的一些东西了。我们能够做的是,我们做好自己最大的努力,因为我们也看不到对手的情况,对手的宣传片也好,陈述也好,我们都没有,我们互相之间是隔绝的,所以没有办法进行比较,我们只能说,我们对我们自己的陈述充满信心,我认为我们的陈述,非常好地体现出了中国人民对体育的认识,对奥林匹克精神的认识。

记者:已经能用很好的心态去面对可能的结果?

姚明：是的，这也就是体育的魅力所在，过程非常精彩，结果的未知性，但是你都应该张开双臂去拥抱它。

主持人：时间过得可真快啊，14年前，北京赢得2008年夏季奥运会主办权的那个细节还都历历在目，眼看着我们就已经去申办2022年的冬季奥运会了。那么相隔14年，两次你都在现场，14年前你在莫斯科，14年后你在吉隆坡，14年你感觉的变化是什么？

记者：我先不说我，就在咱们刚才做节目的时候，两拨人在这路过，一个是这次北京申冬奥的新闻发言人王惠，还有是一个其中参与到撰稿的一个负责人徐达，刚才从这走过去，我看他们的步子都很缓，脸上的焦虑很少，我觉得这恰恰代表这样的一种心态。1993年的时候我经历过一次，有了第二天的痛哭，但是到2001年我在莫斯科的时候，有一种跟所有人都一样百年圆梦一种巨大压力下的兴奋和焦虑。但是这一次，我觉得经过14年之后，我们已经变得更加成熟，心态更平和，我觉得大多数人是以一种心平气和的方式去等待这样一个结果，我觉得这就是进步，这就是时光所能给我们的东西。

主持人：这是变化，好了，刚才我们说到了两位著名的运动员，一位是杨扬，一位是姚明，那么在申办冬奥的过程中，有中国的"小姚明"之称的一位运动员也到场了，我们去认识一下他。

宋安东：你好，我叫宋安东，今年10岁了。

画外音：6岁开始学打冰球，10岁时和自己的小队友们一起在加拿大获得了青少年冰球业余A组的世界冠军。就在一个月前，这位刚满18岁的冰球小将又被北美职业冰球联盟纽约岛人队选中，从而成为第一位登陆此联盟的中国人。昨天，刚刚抵达吉隆坡的宋安东和姚明一起，出现在媒体面前，为北京申办冬奥会加油助威。

宋安东：现在心里挺紧张的吧，我也很高兴这次能来参加。

画外音：宋安东的成功经历，恰好映衬着中国冰球运动这些年的发展历程，因此北京奥申委也希望他作为运动员代表，给国际奥委会传递一些积极信息。

宋安东：到2022年我是25岁，如果按照计划来的话，我应该是在职业里打了差不多一两年了，到那个时候如果说能回来参加这个，参加国家队，这是我的一个梦想，能为中国冰球打一场，在家门口打一场冰球比赛。

主持人：宋安东今年18岁，这样一个青年的到场，是否也就是我国未来的冰雪运动的一个缩影呢，不知道你怎么看？

记者：我觉得恰恰代表的是从北京奥运周期到北京冬奥周期中国体育包括整个社会发生的一种变化。在北京奥运的时候我们很难想象是父母去把这个孩子送到冰场，让体育当成一种教育，让这孩子成为一个选秀的成功者。他今年18岁，我们可以想象，25岁的时候，宋安东，以及北京办的冬奥会之后会带动更多的宋安东，可能是从家庭走出来，去培训他，不再是传统的体育体制之内，然后把体育当成一种教育，我觉得这是一种巨大的进步。从某种感觉来说，我觉得这也是中国的一个巨大的优势，北京的一个巨大的优势。因为我们要是主办一个冬奥会的话，不仅会给中国带来很多的遗产，会推动世界冰雪事业的巨大发展，所以北京夏季奥运曾经给了我们一个期待的七年，从 2001 年申成一直到 2008 年，现在的中国，现在的北京需要一个新的七年，因此在这我特别特别地相信，并且期待然后明天北京来怎么说，获得我们一个最圆满的结果，因为结果当然很重要了。但是更大的一个层面上来说，它能给世界冰雪运动去完成一个非常重大的推进。另外回到刚才的话题，可能对于中国及对于北京来说我们都需要一个新的七年的征程，假如成了的话，我们可以去畅想，会有更多的宋安东，会有体育更加产业化，更多的中国人走进冰雪运动的世界，我们会变得更加开放、自信，整个社会发生相关的变化。因此明天，北京好运。

主持人：好，谢谢。其实竞技体育的魅力就是在于你在拼搏，你在努力的过程中，你永远不会知道拼搏和努力的结果会是什么，到底是你赢还是别人赢。其实我们申冬奥也是这样一个过程，我们明天要把最好的呈现给世界，不管结果如何，我们都欣然接受。最后，我们也祝福北京。

（2015-07-30《新闻1＋1》）

9.完整节目

主持人：欢迎收看正在播出的《央视财经评论》。农业生产关到我们每一个人，今年夏收粮油再获丰收，夏粮的产量是 2821 亿斤，增产了 89 亿斤，油料增产了 1.2％，这保证了我们百姓菜篮子的产品供应充足。那在丰收的背景之下，未来如何进一步推进农业的结构调整？农业科技如何成为推动现代农业发展的关键动力？农产品的质量又该如何提高？今天我们演播室的两位评论员是中国人民大学农业与农村发展学院教授和财经频道评论员，我们先来看一看相关的新闻。

画外音：今年 7 月，国家统计局发布的公告显示，2015 年全国夏粮总产量 14106.6 万吨，同比增长 3.3％，其中谷物产量 13020.9 万吨，比 2014 年增加 419.5 万吨，增长 3.3％，然而由于粗放经营，土地透支严重，给未来粮食的生产带来新的压力，数据显示，我国几乎施用了占世界总量 1/3 的化肥，生产出的粮食总量仅占世界总量的 1/5，目前我国耕地退化面积占总耕地面积的 40％以上，土壤有机质含量为 2.08％，比上世纪 90 年代低 0.07 个百分点，此外，耕地酸化、盐渍化、重金属污染问题也不容忽视。

农业部种植业管理司司长：污染耕地面积较大。据环保部监测，（耕地）土壤点位超标率超过 19.4％。

画外音：专家表示，依靠"大药、大水、大肥"的传统农业种植方式，不但容易造成土壤板结、地力下降和环境污染,而且可能带来农药残留等问题,拼资源、拼投入、拼生态环境的传统发展方式难以为继。可以说,当前我国农业发展面临着生态环境和资源条件两道"紧箍咒",要持续发展,只能加快农业结构调整,推进农业现代化,促进农业发展方式转变。

6月底,在吉林省长春市召开的东北四省区农业结构调整座谈会上,农业部部长韩长赋指出,这一轮推进农业结构调整是在粮食生产实现"十一连增"的高起点上的主动作为,也是破解资源环境约束"两个紧箍咒"的有效途径。

在方向上,实现"三个转变":就是由数量增长为主转到数量质量效益并重上来,由主要依靠物质要素投入转到依靠技术创新和提高劳动者素质上来,由主要依靠拼资源拼消耗转到可持续发展上来。

在目标上,达到"四个提高":就是要稳步提高粮食产能,加快提高农业质量效益,加快提高农产品市场竞争力,加快提高农业可持续发展能力。

7月22日召开的国务院常务会议,部署加快转变农业发展方式,走安全高效绿色发展之路。其中提出农业结构调整必须进一步解放思想,要以市场为导向,适应消费者需求。鼓励发展规模种养业、农产品加工业和农村服务业,推进生产、加工、物流、营销等一体化发展,延伸价值链。

主持人:我们看到我们现在耕地面积是不变的,但是人口在持续地增长,但是我们的粮食仍然是能够连续增收,比如说去年我们实现了历史性的十一连增,两位看来这种连续的增长靠的是什么?和我们之前,或者说我们的农业结构调整在里边发挥了多大的作用?

郑教授:我是认为核心应该是最近一些年来不断的好政策,你像举个最简单的例子,"一号文件",十几年农业方面的主题,这样一个政策下,国家对农业的投入一年可能增加一千多个亿,这些投入很多是以补贴的形式给农民了,这对农民种田的积极性有很大的激发,当然还有各种现代科技投入,比如农业机械化,这些年增长很快,农民在城市打工,但是在农村的种粮也不耽误,还有各种各样的新技术,所以实际上是一个综合性的政策。这样一个政策是国家的综合政策促进了我们整个农业发展的快速增长,但是实际上还面临很大的问题,包括今年两会大家提出的最大的问题就是中国的农业面临着两个板,一个地板,一个天花板,所谓地板就是农业的生产成本和别的行业相比的话,它要想压很难;第二个我们主要的大宗农产品的价格比国际价格要高30%,所以这是一个严重的挑战。

主持人:你怎么看,刚才我们说到农业结构调整,在里边应该发挥了很大的作用。

评论员:对,当然我们说科技是第一生产力,现在在农业里边,当然它也是一个生产力特别重要的一个推手,现在我们看在无论是我们政策上的扶持,靠各种补贴，还是我们整个的对市场的一个放开，我们看到一个就说它的生产效率在提高，其实在一些省份你注意到，它的主粮的面积占它农作物的面积其实在降低，但是它粮食整个是在增产。还有一个就说大家都集约，原来咱们都说是散户，一个一个农民，但是现在农民都去城里打工去了，怎么办？我们会出现很多种粮大户，其实现在中国大概超过八分之一的产量是种粮大户来提供，再加上整个机械的应用，所以科技在里边使我们的生产效率得到了一个迸发，再加上我们整个的各种补贴，让农机更大规模地进入，包括我们对市场的更多的开放，让更多的资本的进入，然后也带来的一种完全不同的生产方式，所以我觉得整个的生产方式的改变，加大了科技和生产规模，所以让它的产量能够持续的增长。

主持人：在这种生产方式转变之下，我们看到是不是我们农业的结构，整个生产结构也在发生着变化，包括我看到我们一直在提新型的农业经营主体，包括我们现在这种规模化的种植，我们新的名词农业的产业工人之类的，这种生产结构现在发生着哪些具体的变化？

郑教授：应该说是有很大的变化。比如我们现在有两亿多的农民到城市打工，在一线生产的农民(平均)57岁，还主要是女同志，在这样一种情况下，中国的农业怎么来种地，如何种地，实际上是一个很大的问题，所以国家最近一些年出台的很多政策说做些调整，比如通过这样农机的服务，你不在家乡种植，但是你把地租出去，这样来说土地还能够持续地利用，还有的各种各样的，你比如说今年农业部专门出台了一个文件进行结构调整，前两天国务院专门出台一个文件，加快农业发展方式的转变，它基本上把最近一些年来有关农业的面临的挑战，怎么来解决这些挑战出台了一系列文件，提出两个目标，一个是2020年我们整个农业的发展方式要初见成效，2030年大见成效，所以它这样一种发展方式的转变，结构调整算其中很主要的内容之一，但是比这个复杂，实际上就是解决整个未来我们10~15年我们农业发展方式究竟怎么来调整，来应对目前的挑战。

主持人：这个过程当中，刚才也提到了，科技是个很关键的因素，我们看到习主席是提到了要给农业插上科技的翅膀，在我们看来，对内我们农业结构调整的过程中，怎么样利用科技的力量，能同时降低我们农业经营的生产成本，还能提高我们的质量？

评论员：这个成本，其实刚才郑老师已经说了，如果我们不在科技上或者是生产方式上做出重大的调整，当然这个调整也是慢慢的，所以我们现在提出的规划，其实它也是一两年就能见效的，如果不做出重大调整的话，可能很多成本是很难克服的，比如说人工成本，本来你种粮的人就在减少，还有地租成本，现在我们让地可以流转的，这就出现了一个机会成本，有的地方我看他大户，他租这个地，一亩一年租这个地要四百块钱，但是它可能带来的收益只有两百块钱，所以很多的包括租地者、流转者也会觉得，我为什么要给你种粮食，对吧？给别人，当然我们现在要尽量避免非粮化、非农化等等趋势。还有一个，当我们说一个一个的种粮大户，当然他形成了一定的规模，但是在背后给他服务整个农业服务的体系还没有完全健全，所以他可能很多事情都得自己去做，他没有一个体系的话，这个成本就很难降低，比如说我是一个种粮大户，比如说土壤得改良，可能农机的规模化，没有规模化的话，成本就很难下降，包括虫害，包括各种信息的搜集等等，这些都是我单个来承担成本，单个来承担成本的话，我们知道它当然不如整个，这个领域也需要一个规模化的社会服务在后面提供相对来说低成本的服务，所以我想背后其实是整个的农业生产方式的大的改造，只有这样才能够降低你单个生产者的成本。

主持人：所以我们也是希望通过农业结构的调整，来平衡我们农业生产速度和质量之间的关系，我也看到，其实说我们各种调整首要的目标应该就是保证我们的粮食安全，然后保证我们农民的收入，如果要完成这样的目标，科技创新或者科技带动是不是我们现在唯一或者主要的一个出路？

郑教授：科技应该是扮演一个很主要的作用，但是也需要一个综合性政策配套，科技的作用，我想可能主要表现在这几个方面，第一个原创性的自主创新成果，这个是很重要的，比如举个最简单的例子，以养殖业为例，一头奶牛，如果好的奶牛和一般的奶牛相比的话，它的产奶量可能要多好些倍，所以这时候你如果有很多好的奶牛品种的话，对产量提升很好；还有比如蔬菜，不同的蔬菜品种产量要差很多倍，而这些都需要一个什么？科技的创新，育种的时间又特别长，还有的当然需要提高各种农业机械化水平，各种工厂化水平，还有农民的专业素质等等，所以这些统统地配合起来，组装起来，科技才能发挥最大的生产力，你不能说单一的一条腿，实际上是综合的，既要有对农民的激励，也要有什么？农民的素质提升，还要有什么？直接能够转化生产力的这些技术，它集成起来，这样农业就能插上翅膀了。

主持人：这个时候科技就成了一个催化剂了。

郑教授：对，你比如像一个温室农业，它是一个综合性的，并不说你买一个棚子就行了，它整个光和水怎么配合，然后品种怎么配合，它这些都是一套性的东西，这些东西集成起来之后，它生产力就能提升了。

主持人：那在这种科技作用下，我们如果粮食连续增产的话，我还有一个疑问，在粮食增产的过程中，我们怎么能保证它的质量是没有问题的，质量也能逐渐提高？

评论员：这个也需要科技的创新，但是我觉得这背后，其实政府要做一些事情，我刚才说的社会化的服务体系不够完善，但是其实政府还有一些基础的公共服务,比如说我们说农田水利建设这是政府应该出来做的,还有一个我们比如说流通体系,包括整个的农田的建设,包括背后更长期的一个农业的这些人才的基础的这种教育,那还有包括你说质量,质量的问题,当然我们需要更好的法治的健全的大的环境,如果没有这样一个大的环境的话,别说农业最终的产品的质量,你前面的粮种,我们每年都会有新闻报出来种子安全等等这些问题,包括一些化肥等等,整个的体系里边,其实我们政府要在背后承担一个监管者的责任,如果没有这些的话,缺乏完善的法治体系,可能我们最终的产品质量也很难保证。

主持人:转变农业的发展方式,调整农业的产业结构,未来农业发展需要什么样的新思路? 稍候回来,继续我们的评论。

主持人:欢迎回来继续收看《央视财经评论》,科技会给传统的农业带来哪些改变? 农业的科技创新如何改变着我们的传统思想? 我们一起来看一看。

画外音:庄稼长得好离不开水和肥。可是用水用肥也不是越多越好。现在我国每年的农用水总量大约是 3600 亿立方米,大约占到全国总用水量的 62%,2014 年我国化肥使用总量大约是 6000 万吨。这两个数值,都名列世界第一。可这样的第一,实在是让人高兴不起来。

记者从兰州出发,沿河西走廊走访了白银市、景泰县、金昌市,一直到酒泉市、敦煌市,一路上看到大部分农民还是采取了对水资源非常浪费的大水漫灌方式。甘肃省是全国最干旱的省份,水资源亩均占有量 389 立方米,仅为全国的 1/4。这样灌溉,让当地农民既心疼又无奈。

农业部全国农技推广服务中心首席专家高祥照告诉记者:有一些地方,尤其是大水漫灌比较突出的,用水的利用率可以说是在 20%、30% 的也大有所在。而在调查中记者发现,水资源的浪费还仅仅只是农田里的巨大浪费中的一项。拎着桶撒肥;把化肥堆在田头,打开水龙头,冲施。专家介绍,目前全国大部分地区基本上都是这样的撒施、冲施。那么,这样的施肥方式带来什么问题呢?

那么浪费的化肥都到哪里去了呢? 记者按照农业部门常用的四点取土法,收集了河北、河南、山东、江苏、湖南、广东、云南、辽宁、新疆、甘肃十个地区的土壤样品,送到了土肥资源高效利用国家工程实验室进行化验,发现几乎所有的土壤样品中,化肥的主要成分氮、磷、钾都存在超标的问题。

在记者取样的这十个省市自治区中,河北、山东、江苏、湖南、广东、云南、辽宁钾超标;河北、山东、江苏、湖南、云南、辽宁、新疆磷超标;河南、江苏、云南氮超标。其中最惊人的是记者在江苏采集的土样,其中磷的含量居然超标十几倍。原来,这浪费掉的 4000 万吨化肥一大部分留在了土壤里。这些过量的氮磷钾等元素严重破坏了土壤的结构。2014 年,农业部发布《全国耕地质量等级情况公报》显示,全国 18.26 亿亩耕地中有 7 亿亩存在退化问题,占到了耕地总面积的 40%，其中一个重要原因就是化肥污染，而这只是化肥的过度施用造成后果中的一项。

以色列和中国比较，水的利用率中国为 30%，以色列为 95%；化肥利用率中国为 30%，而以色列由于广泛使用了水溶性肥料，化肥的利用率达到了90%。由于水溶性肥料及水肥一体化技术的普及应用，以色列化肥的利用率是中国的 3 倍，水粮产出比是中国的 4 倍，这些数据说明，我国农业还有很大的提升空间。近年来，我国农业部门也在和以色列合作，结合中国特色，研发出我们自己的水肥一体化技术。记者在山东和甘肃采访时看到，一些农民已经在使用水溶性肥料及水肥一体化技术。这项技术一旦全面应用，对环境的贡献不只是节水节肥。

主持人：小片中我们其实看到了我们的农业发展方式，目前所面临的特别现实、迫在眉睫的一种制约，比如说环境资源方面的制约，我们怎么样通过农业结构的调整来改善这种情况？

郑教授：我觉得实际上应该有很多出路，比如说最简单的一个问题，就说我们结构的调整可以把我们过去一些几千年认为很好的东西、最近一些年丢掉的再继续恢复，比如说在东北，土地上老是连年的种玉米可能就出现很多病虫害，对吧？这会出现很多问题，我完全可以进行兼作套种，我进行轮作，我今年种玉米，明年种大豆，再过一年再种玉米，这样能减少很多病害虫，这也算是一种结构调整。比如你在南方的也是，不能说天天种水稻，我完全可以种一两年水稻之后，再轮作绿色的油菜这些，实际上大大地减轻病害虫，也能够解决一些安全问题。还有在我们北方，过去我们主要是以粮为纲，但是现在畜牧业发展很快，肉蛋奶需求很多，让这些牲口吃的这些粮食，这些种木薯、种青粗玉米（音），这也应该是一个很大的发展。还有你比如在我们有一些养殖和种植结合的地方，现在出现的问题就说规模化的养殖，这些粪便处理不了，这个时候实际上你完全可以跟种植业结合起来，让这些粪便变成种植业很好的一些肥料，所以这些都是一种结构的调整，当然这个结构调整，还包括结构投入的调整，过去我们粮食可能主要是靠化肥和农药，现在这一次农业结构调整的文件还提出化肥农药的零增长，这个时候零增长之后，必须要增加很多有机肥，秸秆还田，还有各种各样的我们传统的一种轮作、兼作、套种的技术，这些投入虽说不增加，但是像这样一种结构的微调使生产效率大大地提升。

主持人：这样的结构调整，我们怎么样有效地去推进它，或者靠哪些力量来推动？

评论员：但是郑老师刚才说的秸秆还田等等，或者轮种，我觉得是不是可能也会增加它的成本？

郑教授：所以国家有相应的国家补贴。

评论员:所以它就面临一个问题,就说我们的农业大省基本上都是穷省,是吧? 需要它有很多的钱来投入到,当然政府是有补贴的,但是相对来说,它的商业环境没有那么强,所以可能其他的资金的积极性可能会受到一些影响,包括农民自己的积极性,可能我们现在怎么让它来提高经济,因为这些年我们一直在讨论的是,我们都在说,我们增产了,但是农民在数钱的时候他不增收,怎么能让他有更多的积极性来种粮食,现在我说政府来补贴、来扶持,但是最终其实是靠市场来解决这个问题,靠产业化来解决这个问题。

主持人:欢迎回来继续收看《央视财经评论》,我今天查了一下,在之前其实我们有过几次农业结构的调整,比如说 1985 年的时候,我们说要发展农牧业、养殖业这样的说是以市场的需求为导向。

评论员:农林牧副渔全面发展。

主持人:对,来进行农业结构的调整,到后边 2000 年前后,我们说是要提高粮食整体的综合的生产能力,2015 年这一轮提出的农业结构调整,我们是以什么需求为导向?

郑教授:我觉得核心应该是以转变发展方式为核心目标,我们国家现在已经对农产品的质量、生态的环境需求很大,这方面现在满足还是有不少的距离,所以我想这一次的主体,你看这两年的核心词,我们特别强调粮食安全,也强调食品安全,还要强调生态安全,然后还要强调农民收入要安全。

主持人:目标越来越丰富。

郑教授:对,所以说多重目标的。

主持人:对。

评论员:我们过去那种生产方式其实现在遇到了一个瓶颈。

（2015-08-07《央视财经评论》）

第四章 电视新闻播音主持无声非语言表达艺术

第一节 概念阐释

一、概念

社会沟通的符号系统可以分为语言和非语言,而根据其表达方式又可以分为有声和无声两大类,如表 4-1 所示。

表 4-1 社会沟通的符号系统

	有声	无声
语言	有声语言符号 (说出来的话语)	无声语言符号 (写下来的文字)
非语言	有声非语言符号 (尖叫、口哨……)	无声非语言符号 (姿势、手势……)

对于电视新闻播音主持来说,语言是主线,而这里的语言既包括了有声语言,也包含着无声非语言(以下简称非语言)。众多研究表明,在人际交往、人际传播中,有声语言内容只占三分之一左右,而占据主要地位的却是非语言;因为人在进行日常交往的时候,很多下意识、无意识的非语言表现由于难以控制,因此更能展现有声语言背后的实质。电视新闻播音主持不是"无意识"的人际传播,而是"有意识"的大众传播,因此,非语言在传播中所占的比例没有那么重。但是电视又是"视""听"的传播,除了播音员主持人的有声语言之外,播音主持过程中所呈现出来的体态语言、物化语言、环境语言等非语言正是受众视觉捕捉的一个重点,甚至在很多情况下成为受众对播音员主持人、对电视节目"第一印象"的重要来源。非语言在特定的节目中、特定的情境下都具有特定的含义和作用,都能表达特定的情感和态度,也能影响受众对节目、对播音员主持人的审美偏好和评价选择;因此播音员主持人应当不断锤炼自己有声语言和无声非

语言的技巧,并能够实现二者的自然呈现、完美配合,最终实现传播目的、提高传播能效。

二、作用

除了影响受众的第一印象和认可选择之外,非语言在电视新闻播音主持中还具有多重作用。

1.呈现节目风格

在电视新闻的视听传播中,播音员主持人的有声语言可以传情达意,也可以展现节目的风格,但是相对而言后者难度较大、效果难佳。因此,节目的特点、风格很多时候需要非语言来表现,比如节目的整体包装、环境设置以及播音员主持人的服饰、妆容等等。而且,非语言不仅能够呈现节目风格,有时甚至还能展现频道、电视台的风格和定位,具有重要的表意作用。

2.展现主播(播音员主持人)风采

在电视新闻节目中,播音员主持人的有声语言主要表现的是综合的政治素养、道德涵养、专业学养等方面,其服饰、妆容等则能展现自身的职业追求、审美取向,而手势、表情、眼神等则能起到辅助有声语言表达、强化电视传播效果、突显个性特征魅力等作用。但是值得注意的是,非语言只是起辅助作用,锦上添花而已,千万不可只重非语言而不重有声语言,喧宾夺主会造成形式大于内容或分散受众对内容的关注度,那么就南辕北辙、适得其反了。

3.提高传播效率

在有限的传播时间内,有声语言过密或过疏都不能达到最优的传播效果。语言过密,会使得内容繁冗、让信息在表层就已经流失,甚至引起受众的反感;语言过疏,则会显得节奏拖沓、缺乏诚意,同样不能引起受众的关注。恰当的非语言表达可以在必要时留白或填空,平衡有声语言的节奏、提高电视传播的效率。

4.优化沟通效果

掌握良好的非语言表达艺术,不仅可以展现电视新闻播音员主持人个人的水准、提高传播效能,同时播音员主持人运用这些技巧也能更好地观察嘉宾、评论员或是观众,从而实现更好的沟通。在节目进程中,播音员主持人除了要以有声语言和对方交流之外,还应当适当注意对方的非语言表达,有时这些细节会补充有声语言、表达深层含义、展现更多内容。只有全神贯注、用心沟通、捕捉细节,播音员主持人才能让沟通交流更加顺畅,也才能更好地驾驭节目进程。

三、分类

电视新闻播音主持的非语言表达包括体态语言、物化语言和环境语言,这些都可以在有声语言表达的同时对其进行补充、强化，以实现更好地传播。

1.体态语言

体态语也叫身势语，是非语言的重要组成部分。体态语是利用身体姿势、肢体动作、面部表情等身体的姿态作为传递信息、交流感情的辅助工具的非语言符号。也有将非语言直接称作体态语的，即将体态语和非语言视为同一概念，虽然不够严谨，但也足见其重要性。电视新闻播音员主持人如果是坐播，那么眼神以及面部表情是非语言表达的重点，在中近景和特写镜头中作用更显重要，偶尔会有手势的参与；如果是站播，那么手势以及躯干动作则是非语言表达的重点，眼神及面部表情也会参与非语言的表达。播音员主持人应当根据节目的具体要求恰切使用体态语，力求自然、合理、有美感。

2.物化语言

物化语言也叫客体语言，包括了电视新闻播音员主持人的服装、配饰、妆容、发型等。对于电视新闻播音主持来说，物化语言是必不可少的，是电视传播的一个重要组成部分，也是必然要求。对于播音员主持人来说，物化语言具有重要的意义，一方面，其可以外化、直观展现播音员主持人的精神气质、审美取向、文化品位、艺术感受等内在隐性特质；另一方面，其可以展现播音员主持人和节目的定位和诉求。因此，播音员主持人既不能对物化语言毫不在意、完全假手于人，也不能过分在意、甚至本末倒置，这都是缺乏职业素养、专业精神的表现。

3.环境语言

环境语言也叫空间语言，是电视新闻播音员主持人工作的环境或空间，既包含了演播室等内景，也包含了新闻现场等报道外景；细化来说还涉及播音员主持人和嘉宾、评论员、观众、受访者之间的距离，和大屏幕等道具、背景之间的相对空间位置等方面。在节目进程中，这些具体的布景设置和空间安排都是具有不同的含义的，是适应整体栏目要求、具体节目需求的，都会给受众产生暗示、提供信息。环境语言的不恰当、不合理，不仅会破坏节目的整体感、可信度，还会引导受众走向曲解、影响节目的传播效果。

四、原则

有声语言表达需要遵循一定的规范，非语言表达同样要有基本的原则。电视新闻播音员主持人应当有意识地不断完善自己的非语言表达，使其既能符合社会、受众、媒介、节目等的要求，又能表达自我、形成风格。

1.得体

恰切得体是非语言表达的首要标准。从微观方面来说，电视新闻播音员主持人要根据个人的特质和节目的要求来进行非语言的表达，合情合理、适度添加,不能"为赋新词强说愁";从宏观方面来说,则要基本符合中华民族千百年来所沉淀的沉静、内敛的平和气质,不可过于夸张、分散受众的注意力、影响信息的传达和传播的效果。

2.变通

电视新闻播音主持虽然只是媒体传播的一小部分,但是依然会有新闻播报、嘉宾访谈、连线采访、现场报道、评论播报、观点言说等多种类别,对于播音员主持人的要求各不相同,自然对于非语言的表达也有各自的特点。播音员主持人应当根据不同的节目、不同的内容乃至不同的镜头、机位,灵活变通,以丰富合宜、细致入微的非语言辅助、强化有声语言的表达。

3.协调

非语言的协调包含了三方面的含义:一是指电视新闻播音员主持人在运用非语言时本身的协调性,即播音员主持人的表情、眼神、手势、动作等是否自然、协调。既不能为了某个非语言元素的表达而故作姿态、生硬刻板,也不能"以一敌百"、以某一个或几个非语言元素应付所有的情况。二是指非语言的不同类别之间的协调。即体态语言、物化语言、环境语言之间要相互协调,在同一层面展开表达,不能互不搭调、"自说自话",否则只能让节目显得突兀、违和。三是指非语言和有声语言之间的协调。非语言必须根据有声语言的内容来进行适时、恰当的表达,否则不仅不能起到补充、强化的作用,可能反而会造成分散、弱化的结果。

4.美感

非语言和有声语言一样,同样拥有不同的层面和空间。信息传达是非语言的第一层空间,是最基本的,让受众接收信息、认知不同非语言背后的具体含义;而审美则是更高层次的要求,需要播音员主持人的非语言不但恰切得体、灵活变通、自然协调,还要表达情感、展现美感,给人以美的、和谐的感受。这就给播音员主持人提出了更高的要求,必须重视非语言表达艺术的学习和能力的培养。

五、能力

张颂先生在《播音创作基础》中提出了播音主持的八种语言功力,对于非语言来说,也具有一定的启发意义。非语言的能力有一部分是天生的,比如多年习惯了的体态语、对物化语言的审美感受等等,但是面对电视传播的特殊要求,不管基础如何,都仍有提升、强化的空间,需要电视新闻播音员主持人有意识地去学习和完善。

1.理解感受力

电视新闻播音员主持人在进行节目的案头准备或备稿的时候,一方面要准确、深入地理解稿件内容、明确传播目的,唯有如此才能为非语言的运用提供正确、恰当的前提;另一方面,非语言是辅助有声语言的表达,播音员主持人还要了解非语言的具体使用,比如文化背景、时代特征、媒介环境、节目定位、受众需求、个人特质等都会对播音员主持人非语言的使用提出具体明确的要求。理解稿件和理解非语言是播音员主持人使用非语言时必不可少的前提和基础,并且二者缺一不可。

2.观察判断力

电视新闻播音员主持人在节目进程当中,有可能会和嘉宾访谈、和记者连线、和观众互动,双方要共同完成节目。这个时候播音员主持人就应当具备细致入微的观察力,除了感受、分析对方的有声语言表达之外,还应当注意对方的非语言的表现,很多时候非语言会蕴涵有价值的信息点,如果抓得恰当便会使得交流更加和谐、使得节目效果更好。但是,无论是对自身还是对方的非语言使用,播音员主持人必须具备准确的判断力。如果观察到了对方的一些非语言的细节,但是没有正确判别,很可能会让节目效果适得其反。判断力不仅来源于理解感受,还来源于知识文化底蕴、思想道德水准、审美品位、媒介素养等多个方面,是综合能力的表现。因此,播音员主持人要不断加强专业学习、提高综合素质。

3.控制表现力

电视新闻播音员主持人的非语言伴随着有声语言的表达,共同展现于受众面前。非语言的使用既有固定之规、也带有个人色彩。播音员主持人应当对自我有着清晰、准确、透彻的认识,能够在节目中发掘自身的特质、展现自己的风格。一味模仿、盲目跟风是无法恰切表达自我、展现内容的,更不用说风格了。在节目进程中,也会出现一些出乎预料、超出预期的情况,对于有声语言和非语言的控制就显得尤为重要。播音员主持人应当进行积极的心理建设,不断丰富实践经验,有效应对突发状况,尽量减少和避免控制失当的情况出现。换句话说,控制力也是表现力的一个重要组成部分,游刃有余的现场控制也会为播音员主持人的表现力加分。

第二节 体态语言表达艺术

一、形体

1.概念

形体是指身体外在的存在形式和表现面貌的总称。体形、体态、体态语构成了形体的三要素。体形是身体的形状;体态是身体的姿态;体态语则是利用身体姿势、肢体动作、面部表情等身体的姿态作为传递信息、交流感情的辅助工具的非语言符号。

2.特点

身体的存在和运动体现了形体的整体面貌,这是形体的自然属性;而形体同样带有社会属性,即时代性、地域性、民族性、集团性等。

形体是一个人生活经历、成长环境、价值观念、审美取向、心理状态、品性修养以及受教育程度等综合因素的外化。因此,人们经常用"听其言,观其行"来判断一个人。

形体是动态、发展的,生命不止,变化不停;同时,形体也是可塑的,自觉的、有针对性的训练可以在短期内明显改善形体面貌。形体面貌体现了一个人的品格修养,而良好的形体面貌也可以提高修养、培养气质。

二、体态语言规范

整体来说,电视新闻播音员主持人的体态语言应当遵循一定的规范,即大气挺拔、舒展大方、轻松自然、朴实端庄、朝气蓬勃、健康向上。具体来说,对于坐播、站播、采访等不同方式又有各自需要注意的地方。

1.站姿

头部端正,下颌与地面保持水平,不要前仰或下压。

颈部拔起,与地面保持垂直,有"悬顶"的感觉,可头顶书本找感觉并进行练习。

躯干直立,腹肌、腰背部肌肉适当收缩,胸部自然挺起,也就是常说的"阔背"。

两肩下沉,后背要平,既不扣肩,也不夹肩。

两胯提起,臀部肌肉收缩上引,往里收,往上拔。

两腿伸直,腿部肌肉向上收紧,踝关节和膝关节向上提升。

两脚踩地,大拇趾、小拇趾、脚跟三点向下用力,要稳健。

站姿需要注意的是三组对抗力量:一是脊柱、头部向上的力量和两肩下垂的力量适度对抗;二是收腹向后的力量和腰背部肌肉收缩向前的力量适度对抗;三是髋部、臀部、膝关节、踝关节向上的力量和脚掌向下的力量适度对抗。有这三组对抗力量拉伸,站姿会适度紧张并显得挺拔、有力。

但是仅有三组对抗力量还不够,还需要打破呆板僵硬的"三轴平行"。所谓"三轴"即两耳之间为头轴、两肩之间为肩轴、两髋之间为髋轴。电视新闻播音主持人站播的时候身体的这三条轴线完全平行的情况并不太多,因其虽然更显端直但也过于生硬、缺乏灵动。因此要打破三轴平行,一般来说会使用身体稍侧、面部正对的方式站播；与之相应的就是两肩可以一前一后，但是注意不能一高一低。整体还是要保持身体的控制感和向上的挺拔感，自然协调而不矫揉造作。

站立时还需注意手部的动作。一般来说两手自然下垂，也可轻扣于小腹处；当有稿件或是控制器的时候，可以一手拿稿件或控制器，另一手对屏幕进行指点。避免将手背在身后或是插进裤兜等随意行为的出现。

2. 坐姿

在起身和落座时要注意轻、稳、准。

坐时轻巧、从容、有控制。上半身的姿态与立姿要求基本一致，但尤其注意腰不要僵，也不能塌、不能挺，注意腰部的控制，防止身体松懈，避免趴坐或是瘫坐等状态。

坐时双手一般自然置于主播台上，不能放到主播台下。有时需要控制提词器或是手推稿件，若不需要时可拿笔，伴随有声语言也可有微小动作但幅度不可过大。注意双肘自然向外撑开，避免夹得过紧显得拘谨、小气。

3. 蹲姿

在站姿的基础上屈腿、低腰即形成蹲姿。一般来说蹲姿较少使用，因为其位置低，在意义上比较消极。但在采访小朋友或是正在田里劳作的农民等情况时，需要蹲姿以显示平等、切近。

屈腿，两脚分开一前一后，前脚全部着地，重心放在后脚上，后脚脚掌着地、脚跟抬起。低腰的同时，腰部有控制地向上用力，不要塌腰，状态要积极。

女性蹲姿需注意两腿并拢，男性则两腿略分。

4. 步态

步态即行走姿态，除了要保持立姿的挺拔和端正之外，还要注意步履轻捷、移动正直平稳，全身积极，动作协调。

两腿交替平直前移；两膝正对前方，不要内别或外翻；两臂自然前后摆动；挺胸抬头，两眼平视前方。

注意男性步幅不宜过小，女性步幅不宜过大。

三、体态语言表达

1. 手部体态语言表达

（1）握手

"标准式"或"平等式"：意义比较单纯，表示礼节性的、友好的握手方式。

"控制式"：手掌向下，表示想取得主动或是占据心理上的优势、支配地位。

"乞讨式"：手掌向上，是性格软弱、处于被动、劣势、受人支配地位的表现。

"手套式"：双手握住对方的一只手上下摇动，表示热情、感激、有求于人等意义。

握手时用力回握,表示热情、主动;相反则是个性懦弱、缺乏气魄或者傲慢、矜持的表现。

握手时应当注意以下几个方面:握手时双方应当站立,使用右手,同时左手不可插进口袋;双方距离要得当,根据场合和亲疏关系具体处理;眼神需要交流,以此表现内心,因此如若戴有墨镜握手时须取下;握手时应轻重适度,且用手掌接触,不可只握指尖;还应杜绝出油出汗时握手,若戴着手套应取下再握,也不能拿着东西握手。

(2)尖塔行为

尖塔行为是指双手指尖对拢置于颚下,传达自信、独断、权力、高傲等意味,对于电视新闻播音员主持人来说必然是要避免的。与其相反的是"倒尖塔行为",即将"尖塔"倒过来置于腰部以下,表示心境平和、愿意倾听的意味。

(3)手势

一些在生活中常用的手势也要注意其特殊含义,如果在节目中需要使用要避免引起误会。比如"OK"的手势在日本、韩国等国表示钱,在巴西、希腊等国则表示侮辱;竖起大拇指可能不是夸赞,在英国、澳大利亚、新西兰等国表示招手停车,而在希腊则表示带有侮辱性的"滚开"等意;表示胜利的"V"形手势若手背朝外,在英国、澳大利亚、新西兰等国则表示侮辱。如果节目中出现了外国友人或者在国外采访、做节目,就要了解对方的文化、习惯以及非语言的特定含义,准备工作一定要到位。

2.手臂体态语言表达

手臂体态语言主要就是两臂交叉抱于胸前,其意义有多重。最普遍的意义是表示在自己身前筑起"围墙",禁止侵入;在谈判时则表示互不让步、绝不妥协;在听对方讲话时,表示以批判的态度倾听;而如果在听话时同时带有点头、笑容等,反而表示对谈话深感兴趣。对于电视新闻播音员主持人来说,这一体态语言可能出现频率比较高,但是一定要了解含义,根据需要正确使用,否则可能就会传达完全相反的内在语、造成完全相反的节目效果。

3.腰部体态语言表达

腰部是一个人"承上启下"的重要部位,其"高"与"低"直接反映一个人的心理状态和精神状态。鞠躬、点头哈腰属于低姿态,挺直腰板则是高姿态的表现。

手插腰间,表示做好准备;手插腰间而拇指在外,则流露出一定的优越感和支配欲。

坐时如果深坐,腰部会显放松,那么同样表示精神上的放松;而浅坐则显示腰部相对紧张,表示心理上的劣势。

4.背部体态语言表达

脊背、脊梁体现了一个人的性格和气节。挺直脊背表示自信、正直、严于律己,但另一方面也可能表现出性格的刻板;而驼背含胸则表明个性闭锁和带有防卫倾向,也有可能是性格软弱的表现。

背向对方或是转过身去,一般表示拒绝、回避等意义。

拍背或是触摸背部的动作,一般表示有同感或是鼓励、催促。

5.肩部体态语言表达

耸肩一般表示不知道、无可奈何、与我无关等意义。

手搭在对方肩上,表示亲密、友好。

6.颈部体态语言表达

点头表示肯定,摇头表示否定。

侧着脖子表示疑问、对话题感兴趣等意义。

7.腿部体态语言表达

(1)抖腿

抖腿是很多人常见的一种行为,其表示多种意义。一是表示不安、紧张的心情;二是表示随便、无所谓的态度;三是为了解除无聊、乏味的状态下意识地抖动腿部或是摇动脚部。不管是哪一种含义,电视新闻播音员主持人都应当杜绝抖腿,同时也应从对方的抖腿行为中解读出具体含义。

(2)架腿

架腿即一条腿叠放在另一条腿上,也就是俗称的"跷二郎腿"。

架腿的同时身体前倾,表示积极合作;身体后靠,则表示封闭傲慢。如果一只脚的脚踝架在另一条腿上,表示极度放松或是无礼、粗俗。

频繁交换架腿的方向,除了有可能是因为累了之外,一般表示不耐烦的心情。

并排而坐的两人同时架腿,向一个方向或是相背的方向,表示两人各自为营或是不愿意受对方打扰;同时向内架腿,则表示两人关系较好,谈话比较融洽、投机,不愿意受他人打扰。

(3)腿部开合

男性张开腿部而坐是一种开放型的姿态,表示自信、接受对方;而膝盖并拢则表示比较紧张。

女性不宜张开腿部而坐,会显得缺乏修养;一般双腿并拢双脚一前一后或是双腿并拢后侧斜而坐较好。

8.眼睛体态语言表达

直视或长时间注视是对对方私人空间的侵犯,是不礼貌的。

眼神的闪烁不定反映出精神上的不稳定或是心理上的不安。

交谈时视线一般停留于眼下至下巴的位置比较合适;视线接触对方脸部的时间应占全部谈话时间的 30%～60%,低于此值表示对谈话内容不感兴趣,高于则表示十分关注。

电视新闻播音员主持人要根据节目的需要、现场的人物关系等用目光进行交流、传情达意。面对摄像机镜头时,目光不可盯着一点,会显得目光僵直、呆滞;有提词器可根据镜头的具体情况将目光定于某一行,没有提词器时则可虚拟一条线,目光随着字或线横向平移,头部也可适当配合微动,这样会使目光灵动、自然。

9. 眉毛体态语言表达

眉毛上挑,表示惊讶、恐惧、强调等感情。

眉毛皱起,表示生气、郁闷、反对等感情。

眉毛倒竖,表示气愤等感情。

单眉上挑,表示疑惑、询问等感情。

由于电视会将镜头中人的一切都"放大",因此日常生活中面部极细微的表情上镜之后会变得明显甚至夸张。因此播音员主持人要控制自己的面部表情,尤其说话伴随挑眉是比较常见的现象,要适度控制,不能过于夸张。

10. 嘴部体态语言表达

抿嘴一般表现坚定的意志。

撅嘴一般表示不满的情绪。

撇嘴一般表达轻蔑的感情。

咬下嘴唇一般出现在失败、伤心、反省的情况下。

四、体态语言运用

电视新闻播音员主持人的体态语言使用除了以上具体的操作之外,还应当有一些注意事项。

首先,体态语言是全身动作、姿势、表情等的综合,因此不能仅仅注意到个别分解动作,更应该重视全身的综合和协调;同时还要和有声语言、节目要求等相配合。

第二,不同类型的电视新闻节目对体态语言的要求不尽相同。比如新闻评论节目总体要求积极、沉稳、端庄、自信,需要播音员主持人整体积极、控制腰部、手臂自然、眼神传情。现场报道则要求即兴多变、积极大方,记者需要感受现场、调整形体、平和心态、避免失控、因地制宜、积极把控。

第三,电视新闻播音员主持人要放松身心、消除紧张,避免身体的僵硬、动作的拘谨、语言的混乱;还应注意选择适合的体态语言,扬长避短,平时多注意训练、内外协调。

第四,了解机位对体态语言表达的影响。从拍摄方向来看,新闻播报、评论播报等多为正面;侧面可以用来美化形象,嘉宾访谈时多用;背面刺激最弱,一般不会使用。从拍摄高度来看,一般新闻评论节目以平角度拍摄为主,显得稳定、真实、平易,在新闻中适当使用可以修饰脸形缺陷;而俯角度和仰角度适合游艺节目、儿童节目等,显得新鲜、刺激、夸张、跳脱。从拍摄距离或者说景别来看,全景中一般人物和环境的比例为 1 : 2,播音员主持人的体态语言要和现场环境和谐,动作相对而言宜大不宜小;中景则是人物膝盖以上部分入景,腰部以上部分成为视觉中心,手势成为最为活跃的因素,因此动作应清楚、到位、不多、不乱、不夸张;近景是人物胸部以上入景,播音员主持人应当专注心神,动作幅度宜小不宜大。

第三节　物化语言表达艺术

一、美的形象至关重要

生活在互联网时代、融媒体时代的人们,要比几十年前更加注重自己的形象,也更加关注他人的仪表风范。社会的进步、互联网的发展、媒介技术的发达,让世界变得越来越小,也让人们生活、活动的区域大大地扩大了;每一个工作岗位、每一种工作环境,都需要建立自己的形象。电视新闻"播音主持"是一个普通又特殊的职业,普通是因为它是千千万万职业中的一种,特殊是因为它是党、政府和人民的喉舌、是媒体出头露面的人。如何让受众接受你、信赖你,一切从你的外表和举止开始。这些无声但是有形的语言,都在向受众描绘你的形象。电视、网络等媒体的广泛普及以及其越来越深远的影响力,从某一个方面来说提高了整个社会的审美能力,让人们对自己的形象和他人的形象越来越挑剔。作为电视媒体出头露面的人,应当适应不断变化的新环境,接受日新月异的新挑战,用美的形象和美的仪表来引起他人的注目和尊重。这既是"德才超群、声形出众"的播音员主持人要求的题中之义,也是新的时代、新的媒介环境下实现传播目标、优化传播效果的重要途径。塑造美的形象,以下几点应当做到。

1. 自信体态语言

上文已经涉及,这里不再赘述。

2. 了解气质类型

(1)气质

气质(temperament)这个概念最早是由古希腊医生希波克拉底提出来的,后来罗马医生盖仑作了整理。他们认为人有四种体液——血液、黏液、黄胆汁和黑胆汁。这四种体液在每个人体内所占比例不同,从而确定了多血质(血液占优势）、黏液质（黏液占优势）、胆汁质（黄胆汁占优势）、抑郁质（黑胆汁占优势）四种气质类型。其典型心理特征如下：

胆汁质的人是以情感发生的迅速、强烈、持久，动作发生的迅速、强烈、有力为特征的。属于这一类型的人，大都热情、直爽、精力旺盛、脾气急躁、心境变化剧烈、易动感情，具有外倾性。

多血质的人是以情感发生的迅速、微弱、易变，动作发生的迅速、敏捷、易变为特征的。属于这一类型的人，大都活泼好动、敏感、反应速度快、热情、喜与人交往、注意力易转移、志趣易变，具有外倾性。

黏液质的人是以情感发生的缓慢、内蕴、平静，动作发生的迟缓、稳重、易于抑制为特征的。属于这一类型的人，大都安静、稳重、反应缓慢、情感不易外露、沉默寡言、善于忍耐、注意力不易转移，具有内倾性。

抑郁质的人是以情感体验深而持久、动作迟缓无力为特征的。属于这一类型的人，大都反应迟缓、善于觉察他人不易觉察的秋毫细末，具有内倾性。

（2）性格

性格（character）一词来自希腊语，原意是特征、特性、属性。今天所理解的性格，乃是一个人在社会实践活动中所形成的对人、对事、对自己的稳固态度，以及与之相适应的习惯化了的行为方式。譬如，有的人工作勤勤恳恳、赤胆忠心；有的人则飘飘乎乎、敷衍了事；有的人待人接物慷慨、热情；有的则吝啬、冷淡；在对自己的态度方面，有的谦虚，有的高傲，有的勤勉，有的懒惰。所有这些都是人们不同的性格特征。

（3）关系

首先，气质会给性格特征打上烙印。正如巴甫洛夫所说，气质赋予"每个个体的全部活动以一定的外貌"。例如，同样是爱劳动的人，爱劳动这一性格特征相同，但不同气质类型的人在劳动中的表现则大不一样。胆汁质的人干起活来精力旺盛、热情很高；多血质的人则总想找点窍门、少些用力、提高效率；黏液质的人则踏实肯干、操作精细；抑郁质的人则累得一塌糊涂还是追不上别人。又如，同样是骄傲，胆汁质的人可能直接说大话，甚至口出狂言，让人一听就知道他骄傲；而多血质的人很可能把别人表扬一通，最后露出略比别人高明一点，骄傲得很婉转；黏液质的人骄傲起来可能不声不响，表现出对人的蔑视。另外，气质对性格的影响还表现在气质可以影响性格形成和发展的速度和动态上。比如，胆汁质的人比黏液质、抑郁质的人更容易做出草率决定，而黏液质的人则比多血质的人办事更稳重。而且，胆汁质、多血质的人易于形成外向性格，黏液质、抑郁质易于形成内向性格。

性格在一定条件下可以改造某些气质特征，起码可以起掩盖作用。譬如，从体质上和操作速度上来说胆汁质和多血质的人适于当外科医生，但前者易轻率,后者缺耐心。如果他们真的当了外科医生,这两种不同气质特征都会经过意志的努力而改正。另外,不同气质类型的人可以形成同样的性格特征,具有相同气质类型的人又可形成不同的性格特征。所以,在气质基础上形成什么样的性格特征,在很大程度上决定于性格当中的意志特征。

气质本身并无好坏之分,每种气质都有积极和消极的一面。相对而言,多血质和胆汁质的人比较适合一些要求做出迅速、灵活反应的工作,黏液质、抑郁质的人则比较适合做一些要求细致的工作。了解了自己的气质类型,知道了自己性格特征,就要以此为重要的参照系,来确定自己的穿衣风格,结合自己的外貌、外形特征,找到适合自己的款式、颜色、搭配等等。

3.恰切服饰语言

服饰指的是服装和配饰。伴随人类社会的发展,服饰已越来越具有表达文化、沟通情感、传递信息的重要作用。而对于电视新闻播音员主持人来说,服饰不仅是个人的名片,还是节目定位的标志、城市形象乃至国家形象的展现。恰当的服饰语言表达,有助于获得更佳的传播能效。

4.提高妆发技艺

电视新闻播音员主持人化妆,是运用绘画手段、色彩原理、按照电视的特点对播音员主持人的面部结构关系进行调整。发型则是利用遮盖、协调、造型等手段配合化妆、服饰等烘托效果、塑造形象。化妆、发型可以弥补不足、改变气质,也同样可以传情达意。

二、服饰语言表达艺术

1.确定冷暖色调、对应季节色彩

(1)冷暖色调(见表 4-2)

表 4-2　冷暖色调

色调	冷色调	暖色调	中性色调
代表	绿色、青色、蓝色	黄色、橙色、红色	黑色、白色、灰色、金色、银色
感受	安静、沉稳、踏实	活泼、愉悦、兴奋	
进退	后退色(收缩、镇静、遥远)	前进色(膨胀、热烈、亲近)	
性格	坚实、强硬	柔和、温暖	

冷色调的亮度越高越偏暖,暖色调的亮度越高越偏冷。典型的冷暖色调只有那么几种;一般情况下,看一个颜色里是蓝色偏多还是黄色偏多,要是蓝色偏多就是冷色,要是黄色偏多就是暖色。这里的多和少不是绝对的这种颜色里混入了多少蓝色或是黄色,而更多的是一种想象、一种感觉。

冷暖色调的确定可以通过书籍,也可以通过专业的色彩咨询,电视新闻播音员主持人也可以咨询化妆师或造型师。一个人的冷暖色调不仅体现在他的外形上,比如头发、皮肤、眼睛、嘴唇等的颜色,更多的在于他的性格特征和所带给人的感受。电视新闻播音员主持人要了解自己的气质性格、冷暖色调,在此基础上进行服饰色彩的选择。冷色调的人应当选择冷色调色谱中的颜色作为自己服饰的主要色彩,同理,暖色调的人也一样。

(2)季节色彩

除了冷暖色调,还可以"季节色彩"对个人的色彩进行分析。一年分为春、夏、秋、冬四季,每个季节不仅有各自代表的特征,而且有各自代表的色彩。从个性来说,春季型的人青春、活泼、朝气,夏季型的人热烈、奔放、浓郁,秋季型的人萧瑟、颓废、阴郁,冬季型的人冷峻、高贵、优雅。和春季型的人相处,会显得比较愉悦,他的蓬勃朝气会感染你;和夏季型的人相处则会非常舒服,不仅他的热情会感染你,更重要的是,如果是冬天和他在一起,会感受到夏季的温暖,而夏天和他在一起,则会感觉像海水一般清凉;秋季型的人比较自我,个性鲜明,带有抑郁、冷漠的特点;冬季型的人气质出众,但会让人有一种距离感,不太好接近。当然这只是比较粗疏的分析,具体还能再分成 8 种、12 种甚至 16 种类型。每一种季节类型的人都有自己适用的色彩。

电视新闻播音员主持人的工作性质较为特殊,因此需要了解更为专业的服饰相关知识。可以通过向化妆造型师或者专业的色彩机构咨询,确定自己的冷暖色调、季节类型,取二者的交集色作为自己服饰的色谱,更好地完成传播工作。

(3)搭配原则

确定了适用色谱之后,在具体的操作过程中,还要注意色彩搭配的几种原则。

第一,统一法,即采用同一色系的衣服、配饰。

第二,点缀法,即在统一的服装主色调基础上,以醒目的小色块作为点缀。

第三,呼应法,即服装和配饰有同色系类似色的彼此照应。

2.发挥身材优势、平衡体形缺陷

无论男性还是女性,身材标准、完美者不多,但是可以通过服饰的面料、剪裁以及色彩等在上镜时修饰身材、隐藏缺陷、发挥优势。电视新闻播音员主持人一般来说有站播和坐播两种形式,另外还有现场报道采访等户外形式。坐播时要重点注意上身服装的选择,站播时要注意全身的服饰搭配,户外采访报道则要根据现场具体情况选择服饰。

(1)女性身材修饰

倒三角型:肩部比髋部宽,与男性或是运动员的体形相似。应选择线条利落、结构简单的款式,这样会显得更为精神;若是质地松散、层次过多,会使肩部更加宽大,影响体型的美观。繁复的印花面料会使身形大打折扣,腰部的皱褶则会看上去很笨重。

直线型:肩部和髋部大致等宽,显得修长和丰满。应选择羊毛、亚麻、泰国丝等质地紧密的面料;线条要鲜明。但是不要过分装饰腰部,应选择略微收腰的款式。

斜线梨型:肩部较窄,但平直而不倾斜。应选择简单的款式,而不是过多褶皱或是荷叶边的服饰。可以选择平直的垫肩延伸肩部线条,或者用披肩、围巾等。

曲线梨型:肩部较窄,且下削,髋部较宽。和斜线梨型相比,其正面和侧面轮廓都更加弯曲。选择船形的领口会使肩部有变宽的感觉,应避免瘦小的上装使得上半身和下半身的差别更加突出。面料应选择毛料或是薄形毛织物,会显得柔和疏松。

沙漏型:肩部线条柔和,腰围紧收,髋部浑圆,臀部和胸部呈弧线形,是女性比较标准的优美体型。选择衣服的剪裁要柔和、带有褶皱并且宽舒。要突出腰部,否则臀部会比实际显得更大。同时要避免松垮的上装,立体剪裁会突出身材的优点。

圆型:大多属于超重的沙漏型。保持衣服的宽松,千万不能穿紧身的衣服让线条毕露。要注意避免突出腰围,应尽量突出肩部线条,且简洁而不贴身。切忌图案太杂、褶皱太多、质地太粗的衣服,这样会使人显得更肥大。

(2)男性身材修饰(见表4-3)

一般将男性的标准体形称为"倒三角",即肩宽胸阔,腰细臀窄。德国的精神医学家格雷其玛将男性的体形分为肥胖型、筋肉发达型和瘦削型;但是除非刻意进行锻炼、塑造,一般来说还是前后两种相对常见。不过相对而言男性的体形和女性相比的特点还是上宽下窄。

表4-3 男性修饰身材服饰搭配

身材		矮小	肥胖	瘦削
西装	颜色	暗色、深色	暗色、深色	不过亮、不过暗
	花纹	窄距细竖条纹	竖条纹	素色、格子
	式样	立体剪裁、小翻领、"V"字区大	直筒剪裁、大翻领、"V"字区大	肩线笔直棱角分明、小翻领
衬衫	颜色	白色、浅色	白色、浅色	浅色
	花纹	无花纹、窄距细竖条纹	素色、竖条纹	素色、格子
	式样	标准领、纽扣领	标准领、敞角领	标准领

身材		矮小	肥胖	瘦削
领带	颜色	暗色、亮色	暗色、亮色	浅色
	花纹	窄距细竖条纹	宽距竖条纹	格子、圆点
	式样	标准版、小结	宽版、大结	窄版、标准版、小结
配件	颜色	暗色		
	花纹	无		

（3）平衡体形缺陷

不管是男性还是女性，都应当以健康为标准，可以通过锻炼让身体的外形更加匀称、更富弹性、更有活力；但是也要对一些不可抗的因素通过服饰的选择来进行修饰掩盖，更好地服务电视新闻传播的工作。

圆脸：忌圆领，"V"字领可以平衡较圆的脸型，使之显得修长。

长脸：忌低领、无领、"V"字领，圆领、船形领、"一"字领都可增加脸部两侧的圆润感。

三角形脸：忌"一"字领，小"U"字领可使脸部线条显得轻巧而柔和。

倒三角形脸：忌低领、"V"字领及领口下垂的服装，应选择圆领、带有弧形线条的领款。

菱形：忌立领、"V"字领，否则会增高加宽颧骨，平直领款可使面部稳定、柔和。

长脖：忌深领、长项链；高立领，可佩戴短项链或围巾，发型长而蓬松。

短脖：忌高立领、戴项链、围巾；"V"字领、船形领、圆领等露出颈部，发型向后梳紧。

粗脖：忌圆领、短项链、围巾；翻领、小"V"领较好。

长臂：忌七分袖、紧袖笼；袖口应宽，适当的场合（非新闻）可多戴几个手镯或手链。

短臂：忌袖口过分修饰、戴手镯、手链；袋形袖、七分袖较好。

粗腿：忌短裤、短裙、紧身裤；应选择舒适、飘逸的长裤、长裙。

短腿：忌宽松长裤、长裙、长夹克；短裤、短裙、短夹克较好。

3.明确着装原则、符合电视传播

作为一名电视新闻播音员主持人，要在演播室里或是镜头前面对受众，因此只有明确着装原则、掌握服饰语言，才能实现传播目标、增强传播效果。试想新闻节目中抹着艳丽的口红、披着惹眼的围巾、戴着俗气的项链、梳着繁琐的发型，或是穿着松垮的西服、打着俗艳的领带，恐怕很难让受众听播音员主持人在，因为其外形已经过多地分散了他们的注意力。

（1）总体原则

第一，服饰符合个人特质。即以上所说冷暖色调、季节色彩、气质性格、体型特点等等。

第二，服饰服从栏目需要。注意 TPO 原则的使用，即 time（时间）、place（地点）、occasion（场合）。不同的栏目对播音员主持人的服饰需要是不同的，同一个栏目的不同场景和场合又会有具体的要求。因此，播音员主持人要有服饰语言表达的概念，做到恰当、和谐。

（2）具体原则

服装：力求简洁，不宜繁杂，使观众的视线集中到你的脸部。挑选适合的色谱中居中的色彩，不宜太艳、太暗或太浅。最好用同一色系进行搭配，电视新闻播音员主持人一般不宜使用黑白等对比鲜明的色调，不适合毛呢等材质。

首饰：避免戴悬垂摇晃的耳饰，那会分散受众的注意力。力求简洁，实在要戴首饰，女主播（播音员主持人）宜用黄金和珍珠相对优雅，男主播（播音员主持人）最多戴一块手表。胸针是女主播最实用的装饰。首饰不宜叮当乱响，不宜闪闪发光。

（3）女主播服饰选择

套装：选择橄榄色、炭灰色、海军蓝等较深色，石色、中灰色、焊锡灰等较浅色，都得至少准备一套。材质以质量中等的面料为好，一年四季均可穿着。

外套：在新闻播报、新闻评论等一些演播室栏目中，播音员主持人只是上半身出现在镜头中，因此外套尤其重要。一般采用色谱中居中的色彩，色调柔和、纯度较低比较适合。在这种近距离拍摄播音员主持人的节目中，忌穿反光、闪光、荧光、细条、细格、小圆点的外套，以免造成漫反射、耀光等现象；还要注意避免红、绿、蓝三原色以及纯度过高、过于艳丽的服装，受电视色彩还原度的影响，这些颜色会格外刺眼。

衬衫：最少三件素色衬衫，白色、浅色、红色各一件；另外可以选择有装饰扣的、带有胸前褶皱的、以及花纹简洁素雅的衬衫；质地最好是丝、棉或天然原料混纺。衬衫一般要和外套相协调，外套若为深色或是中性色，衬衫可以采用相对鲜艳的色彩；外套若带有相对鲜明的色彩，则衬衫可以采用同色系与之相呼应。

打底衫：在实际情况中，除了衬衫，演播室栏目的女性播音员主持人更倾向于穿着抹胸式的打底衫，显得干练又不失优雅，而且较衬衫有更多的色彩、样式可以选择。有时也可用丝巾衬在外套里面，既有质感、显得优雅，又有更多的色彩、花纹可供选择和搭配。

长裤：因为演播室栏目多为半身出镜，因此长裤的选择比较简单，一条中性色、有质感的长裤便可以了。而需要站播时若是不穿连衣裙而是上衣配长裤，那么对于裤子的选择需要用心一些,色彩、质地、款式都要有整体感。

鞋袜:演播室里一般穿平跟或是中跟鞋就可以了,因为多数情况下是半身。袜子消光的最好,暗色的、不透明的、彩色的、图案繁复的尽量避免选用。

腰带:一般选择质地优良的皮革腰带,用来扎系裙子、长裤或是连衣裙。一条好的腰带能够完善裙子的造型、帮助固定衬衫,并且能够美化形象。但是腰带的长度和宽度一定要符合自己的体型特征。腰带的颜色可以和鞋子一致,形成呼应的整体效果。

丝巾、围巾、披肩:轻巧的丝巾斜系在颈部,既有项链的效果,又有点缀的功效,更显活力。长围巾既可以在主持节目的时候产生飘逸、优雅的效果,还可以系在腰间作为腰带。但是如果脖子较短,则不太适宜扎丝巾、围巾或是披肩,那样会使缺陷变得更加明显。

(4)男性服饰的选择

西装:西服套装应当说是电视新闻男主播的"工作服",是不可或缺的。

按穿着场合,西服可以分为礼服和便服两种。其中礼服又可以分为常礼服(又叫晨礼服,白天、日常穿)、小礼服(又叫晚礼服,晚间穿)、燕尾服。礼服要求布料必须是毛料、纯黑,下身需配黑皮鞋、黑袜子、白衬衣、黑领结。便服又分为便装和正装。人们一般穿的都是正装。正装一般是深颜色、毛料,上下身必须是同色、同料、做工良好。

选择西服的料子,毛料自然是最好的(含毛70%以上)。但是也要根据季节以及播音主持的具体场合来灵活确定。一般来说,演播室的播音主持穿的西服质地稍轻,不能太过厚重,在那样一个空间当中才不会显得过于夸张;要选择不易起皱的布料,否则长时间坐着衣服会出现过多不美观的皱褶。

藏青色是最普遍的颜色,也是播音员主持人最爱用的颜色,可以说是"百搭",这是西服的首选。接下来依次是黑色、深灰色、棕色。深色一般显得比较沉稳,能展现男性刚毅的气质,尤其是在新闻评论类节目中;而且深色显档次。和女性的穿着要求一样,也忌穿反光、闪光、荧光、细条、细格、小圆点的西服,以免造成漫反射、耀光等现象。一般来说,正装西服不需要什么花纹图案,实在要选择有纹样的西服,那么宽一些的条纹要优于细条纹。细条纹一方面在镜头里会漫反射,造成画面的模糊,另一方面也不够大气。

西服的剪裁有以下几种:第一,美式剪裁。西服中开衩或不开衩;肩部自然;西裤有裤线。美式剪裁的西服相对比较休闲随意,宽衣大裤,符合美国人的特点。第二,意式剪裁。加强了西服肩部和胸部的剪裁,显得比较立体、饱满;一般不开衩;裤腿稍宽。也可以称作"欧版"西服,基本轮廓是倒梯形,宽肩、收腰、双排扣是其主要特点。意式剪裁的西服适合上身比较单薄的男性穿着,但是也要注意肩宽的问题。第三,英式剪裁。在西服肩部略有加强;腰部剪裁有型,一般可以理解为收腰;裤腿稍窄;领子比较宽广、狭长,这和英国的盎格鲁·萨克逊这个主休民族有关,因为盎格鲁·萨克逊人的脸形比较长;单排扣,三粒扣居多。总体来说,英式剪裁是最有型的。第四,日式剪裁。适应了亚洲男性的体型,基本呈长方形;多为单排扣,衣后不开衩。

从西服扣子来看,一般分为单排扣和双排扣。双排扣分为两粒扣、四粒扣和六粒扣。四粒扣显得比较传统、比较正式,两粒扣和六粒扣显得比较流行、休闲。单排扣分为一粒扣、两粒扣和三粒扣。两粒扣西服显得正规一些,一粒扣和三粒扣的西服穿起来比较时髦。亚洲男性相对来说比较偏爱三粒扣的西服。双排扣的西服,不管是坐着还是站着扣子都要扣上。单排扣的西服,坐着的时候,可以把扣子都解开。站起身的时候,三粒扣的西服,扣上面一粒或是上面两粒,扣中间一粒会显得非常休闲;两粒扣则可以扣上面一粒。

西服上衣后片的开衩可以分为三种:单开衩(中间开衩)、双开衩(两边开衩)和不开衩。单排扣西服可以三者选其一,而双排扣西服则只能选择双开衩或是不开衩。

西服上衣左侧的口袋,一般不放任何东西,除了手帕(或者叫方巾)。白色的方巾一般比较常用。若是西服的颜色较浅,则方巾的颜色要深;若是西服的颜色较深,则方巾的颜色要艳。不过具体还要考虑和衬衫、领带等的搭配、协调。另外,西服上衣左侧内里的口袋,一般用来放名片、香烟、打火机等,不可放过于累赘的东西,尤其是在上镜的时候,会影响整体的出镜效果。实在有要带着的东西,就放在裤子后面的口袋里。

衬衫:一般按领口的大小分两种:一种是法式衬衫,领口开口比较大,大概在130~140度左右,需要系领带,袖口是一般衬衫的两倍长,因此还要戴袖扣;另一种是常见的衬衫,领口在60~90度,领带可以系也可以不系。还有一种领角系扣的衬衫,多作为休闲衬衫,不适合系领带;虽然在某些国家和地区认为这是很"傻"的一种衬衫,但是随着时代的发展、审美的变化,对这样的衬衫普及度和接受度也越来越高,并且也会和领带搭配进入正式场合。不过对于电视新闻播音员主持人来说,还是要考虑受众的认可、文化的认同,保持庄重、质朴的穿衣风格。从衬衫的材质来看,纯棉的是最好的。颜色以淡蓝为好,最为普遍实用。注意短袖衬衫一定不能打领带;另外注意正装衬衫一定要塞到裤子里。

领带:领带可以说是西服套装的灵魂。领带结的大小取决于领带的长度、宽度和厚度,衬衫领口的大小,你的身高、脸形、颈围等等。领带结不要太松也不要太紧,稍大一些的领结看上去更为正式一些。领带的质地以真丝为最佳;颜色一般要和西服以及衬衫的颜色搭配。领带的花纹一般是斜条纹比较受欢迎;小碎花显示个性比较温和;小圆点显示个性比较亲切;方格则表示比较热情。

领带系好后的长度应在皮带扣之上;若要夹领带夹,应在衬衫的第四、五粒扣之间。领结是要在比领带更为正式的场合使用,在电视新闻类节目中一般用不到。

西服、衬衫、领带的基本颜色搭配,见表 4-4。

表 4-4 西服、衬衫、领带基本颜色搭配

西服颜色	衬衫颜色	领带颜色
黑色	白色或浅色	灰色、蓝色、绿色
灰色	白色或浅色	灰色、绿色、黄色
藏青色	白色或浅蓝、亮蓝	蓝色、灰色、黄色
蓝色	白色或亮蓝、灰色、黄色	灰色、黄色、红色
棕色	白色或浅色	灰色、绿色、黄色

皮鞋、皮带、袜子:皮鞋一般以总统鞋(wing-tips)最为正式,笼统说也就是系带皮鞋;颜色以黑色和棕色为好;质地以皮质的最好。正装皮带的颜色一般和皮鞋一致。袜子一般选择深色无条纹的为好,最好和皮鞋的颜色相近,并且尽量长一些,千万不要穿成 donkey-feet(黑鞋白袜)。

三、妆发语言表达艺术

电视新闻播音员主持人的化妆发型艺术,不同于日常生活,为自己舒服可以随性;也不同于舞台影视剧演员,为塑造人物可以夸张。前文说到,播音员主持人职业特点之一就是"大我"与"小我"的结合。因此,电视新闻播音员主持人的化妆发型不仅要自然、要适合自己,要适应电视传播的特点,还要适应受众的审美偏好、符合栏目乃至频道、电视台的要求。在很多情况下,播音员主持人的妆容会成为其"真实"形象,成为栏目的标志,一旦固定甚至不能轻易改变。

1. 化妆分类

(1)按场景分

灯光型化妆:内景,强调色彩、结构的对比度。

日光型化妆:外景,弱化色彩、结构的对比度。

(2)按方式分

粉妆:损害较小、遮盖效果较差、易脱落。但是最为常用和常见的化妆方式。

油妆:损害较大、遮盖效果较好、较稳定。一般用于戏曲脸谱的勾画。

(3)按妆容分

重彩修饰:艺术、综艺、娱乐等节目常用,丰富、夸张。

淡彩修饰:新闻、评论、访谈等节目使用,淡雅、自然。

2. 化妆装备

(1)化妆用具

化妆箱、镜子、化妆棉、粉扑、粉扫、眼影刷、腮红刷、唇刷、眉刷、睫毛夹、小剪刀、小镊子等。

(2)化妆用品

上妆油、粉底、定妆粉、眉笔、眼线笔、眼影、睫毛膏、腮红、唇线笔、口红、唇膏、美目贴、棉签等。

3.化妆要点

(1)考虑整体,注意轮廓鲜明

电视是横向扫描,呈现在电视屏幕上的形象会被横向拉宽,会显"胖",因此,在化妆的时候要考虑到这一点。

将脸部纵轴三等分,横轴五等分,就是常说的"三庭五眼"。三庭即上庭(发际至眉心)、中庭(眉心至鼻尖)和下庭(鼻尖至下颏);五眼即发际至外眼角、外眼角至内眼角、两眼间距均相等。这是脸部的"黄金分割律",符合这一要求才会显得更加好看、上镜,但是普通人很难完全符合这一比例,因此就要在化妆时适当调整。

在整体调整比例时不能刻板、牵强,还是要尽量自然、和谐为主。

(2)考虑环境,注意色彩协调

妆容色彩的流行方向多变,主要以裸妆(以不饱和色、朦胧色为主、接近自然)和艳妆(以高纯度、高亮度、高反差的艳丽色为主,追求个性)为主。对于电视新闻播音员主持人来说,化妆时主要还是接近裸妆,即自然。

电视色彩对红色、绿色、蓝色、黄色、橙色、紫色等颜色还原不足,因此要在化妆时注意,尽量不要使用过于饱和的艳丽色彩。整体色调要统一,明暗对比忌生硬,色彩过渡要自然。

(3)考虑优劣,注意真实自然

每个人的脸型都各有不同,大致来说,如以汉字作比,则有甲字形、由字形、田字形、申字形、目字形、国字形、用字形、风字形等脸型;如以几何形容,则有倒三角形、三角形、正方形、菱形、卵形、长方形、圆形、梯形等脸型。化妆时要修饰缺陷、突出优点、扬长避短。

上庭偏长:发际边缘渲影;利用刘海遮挡。

上庭偏短:吹高前发;利用刘海遮挡。

下庭偏长:颏尖处提亮;颏尖底部渲影。

下庭偏短:颏尖底部提亮。

上窄下宽(沉重感、压抑感):上额两侧提亮,下颌两侧渲影。

上宽下窄(轻浮感、尖刻感):上额两侧渲影,下颌两侧提亮。

菱形(刻板感、锋利感):上下部位提亮,中部颧骨渲影。

梯形(宽大感、僵硬感):外轮廓渲影,内轮廓提亮,加强立体感,收缩大脸盘,利用侧发掩盖。

圆形(松散感、幼稚感):前额上部和下巴提亮,增加棱角,利用发型拉长脸形。

4. 化妆步骤

(1)清洁面部

好处:防止细菌乘虚而入;保持妆容干净清透。

油脂分泌过多:可在洁面后轻拍一些收敛水。

(2)涂上妆油

过多:妆容容易脏花;使得面部模糊;导致形象失真。

方式:用中指和无名指从面部中央向四周轻轻打圈均匀涂抹。

(3)打底

作用:修正肤色、矫正脸形、遮盖瑕疵。

要求:比正常肤色偏亮一至两个色度。而男性不可太白,要偏暗一至两个色度。透明度高,有质感、不混杂。覆盖力强,显得薄而透。

方式:用化妆棉蘸少量粉底液和粉底霜,由上而下、由内而外在面部斜向涂开,均匀、适量;注意嘴角、眼角等处不要遗漏;裸露在外的颈部也需涂到,使得整体肤色真实可信。

要突出、扩大的部位,如凹颊、塌鼻等,需要提亮;要掩饰、收缩的部位,如颧骨、下颌,则要打暗。

鼻梁、额头中部、眉弓骨、下眼睑沟、下巴等处,应用比基础底色偏亮一至两度的粉底,使之开阔、明亮,过渡自然、柔和。

(4)鼻子

塌鼻:鼻梁正面扁平处提亮,鼻翼两侧深色渲影,内眼角和眉头下渲影。

短鼻:鼻根和鼻尖提亮。

直鼻:鼻尖提亮。

尖鼻:鼻尖底部深色渲影。

(5)定妆

方式:用粉扑蘸少许定妆粉揉匀,在妆容上轻轻印按,从上到下、从内到外、先浅后深,稍后用粉扫清除多余浮粉。

注意:定妆粉应当透明度高、粉质细腻。"T"区及上下眼睑等活动较多的区域需要格外认真细致,防止脱妆。

(6)睫毛

问题:东方人的睫毛一般较短较稀,眼睛显得无神。

方式:眼线笔一端侧锋紧贴眼睫毛,从内眼角拉至外眼角至眼尾,逐渐提拉收笔。

要求:线条上粗下细,上长下短,眼尾勿封闭;颜色上深下浅;运笔内实外虚。

（7）眼影

作用：表现眼部立体结构；改变眼睛原有形态。

方式：眉骨和眼球中央是眼睛的两个高点，应用浅色表现突出感；之间的凹陷是眼睑沟，应用深色表现凹陷感。也可在靠近睫毛线的外眼角处进行渲影，向上、向外渐渐淡开，表现眼睛的立体结构。

（8）眉毛

作用：表现性别、个性，调整脸形。

结构：眉头、眉峰、眉梢。

长度：眉头与内眼角齐，眉梢与鼻窝到外眼角的延长线相交为宜。

方式：用眉刷蘸眉粉从眉头处轻柔地提拉扫向眉峰，再逐渐扫向眉梢。

要求：两头淡、中间深，上边虚、下边实。

田字脸、国字脸等：不宜选用过细过直的眉型，易加强脸部的横向长度感。

由字脸、申字脸等：不宜选用过短过弯的眉型，易加强脸上部窄的视觉感。

男性：不宜选用过于纤细的眉型，要表现自然、阳刚。

女性：不宜选用过于粗犷的眉型，可呈现修饰状。

年轻人：不宜选用弯度过大的眉型，易显老气。

（9）腮红

方式：用腮红刷蘸适量腮红粉在颧骨部位由外而内轻轻晕染。

要求：左右对称，位置准确，边缘与底色衔接自然，有重点，有立体感。

脸颊宽阔：相对集中、呈上下走势。

脸颊狭窄：相对散漫、呈片状涂布。

（10）嘴唇

方式：先涂一层薄薄的润唇膏，然后用唇线笔从上唇中间分别向两边勾勒处出合适的轮廓，再勾勒下唇的轮廓，最后涂上口红，使之与唇线融为一体。

要求：上唇一般处于背光面，颜色可深些；下唇处于受光面，颜色可浅些。

小唇型、薄唇型：适当加宽嘴唇轮廓。

大唇型、厚唇型：用底色将唇周遮盖，在原唇内画唇线。

上翘型：上唇唇峰到唇角的连线画得平缓一些，不宜太陡。

下挂型：上唇线稍短，下唇线稍长，提亮下唇角处阴影。

5.发型搭配

方脸：以圆破方、以柔克刚。头发梳长，遮住两腮，使得脸形呈圆形。

长脸：用刘海遮挡前额缩短脸的长度。

圆脸：顶部头发梳高，使得额头加长；或侧分头缝，形成不对称感。

菱形：前发烫卷，稍微遮掩太阳穴；长卷发搭下遮挡脸部线条。

参考文献

[1] [美]艾伦·斯蒂芬森,大卫·里斯,玛丽·比德尔.美国播音主持实用教程:媒体演播指南[M].3版.林小榆,陈一鸣,译.北京:清华大学出版社,2014.

[2] 卜晨光,王文君,林超.广播电视播音主持实验教程[M].北京:中国广播电视出版社,2012.

[3] 柴璠.广播电视播音主持[M].北京:北京大学出版社,2014.

[4] 陈雅丽.广播播音与主持(实用播音教程·第三册)[M].北京:中国传媒大学出版社,2002.

[5] 高贵武等.出镜报道与新闻主持[M].北京:中国传媒大学出版社,2012.

[6] 付程.播音主持教学法十二讲[M].北京:中国传媒大学出版社,2005.

[7] 付程,鲁景超,陈晓鸥.语言表达(实用播音教程·第二册)[M].北京:中国传媒大学出版社,2002.

[8] 李晓华.新闻播音节律特征研究[M].北京:中国传媒大学出版社,2008.

[9] 罗莉.当代电视播音主持教程[M].北京:中国传媒大学出版社,2011.

[10] 罗莉.电视播音与主持(实用播音教程·第四册)[M].北京:中国传媒大学出版社,2002.

[11] 马玉坤.播音主持心理学教程[M].北京:北京大学出版社,2008.

[12] 沈鹏飞,沈健.播音文体基础教程[M].北京:中国传媒大学出版社,2008.

[13] 宋晓阳.出镜记者现场报道指南[M].北京:中国广播电视出版社,2008.

[14] 童云,周云.文稿播读和新闻播音实务[M].北京:中国广播电视出版社,2011.

[15] 姚喜双.中国解放区新闻播音语言规范[M].北京:语文出版社,2007.

[16] 於春.中国电视节目主持三十年研究[M].北京:中国传媒大学出版社,2013.

[17] 张颂.播音创作基础[M].北京:中国传媒大学出版社,2004.

[18] 张颂.播音创作基础[M].3版.北京:中国传媒大学出版社,2011.

[19] 张颂.播音语言通论——危机与对策[M].北京:北京广播学院出版社,2002.

[20] 张颂.播音主持艺术论[M].北京:中国传媒大学出版社,2009.

[21] 张颂.广播电视语言艺术[M].北京:北京广播学院出版社,2001.

[22] 张颂.朗读美学[M].北京:北京广播学院出版社,2002.

[23] 张颂.朗读学[M].北京:中国传媒大学出版社,1999.

[24] 张颂.中国播音学[M].北京:中国传媒大学出版社,2003.

[25] 赵小钦.电视播音员主持人形象设计与造型[M].北京:中国传媒大学出版社,2014.

[26] 仲梓源.电视新闻播音主持教程[M].北京:中国传媒大学出版社,2008.

后 记

　　幸得浙江传媒学院播音主持艺术学院支持,终有机会将我多年来对于电视新闻播音主持的理解与认识付诸文字。个人以为,这本小书大致有如下两个特点:一是尽力囊括了电视新闻播音、评论、主持、报道等各个方面;二是尽力做到了理论精讲、实例详析、参考严选。

　　有意思的是,这本是我的第三部书稿,本以为正在修改的博士论文会成为我的第一本学术专著,然而此刻看来,拙作《电视新闻播音主持创作艺术》或许将成为我学术生涯中第一本正式出版的书作。

　　世事如云嵯峨、因缘际会,大致如此吧。

　　这也正如五年前未曾敢想历经万千波折的我还能够成为张颂先生的关门弟子,这实为我一生的幸运。而先生驾鹤西游倏忽已是三载有余,不能再当面得先生批评点化,终是我永远的遗憾。先生对专业的执着、对学术的坚贞、对生活的热爱、还有他对我的关怀,都深深地烙在我内心深处,是我最可宝贵的财富。高山仰止,景行行止,虽不能至,然心向往之。仰赖先生悉心栽培,才使我渐渐步入学术的正轨。师恩之重,唯有铭记先生教诲、勤奋不怠,方不算辜负。先生是我永远的楷模。

　　在北京求学的十载光阴里,一路都有良师提携,实为幸事。那些让我尊敬又羡慕的师长们,都是我的指路人。

　　在杭州工作的这两年,是我人生新的开始。戚姚云教授、杜晓红教授对我的工作给予了充分的支持与肯定,让我可以在"播音主持""热闹"的环境里继续跟随本心、做最安静的事。邱蔚师姐亦同事、亦友、亦师,她瘦小的身躯里装着巨大的能量,是我在陌生的杭城最可信赖的依靠。

　　感谢我的同事孙光磊、詹晨林为本书提供了重要的文稿和视频。感谢我的"老学生"黄哲涵、"新学生"武文一、李奥博、朱帝融,协助我整理了书中部分视频资料。

　　感谢书中所涉及节目和文稿的创作者们,正是你们的作品让本书更加充实、丰富、专业、可感,也方便了日后读者的阅读、学习、理解、实践。

　　感谢浙江大学出版社李海燕编辑的细致与耐心,以及为本书能够尽早付梓所付出的辛劳。感谢责任校对张一弛、张颖的尽心与严谨,专业精神让我敬佩而感动。

作为一个在外求学工作多年又已步入而立之年却还一事无成的老博士,我对父母亏欠太多。而他们的宽容、理解、信任与支持是我继续前行的动力,感谢我平凡又质朴的父母。

这些潦草的文字并不足以将我内心的感谢诉说万一,不过是表达心意一种拙劣的方式而已。

回想杭城盛夏,炎溽郁浥,匪伊朝夕。难得一个初凉的星夜,一鼓作气,终将这本小书画上最后一个句点。从 2015 年到 2016 年,多少个日日夜夜是她陪我一起度过,其中的内容早已是熟稔于心了。如今,又多想回过头,去弥补其中的一个个遗憾,但无奈,她要离开我,去接受检阅了。

深望批评指正!

王秋硕
丙申谷雨,三书屋

图书在版编目（CIP）数据

电视新闻播音主持创作艺术 / 王秋硕著. —杭州：
浙江大学出版社，2016.7
（播音主持艺术丛书/杜晓红主编）
ISBN 978-7-308-15902-9

Ⅰ.①电… Ⅱ.①王… Ⅲ.①电视新闻－播音②电视
新闻－主持人 Ⅳ.①G222.2

中国版本图书馆 CIP 数据核字（2016）第 116936 号

电视新闻播音主持创作艺术

王秋硕　著

责任编辑	李海燕
责任校对	张一弛　张　颖
封面设计	续设计
出版发行	浙江大学出版社
	（杭州市天目山路 148 号　邮政编码 310007）
	（网址：http://www.zjupress.com）
排　　版	杭州中大图文设计有限公司
印　　刷	杭州杭新印务有限公司
开　　本	710mm×1000mm　1/16
印　　张	19.25
字　　数	356 千
版 印 次	2016 年 7 月第 1 版　2016 年 7 月第 1 次印刷
书　　号	ISBN 978-7-308-15902-9
定　　价	36.00 元